DAMALS 1944

Das Jahr des Widerstands

Guido Knopp

in Zusammenarbeit mit

Stefan Brauburger (SB)
Christian Deick (CD)
Dirk Eilinghoff (DE)
Peter Hartl (PH)
Holger Hillesheim (HH)
Nicole Lambert (NL)
Jörg Müllner (JM)
Sönke Neitzel (SN)
Ursula Nellessen (UN)
Kristiana Ruhl (KR)
Hilmar Schepp (HS)
Jan Erik Schulte (JES)
Klaus-K. Sondermann (KKS)
Gabriella Toth (GT)

Deutsche Verlags-Anstalt
Stuttgart

Die Deutsche Bibliothek – CIP-Einheitsaufnahme

Damals.../
Guido Knopp.–
Stuttgart: Deutsche Verlags-Anstalt
NE: Knopp, Guido [Hrsg.]

1944. Das Jahr des Widerstands. Hauptw.
In Zusammenarbeit mit Stefan Brauburger...–1994
ISBN 3-421-06744-9
NE: Brauburger, Stefan

Typographische Gestaltung:
Brigitte Müller und Edgar Schill
Satz: Fotosatz Sauter GmbH, Donzdorf
Reproduktionen:
Reprotechnik Herzog GmbH, Stuttgart
Druck und Bindearbeit:
Friedrich Pustet, Regensburg
Printed in Germany
ISBN 3-421-06744-9

Inhalt

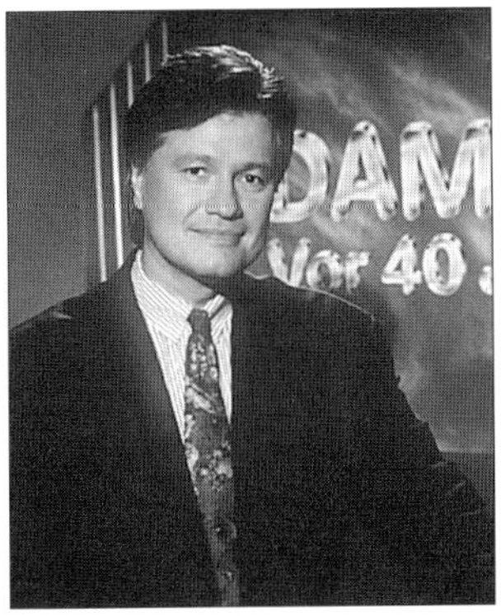

Das Jahr des Widerstands

Ja, es war ein Jahr des Widerstands – von innen und von außen. Die Gegenwehr von außen hat den Krieg beendet, die Auflehnung von innen kam zu spät. Jene, die den wahngetriebenen Psychopathen Hitler endlich töten und den Krieg aus eigener Kraft beenden wollten, blieben tragische, verkannte Helden – einsame Verschwörer, die nicht von der Volksstimmung getragen wurden, sondern von ihrem eigenen Pflichtgefühl.

Die meisten wollten einen Frieden, der »das Reich« noch halbwegs heil gelassen hätte. Aber dieses Reich war mittlerweile weder heil noch heilig. Dieses Deutschland war nicht mehr zu retten. Denn zu tief war auch die Wehrmacht in den Holocaust verstrickt, zu viele Morde lasteten auf Deutschlands Namen – ganz zu schweigen von den zahllosen Verträgen, die »das Reich« gebrochen hatte. Hitlers Deutschland stand vor dem Untergang.

Die besten Köpfe der Verschwörer ahnten es. Das Attentat müsse erfolgen, erkannte Tresckow, um jeden Preis. Es komme darauf an, daß der deutsche Widerstand, um vor der Geschichte zu bestehen, den entscheidenden Wurf gewagt habe. Hätte es überhaupt etwas genutzt, wenn die bewußte Bombe unterm Kartentisch ihr Zielobjekt zerrissen hätte? Stand nicht die »bedingungslose Kapitulation« längst fest, genauso wie die Aufspaltung des Reiches in Besatzungszonen, die brutale Amputierung Ostdeutschlands und die Vertreibung seiner Menschen?

Gewiß – und doch: Hätte etwa eine provisorische Regierung Goerdeler den Krieg beendet, wären Hunderttausende von Menschen nicht mehr in den Holocaust getrieben worden, wären Millionen von Soldaten an den Fronten in Europa nicht gestorben, wären Städte wie Dresden, Mainz und Würzburg unzerstört geblieben, hätte es im Osten zwar auch einen Massenexodus gegeben, aber nicht im bitterkalten Winter, auf der Flucht vor der Rache der Roten Armee, mit Hunderttausenden von Opfern – sondern schon im Sommer. Ein gelungener Mord an Hitler hätte seinen Sinn gehabt.

Es hat nicht sollen sein. Hitlers Deutschland hatte den totalen Krieg verloren, kämpfte aber immer noch verbissen weiter. Der Holocaust erreichte 1944 seinen Gipfelpunkt,- Hunderttausende von ungarischen Juden wurden in Konzentrationslager deportiert und ermordet – Eichmanns letzte Opfer. Der Judenmord war nach wie vor geheime Reichssache. Doch ahnten, sahen, wußten Hunderttausende von Deutschen an der Front und in der Heimat immerhin genug, um ganz genau zu wissen, daß sie nicht mehr wissen wollten.

Wofür kämpften die Soldaten Hitlers 1944 noch? Ohne es zu wissen dafür, daß hinter ihrer Front der Massenmord vollzogen werden konnte. Wenn schon die »Eroberung von Lebensraum im Osten«, Hitlers zweites Ziel, gescheitert war, so wollte er doch wenigstens das erste noch vollenden: die Vernichtung der Juden in Europa. Hat er seinen wahnwitzigen Krieg vor allem deshalb nicht beendet?

Von den Deutschen, die ihm einmal zugejubelt hatten, war der »Führer« längst schon isoliert. Daß Deutschlands Städte in Schutt und Asche versanken, interessierte ihn im Grunde nicht. Gewiß sei es bedauerlich, was mit Berlin geschehe, meinte er zu seinem vormaligen Generalbaumeister Speer – doch das erspare auch die ohnedies anstehende Arbeit, Tausende von Häusern selber abzureißen, um die Welthauptstadt »Germania« aufzubauen.

Die Alliierten, die im Juni 1944 die »Festung Europa« stürmten, ließen keinen Zweifel aufkommen: Der Tag der Kapitulation würde auch der Tag des großen Strafgerichts über alle Deutschen sein. Mitgegangen, mitgehangen, suggerierte Goebbels' Propaganda den verstörten Landsleuten, die sich an das Regime gefesselt fühlten, weil man sowieso mit dran war. Die Alliierten wollten gar kein »besseres Deutschland«, das den Krieg beendet hätte, sie wollten das mitten in Europa wuchernde Geschwür tilgen.

Mitte 1944 konnte kein Zweifel daran bestehen, wie der Krieg ausgehen würde. Dennoch hielt sich zäh der Glaube an die »Wunderwaffen«, die die Wende bringen sollten. Deren Wirkung aber war gering. Die »Vergeltungswaffen« V1 und V2 töteten zwar Tausende von Zivilisten – den Vormarsch der alliierten Soldaten bremsten sie um keine Sekunde. Doch raunten sich Millionen Unentwegter verstohlene Hoffnungssätze zu (»Wir haben noch was!«) und klammerten sich bis zum bitteren Ende an den Glauben, daß da »noch was« kommen und mit einem Schlag den »Endsieg« bringen würde. Doch die Atombombe hatten nicht die Deutschen, sondern die Amerikaner.

Damals, 1944, war ein neuer Anfang nicht zu sehen, nur das nahe Ende. Ob es Erlösung bringen würde oder nur das Strafgericht der Sieger, war noch ungewiß. Noch dauerte der Krieg...

Guido Knopp

Neujahrsansprache

Aufruf zum Jahreswechsel
von Adolf Hitler,
»Führer und Reichskanzler«

Deutsches Volk! Nationalsozialisten, Nationalsozialistinnen! Parteigenossen! Über vier Jahre sind vergangen seit dem Tag, an dem die internationalen Hetzer, die schon lange Zeit vorher geistig und materiell den Krieg gegen Deutschland vorbereitet hatten, endlich ihre Kriegserklärung überreichen konnten. Als am 3. September 1939 England und Frankreich die Beziehungen zu Deutschland abbrachen und damit den langersehnten Krieg provozierten, handelten sie im Geist einer jahrhundertelangen Tradition. [...]

Was unser Deutschland, meine Volksgenossen, betrifft, so wissen wir, daß seine Existenz allein das Dasein Europas verbürgt. Das heißt, jeder Zusammenbruch Deutschlands würde den Kontinent einer zweieinhalbtausend Jahre zurückreichenden kulturellen Tradition berauben und an seine Stelle eine Barbarei setzen, die sich nur derjenige vorzustellen vermag, der den bolschewistischen Osten kennt. [...]

Es ist für die Menschheit gleichgültig, ob sie unter der jüdisch-kapitalistischen oder der jüdisch-bolschewistischen Diktatur zugrunde geht, ob also die Menschheitsversklavung dann das Sternenbanner, den Union-Jack oder die Sowjetflagge aufgesteckt erhält, jedenfalls: für die Leidtragenden ist das unwichtig. Es ist daher unserem ganzen Leben, unserem Trachten und unserem Sein nur eine einzige Aufgabe gestellt: nämlich die teuflischen Pläne der jüdischen Weltbrandstifter und ihrer Trabanten zum Scheitern zu bringen. So schwer deshalb dieser uns aufgezwungene Kampf im einzelnen ist, er steht trotzdem in keinem Verhältnis zu dem Los, das alle treffen würde im Falle einer Niederlage. Es kann daher nur einen kategorischen Befehl für unser Volk geben, nämlich: diesen Krieg unter allen Umständen und mit allen Mitteln zu einem siegreichen zu gestalten. [...]

Adolf Hitler

Die Art der Kriegsführung selbst hat unsere Gegner entlarvt. Es ist der tausendjährige Haß des Judentums und der von ihm dirigierten plutokratisch-bolschewistischen Welt, der sich nicht nur in der Kriegsführung auswirkt, sondern der – wenn er siegen könnte – auch das Wesen des Friedens bestimmen würde. Diesem Haß aber steht heute kein schwächliches bürgerliches Deutschland gegenüber, sondern der nationalsozialistische Volksstaat. Er wird deshalb auch nicht hingenommen, von faulen dekadenten oberen Ständen oder Klassen, sondern dieser brutale Angriff wird beantwortet von der deutschen Volksgemeinschaft, und zwar nicht beantwortet mit Phrasen aus weltbürgerlichen Ideologien, sondern mit dem gesunden und fanatischen Haß einer Rasse, die weiß, daß sie um ihr Dasein kämpft und die sich wenigstens in diesem Fall zu dem alten biblischen Spruch bekennt: Auge um Auge und Zahn um Zahn. Daß das jüdische Ziel der Vernichtung Europas am Ende die sichere Ausrottung des Judentums in Europa bringen wird, ist daher außer jedem Zweifel. [...]

Folgendes kann heute festgestellt werden: Nach über vier Jahren Krieg hat das Deutsche Reich nicht einen Quadratkilometer seines Bodens verloren. [...]

Ich spreche vor dem deutschen Volk in voller Zuversicht, daß, wo immer auch die Alliierten ihre Landung durchführen, der Empfang ein gebührender sein wird. Der deutsche Soldat wird auch hier in Erkenntnis der schicksalhaften Bedeutung dieses Kampfes seine Pflicht erfüllen. Es ist bei einem so weltweiten gewaltigen und entsetzlichen Kampf nicht zu vermeiden, daß die physischen Belastungen der einzelnen Männer oft bis zur Grenze des Erträglichen gehen, ja daß sie diese manchmal auch überschreiten. [...] Das Heldentum unserer Soldaten des Heeres, der Marine, der Luftwaffe und der Waffen-SS ist ein geschichtlich einmaliges! Wenn aber früher diese Front immer der Heimat als das strahlende Vorbild des Opfers vorbehalten wurde, dann darf heute die Heimat der Front als Beispiel eines nicht minder großen Heldentums und Opfersinns gezeigt werden. Der Bombenkrieg gegen deutsche Städte greift uns alle tief ans Herz. Es sind weniger die Städte selbst, ihre Häuser und öffentlichen Bauten. Denn sicher, wir beklagen unsere endgültig verlorenen Kunstdenkmäler, aber wir werden unsere Städte schöner errichten, als sie vorher waren. Der organisierte nationalsozialistische Volksstaat wird in wenigen Jahren die Spuren dieses Krieges beseitigt haben. Aus den Ruinen wird eine neue deutsche Städteherrlichkeit erblühen. Berlin und Hamburg, München und Köln, Kassel und alle die anderen großen und kleinen beschädigten Städte wird man wenige Jahre nach Kriegsende kaum mehr wiedererkennen. [...]

Neujahrsansprache
von Walter Stampfli,
Bundespräsident der Schweiz

Liebe Schweizer und Schweizerinnen!

Mit ernsten Gedanken treten wir zum fünften Mal während des Krieges über die Schwelle eines neuen Jahres. Nicht ohne Enttäuschung nehmen wir von dem alten Jahre Abschied. Den so sehnlich erwarteten Frieden hat es uns nicht gebracht. Mit größter Erbitterung kämpfen die Völker weiter. Zwar erflehen sie nicht weniger leidenschaftlich den Frieden, aber nur einen Frieden, den sie von einem Sieg über den Feind erwarten. Und darum geht der Krieg erbarmungslos weiter. Trotz ihrer nicht verhehlten Friedenssehnsucht geben sich die kriegführenden Völker hüben und drüben Rechenschaft darüber, daß sie noch schwere Anstrengungen, Leiden und Opfer auf sich nehmen müssen, bis sie die Waffen niederlegen können. Tiefstes Mitgefühl ergreift uns mit den vom Kriege so furchtbar heimgesuchten Nationen. Was sie zu erleiden und zu erdulden haben, übersteigt alle unsere Vorstellungen und muß uns um so dankbarer gegenüber einem gütigen Schicksal machen, das uns bis heute von Krieg und Hungersnot verschont hat. Zu dem Mitgefühl gesellt sich auch das Bedürfnis, den Opfern des Krieges zu helfen, soweit wir die Möglichkeit und die Mittel dafür besitzen. Solange wir das Glück haben, nicht in die Katastrophe hineingerissen zu werden, wollen wir uns dieser Menschlichkeitspflicht nicht entziehen.

Alle Zeichen deuten demnach darauf hin, daß wir vor einem Jahr der größten Ereignisse und Entscheidungen dieses Krieges stehen. Damit wachsen aber auch für unser Land die Schwierigkeiten und Gefahren. Die Probe der Bewährung ist für uns noch nicht vorbei. Sie muß bis zum Ende des Krieges jeden Tag neu bestanden werden. Wachsamkeit, Bereitschaft, Opferwilligkeit und Hingabe bleiben weiterhin das Gebot der Stunde. Zu Sorglosigkeit und Leichtsinn ist noch keine Zeit. Je mehr der Krieg sich unseren Grenzen nähert, um so größer wird die Gefahr von Überraschungen. Um dagegen gewappnet zu sein, muß die Armee jederzeit in genügender Stärke schlagbereit sein. Das erfordert weiterhin schwerwiegende Opfer, auf die jedoch zum Schutze unseres höchsten gemeinsamen Gutes, der Freiheit und Unversehrtheit unseres Landes, nicht verzichtet werden kann.

Wir dürfen auch in unseren Anstrengungen zur Sicherung unserer Landesversorgung nicht erlahmen. Wir haben zwei selten gesegnete Jahre hinter uns, in denen dank einer ungewöhnlichen Fruchtbarkeit und günstigen Witterung unser heimatlicher Boden Höchstbeiträge an unsere Versorgung gespendet hat. Wir können der göttlichen Vorsehung für diese Gunst nicht dankbar genug sein. Wir dürfen aber nicht damit rechnen, daß auch im kommenden Jahre die Inlandsernte wiederum so günstig ausfallen wird. Darum muß schon beim Anbau und bei der Pflege der Kulturen alles getan werden, um einen möglichst reichlichen Ertrag zu sichern. Die Verhältnisse können sich so entwikkeln, daß wir in noch höherem Maße als bisher auf die Erzeugnisse unseres eigenen Bodens angewiesen sind.

Angesichts der wachsenden Gefahren ist es auch ein Gebot der Stunde, daß wir uns enger zusammenschließen und alles Trennende zurücktreten lassen.

Walter Stampfli

In einer Zeit, in der andere Völker sich zu den höchsten Anstrengungen und Opfern vereinigen, dürfen wir nicht ein Bild der Uneinigkeit bieten. Unsere Lage ist zu ernst, als daß sie eine Verschärfung der Spannungen und Gegensätze zu ertragen vermöchte. Trotzdem uns die Schrecken des Krieges erspart geblieben sind, haben auch wir Aufgaben genug zu meistern, deren Lösung die Einsicht, den guten Willen und die Unterstützung aller Volkskreise erfordert. Trotz einer umfassenden staatlichen Kriegsfürsorge macht sich in einer zunehmenden Zahl von Familien Mangel und Not fühlbar. Der Staat ist bei den gewaltigen Anforderungen, die an ihn von allen Seiten gestellt werden, nicht in der Lage, überall zu helfen. Daher ergeht an die private Hilfstätigkeit der dringende Appell, in vermehrtem Maße bedrängten Volksgenossen beizustehen. [...]

Obwohl die kriegsbedingten Aufgaben die Behörden des Bundes und der Kantone voraussichtlich noch für lange Zeit voll in Anspruch nehmen werden, beschäftigen sie sich, soweit es überhaupt möglich ist, bereits mit den Problemen der Nachkriegszeit. Unter diesen findet die Alters- und Hinterbliebenenversicherung in den weitesten Kreisen das größte Interesse. Da sich der Bundesrat der Schwierigkeiten und Hindernisse bewußt ist, die sich einer Lösung entgegenstellen, wird er unverzüglich mit den erforderlichen Arbeiten beginnen, um dieses notwendige soziale Werk so rasch wie möglich seiner Verwirklichung entgegenführen zu können. Schon heute rufe ich alle, die guten Willens sind, zur Mitarbeit auf.

Trotz der angedeuteten Gefahren und Schwierigkeiten wollen wir den Kopf nicht hängen lassen, sondern im Vertrauen auf die göttliche Vorsehung, die unser Land bis jetzt so sichtlich in ihrer Obhut behalten hat, und in dem Glauben an den glücklichen Stern unseres Schicksals in das neue Jahr mit der festen Überzeugung hinübertreten, daß es unserer Einigkeit, Solidarität und Opferwilligkeit gelingen wird, unser Vaterland, so wie wir es als Erbe von unseren Vätern empfangen haben, in eine glückliche Zukunft hinüberzuretten.

Die Russen kommen!

14. Januar
Die Rote Armee holt aus zur Großoffensive gegen die deutsche Heeresgruppe Nord. Bis Ende Februar drängen die Sowjets die deutschen Verbände um 200 Kilometer zurück. Neben Städten wie Nowgorod, Luga und Staraja Russa befreien die Rotarmisten am 28. Januar auch das seit 900 Tagen belagerte Leningrad.

Alliierter Luftangriff auf München

24. April
Britische Bomber werfen 80 000 Phosphor- und Brandbomben über München ab. Es ist der schwerste Angriff, den die Stadt erlebt hat. Überall im Reich stehen nach Bombardements Städte und Fabriken in Flammen. In den ersten Monaten des Jahres haben die Alliierten die Luftschlacht über Deutschland entschieden.

Sowjetischer Panzer während eines Gefechts bei der russischen Großoffensive.

Operation »Margarethe«

19. März
Mit dem Einmarsch in Ungarn feiert Adolf Hitler seinen letzten Sieg. Auf Schloß Kleßheim in Salzburg zwingt der Diktator den ungarischen Staatschef Admiral Miklós Horthy, die militärische Besetzung Ungarns als gemeinsamen »Schritt im Kampf gegen den Bolschewismus« zu akzeptieren. Hitler will mit der Operation »Margarethe« einem drohenden Frontwechsel Budapests vorbeugen.

Die »Endlösung« in Ungarn

28. April
Die ersten ungarischen Juden treffen im Konzentrationslager Auschwitz ein. Unmittelbar nach dem Einmarsch deutscher Truppen in Ungarn hatte Adolf Eichmann, Leiter des Judenreferats im Reichssicherheitshauptamt, damit begonnen, sie systematisch zu verfolgen und zu deportieren. An manchen Tagen erreichen fünf Züge mit 14 000 Juden aus Ungarn das Vernichtungslager. 500 000 kommen in den Gaskammern um.

Monte Cassino wird am 15. März 1944 von den Alliierten bombardiert.

Monte Cassino zerstört

17. Mai
Kampflos räumen Reste der 101. deutschen Fallschirmjägerdivision das ehemalige Kloster von Monte Cassino. Damit ist die letzte Bastion der deutschen Hauptkampflinie in Italien gefallen. Für die alliierten Truppen ist nun der Weg nach Rom frei. Nach drei erbitterten Schlachten zwischen Februar und Mai gleicht der »heilige Berg« einer Mondlandschaft. Zwanzigtausend deutsche und zwölftausend alliierte Soldaten haben bei den Kämpfen ihr Leben verloren.

Alliierte Invasion

6. Juni
Die Westmächte beginnen ihren seit langem erwarteten Angriff auf die »Festung Europa«. Im frühen Morgengrauen nähert sich die mit 5000 Schiffen größte Flotte der Weltgeschichte der normannischen Küste. 200 000 Amerikaner, Briten und Kanadier bilden innerhalb weniger Stunden an den Landungsabschnitten »Omaha«, »Utah«, »Juno«, »Sword« und »Gold« die ersten Brückenköpfe der »Zweiten Front«. Die deutschen Verteidiger sind überrascht. Hitler hatte mit einer Invasion bei Calais gerechnet. Der gigantischen Streitmacht hat die Wehrmacht nur wenig entgegenzusetzen. Schon am ersten Tag des Unternehmens »Overlord« erzielen die Alliierten große Landgewinne. Hunderte von Fallschirmspringern mußten aber ihr Leben lassen.

Monatelang waren alliierte Militärexperten mit den Vorbereitungen der Invasion befaßt. Modernstes militär-technisches Gerät wurde dafür in England bereitgestellt. Dann befahl der amerikanische Oberbefehlshaber, General Dwight D. Eisenhower, die Landung an der Küste der Normandie in der Nacht vom 5. auf den 6. Juni 1944.

Die Greueltat von Oradour

10. Juni
Soldaten der Waffen-SS-Division »Das Reich« verwandeln in einer Vergeltungsaktion den französischen Ort Oradour-sur-Glane in eine verkohlte Trümmerwüste. Die Dorfbevölkerung wird fast völlig ausgelöscht. 190 Männer, 245 Frauen und 207 Kinder sterben, nur 36 Bewohner überleben. Bei den Nürnberger Kriegsverbrecher-Prozessen wird Oradour als »Gipfelpunkt der deutschen Greueltaten« gebrandmarkt.

»Sans Sentiment« – ohne Gefühl, so sah man auch in Frankreich die SS.

Das Attentat auf Hitler

20. Juli
Im Führerhauptquartier »Wolfsschanze« bei Rastenburg scheitert das Attentat auf Adolf Hitler. In der Lagebaracke gelingt es Generalstabsoffizier Claus Schenk Graf von Stauffenberg, seine Aktentasche mit knapp zwei Kilogramm Sprengstoff unter dem Kartentisch zu deponieren. Die Bombe tötet vier Offiziere, neun werden verletzt, Hitler aber lebt. Der Staatsstreich ist damit zum Scheitern verurteilt. Kurz nach Mitternacht werden Stauffenberg und seine Gefolgsleute im Hof des Berliner Bendlerblocks, der Zentrale der Verschwörer, hingerichtet.

Claus Schenk Graf von Stauffenberg.

Warschauer Aufstand

1. August
14 000 notdürftig bewaffnete Kämpfer der polnischen »Heimatarmee« holen in Warschau zum verzweifelten Schlag gegen die Besatzer aus. Doch gegen die schwerbewaffneten Deutschen bleiben die Aufständischen ohne Chance. Die Rote Armee, die schon vor den Toren der Stadt steht, sieht dem Massaker in den Straßen tatenlos zu. Allein am 5. August erschießt das Polizeiregiment »Dirlewanger« 15 000 polnische Zivilisten. Die »Heimatarmee« muß am 2. Oktober kapitulieren.

Der Warschauer Aufstand ist gescheitert. Polnische Parlamentäre auf dem Weg zu den Übergabeverhandlungen.

Paris wird befreit

25. August
Nach vier Jahren deutscher Besatzung feiert Paris seine Befreiung. Im Morgengrauen rollen Panzer der Westalliierten in die Stadt. Der deutsche Stadt-Kommandant General von Choltitz widersetzt sich dem »Führerbefehl«, Paris zu zerstören, und unterzeichnet die Kapitulationsurkunde. Am 26. August übernimmt General de Gaulle als Chef der »Provisorischen Regierung« die Zivilverwaltung im befreiten Frankreich.

Hitlers »letztes Aufgebot«

25. September
Hitler mobilisiert sein »letztes Aufgebot«: In einem »Erlaß des Führers über die Bildung des Deutschen Volkssturm« werden alle waffenfähigen Männer im Alter von 16 bis 60 Jahren aufgerufen, den »Heimatboden« zu verteidigen. Fast eine Million Kinder, Jugendliche und Greise ziehen in einen sinnlosen Kampf, der noch Zehntausende das Leben kostet.

Blutbad in Ostpreußen

22. Oktober
Die Rote Armee rächt sich grausam für Hitlers Vernichtungsfeldzug im Osten. In ostpreußischen Dörfern wie Nemmersdorf richten sowjetische Soldaten ein Blutbad unter der Bevölkerung an. Deutsche Truppen, die Nemmersdorf zurückerobern, finden die Leichen vergewaltigter, erstochener und erschossener Frauen. Die Goebbels-Propaganda nutzt das Massaker in Nemmersdorf, um den Durchhaltewillen der Soldaten zu stärken.

Die Ardennen-Offensive

16. Dezember
Überraschend für die Westmächte beginnt die Wehrmacht im Morgengrauen ihre letzte Offensive in den belgischen Ardennen. 259 000 Soldaten, knapp 1000 Panzer, 1400 Jäger und Jagdbomber, zum Teil von der Ostfront abgezogen, versuchen die Initiative wiederzugewinnen. Doch der Angriff gerät schon nach wenigen Tagen ins Stocken, ehe im Januar der verlustreiche Rückzug beginnt. Mehr als 60 000 deutsche und alliierte Soldaten fallen Hitlers aussichtslosem Hasardeurstreich zum Opfer.

Mit Schneehemden getarnt, täuschten deutsche Soldaten die Alliierten.

Verbrannte Erde

Der deutsche Zusammenbruch im Osten

Die ukrainische Nacht erstarrte unter klirrender Kälte. In ihren Schützenlöchern lauschten die deutschen Vorposten nervös in die Dunkelheit hinein. Die sternklare Nacht war ruhig, zu ruhig für manche der erfahrenen Soldaten. Über den Linien der Roten Armee lag Totenstille. Irgend etwas braute sich zusammen.

Der Orkan brach eine Stunde vor Tagesanbruch über die deutschen Stellungen herein. Hunderte Kampfflugzeuge und mehr als 2000 Geschütze aller Kaliber verwandelten die Front der 8. Armee in ein tödliches Inferno. Wo vorher Schützengräben waren, hinterließen Bomben und Granaten ein rauchendes Chaos. Noch ehe sich die Überlebenden sammeln konnten, setzten zwei sowjetische »Garde-Armeen«, modern ausgerüstete Eliteverbände, zum Sturmangriff an. Ganze Panzerregimenter mit aufgesessenen Grenadieren überrannten die deutschen Linien. General von Vormann, Kommandeur einer der zerschlagenen Wehrmachtseinheiten: »Es paßt wirklich kein anderer Vergleich: Der Damm war gebrochen, und die große Flut stürzte sich in das flache Land.« Die Überheblichkeit der deutschen Offiziere gegenüber der Roten Armee war längst einem ungläubigen Staunen gewichen.

Das Ziel des sowjetischen Großangriffs am 25. Januar war jedem einfachen Soldaten klar. Die 8. Armee unter dem Kommando von General Otto Wöhler hielt einen weit nach Osten ausgebeulten Frontbogen bis zum Dnjepr – verlockendes Ziel für einen Zangenangriff. Noch am selben Tag drängte Wöhler in verzweifelten Funksprüchen auf die Erlaubnis zum Rückzug. Doch Hitler lehnte ab. Wie immer witterte der »größte Feldherr aller Zeiten« hinter jeder »Frontbegradigung« Feigheit und Verrat seiner Generäle. Der Frontbauch am Dnjepr sollte das Tor für einen erneuten Vormarsch auf Kiew offenhalten. Doch bei den tatsächlichen Kräfteverhältnissen war das blanke Illusion.

An verschiedenen Frontabschnitten trat die Rote Armee mit einer Überlegenheit von zwölf zu eins zum Angriff an: schwerer Panzer vom Typ »Josef Stalin« (JS II).

»Jede Ortschaft muß niedergebrannt werden«, lautete der Befehl Hitlers.

Wie vor einem Jahr in Stalingrad befahl der Diktator: »Halten um jeden Preis.« Keiner der Militärs im Oberkommando des Heeres wagte zu widersprechen. »Man kann nur gehorchen, so schwer einem das Herz auch wird«, kommentierte General Hans Hube, der sich für den Rückzug der 8. Armee eingesetzt hatte, lakonisch. Die deutschen Generale resignierten und gehorchten.

Drei Tage darauf schnappte die Falle zu: Bei Tscherkassy wurden sechs deutsche Divisionen mit 56 000 Mann eingekesselt. Doch der Diktator, der sich 1941 selbst zum Oberkommandierenden der Wehrmacht ernannt hatte, blieb unbeirrbar. Ein starker Gegenangriff würde diesmal die Eingeschlossenen befreien und die Belagerer vernichten. Inzwischen sollte Görings Luftwaffe den Kessel aus der Luft versorgen. Was in Stalingrad eine komplette Armee gekostet hatte, sollte diesmal zum dringend benötigten, glanzvollen Sieg verhelfen.

Wieder verlief die Schlacht anders als auf der Generalstabskarte in der »Wolfsschanze«, dem ostpreußischen »Führerhauptquartier«, geplant. Die Entsatzstreitmacht blieb im grundlosen Morast stecken, und die Luftwaffe des militärischen Scharlatans Hermann Göring war schon längst nicht mehr zur Versorgung von Großverbänden imstande. Nach zwei Wochen waren 11 000 der Eingeschlossenen verwundet oder gefallen. Erich von Manstein, Oberbefehlshaber der Heeresgruppe Süd, sah nur noch eine Chance für die halbverhungerten Verteidiger: Ohne Hitlers Erlaubnis abzuwarten, befahl er einen nächtlichen Ausbruch aus dem Kessel.

Die Absetzbewegung geriet zur panischen Flucht. Wegen des fehlenden

Treibstoffs mußten Panzer und schweres Gerät zurückgelassen werden. Bei Tagesanbruch begann die erbarmungslose Jagd auf die Flüchtenden. Eine sowjetische Panzereinheit entdeckte die Pferdefuhrwerke mit den Verwundeten der belgischen SS-Freiwilligen-Brigade »Wallonie«. Ein Augenzeuge berichtet: »Sie gingen in wilder Grausamkeit über die Karren hinweg, zermalmten sie hintereinander vor unseren Augen wie Streichholzschachteln und töteten Pferde, Verwundete und Sterbende.« Ganze Kompanien fanden im verschneiten Niemandsland zwischen dem Flüßchen Gniloi Tikitsch und dem verlassenen Dorf Dschurschenzy den Tod.

30 000 Mann erreichten schließlich die deutschen Linien, ausgemergelte Männer, größtenteils ohne Waffen. 26 000 waren gefallen oder in Gefangenschaft geraten, die Ausrüstung zweier Armeekorps war verloren. Doch Goebbels' Propagandamaschine feierte den Ausbruch aus dem Kessel als militärisches Glanzstück. »Das drohende Verhängnis in einen Sieg verwandelt«, titelte der »Völkische Beobachter« beschwörend. Die Wahrheit sah anders aus: Das Fanal von Tscherkassy markierte den Beginn des Zusammenbruchs im Osten.

Am Jahresanfang 1944 standen deutsche Truppen noch tief in der Sowjetunion. In Weißrußland und in großen Teilen der Ukraine herrschten die SS und der skrupellose »Reichskommissar« Erich Koch, der die Bewohner der besetzten Gebiete in geselliger Runde gern als »Negervolk« bezeichnete. Doch das »Unternehmen Barbarossa«, der wahnwitzige Eroberungsfeldzug um »Lebensraum« im Osten, war schon gescheitert. Aus den blutigen Entscheidungsschlachten von 1943 war die Rote Armee als Sieger hervorgegangen. Nach Stalingrad und dem verheerenden Scheitern der deutschen Großoffensive bei Kursk im Sommer 1943 war die Initiative endgültig an Stalin übergegangen. Monat um Monat wurde die Übermacht seiner Armeen erdrückender, nicht zuletzt dank der umfassenden Rüstungshilfe der Westmächte: 14 000 Panzer, ebenso viele Kampfflugzeuge und vor allem mehr als 400 000 Lastwagen erreichten die Arsenale der Roten Armee – auf dem Landweg über Persien oder per Geleitzug auf der von deutschen U-Booten bedrohten Nordmeerroute.

Doch Hitler weigerte sich zu erkennen, daß sein »totaler Krieg« zwangsläufig in die totale Niederlage mündete. Die Realitätsferne der Lagebesprechungen in der »Wolfsschanze« war frappierend: Auf dem Höhepunkt der sowjetischen Frühjahrsoffensive – die gesamte Ostfront von der Krim bis vor Leningrad war ins Wanken geraten – phantasierte der »Führer« vor seinen Generälen: »Der Russe hat seine Verbände abgenutzt. Es ist der Zeitpunkt gekommen, das russische Vorgehen endgültig zum Stehen zu bringen.« Wieder wagte keiner der Anwesenden zu widersprechen. Die Erben des preußischen Generalstabes waren nur noch demütige Handlanger eines militärischen Dilettanten, dessen strategische Kenntnisse sich aus den Erfahrungen des Weltkriegs-Gefreiten speisten.

Hitlers Verblendung wurde zudem genährt durch die Aufklärungsergebnisse der Abteilung »Fremde Heere Ost«, dem Geheimdienst der Wehrmacht für die Ostfront. Deren Leiter General Reinhard Gehlen, nach dem Krieg legendenumwobener Chef des Bundesnachrichtendienstes, formulierte seine Prognosen über Kriegführung und Kampfkraft der Roten Armee mehr nach Hitlers Stimmungsschwankungen als auf der Grundlage fundierter Analysen. Noch Ende 1944, die sowjetischen Panzer standen nur noch 400 Kilometer von der Reichshauptstadt entfernt, verbreitete eine seiner Denkschriften Optimismus: »Es besteht kein Zweifel darüber, daß die

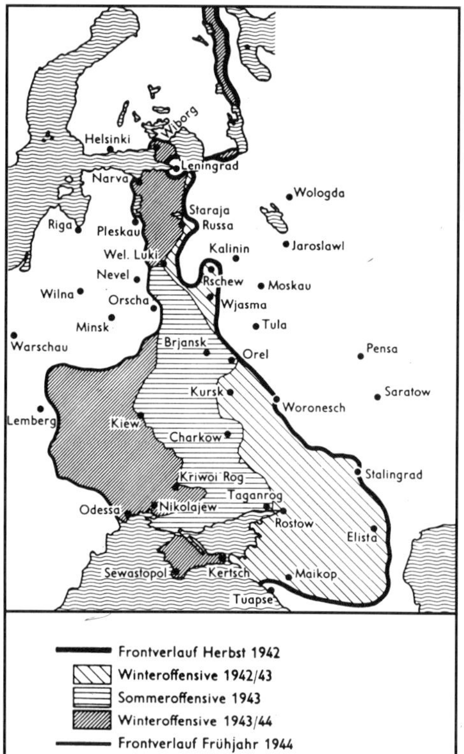

Nach den drei großen sowjetischen Offensiven waren im Frühjahr 1944 nur noch Weißrußland und das Baltikum in deutscher Hand.

»Essen fassen« im Kessel von Tscherkassy: Am 16. Februar 1944 wagten die eingeschlossenen deutschen Truppen den Ausbruch. Die deutsche Armee verlor mehr als 26 000 Mann.

Kette der russischen Erfolge im Osten ein Ende hat, wenn es gelingt, unter Einsatz von 20 bis 30 Verbänden in der freien Operation, in der *wir* dem Russen überlegen sind, die Initiative wieder in die Hand zu nehmen.«

Verantwortlich für die hoffnungslose Lage im Osten machte Hitler andere: Ende März mußten die beiden Heeresgruppenchefs Erich von Manstein und Ewald von Kleist ihren Hut nehmen. Auf die beiden erfahrenen Feldmarschälle folgten die für ihre Rücksichtslosigkeit bekannten Generale Walter Model und Ferdinand Schörner. Zu Manstein, dem er noch am Tag der Entlassung das »Eichenlaub mit Schwertern« verlieh, sagte Hitler: »Im Osten kommt es nur noch auf starres Festhalten an.« Strategen waren nicht mehr gefragt. Und zynisch charakterisierte er seinen neuen Hoffnungsträger: »Der Schörner, das ist ein Fanatiker.« Schörner und Model erwiesen sich tatsächlich als »Fanatiker«. Ihre militärisch sinnlosen Durchhaltebefehle kosteten Hunderttausenden auf beiden Seiten das Leben.

Generalfeldmarschall Erich von Manstein. Hitler machte ihn für die Niederlage im Osten verantwortlich.

Bald spürten auch die Soldaten an der Front den neuen Wind. »Viel mehr Standgerichte, Defätismus genügt schon«, schrieb ein einfacher Soldat nach seiner Rückkehr an die Front. Immer weniger »Landser« glaubten nach vier Jahren Krieg noch an den »Endsieg«. Disziplin und Moral der Fronttruppen bröckelten. Tausende zogen das ungewisse Los russischer Gefangenschaft den Gefahren der Front vor. Im Frühjahr 1944 kamen die ersten Rekruten des Jahrgangs 1926 an die Front, frisch von der Schulbank und mangelhaft ausgebildet. Die teils fanatische Begeisterung dieser jungen Männer, die im Nazi-Reich großgeworden waren, machte ihre Unerfahrenheit nicht wett. Die Folge waren unverhältnismäßig hohe Verluste oft schon im ersten Einsatz.

Die erfahrenen Soldaten fürchteten ein neues Schreckgespenst: den »Festen Platz«. Ein Führerbefehl vom 8. März hatte Dutzende Städte und Dörfer zu solchen »Festen Plätzen« erklärt, die »die gleichen Aufgaben wie die früheren Festungen« erfüllen sollten. Ihre Kommandanten hatten den Auftrag, sich vom Gegner einschließen zu lassen und hinter der Front dessen Kräfte zu binden. Die groteske Rückbesinnung auf die Festungskämpfe des Ersten Weltkriegs war im Zeitalter schneller Panzerverbände militärischer Wahnsinn. Die »Festen Plätze« waren bald als Himmelfahrtskommandos gefürchtet. Ihre Verteidiger saßen in der Falle und wurden oft bis zum letzten Mann aufgerieben. Vor der Einäscherung von weißrussischen und ukrainischen Städten schreckte die Rote Armee dabei nicht zurück. Witebsk, Orscha, Bobriusk – drei »Feste Plätze« von Dutzenden, die für sinnloses Sterben und unnötige Zerstörungen stehen.

Gleichwohl wurde Hitlers grenzenlose Hybris immer noch von allzu vielen Militärs der Wehrmacht geteilt. Noch immer hielten sie den deutschen »Landser« für eine Art Übermensch, den »slawischen Horden« Stalins turmhoch überlegen. Respekt zollten die Generale nur ihren Gegenspielern in der »Stawka«, dem Oberkommando der Roten Armee. Daß Stalins Stellvertreter Marschall Schukow in den zwanziger Jahren strategischen Unterricht an deutschen Heeresschulen genossen hatte, kommentierten deutsche Offiziere jetzt

Chronik des Rückzugs der deutschen Truppen

1944

14.1.	Beginn der sowjetischen Winteroffensive.
18.1.	Abwehrkämpfe bei Newel, vor Nowgorod, um Witebsk und an der Beresina.
20.1.	Sowjetische Truppen erobern Nowgorod.
28.1.	Beginn der Kesselschlacht bei Tscherkassy.
2.2.	Luzk und Rowno werden von der Roten Armee besetzt.
8.2.	Nikopol wird von der Wehrmacht geräumt.
17.2.	Östlich von Tscherkassy sind sechseinhalb deutsche Divisionen eingeschlossen; sie beginnen entgegen einem Befehl Hitlers auszubrechen.
18.2.	Sowjetische Truppen erobern Staraja Russa. Die deutsche Heeresgruppe Nord zieht sich auf die Linie Narwa-Pleskau-Opotschka zurück.
22.2.	Kriwoj Rog muß von den deutschen Truppen geräumt werden.
4.3.	Beginn der Großoffensive sowjetischer Verbände unter Marschall Schukow gegen die deutsche Heeresgruppe Süd.
5.3.	Sowjetische Truppen unter Konjew und Malinowski greifen in der Ukraine an.
10.3.	Die Rote Armee erobert Uman.
13.3.	Cherson wird von den Russen eingenommen.
15.3.	Sowjetischer Vorstoß über den Bug.
17.3.	Deutsche Truppen räumen Dubno.
20.3.	Winniza wird von sowjetischen Truppen erobert.
23.3.	Verteidigung des »Festen Platzes« Tarnopol.
25.3.	Entsatzversuche für die eingeschlossenen deutschen Verbände im Stützpunkt Kowel.
28.3.	Sowjetische Verbände besetzen Nikolajew und überschreiten den Pruth.
29.3.	Ausbruchsschlacht aus dem Kessel bei Uman-Winniza-Kamenez Podolsk. Marschall Schukow erobert Tschernowitz.

mit bitterer Ironie. Den roten Zaren nannte Hitler einen »genialen Kerl«.

Seit dem deutschen Überfall vor drei Jahren hatten die Sowjets nicht nur Zähigkeit bewiesen, sondern auch militärisch von den Aggressoren gelernt. Das Erfolgsrezept der deutschen »Blitzkriege« bestimmte jetzt auch die Strategie der Roten Armee. Typisch dafür war der Großangriff bei Tscherkassy im Januar 1944: Nach konzentrierter Artillerievorbereitung und massiven Luftangriffen durchbrachen schnelle, motorisierte Verbände die deutschen Linien an wenigen Stellen und drangen rasch ins Hinterland vor. Oft gelang dabei überfallartig die Einkesselung großer deutscher Verbände. Doch trotz der zunehmenden numerischen und materiellen Überlegenheit seiner Truppen, scheute Stalin großräumige Operationen. Das Beispiel der Deutschen, die sich fernab ihrer Nachschublinien festgerannt hatten, war der »Stawka« eine Lehre. Sowjetische Großangriffe blieben begrenzte Operationen. Hohe eigene Verluste nahmen die Kommandeure jedoch bewußt in Kauf. Allein 1944 fielen mehr als eine Million Rotarmisten. Ein deutscher General, der den rücksichtslosen Einsatz sowjetischer Infanterie gegen deutsche Stellungen erlebte: »Ihre Verluste waren grauenvoll, überstiegen jede Vorstellung.«

Alles sollte vernichtet werden, was den sowjetischen Vormarsch begünstigen konnte: Mit dem »Schienenwolf« zerstören deutsche Soldaten die Gleisanlagen.

Dennoch kämpften die russischen Soldaten mit wachsender Entschlossenheit. »Die Männer sehen, was die Deutschen angerichtet haben. Sie haben es eilig, wollen Schluß machen«, schrieb ein Panzeroffizier an seine Familie. Die berüchtigten Kommissare der Roten Armee notierten wachsende Zuversicht der Truppe. »Rache für die Verbrechen der Faschisten« – die Parole der sowjetischen Propaganda stieß auf fruchtbaren Boden. Mit jedem Kilometer auf ihrem Vormarsch nach Westen erkannten die Rotarmisten, daß die deutschen Verbrechen keine Erfindung der Kreml-Propagandisten waren. Die von der Wehrmacht geräumten Landstriche waren menschenleer und völlig verwüstet. Ein Großteil der Bevölkerung war zum Arbeitseinsatz ins Deutsche Reich verschleppt worden. Mitte 1944 meldete der »Generalbevollmächtigte für den Arbeitseinsatz«, Fritz Sauckel, mehr als zwei Millionen »Ostarbeiter« allein aus den besetzten sowjetischen Gebieten.

»Verbrannte Erde« sollte die vorrükkende Rote Armee nach dem Willen der NS-Machthaber vorfinden. Der »Reichsführer-SS«, Heinrich Himmler, befahl am 7. September 1943: »Es muß erreicht werden, daß bei der Räumung kein Mensch, kein Vieh, kein Zentner Getreide, keine Eisenbahnschiene zurückbleiben, daß kein Haus stehen bleibt, kein Bergwerk vorhanden ist, das nicht für Jahre gestört ist, kein Brunnen, der nicht vergiftet ist. Der Gegner muß wirklich ein total verbranntes und zerstörtes Land vorfinden.« Mit riesigen Mengen Sprengstoff machten sich die Zerstörungskommandos an ihr Werk. Neben Fabriken, Brücken und Gleisanlagen wurden auch Wohnhäuser und ganze Dörfer systematisch in Schutt und Asche gelegt. Besonders in der Ukraine führten Wehrmacht und SS den »Nero-Befehl« Himmlers, den Hitler 1945 auch für das Reichsgebiet erneuerte, schonungslos aus. Erst als im Sommer 1944 der deutsche Rückzug zur panikartigen Flucht geriet, nahmen die planmäßigen Zerstörungen ab. Dennoch blieb nach der Befreiung ein Land zurück, das noch für Jahrzehnte vom Vernichtungswahn Hitlers gekennzeichnet war.

Die Politik der »Verbrannten Erde« sollte den stürmischen Vormarsch der sowjetischen Truppen bremsen, jede Nutzung der eroberten Gebiete unmöglich machen. Doch sie diente auch der Spurenbeseitigung. SS-Männer des »Kommandos 1005« gingen fieberhaft daran, ihren Auftrag zu erfüllen. Über den zahllosen Massengräbern, die das fast dreijährige Wüten der Einsatzgruppen hinterlassen hatte, errichteten sie auf benzingetränkten Eisenrosten riesige Feuerstellen. Zehntausende Opfer des nationalsozialistischen Massenmordes wurden exhumiert und verbrannt. Riesige schwarze Qualmwolken stiegen von den Verbrennungsstätten auf. Die Spuren der Massaker sollten der Propaganda Stalins keine Nahrung liefern.

Tscherkassy, der Untergang der 17. Armee auf der Krim, der Zusammenbruch der Heeresgruppe Mitte – blutige Tragödien des Jahres 1944, denen Hunderttausende auf beiden Seiten zum Opfer fielen. Stationen des Siegeszuges der Roten Armee, der die Front in einem Jahr aus dem Herzen Rußlands bis an die Grenzen von Hitlers Deutschland drängte. Der Krieg der beiden Diktatoren forderte mehr Menschenleben als alle anderen Kriegsschauplätze: allein zwanzig Millionen Sowjetbürger sollen ums Leben gekommen sein. Sieger und Verlierer standen 1944 längst fest. Doch der Hauptverantwortliche zog daraus keine Konsequenzen. Nach Hitlers irrationaler Logik mußte Deutschland mit ihm untergehen. Schon Anfang der dreißiger Jahre hatte er über die Möglichkeit einer Niederlage im bevorstehenden Krieg erklärt, »so werden wir selbst untergehend noch die halbe Welt mit uns in den Untergang reißen«. (CD)

Kanonen statt Butter

Produktionsrekorde in den deutschen Waffenschmieden

Am Tag danach erkannte Albert Speer das nahende Ende. Am Samstag, dem 13. Mai 1944, stand der Rüstungsminister mit seinem Stab in den Trümmern des zerbombten »Leunawerks« Merseburg. Synthetisches Benzin konnte hier für Wochen nicht mehr produziert werden, das war für Fachleute auf den ersten Blick zu erkennen.

935 Bomber der 8. amerikanischen Luftflotte hatten am hellichten Tag des 12. Mai mehrere Werke in Mitteldeutschland angegriffen und eine Spur der Verwüstung hinterlassen. Die gezielten Abwürfe eines einzigen Tages ließen die Treibstoffproduktion, Achillesferse der deutschen Kriegswirtschaft, um 14 Prozent absinken. Noch verfügte das Reich über ausreichend Reserven, doch Speer gab sich keinen Illusionen hin.

Zwar hatten die Alliierten bis dahin immer wieder Rüstungsfabriken bombardiert, die Angriffe schienen jedoch ohne Plan. Täglich änderten sich die Ziele, und bis April 1944 war kaum eine Bombe auf die Werke der Mineralölindustrie gefallen, nun aber hatte sich das Blatt gewendet. Vom 12. Mai an flog die US Air Force systematische Bombenangriffe gegen die deutsche Treibstoffindustrie im Reichsgebiet, in Ungarn und Rumänien. Zwar reparierten nach jedem Angriff zeitweise bis zu 350000 Arbeiter der Organisation Todt die Werke; kaum wurde jedoch wieder produziert, zerstörten erneut Bomben die Anlagen.

Der Mangel an männlichen Arbeitskräften – die dringend an der Front gebraucht wurden – zwang die Machthaber zum Einsatz von Frauen in der Rüstungsindustrie. Fast fünfzehn Millionen waren dazu »dienstverpflichtet«.

Im Herbst 1944 trat die groteske Situation ein, daß Deutschland über mehr Panzer und Flugzeuge verfügte, als es einsetzen konnte. Das Heer, nahezu unbeweglich geworden, saß buchstäblich auf dem Trockenen. An den Fronten wurden Lastkraftwagen mit Ochsen bespannt oder von Panzern abgeschleppt. Übungsstunden für Flugschüler und Panzerfahrer entfielen. An allen Ecken und Enden fehlte Benzin, während in den Rüstungsfabriken trotz Bombardierungen bei Tag und Nacht ein Produktionsrekord auf den anderen folgte. Unter Speer hatte sich der Ausstoß an Waffen seit der Zeit des Überfalls auf Rußland verdreifacht. 1944 verließen 38000 Kriegsflugzeuge (1941: 11000), 11000 mittlere Panzer (2900) und 3,35 Millionen Tonnen Munition (540000 Tonnen) die Waffenschmieden. Im letzten Kriegsjahr entfiel die Hälfte der gesamten deutschen Industrieproduktion auf die Rüstung. Engpässe bei der Versorgung der Zivilbevölkerung wurden bewußt in Kauf genommen. Im Reich galt die Parole: »Kanonen statt Butter«.

Die Wirtschaft mußte sich dem »Rüstungswunder« unterordnen, für das Albert Speer 1942 den Grundstein gelegt hatte. Mit dem Ziel, die letzten Reserven zu mobilisieren, organisierte er die Rüstungswirtschaft radikal um. Statt militärischer Kommandowirtschaft griff das System der »Selbstverwaltung der Wirtschaft«, was nichts anderes hieß, als daß die Unternehmer in ihren Betrieben wieder stärker mitbestimmen konnten. Und Speer ließ rationalisieren; schrittweise ging die Industrie zur Serienfertigung über. Rasch stellten sich so im »Krieg der Fabriken« Erfolge ein. Doch der Wettlauf gegen die dramatischen Verluste in den Materialschlachten war bereits verloren. Speers »Erfolge« verpufften.

So oft er auch auf steil ansteigende Produktionskurven verwies, begegnete er Unglauben. Zu phantastisch klangen die Zahlen in den Ohren der machthungrigen Konkurrenten Speers. Im Nürnberger Prozeß gegen die Hauptkriegsverbrecher beschrieb der angeklagte Rüstungsminister Hitlers die Produktionssteigerung als »so groß, daß ich im Jahre 1944 130 Infanteriedivisionen vollständig neu ausstatten konnte. Das war die Neuausstattung von zwei Millionen Menschen. Allerdings wäre sie 30

Prozent höher gewesen, wenn die Fliegerangriffe nicht gewesen wären.«

Welchen Wert hatten solche »Erfolge« aber schon angesichts der Bombenteppiche, die immer dichter und in immer kürzeren Intervallen auf die Treibstoffwerke niedergingen? »Mit dem Gelingen dieser Angriffe«, befand Speer in Nürnberg nüchtern, »war der Krieg produktionsmäßig verloren, denn auch die neuen Panzer und Strahlenjäger nützten mir nichts ohne Treibstoff.«

Schon 1943 hatte Deutschland die Luftüberlegenheit über das Reichsgebiet verloren. Zwar konnte die Produktion von Jagdflugzeugen bis zum Sommer 1944 verdoppelt werden, der erhoffte Effekt blieb jedoch aus. Täglich fielen mehr Bomben auf Hydrierwerke, Raffinerien und Rüstungsbetriebe. Die Lage schien ausweglos, die Industrie ohne Schutz, und für Hitlers Vision, die gesamte Industrie unter die Erde zu verlagern, war es bereits zu spät, obwohl zwischen Juni und August bereits Betriebe auf einer Fläche von einer Million Quadratmetern unter Tage produzierten.

Schon im Mai wurden Tag für Tag 2000 Einflüge notiert, und die Bomber griffen nicht nur Hydrier- und Rüstungswerke an, sie zerstörten zusehends auch Eisenbahnschienen, Verschiebebahnhöfe, Rangiergleise. Allein in der Woche vom 20. bis zum 26. Mai fielen 500 Lokomotiven aus. Im März und April wurden Eisenbahnverbindungen 340mal bombardiert – mit der fatalen Folge für die Rüstung, daß immer weniger vom wichtigsten Rohstoff, der Kohle, transportiert werden konnte. Speer hatte auf eine höhere Stahlproduktion gedrängt. Jetzt aber lagen mangels Kohle sogar Hochöfen still. Die Rüstungsindustrie steuerte im Eiltempo auf den Kollaps zu.

Hinzu kam, daß das ständig schrumpfende Reich ohnehin auf Stahl aus dem befreundeten, vor allem aber aus dem besetzten Ausland angewiesen war. Die Lieferungen kamen aus Italien, den Niederlanden, aus Luxemburg genauso wie aus Nord- und Mittelfrankreich oder Lothringen. Die unentbehrlichen Chromerze, von denen allein für die Panzerproduktion monatlich 900 Tonnen benötigt wurden, lieferten die Balkanländer und die Türkei. Diese stellten aber, gedrängt von den Alliierten, im April ihre Lieferungen ein. Bauxit bezog das Reich aus Frankreich und vom Balkan, Mangan aus Rußland, Nickel aus Finnland, Kupfer zur Hälfte aus Schweden, Wolfram aus Portugal und Spanien, die Hälfte aller Eisenerze mußten aus Schweden und Frankreich eingeführt werden. Ein Drittel des deutschen Rohölbedarfes deckten Lieferungen aus Rumänien – bis das Land im August Deutschland den Krieg erklärte. Zweifelsfrei stand fest: Gingen die besetzten Gebiete verloren, war der Zusammenbruch der Rüstung und damit auch die deutsche Niederlage endgültig besiegelt. Ohne die Lieferungen aus dem Balkan, hatte Speer hochgerechnet, würde »die gesamte Rüstungsproduktion am 1. Januar 1946 auslaufen«.

Thüringens Gauleiter Fritz Sauckel sollte als »Generalbevollmächtigter für den Arbeitseinsatz« den Bedarf an Arbeitern für die Industrie befriedigen, was sich schon bald als unlösbare Aufgabe erwies. Denn je mehr das Reichsgebiet schrumpfte, um so weniger gelang es ihm, die so dringend benötigten ausländischen Arbeiter in die Waffenschmieden, in denen mittlerweile die 72-Stunden-Woche galt, zu deportieren. 1944 schufteten neben 1,1 Millionen Franzosen, Belgiern und Holländern in deutschen Fabriken oder in der Landwirtschaft mehr als 2,1 Millionen »Ostarbeiter«, vor allem aus der Sowjetunion.

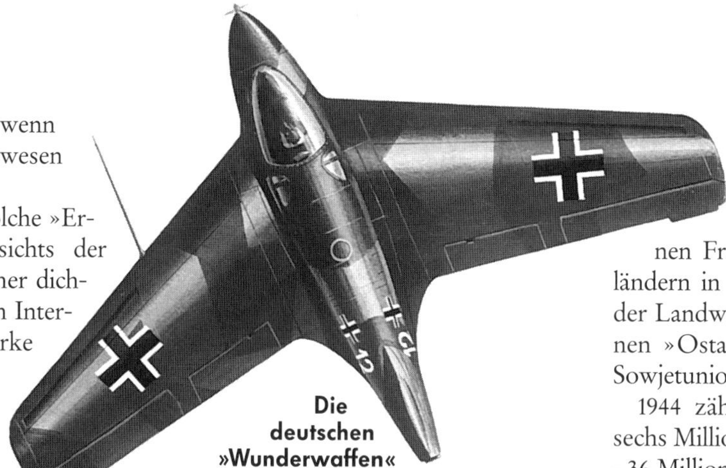

Die deutschen »Wunderwaffen« wie der Raketen-Abfangjäger Messerschmitt 163 B-1 »Komet« konnten wegen des Treibstoffmangels nicht mehr eingesetzt werden.

1944 zählte das Reich – die knapp sechs Millionen Ausländer mitgerechnet – 36 Millionen Arbeiterinnen und Arbeiter. Das waren drei Millionen weniger gegenüber Kriegsbeginn, als die Produktion noch um ein Viertel niedriger lag. »Ziel ist«, hatte Hitler in einem Geheimerlaß von 1943 befohlen, »die wehrfähigen Männer für den Fronteinsatz frei zu machen.« Wer aber sollte die Lücken füllen, welche die Wehrmacht mit ihren Einberufungen in den Rüstungsbetrieben riß? Frauen, forderte die Industrie, sollten verstärkt eingesetzt werden, obwohl dies unvereinbar blieb mit Hitlers Frauenbild, das Sauckel so erläuterte: Die sittliche Haltung der Frau verschlechtere sich bei der Fabrikarbeit.

Mangel war das Grundcharakteristikum der deutschen Rüstung 1944. Nur aufgrund des günstigen Kriegsverlaufs bis 1942 konnte das Deutsche Reich im Rüstungswettlauf mit den Alliierten mithalten. Hätte Speer schon vor 1942 die Rüstungswirtschaft umorganisieren können, und wäre es zu einer weniger expansiven Kriegswirtschaft von 1940 bis 1941 gekommen, Hitler hätte die schon sichere Niederlage wohl noch hinauszögern können. Bombardierungen, Gebiets- und damit Rohstoffverluste beschleunigten den Untergang Deutschlands. Eine Chance aber, den Krieg rüstungstechnisch zu gewinnen, hatte es für Deutschland nie gegeben. Die Alliierten verfügten über ein zu großes Potential an Rüstungskapazitäten, an Arbeitskräften und an Rohstoffen. (JM)

Die Ohnmacht der Helfer

Das Rote Kreuz im Krieg

Im September 1944 treten Delegierte des Internationalen Roten Kreuzes einen Besuch an, der ihnen Beklemmung bereitet: die Besichtigung des Konzentrationslagers Auschwitz. Entlang den Wegen, die von Teschen nach Auschwitz führen, stoßen sie auf Frauen und Männer in der gestreiften Kleidung der Konzentrationslager. Die Menschen werden von SS-Schergen eskortiert. Es handelt sich um kleine Arbeitskommandos. Die Leute haben eine bleiche, aschgraue Gesichtsfarbe. Die Wachen, mit Karabinern in den Händen, gehören den SS-Totenkopfverbänden an.

Als die Delegierten Auschwitz erreichen, werden sie ins Innere des Konzentrationslagers gebracht, wo Arthur Liebehenschel, Nachfolger von Rudolf Höß, sie als Auschwitz-Kommandant empfängt. Die Situation ist gespannt, die Offiziere sind zurückhaltend. Sie haben einiges zu verbergen: In ihrem Lager werden Menschen in Massen dahingeschlachtet, vergast, verbrannt. Doch davon erfahren die Delegierten nichts; sie können nur ahnen, was in Auschwitz vor sich geht. Sie verteilen Pakete an die Häftlinge in der Hoffnung, daß diese die Adressaten erreichen.

»Die Lager sind umzäunt mit Stacheldraht und elektrischem Draht. Es ist selbstverständlich: wenn einer eine verbotene Zone oder einen verbotenen Weg betritt, wird geschossen.«
Heinrich Himmler, 1937

In einem Bericht hält ein Delegierter resigniert fest: »Wieder einmal haben wir beim Verlassen von Auschwitz den Eindruck, daß das Geheimnis gut gewahrt bleibt.«

Die Schilderung läßt Fragen offen – Fragen, denen sich das Internationale Komitee des Roten Kreuzes (IKRK) heute stellen muß. Warum waren die Häftlinge trotz der Arbeit an frischer Luft totenbleich? Ist den Delegierten entgangen, daß Frauen und Männer bis aufs Skelett abgemagert waren? Hatte die westliche Öffentlichkeit nicht spätestens im Juni 1942 von Auschwitz erfahren? Am 29. Juni 1942 informierte der Jüdische Weltkongreß in London bei einer Pressekonferenz die Welt über das Verbrechen der »Endlösung«. Doch es gab viele, die davon nichts wissen *wollten*, die Augen und Ohren verschlossen. Sie machten es denen um so leichter, die ihnen den Blick für die Wahrheit verstellten.

Am 23. Juni 1944 reiste Dr. Rossel, Vertreter des Berliner IKRK-Chefs Dr. Marti, in Begleitung zweier dänischer Vertreter des Roten Kreuzes nach Theresienstadt, um das Konzentrationslager zu besichtigen. SS-Chef Himmler hatte damit gerechnet und vorher seine Schergen beauftragt, »Verschönerungsarbeiten« vorzunehmen. Häuser wurden angestrichen, Blumenbeete angelegt, sogar ein Kindergarten wurde errichtet.

In Theresienstadt angekommen, ließen sich Rossel und seine Begleiter durch die Straßen führen. Sie unternahmen nicht den geringsten Versuch, mit Häftlingen zu sprechen und taten so, als bemerkten sie gar nicht, was da gespielt wurde. Kurz darauf ließ Rossel das Auswärtige Amt in Berlin wissen: »Wir werden sagen, daß unser Erstaunen außerordentlich war, im Ghetto eine Stadt zu finden, die fast ein normales Leben führt.« Doch damit nicht genug: Um den Nationalsozialisten ein perfektes Alibi zu liefern, schickte Rossel dem Auswärtigen Amt selbstgefertigte Fotos von Kindern aus dem Lager Theresienstadt. Grausamer Zynismus, wie sich später herausstellen sollte: die Leichen dieser Kinder wurden vier Monate später in den Öfen von Auschwitz verbrannt.

Der »Fall Theresienstadt« wiegt um so schwerer, als das IKRK im Besitz von Augenzeugenberichten der Auschwitz-Häftlinge Alfred Wetzler und Rudolf Vrba war, die am 7. April 1944 aus dem zu Auschwitz gehörenden Lager Birkenau fliehen konnten und detailliert berichteten, was im KZ Auschwitz geschah – auch mit den Juden aus Theresienstadt.

Auf die Hilfe des Deutschen Roten Kreuzes konnte das IKRK nicht rechnen. Es war fest in den nationalsozialistischen Machtapparat eingebunden. Ein General der Infanterie war Präsident des DRK, das NSDAP-Mitglied Carl Eduard Herzog von Sachsen-Coburg und Gotha. Sein Stellvertreter freilich war der SS-Reichsarzt Dr. Ernst Robert Grawitz. Vom DRK war kein Protest gegen den Holocaust zu erwarten.

Dennoch täte man dem IKRK und dem DRK Unrecht, würde man nur ihr Versagen anprangern. Zu den zentralen Aufgaben beider Organisationen gehörte die Betreuung der Kriegsgefangenen. Daß sich IKRK und DRK um Millionen von Gefangenen gekümmert haben, bleibt ihr Verdienst. Hitler wollte zwar Mitte 1943 aus der Rot-Kreuz-Gemeinschaft austreten, um in keine internationale Organisation mehr eingebunden sein zu müssen, doch verzichtete er darauf, weil dann die deutschen Kriegsgefangenen nicht mehr von den anderen Rot-Kreuz-Gesellschaften versorgt worden wären. Dieser vernünftige Entschluß war freilich nicht Hilter selbst zuzuschreiben, sondern dem Staatssekretär im Auswärtigen Amt, Ernst von Weizsäcker.

Vom ersten Tag des Krieges an, besonders aber nach dem Feldzug gegen Frankreich von 1940, liefen beim IKRK Klagen in Mengen ein. Die Kriegsgefangenen litten an Hunger und Kälte, hieß es – vor allem die in deutscher Gefangenschaft.

Die nationalen Rotkreuz-Gesellschaften waren in allen kriegführenden Ländern mit ihrer Hauptaufgabe, dem Sanitätsdienst bei der kämpfenden Truppe und – hinter der Front – mit der Betreuung der Lazarette in Anspruch genommen. Bei der Versorgung von Kriegsgefangenen dachten die nationalen Rotkreuz-Gesellschaften in erster Linie an die eigenen Landsleute, die in Feindeshand gelangt waren. Da waren sie tüchtig: Trotz widriger Umstände gelang es den Mitarbeitern des Roten Kreuzes 36 Millionen Pakete mit Lebensmitteln, Medikamenten und Büchern über alle Fronten hinweg an ihre Adressaten zu bringen.

Den Zivilisten in den bombardierten Städten freilich konnte das IKRK nicht ausreichend helfen.

Die Zivilbevölkerung hatte sich weiterhin mit der Haager Landkriegsordnung aus dem Jahr 1907 zu begnügen. Danach durften unverteidigte Ortschaften nicht angegriffen werden. Bei bewaffnetem Widerstand sollte der Befehlshaber der angreifenden Truppe vor Beginn der Beschießung die Ortsbehörden von seiner Absicht unterrichten. Welch ein Zynismus angesichts von Vernichtungsschlägen, die mit Städtenamen wie Rotterdam, Coventry, Dresden oder Hiroshima verknüpft sind! (HS)

Carl Eduard Herzog von Sachsen-Coburg und Gotha war von 1933 bis 1945 Präsident des Deutschen Roten Kreuzes.

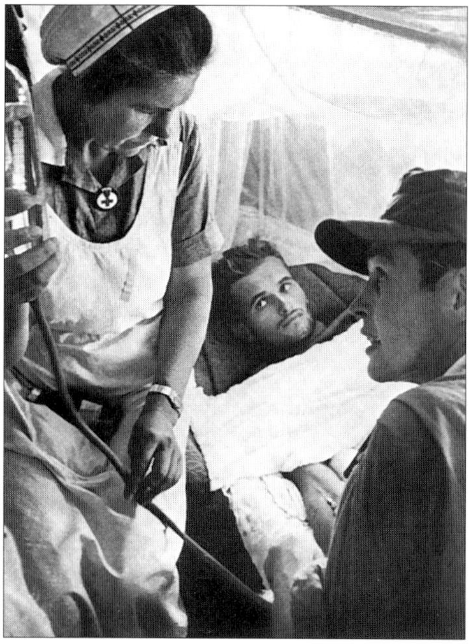

Oft nur mit behelfsmäßigen Mitteln versorgten Truppenärzte und Krankenschwestern in aufopferndem Einsatz nach den Gefechten die Verwundeten – meist in Sanitätszelten oder Notunterkünften. Mit Sanitätsflugzeugen wurden Schwerverwundete in Lazarette und Spezialkliniken nach Deutschland geflogen. Leichtverwundete gingen wieder zurück zur Truppe.

Träume vom künftigen Deutschland

Das Ende des »Kreisauer Kreises«

Das Haupt des »Kreisauer Kreises«: Helmuth James Graf von Moltke vor dem Volksgerichtshof in Berlin.

Die Herren kamen unangemeldet, und ihr Besuch verhieß nichts Gutes. Mit forschem Schritt nahmen am 19. Januar 1944 Beamte des Sicherheitsdienstes (SD) die Stufen zum Amt Ausland/Abwehr des Oberkommandos der Wehrmacht in Berlin-Tiergarten. Hier, in den Amtsstuben am Tirpitz-Ufer, arbeitete der Mann, den sie suchten: Helmuth James Graf von Moltke war Sachverständiger für Völkerrecht, in den Augen von Himmlers Häschern aber war der gewissenhafte Jurist nichts anderes als ein »pflichtvergessener Beamter«. Moltke, so der Vorwurf, habe seinen regimekritischen Freund und Kollegen Otto Carl Kiep gewarnt, ihm drohte die Verhaftung. Jetzt traf Moltke die Staatswillkür selbst: Er wurde festgenommen. Noch konnten die SD-Männer nicht ahnen, welch wichtige Schlüsselfigur sie mit Graf Moltke verhaftet hatten. Er war der geistige Kopf des »Kreisauer Kreises«, einer der aktivsten Widerstandsgruppen gegen das Nazi-Regime.

Im Reichssicherheitshauptamt mußte Moltke Verhör auf Verhör über sich ergehen lassen. Im Februar deportierte ihn die Gestapo ins mecklenburgische Konzentrationslager Ravensbrück. Auch sein Vertrauter Kiep wartete auf die Hinrichtung. Er aber rechnete damit, bald wieder auf freiem Fuß zu sein, um das Terror-Regime bekämpfen zu können und seinem Ziel, nach dem Sturz der NS-Diktatur ein neues, besseres Deutschland zu schaffen, näherzukommen. Gedanken wie diese gingen ihm in Ravensbrück stets dann durch den Kopf, wenn er ein verschlissenes Foto betrachtete, das er stets bei sich trug: Durch das Geäst einer alten Birke fiel der Blick auf ein sonnenüberflutetes Haus mit einer riesigen Veranda: das »Berghaus« auf Moltkes Landgut am Rande des schlesischen Eulengebirges bei Kreisau.

Hier wohnte die Familie Moltke seit 1928, und hier, im Wohn- und Kaminzimmer, fanden 1942 und 1943 die drei Haupttagungen einer Gruppe statt, die in den SD-Ermittlungsakten im August 1944 erstmals unter dem Namen »Kreisauer Kreis« erwähnt wurde. In dieser Ideenschmiede, umgeben von hohen Akazien und eingebettet in eine sanfte Hügellandschaft, entstand in langen Nächten voller Diskussionen das Programm einer in Schlesien, Bayern und vor allem in Berlin aktiven Widerstandsgruppe um zwei Aristokraten aus berühmten Familien: Helmuth James Graf von Moltke und Peter Graf Yorck von Wartenburg.

Beide kannten sich noch nicht allzu lange. Moltke, Humanist, Christ und Sproß einer Familie, die Militärgeschichte geschrieben hatte, begegnete dem Oberregierungsrat und Leutnant der Reserve Yorck erstmals im Januar 1940. Damals schrieb er seiner Frau Freya, mit Yorck habe er sich »sehr gut verständigt, und werde ihn wohl öfter sehen«. Tatsächlich verwandelte sich diese Bekanntschaft binnen kürzester Zeit in ein Bündnis zweier Menschen, die ihr Leben riskierten, um das verhaßte Regime zu stürzen. Moltke, der in Hitlers Machtübernahme einen »Triumph des Bösen« sah, wurde der »Kopf«, Yorck das »Herz« eines engen Freundeskreises von zwanzig Konservativen, Sozialisten, Protestanten und Katholiken im Widerstand gegen den Hitler-Staat. Moltke und Yorck allein waren über alle Details der Arbeit des Kreisauer Kreises informiert. Sie zogen die Fäden in einer Gruppe, die bis zur Verhaftung Moltkes ein weitverzweigtes Verbindungsnetz zu allen Gruppierungen des Widerstands geknüpft hatte. Der Kreis hielt Kontakt zur (evangelischen) Bekennenden Kirche, zum katholischen Episkopat, zur Opposition im Amt Ausland/Abwehr, mit Regimekritikern im diplomatischen Dienst, zur Wehrmacht ebenso wie zu der Gruppe um den ehemaligen Leipziger Oberbürgermeister Carl Friedrich Goerdeler oder zur »Weißen Rose«. Deren letztes Flugblatt gelangte über einen »Kreisauer«, den Jesuitenpater Alfred Delp, an die internationale Öffentlichkeit. Ende 1943 träumten die »Kreisauer« von einer Allianz mit den westlichen Alliierten gegen das NS-Regime. Sie kam nie zustande.

Das Berghaus auf Moltkes Landgut bei Kreisau war Treffpunkt und Tagungsort der Widerstandsgruppe, die unter dem Namen »Kreisauer Kreis« bekannt wurde.

»Wer Hitler wählt, wählt den Krieg!« war sich Moltke schon 1933 sicher. Am Beispiel der Kommunisten hatte sich aber gezeigt, in welch mörderisches Dilemma aktive Gegner der Machthaber zwangsläufig gerieten. Widerstand im Dritten Reich – das hieß Leben in ständiger Todesgefahr.

Carlo Mierendorff, 1941 zum »Kreisauer Kreis« gestoßen, hatte die Rache des Regimes am eigenen Leib verspürt. Als sozialdemokratischer Reichstagsabgeordneter seit 1930 und konsequenter Redner gegen Hitlers Partei hatte er den Haß der Nationalsozialisten auf sich gezogen. SA-Schergen trieben ihn als »Arbeiterverräter« in einem »Triumphzug« durch Darmstadt, bevor er die Schikanen der KZ-Wärter kennenlernte: »Schläge, Fußtritte ›Leib – Gesicht – Genick‹ Menschen?« notierte der Häftling Mierendorff.

Seine Parteifreunde und Mitstreiter im Kreisauer Kreis, Julius Leber und Theodor Haubach, durchlebten ähnliche Qualen. Andere »Kreisauer« wie die Zentrumspolitiker Paulus van Husen, Hans Lukaschek oder Theodor Steltzer kostete der Kampf auf verlorenem Posten ihre Verwaltungs- und Richterämter. Wen aber kümmerte das schon? Der Aufschrei des Gewissens fand in der gleichgeschalteten »Volksgemeinschaft« kein Echo.

Adam von Trott zu Solz, ein Vetter und Jugendgefährte von Moltke, kam daher schon früh zu dem Schluß, eine »offene Opposition gegen das Regime ist nicht möglich«. Wie aber stellte sich von Trott einen wirkungsvollen Widerstand vor? Wie praktizierte er Opposition? Elf Jahre schwankte von Trott als Mitarbeiter im NS-Außenministerium zwischen Anpassung und Auflehnung – ein Schicksal, das der Jüngste der Gruppe mit vielen Kreisauern teilte. 1933 hatte von Trott seinen Studienfreunden in Oxford versprochen, nicht in die NSDAP einzutreten, »es sei denn, daß dies je meine Pflicht werden würde zur Unterstützung meiner Anti-Nazi-Tätigkeit«. Wenige Jahre später sah er sich tatsächlich in die Pflicht genommen, wurde Mitglied der Partei, und im April 1943 erklomm er auf der Karriereleiter sogar die Sprosse »Legationsrat«. Die Ernennungsurkunde trug die Unterschrift von Adolf Hitler.

Nicht nur einmal diskutierte der Kreisauer Kreis das Für und Wider eines Attentates auf den »Führer«. Von Trott forderte den Tyrannenmord, doch damit vertrat er lange Zeit die Meinung einer Minderheit. Hitler, so war es vorgesehen, sollte nach seinem Sturz wie alle »Rechtsschänder« vor ein ordentliches Gericht gestellt werden. Erst 1944 rangen sich die von Gewissensbissen geplagten, christlichen Widerständler zu Mordplänen durch. Männer des Kreisauer Kreises wie Graf Yorck von Wartenburg, Adam von Trott zu Solz, Julius Leber, Hans Lukaschek, Hans-Bernd von Haeften, Adolf Reichwein, Theodor Haubach und Eugen Gerstenmaier schlossen sich Claus Schenk Graf von Stauffenberg an und waren am Umsturzversuch des 20. Juli 1944 beteiligt.

Vergleichsweise einig war sich der Kreisauer Kreis hingegen darüber, wie das Deutsche Reich nach der »Stunde X«, nach Hitlers Sturz, verändert werden sollte. Eindeutig lehnten die Widerständler jegliche Form des Totalitarismus ab. Sie traten für das Prinzip der Selbstverantwortung und Mitbestimmung des einzelnen im Gesamtstaat ein, legten großen Wert auf die Freiheit der Person, betonten die »Herrschaft des Rechts« und schrieben den europäischen Bundesstaat auf ihre Fahnen. Das Reich sollte sich in vier Ebenen – Gemeinde, Kreis, Land und Reich – gliedern. Geplant war, Preußen aufzulösen und 19 oder 20 neue Länder zu schaffen, wobei der Kreisauer Kreis keineswegs auf alle von Hitler annektierten Gebiete verzichten wollte. Diese Länder sollten von Landesverwesern regiert werden. Einige dieser »Ministerpräsidenten« standen schon 1943 fest. Konrad Adenauer zum Beispiel war das Land »Mittelrhein«, das Rheinland, zugedacht.

Zwar betonte der Kreisauer Kreis immer wieder das Prinzip einer »Demokratie von unten nach oben«, tatsächlich aber wäre diese Basisdemokratie über die Gemarkungen der Landkreise nicht hinausgekommen. Das lag an dem in Kreisau überlegten Wahlrecht. Während das Volk Kreis- und Gemeindeparlamente noch direkt hätte wählen können, wären Landtage und Reichstag indirekt gewählt worden. Das hieß, nur Kreisräte hätten bestimmt, wer in die Landtage einzieht; nur Landtagsabgeordneten wäre es vorbehalten geblieben, über die Zusammensetzung des Reichstages zu entscheiden. Offensichtlich mißtrauisch gegenüber der politischen Mündigkeit ihrer Zeitgenossen, konstruierte der Kreisauer Kreis überdies ein System, in dem Landes- und Reichspolitik zur Domäne einer Elite aus Männern geworden wäre. Frauen sahen die Kreisauer Verfassungsväter in Landtagen wie im Reichstag nicht vor. Es war also eine recht konservative Gesellschaft, die sich da zusammengefunden hatte.

Nach der Verhaftung Moltkes am 19. Januar 1944 zerfiel der Kreisauer Kreis. Noch am selben Tag überzeugte Claus Schenk Graf von Stauffenberg Peter Graf Yorck von seinen Attentatsplänen. Sieben Monate später waren beide tot. 13 von 19 damals noch lebenden Angehörigen des Kreisauer Kreises gerieten nach dem gescheiterten Attentat in die Fänge der Gestapo. Im berüchtigten Foltergefängnis in der Berliner Prinz-Albrecht-Straße, in den Gefängnissen von Tegel, Moabit und Plötzensee, in den Konzentrationslagern Oranienburg, Sachsenhausen und Ravensbrück warteten sie auf ihre Prozesse vor dem Volksgerichtshof. Yorck stand als erster »Kreisauer« vor dem tobenden Präsidenten Roland Freisler. Das Urteil: »Tod durch den Strang«. Zwei Stunden nach dem Urteilsspruch wurde es vollstreckt.

Das gleiche Urteil fällte Freisler über Helmuth James Graf von Moltke. Im Abschiedsbrief an seine Söhne im Oktober 1944 hatte er geschrieben: »Seitdem der Nationalsozialismus zur Macht gekommen ist, habe ich mich bemüht, seine Folgen für seine Opfer zu mildern und einer Wandlung den Weg zu ebnen. Dazu hat mich mein Gewissen getrieben – und schließlich ist das eine Aufgabe für einen Mann.« Im Januar 1945 klagte dieser Mann, nach außen hin unbeeindruckt vom infamen und würdelosen Schauspiel der Verhandlung, den »Richter« Freisler an: »Weil wir zusammen gedacht haben, sollen wir gehenkt werden!« Als »Christ und als nichts anderes« sehe er sich verurteilt.

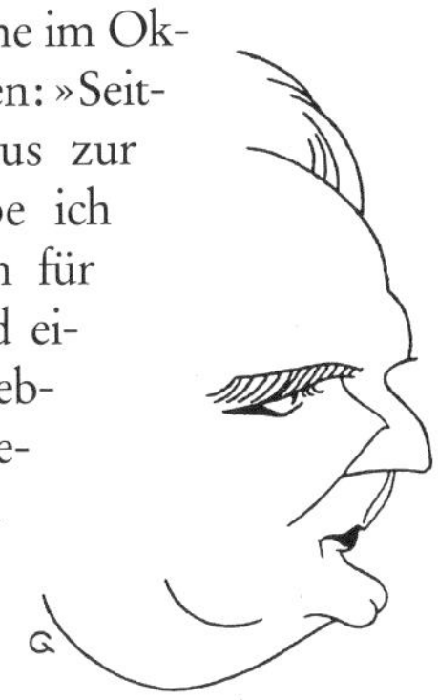

Carlo Mierendorff nach einer Karikatur von Erich Goltz.

Acht Männer des Kreisauer Kreises wurden hingerichtet. Von ihren Leichen fehlt jede Spur. Es heißt, sie seien verbrannt worden, und wenn die Gerüchte stimmen, dann hat man ihre Asche auf den Rieselfeldern Berlins verstreut. (JM)

Peter Graf Yorck von Wartenburg, Leutnant der Reserve (oben), Adam von Trott zu Solz, Legationsrat im Auswärtigen Amt (Mitte) und Adolf Reichwein (rechts) gehörten zum engsten Freundeskreis von Helmuth James Graf von Moltke.

Freya von Moltke

Pläne für eine Nachkriegsordnung

Vorbemerkung

Wer heute die Pläne liest, muß sich darüber klar sein, daß sie das Produkt einer Gruppe sind. Die Teilnehmer an den Besprechungen brachten ganz verschiedene Vorstellungen mit. Die Pläne kamen dann durch einen wechselseitigen Lernprozeß in fortgesetzten Gesprächen zustande. Sie sind nicht Niederschriften eines einzelnen oder einer homogenen Gruppe Gleichgesinnter, sondern sie tragen die Spannungen zwischen Sozialisten und Nicht-Sozialisten, Katholiken und Protestanten, Sozialisten und Katholiken – um nur einige zu nennen – aus. Wichtiger als die inhaltlichen Details der Pläne war der Einigungsprozeß selbst.

Auf ihrer Suche nach Formen für eine neue Demokratie in Deutschland waren sich Helmuth von Moltke und seine Freunde einig, daß Deutschland wieder ein Rechtsstaat werden müsse, in dem der einzelne möglichst frei von politischem und gesellschaftlichem Zwang leben konnte. Sie waren sich auch einig in der Ablehnung jeder totalitären Staatsform, verwarfen also den Kommunismus russischer Prägung. Einig waren sie sich auch darin, daß die neue Demokratie die historische Kontinuität nicht priesgeben und sich dabei auf diejenigen Kräfte im Volk stützen sollte, die als einzige dem Nationalsozialismus widerstanden hatten – auf die Christen und freiheitlich gesinnten Arbeiter. Aber sie waren in einem Dilemma.

Die Weimarer Republik, der erste Versuch einer Demokratie in Deutschland, hatte dem Ansturm ihrer Gegner von rechts und links nicht standgehalten. Denn die bürgerlichen Schichten (einschließlich des ehemaligen Adels) hatten sie nie mit Überzeugung unterstützt, sondern traditionsgemäß am Obrigkeits- und Beamtenstaat festgehalten. Abgesehen von einer dünnen Schicht bürgerlicher Demokraten gab es nur in der sozialdemokratischen Arbeiterschaft eine Massenbewegung für die Demokratie. Doch die konservative Oberschicht ließ die Arbeiterschaft nie als staatstragendes Element gelten, obwohl die führenden Sozialdemokraten in kritischen Zeiten immer staatserhaltende Beschlüsse gefaßt hatten. Sie war noch weniger als die bürgerlichen Schichten anderer europäischer Länder fähig oder bereit, die politischen und gesellschaftlichen Konsequenzen aus der Entwicklung der Technik und der Industrialisierung zu ziehen, die die Struktur Deutschlands wie anderer Länder bereits vollkommen verändert hatte.

Der Mißerfolg der Weimarer Republik und die blinde Bereitschaft großer Teile des Volkes, Hitler zu folgen, hatten gezeigt, daß die Demokratie in Deutschland noch nicht funktionierte. Wer sich mit der Frage befaßte, was auf den Sturz der Nazis folgen sollte, mußte davon ausgehen, daß in Deutschland im Gegensatz zu den westlichen Demokratien keine historischen Voraussetzungen und keine soziale Integration existierten, die eine Demokratie begünstigt hätten. Im Hinblick darauf entstanden diese Pläne, die als Entwurf zur Schaffung der Voraussetzungen für eine Demokratie betrachtet werden müssen. Das ist auch der Grund, warum die Selbstverwaltung in »überschaubaren« politischen und wirtschaftlichen Einheiten, das heißt in Betrieben, Gemeinden und Kreisen, eine so große Rolle spielt. Der einzelne sollte zum Demokraten erzogen werden, indem man ihm Gelegenheit gab, sich in persönlicher Verantwortung an der Verwaltung seines Lebenskreises zu beteiligen. Auch wollte man dem Leben des einzelnen mehr Funktion und Sinn geben, um der Vermassung im modernen Industriestaat entgegenzuwirken. Auf diese Weise sollten alle Klassen in die Gemeinschaft einbezogen werden, über ihren Eigennutz hinaus und ohne an das Nationalgefühl zu appellieren, das die Nazis bis zum Exzeß ausgebeutet hatten.

Allgemeine Grundsätze

Helmuth von Moltke hatte geschrieben: »In dem einzelnen muß das Gefühl der inneren Gebundenheit an Werte, die nicht von dieser Welt sind, wiedererweckt werden, welches allein ermöglicht, ihm die Freiheit wiederzugeben; dadurch wird der einzelne ein Gefühl der Verantwortung wiederbekommen, welches zu einem Aufblühen wahrer Gemeinschaft führen wird.«

Diese Haltung kommt auch in der Einleitung der *Grundsätze für die Neuordnung* zum Ausdruck:

Die Regierung des Deutschen Reiches sieht im Christentum die Grundlage für die sittliche und religiöse Erneuerung unseres Volkes, für die Überwindung von Haß und Lüge, für den Neuaufbau der europäischen Völkergemeinschaft.

Der Ausgangspunkt liegt in der verpflichtenden Besinnung des Menschen auf die göttliche Ordnung, die sein inneres und äußeres Dasein trägt. Erst wenn es gelingt, diese Ordnung zum Maßstab der Beziehungen zwischen Menschen und Völkern zu machen, kann die Zerrüttung unserer Zeit überwunden und ein echter Friedenszustand geschaffen werden.

Die innerer Neuordnung des Reiches ist die Grundlage zur Durchsetzung eines gerechten und dauerhaften Friedens.

Im Zusammenbruch bindungslos gewordener, ausschließlich auf die Herrschaft der Technik gegründeter Machtgestaltung steht vor allem die europäische Menschheit vor dieser Aufgabe. Der Weg zu ihrer Lösung liegt offen in der entschlossenen und tatkräftigen Verwirklichung christlichen Lebensgutes. Die Reichsregierung ist daher entschlossen, folgende nach innen und außen unverzichtbare Forderungen mit allen ihr zur Verfügung stehenden Mitteln zu verwirklichen:

1. Das zertretene Recht muß wieder aufgerichtet und zur Herrschaft über alle Ordnungen des menschlichen Lebens gebracht werden. Unter dem Schutz gewissenhafter, unabhängiger und von Menschenfurcht freier Richter ist es Grundlage für alle zukünftige Friedensgestaltung.

2. Die Glaubens- und Gewissensfreiheit wird gewährleistet. Bestehende Gesetze und Anordnungen, die gegen diese Grundsätze verstoßen, werden sofort aufgehoben.

3. Brechung des totalen Gewissenszwanges und Anerkennung der unverletzlichen Würde der menschlichen Person als Grundlage der zu erstrebenden Rechts- und Friedensordnung. Jedermann wirkt in voller Verantwortung an den verschiedenen sozialen, politischen und internationalen Lebensbereichen mit. Das Recht auf Arbeit und Eigentum steht ohne Ansehen der Rassen-, Volks- und Glaubenszugehörigkeit unter öffentlichem Schutz.

4. Die Grundeinheit friedlichen Zusammenlebens ist die Familie. Sie steht unter öffentlichem Schutz, der neben der Erziehung auch die äußeren Lebensgüter Nahrung, Kleidung, Wohnung, Garten und Gesundheit sichern soll.

5. Die Arbeit muß so gestaltet sein, daß sie die persönliche Verantwortungsfreudigkeit fördert und nicht verkümmern läßt. Neben der Gestaltung der materiellen Arbeitsbedingungen und fortbildlicher Berufsschulung gehört dazu eine wirksame Mitverantwortung eines jeden an dem Betrieb und darüber hinaus an dem allgemeinen Wirtschaftszusammenhang, zu dem seine Arbeit beiträgt. Hierdurch soll er am Wachstum einer gesunden und dauerhaften Lebensordnung mitwirken, in der der einzelne, seine Familie und die Gemeinschaft in ausgeglichenen Wirtschaftsräumen ihre organische Entfaltung finden können. Die Wirtschaftsführung muß diese Grunderfordernisse gewährleisten.

6. Die persönliche politische Verantwortung eines jeden erfordert seine mitbestimmende Beteiligung an der neu zu belebenden Selbstverwaltung der kleinen und überschaubaren Gemeinschaften. In ihnen verwurzelt und bewährt, muß seine Mitbestimmung im Staat und in der Völkergemeinschaft durch selbstgewählte Vertreter gesichert und ihm so die lebendige Überzeugung der Mitverantwortung für das politische Gesamtgeschehen vermittelt werden.

7. Die besondere Verantwortung und Treue, die jeder einzelne seinem nationalen Ursprung, seiner Sprache, der geistigen und geschichtlichen Überlieferung seines Volkes schuldet, muß geachtet und geschützt werden. Sie darf jedoch nicht zur politischen Machtzusammenballung, zur Herabwürdigung, Verfolgung oder Unterdrükkung fremden Volkstums mißbraucht werden. Die freie und friedliche Entfaltung nationaler Kultur ist mit der Aufrechterhaltung absoluter einzelstaatlicher Souveränität nicht mehr zu vereinbaren. Der Friede erfordert die Schaffung einer die einzelnen Staaten umfassenden Ordnung. Sobald die freie Zustimmung aller beteiligten Völker gewährleistet ist, muß den Trägern dieser Ordnung das Recht zustehen, auch von jedem einzelnen Gehorsam, Ehrfurcht, notfalls auch den Einsatz von Leben und Eigentum für die höchste politische Autorität der Völkergemeinschaft zu fordern …

Helmuth James Graf von Moltke

Um diese Grundsätze heute würdigen zu können, muß man bedenken, daß sie wie ein Glaubensbekenntnis niedergeschrieben wurden, das denjenigen, die es vertraten, das Leben kosten konnte, weil es alles zusammenfaßte, was sie unwiderruflich von der Gewaltherrschaft in ihrem Lande trennte.

Aus: Helmuth James von Moltke 1907–1945. Anwalt der Zukunft. 1975.

Januar 1944

1 · Samstag · Neujahr

Im Deutschen Reich werden die Postleitzahlen eingeführt.

In seinem Neujahrsaufruf wünscht der Präsident der Evangelischen Kirche Thüringens, Hugo Rönck, daß »Gott dem Führer einer geeinten Nation und dem Obersten Befehlshaber unserer tapferen Wehrmacht seinen Segen nicht versagen« werde.

2 · Sonntag

Die britische Luftwaffe wirft während eines schweren Nachtangriffs 1400 Tonnen Bomben auf verschiedene Berliner Wohnviertel.

Großadmiral Karl Dönitz fordert angesichts der alliierten Überlegenheit in der Radartechnik die Einführung »brauchbarer Funkmeßgeräte« auf deutschen Kriegsschiffen.

3 · Montag

In Weimar wird die erste staatliche »Eheberatungs- und Ehevermittlungsstelle für Kriegsversehrte« eröffnet. Ziel der neuen Einrichtung ist es, »den moralischen Niedergang des deutschen Volkes« aufzuhalten.

4 · Dienstag

In Silkeborg (Dänemark) wird der dänische Schriftsteller und Pfarrer Kaj Munk von der Gestapo erschossen. Munk hatte in Predigten zum Widerstand gegen das deutsche Besatzungsregime aufgerufen.

Südlich der Pripjet-Sümpfe überschreitet die Rote Armee erstmals die polnisch-sowjetische Grenze von 1939.

Hitler erklärt während einer Lagebesprechung: »Wenn ich die Düsenjäger rechtzeitig bekomme, kann ich mit ihnen die Invasion abwehren.«

5 · Mittwoch

Die polnische Exilregierung in London fordert die Achtung der territorialen Unversehrtheit Polens durch die Sowjetunion. Eine Westverschiebung des Landes, wie von den Alliierten auf der Konferenz von Teheran vorgesehen, lehnt die Exilregierung kategorisch ab.

Vor der afrikanischen Küste gibt der Kapitän des letzten deutschen Blockadebrechers »Burgenland« nach der Entdekkung durch britische Seestreitkräfte den Befehl zur Selbstversenkung. Die »Burgenland« hatte kriegswichtigen Kautschuk aus Ostasien geladen.

6 · Donnerstag

Die Regierungen in Washington und London geben die Entwicklung des ersten alliierten Düsenjägers bekannt. Augenzeugen berichten, die Maschine erzeuge einen Lärm »wie ein riesiger Teekessel«.

7 · Freitag

Der Pilot eines viermotorigen US-Bombers landet auf einem schweizerischen Militärflugplatz bei Zürich. Bis Kriegsende entziehen sich auf diese Weise 186 alliierte Kampfflugzeuge ihren Verfolgern.

In Berlin erklärt Hans Frank, »Generalgouverneur in Polen«, das polnische Volk habe »unter der deutschen Führung inneren, wirtschaftlichen und kulturellen Frieden gefunden«.

Hans Frank, Generalgouverneur von Polen.

8 · Samstag

Ein Sondergericht in Verona verhängt 19 Todesurteile gegen prominente italienische Faschisten, die im Juli 1943 am Sturz des italienischen »Duce« Benito Mussolini beteiligt waren. Fünf der Verurteilten, darunter Mussolinis Schwiegersohn Graf Ciano, werden am 11. Januar hingerichtet.

9 · Sonntag

In Lyon werden zwei deutsche Soldaten von der Résistance ermordet. Der Gestapo-Chef der Stadt, Klaus Barbie, befiehlt daraufhin als Vergeltung die Hinrichtung von 22 gefangenen Zivilisten.

Die Wienerin Martha Musilek wird zum drittenmal in Folge Deutsche Meisterin im Eiskunstlauf.

10 · Montag

Das »Deutsche Nachrichtenbüro« meldet die Verlängerung des deutsch-schwedischen Handelsabkommens. Schwedisches Eisenerz deckt 30 Prozent des Bedarfs der deutschen Rüstungsindustrie.

11 · Dienstag

Der sowjetische Diktator Josef Stalin lehnt Verhandlungen mit der polnischen Exilregierung in London grundsätzlich ab.

Im Deutschen Reich wird der Briefverkehr mit dem neutralen Ausland eingeschränkt.

12 · Mittwoch

In Washington legt US-Präsident Franklin D. Roosevelt ein Gesetz über die Einführung einer nationalen Arbeitspflicht vor. Heftige Proteste der Öffentlichkeit lassen den Vorschlag jedoch im Kongreß scheitern.

13 · Donnerstag

In den USA läuft der erste serienmäßige Frachter der »United Victory Ships«-Klasse vom Stapel. Die Geschwindigkeit des neuen Dampfers übertrifft die der bisherigen Handelsschiffe erheblich.

14 · Freitag

Eine Großoffensive sechs sowjetischer Armeen beendet den zweijährigen Stellungskrieg im Norden der Ostfront.

An den Schulen der Sowjetunion wird das 1918 abgeschaffte Zeugnis- und Zensurensystem wieder eingeführt.

15 · Samstag

In London beschließt die »European Advisory Commission« (EAC), Deutschland nach Kriegsende in verschiedene Besatzungszonen zu teilen.

Einem schweren Erdbeben in der argentinischen Provinzhauptstadt San Juan fallen mehr als 5000 Einwohner zum Opfer.

16 · Sonntag

US-General Dwight D. Eisenhower wird zum Oberkommandierenden der alliierten Streitkräfte für die Invasion in Frankreich ernannt.

17 · Montag

In Kopenhagen internieren die deutschen Besatzungsbehörden das gesamte, 5000 Mann starke Polizeikorps Dänemarks.

18 · Dienstag

Adolf Hitler befiehlt die Produktion von Torpedos, die von einem Matrosen bis kurz vor das Ziel gelenkt werden.
Die nach ihrem Konstrukteur Richard Mohr benannten »Neger«-Torpedos kommen im April erstmals zum Einsatz.

Das Gut der Moltkes in Kreisau.

19 · Mittwoch

Helmuth James Graf von Moltke, einer der führenden Köpfe des deutschen Widerstands, wird von der Gestapo verhaftet. Mit seiner Festnahme löst sich auch der »Kreisauer Kreis«, die nach dem Gut der Moltkes benannte Widerstandsgruppe, auf. Am 23. Januar 1945 wird Moltke in Berlin hingerichtet.

20 · Donnerstag

In den USA einigen sich Gewerkschaften und Eisenbahngesellschaften auf einen Kompromiß im Tarifstreit. Daraufhin werden die Eisenbahnen, die wegen drohender Streiks dem Kriegsministerium unterstellt worden waren, wieder an die Privatunternehmen zurückgegeben.

21 · Freitag

Die deutsche Luftwaffe startet zu ihrer letzten Bomberoffensive gegen Großbritannien, von den Briten wegen ihrer geringen Wirkung spöttisch »Baby Blitz« genannt.

Das »Deutsche Nachrichtenbüro« meldet den Einsatz von mehr als 600 Bombern gegen den Großraum London, tatsächlich überqueren nur 95 deutsche Maschinen den Ärmelkanal.

22 · Samstag

Bei Anzio und Nettuno, südlich von Rom, landen alliierte Truppen überraschend im Rücken der deutschen Front. Die Ausweitung des Brückenkopfes scheitert jedoch zunächst an starker deutscher Gegenwehr.

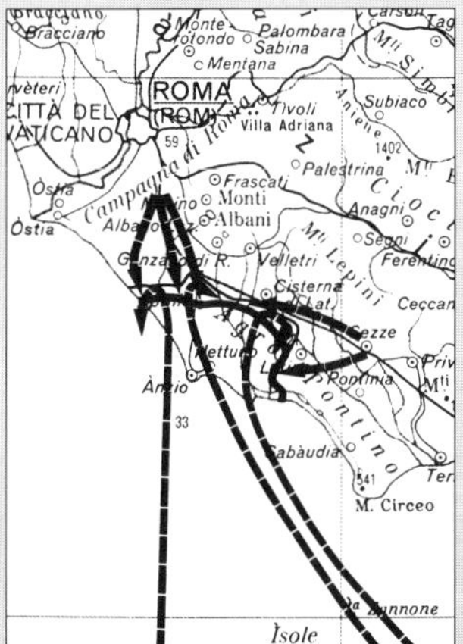

Unter heftiger Gegenwehr deutscher Truppen versuchen die Alliierten bei Anzio und Nettuno zu landen.

23 · Sonntag

Der norwegische Maler und Graphiker Edvard Munch stirbt im Alter von 80 Jahren in Ekeley bei Oslo. Munch gilt als Wegbereiter der expressionistischen Malerei.

Der deutsche »Reichsjugendführer« Baldur von Schirach erklärt die Zahnhygiene zum »Pflichtdienst«. Alle Deutschen des Jahrgangs 1929 müssen im Herbst zur Zahnuntersuchung.

24 · Montag

Im »Führerhauptquartier« empfängt Hitler den norwegischen Ministerpräsidenten Vidkun Quisling zu einem Gespräch über »die Zukunft der germanischen Völker«. Quisling leitet seit 1942 ein von den deutschen Besatzern gestütztes Kollaborationsregime.

Vidkun Quisling (1887–1945).

25 · Dienstag

Südlich von Kiew tritt die Rote Armee zu einem Zangenangriff in Richtung Schepetowka an, um die bei Tscherkassy noch am Dnjepr stehenden deutschen Verbände abzuschneiden. In dem Kessel, der sich am 28. Januar schließt, stehen 50 000 deutsche Soldaten.

26 · Mittwoch

Die Sowjetunion lehnt das Angebot der US-Regierung ab, im Konflikt um Polens Nachkriegsgrenzen zu vermitteln.

In Posen erklärt der »Reichsführer SS« Heinrich Himmler während einer Rede vor 300 Offizieren: »Es gibt keine Judenfrage mehr.«

27 · Donnerstag

Im ostpreußischen »Führerhauptquartier Wolfsschanze« hält Hitler vor den Oberbefehlshabern der Ostfront eine Rede, in der er u.a. erklärt: »Wenn es jemals eine letzte Stunde gibt, dann hoffe ich, daß Sie, meine Feldmarschälle, mit gezogenem Degen bei mir sind!«

28 · Freitag

Die Rote Armee sprengt bei ihrem Vorrücken im Nordabschnitt der Front den deutschen Belagerungsring um Leningrad. Während der mehr als zweijährigen Belagerung kamen 900 000 Bewohner der Stadt ums Leben.

In den Berliner Kinos feiert »Die Feuerzangenbowle« mit Heinz Rühmann in der Hauptrolle Premiere. Die Lausbubengeschichte wird einer der beliebtesten deutschen Unterhaltungsfilme.

29 · Samstag

Der »Persönliche Sekretär des Führers«, Martin Bormann, fordert in einer Denkschrift zwecks »verstärkter Fortpflanzung« die Einführung der »Ehe zu dritt«.

30 · Sonntag

Der Schauspieler Emil Jannings, einer der Lieblingsmimen Hitlers, wird mit dem Kriegsverdienstkreuz ausgezeichnet.

Emil Jannings (1884–1950).

31 · Montag

US-Truppen landen auf den Marshall-Inseln. Von den 9 000 japanischen Verteidigern der strategisch wichtigen Inselgruppe überleben nur 265 die dreitägigen Gefechte.

Anläßlich des Jahrestages der deutschen Niederlage in Stalingrad teilt die Verwaltung der Stadt mit, daß bei den Aufräumarbeiten mehr als 147 000 gefallene deutsche Soldaten gefunden worden seien.

Kinder für den Führer

Familienpolitik und Rassenwahn im Krieg

Am 12. August, dem »Tag der deutschen Mutter«, werden kinderreiche Frauen mit dem »Ehrenkreuz der deutschen Mutter« ausgezeichnet.

Was den einen recht war, sollte anderen künftig billig sein: SS-Chef Heinrich Himmler und Martin Bormann, der »Sekretär des Führers«, hatten ihre Zweitfrauen, und so sollte es bald allgemeiner Brauch werden. Aus eigener Erfahrung forderten die beiden »Goldfasane« im vorletzten Kriegsjahr, daß fronterprobte »erbgesunde« Männer spätestens nach dem »Endsieg« ein oder zwei Nebenfrauen nehmen und mit ihnen möglichst viele Kinder zeugen sollten. Selbst der diesbezüglich eher reservierte Hitler konnte der »Ehe zu dritt« etwas abgewinnen, denn »unsere volkliche Lage wird nach diesem Kriege eine katastrophale sein«, ließ er in einer Nachtbesprechung Anfang des Jahres wissen.

So veröffentlichte Bormann am 29. Januar 1944 im Auftrag seines Herrn den aberwitzigen Vermerk zur »Volksnotehe«: Unter Vorgabe der »Sicherung der Zukunft des deutschen Volkes« erklärte Hitlers Sekretär großspurig, daß »wir den Krieg militärisch auf jeden Fall gewinnen, ihn volklich aber verlieren werden, wenn wir nicht zu einer ganz entscheidenden Umstellung kommen«. Zunächst stellte er fest: »Nun können die Frauen, die nach diesem Weltkrieg nicht mit einem Mann verheiratet sind, ihre Kinder ja nicht vom heiligen Geist bekommen, sondern nur von den dann noch vorhandenen deutschen Männern.« Bormann folgerte daraus: »Wir müssen wünschen, daß die Frauen, die nach diesem Krieg keinen Ehemann mehr haben oder bekommen, mit möglichst einem Mann ein eheähnliches Verhältnis, aus dem möglichst viele Kinder erwachsen, eingehen.«

Deutsche Frontkämpfer sollten, nach dem Willen des braunen Utopisten, bald schon zwei oder mehr Frauen heiraten können, um so ein Maximum an Nachwuchs zu zeugen. Durch die hohe Zahl der Gefallenen war die Geburtenrate rückgängig, deshalb müsse eine »verstärkte Fortpflanzung« gefördert werden: Es gab zu viele Frauen und zu wenige Männer, so war auch die außereheliche Zeugung von »arischem Nachwuchs« nicht mehr tabu. Bormann forderte im »Volksehe«-Vermerk das Verbot des Begriffs »unehelich« sowie den Wegfall jeglicher moralischer oder materieller Schranken für diese Kinder, um auf lange Sicht den Nachwuchs an Soldaten sicherzustellen. Himmler träumte davon, dem »Großgermanischen Reich« bis zum Jahre 1980 eine Bevölkerung von über »120 Millionen Germanen« zu bescheren. »Die Anzahl der Wiegen muß weit größer sein als die Zahl der Särge.« Der »Reichsführer SS« befürchtete das Aussterben der nordischen Rasse, des »deutschen Menschen« ohnehin. Aus Himmlers verbohrter Sicht fehlten langfristig genügend »Herrenmenschen«, die nach dem »Endsieg« versklavte »Ostvölker« im »Großgermanischen Reich« beherrschen sollten.

Diese größenwahnsinnigen Siedlungs- und Rassegedanken gingen zurück auf das Hauptwerk der braunen Bewegung. Schon zwei Jahrzehnte vorher hatte Hitler in seiner programmatischen Schrift »Mein Kampf« diese Pläne veröffentlicht. Nach der Machtübernahme 1933 gingen die Rassepolitiker des Dritten Reichs daran, seine verbrecherischen Hirngespinste in die Tat umzusetzen. Ein wichtiger Teil ihrer Politik bestand in der systematischen Diskriminierung der Berufsarbeit von Frauen. Sie

Auf einer der zahlreichen Großveranstaltungen vor dem Krieg jubeln junge Frauen begeistert ihrem Idol Adolf Hitler zu.

sollten aus dem Erwerbsleben heraus und in die Mutterschaft hineingetrieben werden. So wurden seit Beginn der NS-Herrschaft weibliche Beamte zwangsweise aus dem Staatsdienst entfernt und zivile Arbeitgeber angewiesen, keine Frauen mehr einzustellen. »Die Entfernung der Frauen aus dem öffentlichen Leben, die wir vornehmen, geschieht nur, um ihnen ihre Frauenwürde wiederzugeben«, meinte dazu Propagandaminister Goebbels. Durch die Stiftung des »Mutterkreuzes« wollte das Regime soldatische Wertkategorien auch auf die Schwangerschaft übertragen. »Was der Mann einsetzt an Heldenmut auf dem Schlachtfeld«, hatte Hitler in »Mein Kampf« geschrieben, »setzt die Frau ein in ewig geduldigem Leid und Ertragen. Jedes Kind, das sie zur Welt bringt, ist eine Schlacht, die sie besteht für das Sein oder Nichtsein ihres Volkes.« Und diese Tapferkeit wurde belohnt: Mit dem »Ehrenkreuz der deutschen Mutter« – im Volksmund auch »Kaninchenorden« genannt – zeichnete die Regierung an jedem 12. August des Jahres, dem sogenannten »Tag der deutschen Mutter«, kinderreiche Frauen für ihre Gebärleistungen aus: Das Mutterkreuz in Bronze gab es für vier oder fünf Kinder, in Silber für sechs oder sieben und in Gold für acht und mehr Sprößlinge. Damit waren diese Ausgezeichneten rechtlich den Frontsoldaten gleichgestellt: Neben der bevorzugten Behandlung im öffentlichen Leben hatten die Mutterkreuzträgerinnen einen Anspruch auf Geldprämien, zusätzliche Essensmarken sowie auf staatlich vermitteltes Hauspersonal, nämlich Ostarbeiterinnen »guter Rasse«.

So sehr den NS-Rassepolitikern daran lag, »arische« Deutsche zur verstärkten Fortpflanzung zu bewegen, so akribisch betrieben sie die etappenweise Ausgrenzung »nichtarischen Blutes« aus dem »Volkskörper«. Erster trauriger Höhepunkt war im September 1935 die Veröffentlichung der Nürnberger Rassegesetze gewesen. Mit diesem Gesetzeswerk, das jeder Rechtsnorm widersprach, wollte man »deutsches Blut vor jeder Ansteckung bewahren und die deutsche Rasse bis zum Ende aller Zeiten schützen«. Verboten wurden zukünftig Heirat und sexuelle Beziehungen zwischen Juden und »Ariern«.

Gesetz zum Schutze des deutschen Blutes und der deutschen Ehre

Durchdrungen von der Erkenntnis, daß die Reinheit des deutschen Blutes die Voraussetzung für den Fortbestand des deutschen Volkes ist, und beseelt von dem unbeugsamen Willen, die deutsche Nation für alle Zukunft zu sichern, hat der Reichstag einstimmig das folgende Gesetz beschlossen, das hiermit verkündet wird.

§ 1

(1) Eheschließungen zwischen Juden und Staatsangehörigen deutschen oder artverwandten Blutes sind verboten. Trotzdem geschlossene Ehen sind nichtig, auch wenn sie zur Umgehung dieses Gesetzes im Auslande geschlossen sind.

(2) Die Nichtigkeitsklage kann nur der Staatsanwalt erheben.

§ 2

Außerehelicher Verkehr zwischen Juden und Staatsangehörigen deutschen oder artverwandten Blutes ist verboten.

§ 3

Juden dürfen weibliche Staatsangehörige deutschen oder artverwandten Blutes unter 45 Jahren nicht in ihrem Haushalt beschäftigen.

§ 4

(1) Juden ist das Hissen der Reichs- und Nationalflagge und das Zeigen der Reichsfarben verboten.

(2) Dagegen ist ihnen das Zeigen der jüdischen Farben gestattet. Die Ausübung dieser Befugnis steht unter staatlichem Schutz.

§ 5

(1) Wer dem Verbot des Paragraphen 1 zuwiderhandelt, wird mit Zuchthaus bestraft.

(2) Der Mann, der dem Verbot des Paragraphen 2 zuwiderhandelt, wird mit Gefängnis oder mit Zuchthaus bestraft.

(3) Wer den Bestimmungen der Paragraphen 3 oder 4 zuwiderhandelt, wird mit Gefängnis bis zu einem Jahr oder mit Geldstrafe oder mit einer dieser Strafen bestraft.

§ 6

Der Reichsminister des Innern erläßt im Einvernehmen mit dem Stellvertreter des Führers und dem Reichsminister der Justiz die zur Durchführung und Ergänzung des Gesetzes erforderlichen Rechts- und Verwaltungsvorschriften.

§ 7

Das Gesetz tritt am Tage nach der Verkündung, § 3 jedoch erst am 1. Januar 1936 in Kraft.

Nürnberg, 15. September 1935.

Der Führer und Reichskanzler.
Der Reichsminister des Innern.
Der Reichsminister der Justiz.
Der Stellvertreter des Führers.

Nach den Nürnberger Rassegesetzen waren Verbindungen zwischen Ariern und Juden verboten.

Durch den Entzug aller bürgerlichen Ehrenrechte für Juden war das Terrorregime den ersten Schritt auf dem schrecklichen Weg zum Holocaust gegangen. Der industrialisierte Massenmord in den Vernichtungslagern war die Kehrseite der Rasse-Medaille. Auf der anderen, öffentlichen, fanden sich gezielte Programme zur »Aufnordung« der deutschen Gesellschaft.

SS-Chef Himmler, der frühere Hühnerzüchter, wollte Menschenzüchter werden. Diesem Zweck diente der im Dezember 1935 gegründete »Lebensborn e.V.«. Als »Amt L« in der SS-Hierarchie geführt und Himmler unmittelbar verantwortlich, baute der Verein ein Netz von Mütter- und Kinderheimen auf. Dort sollte »dem Sieg des deutschen Geistes der Sieg des deutschen Kindes« folgen: Ehefrauen von SS-Männern sowie ledige werdende Mütter konnten in den Heimen ihren »erbbiologisch wertvollen« Nachwuchs zur Welt bringen und erziehen – natürlich im Sinne des Nationalsozialismus. Schon bei der Auswahl »erbwertlich tauglicher Mädchen« zeigten sich die ideologischen Absichten. Die Mütter und, soweit ermittelbar, die Väter mußten streng definierten »rassischen Werten« entsprechen: Diese waren aufgeführt in »Rassetafeln«, die vom »Rasse- und Siedlungshauptamt« erstellt und in den Heimen »Lebensborn« ausgehängt waren.

Doch es war beileibe nicht humane Fürsorge, die den SS-Chef zu dieser Hilfestellung trieb. Vielmehr versuchte das Regime auf diese Weise, Einfluß auf die Kindererziehung kommender Generationen zu nehmen und vor allem die Zahl der Abtreibungen – »Sabotageakte gegen Deutschlands rassische Zukunft« – drastisch zu verringern. Nach der Geburt konnten die Mütter ihre Kinder in »Lebensborn«-Kinderheimen belassen oder zur Adoption freigeben. Kinderlosen Ehepaaren sollte so die Möglichkeit fremdproduzierten Kindersegens zuteil werden. Durch seinen »Lebensborn« wollte Himmler der Wehrmacht bis zum Jahre 1970 über 400 000 garantiert »arische« Soldaten heranzüchten. Der »Lebensborn«-Zentrale in München, mit Sitz im beschlagnahmten Haus von Thomas Mann, unterstanden bis 1944 insgesamt dreizehn Mütterheime, darunter acht Einrichtungen im Reich. Während ihres knapp zehnjährigen Bestehens konnte die Organisation etwa elftausend Neugeborene verbuchen. Mit Nachwuchs, der nicht den »rassehygienischen« Aspekten der Menschenzüchter entsprach – unheilbar kranke oder erblich belastete Kinder – wurde kurzer Prozeß gemacht: »Unnötige Esser« kamen in die »Heilanstalt« Görden bei Potsdam und wurden dort getötet.

Von allen »Lebensborn«-Kindern waren fünfzig bis achtzig Prozent unehelich. Doch gerade die soziale Gleichstellung dieser Unehelichen lag Himmler besonders am Herzen. »Ich bin froh über jedes Kind«, erläuterte er 1943 vor SS-Führern, »auf welche Art es auch kommt.« Er wird an sich selbst gedacht haben: 1944 brachte seine Geliebte Hedwig ein zweites uneheliches Kind von ihm zur Welt – seine Frau Marga, eine Förderin der »Volksnotehe«, billigte die außereheliche Beziehung nachdrücklich. In den Heimen des »Lebensborn« wollte man der Diffamierung lediger Mütter dadurch begegnen, daß alle Bewohnerinnen einheitlich mit »Frau« und beim Vornamen anzureden waren. Heimeigene Sonderstandesämter verschleierten die tatsächliche Herkunft der Neugeborenen durch deren nichtöffentliche Registrierung. Damit sollten uneheliche oder vaterlose Kinder der gesellschaftlichen Ächtung entgehen. Aber hinter der Fassade gutmeinender Wohlfahrtspflege verbarg sich in Wahrheit ein regelrechtes Zuchtprogramm: Viel war die Rede vom »Saldo des völkischen Erbwertes«, von »Ausdehnung der Gebärzeit« und vom »Menschenmaterial«. Himmlers Hauptanliegen war vorgeblich, »gutes Blut« nicht aussterben zu lassen – tatsächlich vergoß die braune Kriegstreiberclique das Blut der Deutschen doch in Strömen, wenn sie Tag für Tag Soldaten und seit Herbst 1944 auch Zivilisten erbarmungslos in den Tod hetzte.

Dr. Leonardo Conti, Reichsgesundheitsführer, wollte durch künstliche Befruchtung die »gelenkte Fortpflanzung« erreichen.

Die »Lebensborn«-Heime kamen schnell in Verruf, SS-Bordelle und »Zucht- oder Beschälanstalten«, so Himmler im Mai 1944, zu sein. Das konnte er nicht auf seinem Lieblingsprojekt sitzenlassen: Der Massenmörder wachte wie eine Glucke über den Nachwuchs in den Heimen, übernahm persönlich die Patenschaft für jedes siebtgeborene Kinder dort lebender Mütter und registrierte tränenreich so manche Totgeburt. Zu Weihnachten bekam jedes Kind seinen Jul-Leuchter – ein wohlfeiles Geschenk, preisgünstig fabriziert in den Werkstätten des Dachauer Konzentrationslagers.

Zusätzliche Geburtensteigerung versprachen sich Reichsgesundheitsführer Dr. Leonardo Conti und SS-Chef Himmler durch die Möglichkeiten künstlicher Befruchtung: Conti gab im Juli 1944 ein Rundschreiben an die Ärztekammern heraus, worin er seine Vorstellungen der »gelenkten Fortpflanzung« durch »Zeugungshelfer« darlegte: Der Ehemann oder auch fremde SS-Männer sollten der Frau zum »erbgesunden« Nachwuchs verhelfen. Die medizinische Therapie war hierbei eindeutig der ideologischen Rassepolitik untergeordnet – staatliche Kuppelei unter dem Deckmantel der Volksgesundung. Weiterhin wurden SS-Angehörige per Erlaß Himmlers mehrmals im Jahr von der Front nach Hause beordert, um ihren Zeugungspflichten nachzukommen. Hierzu verlangte Himmler in einer Rede im Mai 1944, entgegen bisheriger Frontpraxis künftig verstärkt die Familienväter in gefährliche Kampfkommandos zu schicken. Denn nur so könnten noch kinderlose Kameraden geschont werden, um später Nachwuchs zu zeugen. »Mit vier Söhnen kann man ruhig sterben«, war ein gängiges Wort in der

»Die deutsche kinderreiche Mutter soll den gleichen Ehrenplatz in der deutschen Volksgemeinschaft erhalten wie der Frontsoldat, denn ihr Einsatz von Leib und Leben für Volk und Vaterland war der gleiche wie der des Frontsoldaten im Donner der Schlachten.«

Dr. Gerhard Wagner
Reichsärzteführer

Die Zehn Gebote der Gattenwahl

Für »rassebewußte« und »rassestolze« Eltern propagiert vom »Reichsausschuß für Volksgesundheitsdienst«.

1. Gedenke, daß du ein Deutscher bist.
2. Du sollst nicht ehelos bleiben.
3. Halte deinen Körper rein.
4. Du sollst Geist und Seele rein erhalten.
5. Wähle als Deutscher nur einen Gatten gleichen oder nordischen Blutes.
6. Bei der Wahl deines Gatten frage nach seinen Vorfahren.
7. Gesundheit ist wichtiger als äußere Schönheit.
8. Heirate nur aus Liebe.
9. Suche dir keinen Gespielen, sondern einen Gefährten für die Ehe.
10. Du sollst dir möglichst viele Kinder wünschen.

Heiratsannonce aus dem Jahr 1935

»52jähriger, rein arischer Arzt, Tannenbergkämpfer, mit Siedlungsabsicht, wünscht männliche Nachkommenschaft durch standesamtliche Ehe mit gesundem, altarisch, jungfräulich jungem, anspruchslosem, auch für grobe Arbeit geeigneten, wirtschaftlichen Weibe mit breiten Absätzen, ohne Ohrringe, möglichst ohne Vermögen. Vermittler abgelehnt, Verschwiegenheit zugesichert.«

SS, seit Himmler 1942 diesen Mindest-Zeugungsanspruch an seine Männer gestellt hatte.

Doch »erbbiologisch reine Nachzucht« war den Nationalsozialisten noch nicht genug: Hinzu kam der Import gestohlener Kinder aus allen besetzten Ländern, ja selbst aus dem verbündeten Rumänien: »Es ist klar«, begründete der SS-Chef den großangelegten Kindesraub, »daß es in diesem Gemisch von Völkern immer wieder einige rassisch sehr gute Typen geben wird. Hier haben wir, glaube ich, die Aufgabe, deren Kinder zu uns zu nehmen, und wenn wir sie rauben oder stehlen müßten.« Diese aus Waisenhäusern und Schulhöfen, von der Straße oder aus dem Elternhaus fortgerissenen Kinder durchliefen zunächst eine strenge »Rasseprüfung«. Konnten sie dabei nicht den Anforderungen der SS entsprechen, wurden sie zurückgeschickt, selten nach Hause, meist in die Vernichtungslager.

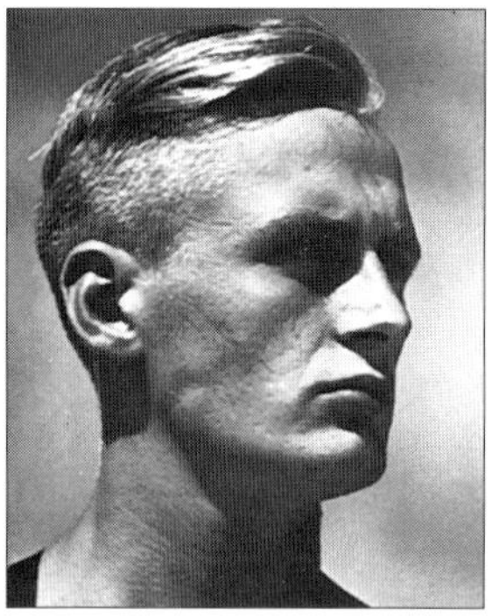

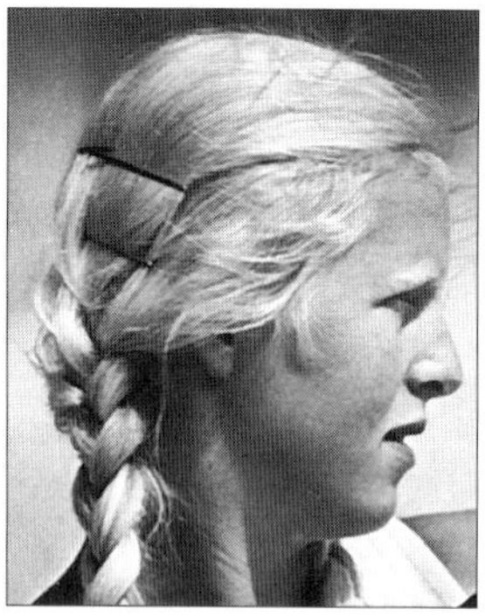

So stellte man sich den erwünschten Nachwuchs vor: »nordisch« – blond mit blauen Augen.

Den Rassefanatikern stand die Definition Himmlers aus dem Jahr 1942 vor Augen: »Der Untermensch«, hieß es in einer Broschüre, die etwa vier Millionen Mal verteilt und in vierzehn Sprachen übersetzt wurde, »jene biologisch scheinbar völlig gleichgeartete Naturschöpfung mit Händen, Füßen und einer Art Gehirn, mit Augen und Mund, ist doch eine ganz andere, furchtbare Kreatur. Ist nur ein Entwurf zum Menschen hin, mit menschenähnlichen Gesichtszügen, geistig, seelisch jedoch tieferstehend als jedes Tier. Im Inneren dieses Wesens ein grausames Chaos wilder, hemmungsloser Leidenschaften, namenloser Zerstörungswille, primitivste Begierde, unverhüllteste Gemeinheit: Untermensch, sonst nichts. Denn es ist nicht alles gleich, was Menschenantlitz trägt. Wehe dem, der das vergißt.« Entsprachen die geraubten Kinder aber den perversen Kriterien der SS, ging ihre Odyssee weiter in die »Lebensborn«-Heime: Dort wurden sie nach erneuter Schädel- und Körpervermessung sowie psychologischen Tests noch einmal »rassehygienisch« beurteilt. Erst dann entschied die SS, ob die »Rassekinder« unter neuem Namen in den Heimen bleiben durften, zu Pflegeeltern gegeben, sterilisiert oder getötet wurden.

Im badischen Achern war die »Heimschule für Volksdeutsche«, ein staatliches Verteilungszentrum, wo deutsche Paare sich Kinder aussuchen und mit nach Hause nehmen konnten. Keine Adoptionen, nur Pflegschaften waren ursprünglich vorgesehen, damit die SS weiterhin über die Heranwachsenden verfügen konnte. Diese Kinder-Schieberei durchlitt auch die kleine Zyta S. aus dem »Warthegau«, dem heutigen Zentralpolen. Sie berichtete nach dem Krieg von ihrer Verschleppung aus dem Waisenhaus. Zyta wurde zunächst in ein Kinderheim zur Eindeutschung gesteckt: »Für jedes Vergehen gab es Prügel. Wir durften nicht polnisch reden – unbedingter Gehorsam gegen den deutschen Herren, Ordnung, Disziplin und Appelle waren jetzt unser Leben. Wir wurden genauso behandelt wie die Gefangenen in den Konzentrationslagern. Es galten dieselben Regeln: Peitsche, Tritte, Appelle, Tränen, der Kampf ums Überleben, Schläge. Man wollte das Polentum aus uns herausprügeln.«

Zyta kam anschließend nach Achern und wurde Ende 1943 zu Salzburger Pflegeeltern gegeben. Erst nach dem Krieg konnte sie wieder in ihre polnische Heimat zurückkehren. Allein der polnische Staat bezifferte den deutschen Menschenraub auf etwa zweieinhalb Millionen deportierte Kinder – doch nur ein Sechstel der Geraubten konnte später noch ermittelt und zu ihren Eltern zurückgebracht werden. Europaweit waren es sicher zehnmal so viele Kinder, die der »Eindeutschung« zum Opfer fielen.

Der Rassenwahn der Nationalsozialisten in Deutschland sowie die verbrecherische Germanisierungspolitik in allen besetzten Ländern Europas produzierte eine unzählbare, anonyme Masse seelisch verwundeter Opfer. »Man muß nicht getötet werden«, resümiert Zyta, »um tot zu sein. Wir sind es. Mißtrauisch, einsam unter den Lebenden«. (KKS)

Der »Lebensborn«, ursprünglich als Entbindungsheim für uneheliche Mütter gedacht, diente der »Menschenzüchtung« nach »rassehygienischen« Aspekten.

Geheimdienst im Zwielicht

Sturz und Ende des Admiral Canaris

Patriot im Zwiespalt: Admiral Wilhelm Canaris, Chef der Abwehrabteilung der Wehrmacht.

Die beiden hohen Offiziere, die Mitte Februar 1944 die Kontrollstelle des südlich von Berlin gelegenen Militärlagers Zossen passierten, bedurften keiner Einlaßpapiere. Ein knapper Gruß genügte, denn jeder Wachsoldat erkannte auf den ersten Blick, wer da im Kübelwagen saß: Generalfeldmarschall Keitel und Generaloberst Jodl, die höchsten Repräsentanten der deutschen Wehrmacht. Nach kurzer Fahrt betraten sie einen gut getarnten Bunker, von dem aus Admiral Wilhelm Canaris die Auslandsabwehr der Wehrmacht dirigierte. Zuvorkommend empfing der weißhaarige Amtschef, aus dessen gerötetem Seemannsgesicht die buschigen Augenbrauen hervorstachen, seine hohen Besucher. Dann kamen Hitlers Sendboten auf den heiklen Anlaß ihres Besuches zu sprechen: Der »Führer« habe sich nun entschlossen, sämtliche Geheimdienste zu einem Amt zusammenzufassen – unter Kontrolle des »Reichsführers SS« Heinrich Himmler. Für die Dauer des Umstellungsprozesses möge Canaris sich doch bitte auf die Burg Lauenstein begeben, bis über seine weitere Verwendung entschieden sei.

Mit anderen Worten: Der Chef des militärischen Nachrichtendienstes stand von nun an unter Hausarrest, sein Amt sollte dem rivalisierenden Reichssicherheitshauptamt der SS einverleibt werden. Canaris war kaltgestellt, Himmler triumphierte – Anlaß für den Stoff, aus dem seither Legenden wuchern: eine aufrechte Lichtgestalt als Opfer finsterer Machenschaften.

Doch die Wirklichkeit des Dritten Reichs entzieht sich solchen Schwarzweiß-Schablonen und offenbart bei näherer Betrachtung das Bild eines zwiespältigen Patrioten, dessen Werdegang so widersprüchlich war wie seine Zeit.

Der verdiente Marineoffizier hatte sich 1935 nicht zuletzt wegen seiner antirepublikanischen Vorgeschichte, etwa als Helfershelfer des rechtsnationalen Kapp-Putsches, und seines regimetreuen Auftretens für das Amt des Abwehr-Chefs empfohlen. Mit einer Tatkraft, die man dem unauffälligen, 1,60 Meter großen Mann kaum zutraute, wandelte der 48jährige Konteradmiral die Abwehrstelle des Reichskriegsministeriums in ein schlagkräftiges Instrument der deutschen Spionage. In kurzer Zeit profilierte Canaris sich als gewiefter und unentbehrlicher Wegbereiter aller außenpolitischen Schachzüge Hitlers und stand hoch in der Gunst des »Führers«. Mit Reinhard Heydrich, seinem einstigen Kadetten, der nun den Sicherheitsdienst (SD) der SS zu einer machtvollen Konkurrenz aufbaute, verband ihn eine Mischung aus Freundschaft und professioneller Rivalität.

Doch anders als dieser fanatische Erfüllungsgehilfe des Regimes war Canaris stets auf die Eigenständigkeit seines Amtes und seines Urteils bedacht. So hegte der stets gutinformierte Geheimdienstchef auch keine Illusionen darüber, was Hitlers Politik bedeutete: Krieg in Europa. Dies war eine Vorstellung, die den Vizeadmiral entsetzte. Denn er wußte nur zu gut, daß Deutschland für diesen Krieg nicht gewappnet war. Canaris entschloß sich, den Marsch in die Katastrophe aufzuhalten. In hektischer Betriebsamkeit lancierte er warnende Berichte, knüpfte diplomatische Fäden ins Ausland und mobilisierte den militärischen Widerstand um den früheren Generalstabschef Ludwig Beck und dessen Nachfolger Franz Halder. Selbst Vorbereitungen für einen politischen Umsturz fanden seine Unterstützung. Doch als alle diese Bemühungen fehlschlugen und der Krieg nicht mehr aufzuhalten war, siegte in Canaris der pflichttreue Offizier. Mit glänzend organisierten Geheimoperationen unterstützte er den militärischen Vormarsch und begeisterte sich über die anfänglichen Kriegserfolge. In einer Person Wegbereiter und Bremser von Hitlers Eroberungszügen zu sein – aus diesem Zwiespalt konnte Canaris sich nie wieder befreien.

Daß sich das Abwehramt der Wehrmacht zu einer Schaltstelle der militärischen Opposition entwickelte, war hauptsächlich der Tatkraft von Canaris' engstem Mitarbeiter zu verdanken: Wesentlich konsequenter und zielstrebiger als sein Vorgesetzter zog Stabschef Hans Oster die Fäden des Widerstands. Er plazierte Gleichgesinnte wie Hans von Dohnanyi oder Hans Bernd Gisevius in Schlüsselpositionen der Abwehr, trieb die Vorbereitungen für einen Staatsstreich unermüdlich voran, organisierte Sprengstoff für ein Attentat auf Hitler und suchte über nachrichtendienstliche Kanäle Kontakt zu Kriegsgegnern. Als Abwehr-Unternehmen getarnt, verhalf er Hunderten bedrohter Juden zur Flucht aus dem deutschen Herrschaftsgebiet. Alle diese Aktivitäten wurden von Canaris mitgetragen und nach außen gedeckt. Erst als Oster sich zum äußersten Schritt entschloß und die deutschen Angriffsabsichten – vergeblich – den westlichen Kriegsgegnern übermittelte, kam es zum Bruch. Für den überzeugten Patrioten Canaris kam Landesverrat einer Todsünde gleich. Fortan kühlte das Verhältnis zwischen den beiden NS-Gegnern merklich ab, wenngleich der Abwehr-Chef seine Mitarbeiter vor den Nachstellungen der Gestapo loyal in Schutz nahm.

Generalmajor Hans Oster zählte zum Kern des militärischen Widerstands.

Doch Canaris wollte sich nicht länger in die Pläne der Verschwörer einspannen lassen. Spätestens seit dem Rußlandfeldzug hatte nach seiner Prognose das Schicksal Deutschlands ohnehin einen unerbittlichen Lauf genommen, der nicht mehr aufzuhalten war. Wenn irgend etwas Canaris in diesem Fatalismus bestärkte, so war es die Ausrottung der Juden, an deren Ausmaß die bei ihm einlaufenden Berichte keinen Zweifel mehr ließen. Diese Erkenntnis raubte dem sensiblen Christen und Konservativen schließlich die letzte Ruhe. Und dennoch: Canaris war nicht der Mann, gegen dieses Massenmorden des Regimes aufzustehen.

Zermürbt und amtsmüde, vermochte er dem zunehmenden Kompetenzverlust seiner Dienststelle gegenüber dem allmächtigen Reichssicherheitshauptamt der SS kaum noch etwas entgegenzusetzen. Im April 1943 versetzte die Gestapo der Abwehr den schwersten Schlag: Bei Ermittlungen wegen Devisenvergehen eines Abwehr-Agenten kamen die Fahnder der Widerstandsgruppe um Hans Oster auf die Spur. Die führenden Köpfe der Verschwörung wurden festgenommen, Oster selbst vom Dienst suspendiert und unter Arrest gestellt. Daß Canaris diese Affäre unbeschadet überstand und sein Amt zunächst in seiner Substanz erhalten blieb, dafür sorgte ausgerechnet Hitlers mächtigster Vasall – mit einem Federstrich: »Laßt mir endlich den Canaris in Ruhe«, vermerkte Heinrich Himmler, der weiterhin große Stücke auf den erfahrenen Spionagefachmann hielt, handschriftlich auf dem Gestapo-Bericht.

Die trügerische Ruhe währte nicht lange. Pannen der Auslandsabwehr häuften sich. Erich Vermehren, ein Mitarbeiter der Außenstelle in Istanbul, lief zu den Briten über. In Spanien torpedierten konspirative Sabotageakte im Auftrag der Abwehr die diplomatischen Sondierungen des Auswärtigen Amtes. Hitlers Zorn entlud sich in einem Wutausbruch. Kurzerhand verfügte er die Auflösung des maroden Abwehr-Amtes und bestimmte Himmler zum Nachlaßverwalter. Der »Reichsführer SS« beherrschte damit den gesamten Polizei- und Sicherheitsapparat. Zum neuen Leiter der Auslandsspionage bestimmte er den SD-Chef Walter Schellenberg.

Canaris durfte nach vier Monaten Verbannung in einem Wehrmachtsstab für den Wirtschaftskrieg wieder Akten wälzen – doch nur noch für eine Galgenfrist. Am 23. Juli 1944 suchte Schellenberg seinen Amtsvorgänger persönlich auf, um ihn zu verhaften. Die unerbittliche Verfolgungswelle nach dem Attentat auf Hitler hatte auch gegen den ehemaligen Abwehr-Chef Verdachtsmomente zutage gefördert. Daß Canaris den mißglückten Staatsstreich schon im Vorfeld als »dilettantisch« abgelehnt und dem »Führer« noch am Abend des 20. Juli ein Ergebenheitstelegramm geschickt hatte, konnte sein Verhängnis nicht mehr abwenden.

Zwar gelang es dem routinierten Geheimdienstmann lange Zeit, die Gestapoverhöre geschickt zu parieren – selbst nach dem Fund belastender Dokumente. Doch kurz vor Kriegsende geschah das Unglück, das die Schlinge endgültig zuzog: In einem Panzerschrank in Zossen entdeckte ein Offizier per Zufall sämtliche Tagebücher des Admirals. Eine erdrückende Beweislast, die seine Widerstandstätigkeit in allen Details offenlegte.

Walter Schellenberg, der Leiter des SS-Auslandsnachrichtendiensts, wurde nach dem Sturz von Admiral Canaris dessen Nachfolger.

Am 9. April 1945 wurde Canaris zusammen mit Oster im KZ Flossenbürg erhängt (am selben Tag ist auch Hans von Dohnanyi im KZ Sachsenhausen umgebracht worden). Mit grausamer Gründlichkeit verrichtete die deutsche Blutjustiz bis zuletzt ihr Handwerk – nur wenige Tage, bevor Amerikaner das Lager befreiten. (PH)

Wohnen in Trümmern

Überleben im »totalen Krieg«

»Ich war auf den Anblick, der mich erwartete, vorbereitet – aber es traf mich wie ein Schock, denn ich sah zum ersten Mal eine bombenzerstörte Stadt. Wohin ich auch blickte – Ruinen an der Stelle von Häusern, Stücke von Hausfronten in den phantastischsten Formen und gähnende Löcher, wo früher Fenster waren«, erinnert sich eine schwedische Journalistin an einen Besuch in Deutschland. »Es war ein gespenstischer Anblick.«

Noch wenige Jahre zuvor hatte der Oberbefehlshaber der Luftwaffe, Reichsmarschall Hermann Göring, verlauten lassen, er wolle Meier heißen, falls ein einziges feindliches Flugzeug bis Berlin vordringen könnte. Doch 1944 wütete der Krieg, den Hitler so siegesgewiß verkündet hatte, auf dem Boden des Deutschen Reiches. Die Zivilbevölkerung in den Städten erlebte, was Joseph Goebbels in seiner berüchtigten Rede im Berliner Sportpalast propagiert hatte: den »totalen Krieg«. Der Alltag von mehr als dreißig Millionen Menschen war von Luftangriffen geprägt. Alarm und Entwarnung bestimmten den Tagesrhythmus.

»Am Abend wird alles zurecht gestellt: Kinderwagen, Köfferchen mit wichtigen Papieren. In dieser Nacht gab es Alarm. Kaum bekleidet rannten wir los. Wir waren gerade im Bunker, als die ersten Bomben fielen«, schrieb die Karlsruherin Elfriede Keilbach ihrem Mann an die Front. »Da saß man nun mit klopfendem Herzen. Die Angst im Raum war fast greifbar.«

Im Januar 1944 standen nur einem Zehntel der Bevölkerung Bunker zur Verfügung. Die übrigen mußten die Bombennächte in den unsicheren Hauskellern verbringen. Der »Generalbevollmächtigte für den totalen Kriegseinsatz« Joseph Goebbels begnügte sich mit detaillierten Hinweisen zur Brandbekämpfung. Für den Notfall, so war auf Plakaten zu lesen, sollten immer Wasservorräte zum Löschen bereitstehen. Es sei ratsam, in den Kellern der Wohnhäuser die Stützbalken zu verstärken und die Fenster abzudichten.

»Alarm! Wir saßen im Keller des Hauses. Während einer Pause des Bombardements machte mein Vater einen Kontrollgang im Haus. Plötzlich rief er: ›Unser Schlafzimmer brennt, kommt schnell zum Löschen!‹ Meine Schwester und ich schleppten Sand und Wasser herbei, das im Hause verteilt stand. Soweit ich sehen konnte, sah ich nur Feuer. Es war unerträglich heiß; der Sturm tobte rasend, und daneben hörte ich das Explodieren der Bomben und das Krachen von zusammenstürzenden Häusern«, berichtete eine Hamburgerin. »Wir rieben uns die Kleidung mit nassen Tüchern ab. Dann verließen wir das Haus.«

In überfüllten Luftschutzkellern müssen Hunderttausende die Bombennächte in banger Erwartung zubringen.

Vom 14. bis 25. Januar 1943 hatte die Konferenz von Casablanca stattgefunden. Briten und Amerikaner entschieden sich für eine Strategie, die es in der Militärgeschichte bisher nicht gegeben hatte: flächendeckende Bombardierung aller feindlichen Städte, einschließlich der Wohngebiete. Bislang war die Zivilbevölkerung von den Schrecken der Kriege verschont geblieben. Aufgrund dieser Entscheidung schwebte sie nun in permanenter Lebensgefahr. Churchill sah im Luftangriff das geeignete Mittel, den Kriegswillen der deutschen Zivilbevölkerung zu brechen und Widerstand gegen das nationalsozialistische Regime zu provozieren. 1944 waren alle größeren Städte auf dem Boden des Deutschen Reiches Ziel der alliierten Bomberstaffeln. Beispiel Frankfurt am Main: Am 22. März 1944 verwandelten englische Geschwader die ganze Altstadt in einen einzigen Feuerkessel. Noch vor der Entwarnung verließen viele Einwohner verzweifelt ihren Luftschutzraum, um in den eingestürzten Häusern Freunde oder Nachbarn zu retten. In den brennenden Vierteln versuchten die Helfer mit Hacke und Schaufel oder den bloßen Händen Überlebende zu bergen. Zwischen Römer und Dom entstand ein Feuersturm, dessen Sog die Flüchtenden in die Flammen riß. Die Feuerwehr konnte nur noch Wasser in die Gassen pumpen, um Fluchtwege offen zu halten. Hilflos mußte sie zusehen, wie die Altstadt bis auf die Grundmauern niederbrannte.

Nach der Zerstörung der Wohnungen muß die warme Mahlzeit im Freien zubereitet werden.

Allein in dieser Nacht starben eintausend Menschen. 120 000 Einwohner Frankfurts verloren ihr Zuhause und ihren ganzen Besitz.

Insgesamt kamen bis Kriegsende durch die Bomben etwa 600 000 Menschen – hauptsächlich Greise, Frauen und Kinder – ums Leben. Schätzungsweise vier Millionen Wohnungen wurden zerstört und mit diesen das Hab und Gut ihrer Bewohner. Über vierzehn Millionen Menschen waren obdachlos geworden. Die deutsche Flugabwehr war schon längst nicht mehr in der Lage, die alliierten Luftangriffe abzuwehren.

»Unsere Mauern brachen, aber unsere Herzen nicht«

Propaganda-Parole 1944

Millionen ausgebombter Frauen und Kinder waren gezwungen, sich in Trümmern eine provisorische Bleibe zu suchen. Notdürftig richteten sie sich in den Ruinen und Kellern zerstörter Häuser ein. Öffentliche Wasser- und Feuerstellen mußten Bad und Küche ersetzen.

Nach den schweren Luftangriffen gab es weder Strom, Gas noch Wasser. Krankenhäuser, Schulen, Banken und Geschäfte waren niedergebrannt. Die Straßen waren verschüttet, das öffentliche Verkehrssystem zusammengebrochen. Der Weg von einem Stadtviertel ins andere konnte einer gefährlichen Reise gleichen.

Was an Waren gerettet worden war, boten die Händler in den Trümmern zum Kauf an. Lebensmittel, Kleidung und Hausrat waren knapp und ohnehin nur noch auf Bezugsschein zu kaufen. Es mangelte an Ärzten, Medikamenten und Krankenhausplätzen.

Obwohl schon Unzählige obdachlos waren, kündigte Reichskommissar Ley am 15. April 1944 die Einstellung des gesamten staatlichen Wohnungsbaus an. Baumaterial und Arbeitskräfte waren nun für die Rüstungsindustrie reserviert. Um die Lage zu entspannen, wurden viele Opfer des Bombenkrieges durch Evakuierung und Kinderlandverschikkung aus den gefährdeten Städten gebracht. Aber im vorletzten Kriegsjahr brachen die Fronten zusammen, und Millionen Flüchtlinge aus dem Westen und Osten des Deutschen Reiches drängten in die zerbombten Städte. Die Katastrophe hatte ihren ersten traurigen Höhepunkt erreicht.

»Was hat das schon alles zu sagen«, wandte sich Hitler im November 1944 an seinen Leib-Architekten Albert Speer. »Für unseren neuen Bebauungsplan hätten Sie ohnehin allein in Berlin achtzigtausend Häuser abreißen müssen. Leider haben die Engländer diese Arbeiten nicht genau nach Ihren Plänen durchgeführt.« Hitlers Gedanken über das Schicksal der deutschen Städte erschöpften sich in Visionen architektonischer Gestaltung für die Nachkriegszeit. Mit Monumentalbauten wünschte er sich ein steinernes Denkmal zu setzen. Für die Lebensbedingungen der Bevölkerung interessierte er sich wenig. Die neuen Wohnungen sollten genormt, billig und zu bauen sein. »Zwei Bänke in der Ecke, Tisch davor, zwei Hocker, Regal aus rohen Brettern«, äußerte er sich zur Inneneinrichtung der Zukunft, »die Betten können aus einfachen Brettern gezimmert sein. An der Wand ein Brett mit Nägeln für die Kleider.«

Die Städte lagen in Trümmern, Menschen lebten in Ruinen, Ausgebombte suchten ihre Eltern, Kinder oder ihre letzte Habe. Die ungehinderten Angriffe der Alliierten führten der Bevölkerung die Ohnmacht der deutschen Luftwaffe deutlich vor Augen. Der Bombenkrieg überzeugte Millionen Deutsche, daß dieser Krieg nicht mehr zu gewinnen, der »Endsieg« nur eine Erfindung der Propaganda war. Widerstand der Zivilbevölkerung gegen das nationalsozialistische Regime konnten die Alliierten jedoch nicht provozieren. Die meisten Stadtbewohner waren 1944 vollauf damit beschäftigt, den nächsten Tag im »totalen Krieg« zu überleben. (NL)

Das ferne Echo

Das andere Deutschland in der Emigration

»Aber wir täuschen uns nicht darüber«, stellte Heinrich Mann schon 1934 fest, »wie es um die deutsche Emigration steht. Wir wissen, daß es sie in ihrem eigentlichen Sinn nicht gibt. Ein großer, in sich geschlossener und einheitlicher Organismus, eine fest gefügte Körperschaft, der gültige Ausdruck einer einzigen gesammelten Erfahrung und eines einzigen solidarischen Wissens – das ist sie nicht... Wir finden tausend und abertausend Emigranten, aber wir finden nicht die deutsche Emigration.«

Die deutsche Emigration von 1933 bis 1945 war tatsächlich keine Kollektivbewegung, sie brachte es nie zu einer Organisation und sie hat politisch nichts bewirkt. Der Unterschied etwa zu der tschechischen Emigration, ganz zu schweigen vom Londoner »Freien Frankreich«, fällt ins Auge. Diese hatten von Anfang an ein politisches Führungszentrum, um das sie sich gruppierten und das sie gegenüber den Gastländern geschäftsfähig machte. Während des Krieges konnten sie, mit mehr oder weniger Erfolg, Exilregierungen bilden; der Franzose de Gaulle und der Tscheche Beneš kehrten schließlich als Regierungschefs in ihre Länder zurück.

Auch unter den deutschen Emigranten gab es einige einst prominente Politiker wie Heinrich Brüning, Otto Braun, Hermann Rauschning und Gottfried Treviranus, aber sie haben im Ausland keine Rolle mehr gespielt. Gelegentliche Versuche, in England oder Amerika eine Art deutsches Nationalkomitee ins Leben zu rufen, sind stets im Ansatz steckengeblieben. Daran war nicht nur die

Die Redakteure Karl Spiecker und H. A. Kluthe veröffentlichten von 1938 bis 1940 diese Exil-Zeitschrift.

Das wahre Deutschland

Auslandsblätter der Deutschen Freiheitspartei

Aus dem Inhalt:

DIE DEUTSCHE FREIHEITSPARTEI

DAS DEUTSCHE OFFIZIERSCORPS

FÜNF JAHRE „WIRTSCHAFTSAUFSCHWUNG“

ZWEIERLEI FREIHEIT

Januar 1938

6d.

wenig ermutigende Haltung der britischen oder amerikanischen Regierung schuld; die deutsche Emigration selbst, die zu Beginn einige zehntausend, zum Schluß mehrere hunderttausend Menschen umfaßte, war zu diffus, politisch zu gespalten und in ihrer Mehrheit zu unpolitisch. Sebastian Haffner bekräftigt die frühe Erkenntnis Heinrich Manns, wenn er sagt: »Es gab keine deutsche Emigration; es gab nur deutsche Emigranten.«

Diese waren freilich unübersehbar. Sie machten sich ständig bemerkbar, drinnen wie draußen. Wie sehr sie den Nationalsozialisten ein Stachel im Fleisch blieben, zeigte sich an Racheakten wie Bücherverbrennung und Ausbürgerungen.

Emigration war in jedem Fall ein einsamer individueller Entschluß, der fast immer ein Doppelgesicht trug: Er bedeutete Flucht und Protest. Was die Emigranten der ersten Stunde betrifft, so überwog zu Beginn der Protest. 1938/39, als jene systematische Verfolgung einsetzte, die die Emigrantenflut anschwellen ließ, war das überragende Motiv die Flucht vor der Verfolgung. Doch zugleich protestierten die Emigranten durch ihre Flucht gegen das Regime, trugen ihre Anklage leibhaftig in die Welt hinaus.

Unter den Literaten waren beispielsweise Bertolt Brecht, Lion Feuchtwanger und Thomas Mann erklärte Nazi-Gegner. Die literarische Prominenz war in der Emigration weit stärker vertreten als die wissenschaftliche. Während die deutsche Wissenschaft durch die Emigration lediglich einen »Aderlaß« erlitt, blutete die deutsche Literatur regelrecht aus. Lion Feuchtwanger hatte schon früh die »braune Gefahr« erkannt. In seinem Roman »Erfolg« (1930) schilderte er vorausahnend »den mörderischen Triumph der Bierhalle, die Rechtlosigkeit, den Sieg, der Unmenschlichkeit gestaltet«. Unmittelbar nach Hitlers Machtergreifung wurde Feuchtwanger wegen »gemeiner Beschimpfung der nationalsozialistischen Bewegung« und »Verherrlichung des Judentums« ausgebürgert. Er ging nach Südfrankreich ins Exil, wurde 1940 interniert, konnte aber über Spanien in die USA entkommen. Im kalifornischen Pacific Palisades traf er mit Thomas Mann zusammen, der während einer Vortragsreise 1933 aus »tief notwendigem politischen Protest« gegen das NS-Regime zunächst in der Schweiz geblieben war. Von dort emigrierte er über Südfrankreich nach den USA. Katia Mann, seine Frau, erinnert sich: »Mein Mann war in den ersten Monaten des Exils oft erregt und deprimiert, so daß er gar nicht zum Arbeiten kam. Er fühlte sich viel zu sehr als ein guter Deutscher, mit der deutschen Sprache, mit deutschen Kultur-Überlieferungen allzu eng verbunden. Aber allmählich kam er wieder zu sich und fing auch wieder zu arbeiten an.« Wie so viele Schriftsteller, Journalisten und Schauspieler, nahm auch Thomas Mann sein ureigenes Handwerkszeug, die Sprache, zwar mit ins Exil – doch ihm fehlten die Adressaten im eigenen Volk.

Trotzdem erging es ihm wesentlich besser als anderen in Deutschland vormals berühmten Schriftstellern, die mit der Emigration ihren Ruhm hinter sich ließen. Carl Zuckmayer verstummte völlig. Auf einer Farm im amerikanischen Vermont fristete er ein bescheidenes Dasein. Erst viele Jahre später, 1966, brachte er seine Erinnerungen an diese Zeit zu Papier. Auch Heinrich Mann war im Exil kein Erfolg beschieden. Seine Schwägerin Katia schreibt in ihren Memoiren: »Heinrich war sehr unglücklich in Amerika. Er war dort vollkommen unbekannt. Außer dem ›Henri Quatre‹ wurde nichts übersetzt, und niemand wußte von ihm, außer einigen Emigranten. Heinrich lebte in Armut, wir unterstützten ihn, soweit wir konnten, und er lebte in eigenbrötlerischer Zurückgezogenheit.« Sein Bruder hingegen galt in den USA als »geistiges Oberhaupt« der deutschen Emigranten. In den eigenen Reihen war Thomas Mann allerdings umstritten. Für die einen war er ein ehrwürdiger Vertreter des deutschen Geistes, für die anderen ein eitler und opportunistischer Verfasser von Bestsellern.

Während Thomas Mann als Gastprofessor an der Universität von Princeton lehrte, bedeutete die Flucht für die Mehrzahl der Exilanten den sozialen Abstieg: Alle mußten ihren Besitz zurücklassen – 1933 konnte man 200 Reichsmark mit hinausnehmen, 1938 nur noch 10, alles andere war verloren. In den ersten Jahren war es noch möglich, Unterstützungen von zu Hause, »aus dem Reich«, zu erhalten. Aber schon Mitte der dreißiger Jahre gab es diese Möglichkeit nicht mehr. Emigrieren hieß von vorn anfangen, und das unter äußerst erschwerten Bedingungen. Denn willkommen waren die deutschen Einwanderer nirgends. Überall herrschten in den dreißiger Jahren Wirtschaftskrise und Arbeitslosigkeit. Aufenthaltserlaubnis war Gnade, Arbeitserlaubnis bis zum Krieg für die meisten unerreichbar. Emigranten, die aus einem Handwerksberuf kamen oder qualifizierte Facharbeiter, an denen in keinem Land Überfluß herrschte, zumal wenn ihr Produktionszweig in der Heimat weiter entwickelt war als im Exilland, hatten noch die größten Chancen, eine Arbeitserlaubnis zu bekommen und einen Job zu finden.

Doch für die meisten Emigranten begann ein erniedrigendes Von-Tür-zu-Tür-Laufen. Die zahlreichen Hilfskomitees, zionistische, parteigebundene, christliche und berufsständische Organisationen hatten nur geringe Mittel und konnten dem einzelnen oft nur das absolute Existenzminimum zur Verfügung stellen. Die Not zwang viele, Bestimmungen und Gesetze zu umgehen und illegal zu arbeiten. Doch dann lebte man ständig in Gefahr, entdeckt und bestraft zu werden. In den schlimmsten Fällen wurden Emigranten, selbst bei direkter Gefährdung, ausgewiesen und nach Na-

Thomas Mann begrüßt seinen Bruder Heinrich in New York 1940 (links). Auch Anna Seghers (Mitte), Carl Zuckmayer (unten) und Lion Feuchtwanger (rechts) kamen ins Exil nach Amerika.

zi-Deutschland zurückgeschickt. Abgelaufene Papiere wurden vom Reich meist nicht verlängert, so daß Emigranten plötzlich ohne jeglichen politischen Schutz dastanden. Theodor Plievier zeichnet ein Bild dieser Situation in seinem Gedicht »Emigrant«:

> Doch morgen läuft mein Paß ab
> ein »Papier«
> sie nennen es récépissé.
> Was dann?
> Dann scheint die Sonne nicht mehr in Frankreich
> und die Grenzen sind verbarrikadiert
> Es gibt nicht mal ein Totenschiff
> das –
> wenn auch in Dreck und Schuften
> auf das grenzenlose Meer hinaus entführt.
> Es gibt nur ein Hängen zwischen Grenzen,
> ein Leben im Raum, der nicht da ist.
> Der Boden, auf dem Du stehst,
> die Straßen, die Du gehst,
> Verboten!

Für manchen war die Not so groß, daß er Selbstmord als einzigen Ausweg sah.

Von den deutschsprachigen Ländern, in die die Flüchtlinge natürlich am liebsten gegangen wären, war Österreich schon bald gefährdet und die Schweiz abweisend. Dort wurde nur hereingelassen, wer ein großes Vermögen mitbrachte, was bei den harten Bestimmungen und scharfen Kontrollen der Nazis den wenigsten gelang. Die Sowjetunion kam nur für Kommunisten in Frage und erwies sich auch denen gegenüber nicht gerade gastlich: Viele deutsche Exilkommunisten wurden Opfer der Stalinschen Säuberungen. Auch Frankreich, anfangs liberal, erwies sich auf Dauer für die Emigranten als schwierig. Anna Seghers beschreibt in ihrem 1944 erschienenen Buch »Transit« die aufreibenden Kämpfe um Genehmigungen, Bescheinigungen, Visa etc., die von den Emigranten gegen die unerbittliche französische Bürokratie geführt werden mußten: »Ich bestellte ein Bier... Ein kleiner alter Mann setzte sich zu mir... Er sei Kapellmeister in Prag gewesen, jetzt habe man ihm eine Stelle verschafft bei einer berühmten Kapelle in Caracas... Er könne jetzt nicht mehr länger auf Lebenszeichen seiner Söhne warten, sonst sei es für ihn zu spät. Ich glaubte, er meine den Tod. Er meinte aber die Kapellmeisterstelle, die mußte er vor dem neuen Jahr antreten. Er hatte schon einmal einen Kontrakt besessen, auf den Kontrakt ein Visum, auf das Visum das Transit. Die Gewährung des Visa de sortie habe aber so lange gedauert, daß ihm inzwischen das Transit erloschen sei, darauf das Visum, darauf der Kontrakt. Letzte Woche habe man ihm das Visa de sortie gewährt, er warte jetzt Tag und Nacht auf die Verlängerung des Kontraktes, die ja dann ihrerseits die Verlängerung seines Visums bedinge. Die aber sei die Vorbedingung für die Gewährung des neuen Transits...«

Am besten suchte man Zuflucht in England oder Amerika, doch es war schwierig, dort aufgenommen zu werden. Aber einmal im Land, durfte man bleiben und vielleicht sogar eines Tages arbeiten, wenn man sich assimilierte.

Nach 1945 ist oft in vorwurfsvollem Ton gefragt worden, ob gerade die Politiker, aber auch die literarische und akademische Prominenz nicht besser geblieben wären. Wenn die Besten weggingen, so lautete die Frage, was konnte man vom Durchschnittsmenschen noch erwarten?

Auf den Punkt gebracht: Bedeutete Emigration also Desertion? Gegenfrage: Was hätten sie tun sollen? Mit ihrer Emigration setzten sie ein Zeichen, was sie in Deutschland nicht mehr hätten setzen können, denn es gab keine Möglichkeit der politischen Opposition oder des öffentlichen freien Wortes. Deshalb kann der Wagemut von Ricarda Huch nicht hoch genug geschätzt werden, die für sich eine Nische entdeckte und mit ihrem 1944 vollendeten Gedichtband »Herbstfeuer« eine leidenschaftliche Anklage gegen das faschistische Regime verfaßte. Eine Alternative zum Weggang war die Innere Emigration. Doch wer verstummte, konnte kein Zeichen mehr setzen.

Wer denkt, Innere Emigration bedeutete Mitmachen, wie widerwillig und indirekt auch immer, den mögen Schicksal und Worte Erich Kästners zum Nachdenken und Verständnis anregen. Schon vor 1933 den Nazis mißliebig aufgefallen, erhielt er sofort nach der Machtergreifung Schreibverbot, wurde zweimal verhaftet und stand bis zum Ende der Diktatur unter Beobachtung. Sein Ausharren erklärt er in einem Gedicht:

> Ich bin ein Deutscher aus Sachsen.
> Mich läßt die Heimat nicht fort.
> Ich bin wie ein Baum, der – in Deutschland gewachsen –,
> wenn's sein muß, in Deutschland verdorrt.

Märtyrertum als Alternative? Märtyrer konnten in diesem Deutschland nichts bewegen. Die Emigranten hingegen konnte man nicht totschweigen.

Emigration war für die Mehrheit aber ein harter individueller Existenzkampf, eine unendliche Folge von Demütigungen, Niederlagen, Verfolgung, Illegalität, Haft und Qualen – gerade 1944, als der Krieg noch nicht zu Ende war. (UN)

Bertolt Brecht und seine Frau Helene Weigel im schwedischen Exil.

Februar 1944

1 · Dienstag

Auf Drängen von General Charles de Gaulle, dem Vorsitzenden des »Französischen Befreiungskomitees«, schließen sich alle Gruppierungen des innerfranzösischen Widerstands den »Forces Françaises de l'Intérieur« an.

2 · Mittwoch

Im Hafen von Haifa (Palästina) läuft ein portugiesischer Dampfer mit 900 jüdischen Flüchtlingen an Bord ein, der am 23. Januar Lissabon verlassen hatte. Die kriegführenden Mächte hatten dem Schiff freies Geleit zugesichert.

3 · Donnerstag

Der spanische Staatschef Franco betont die strikte Neutralität seines Landes. Zuvor hatten die Alliierten der spanischen Regierung freundschaftliche Beziehungen zu den Achsenmächten vorgeworfen.

Auf Maultieren wird im Dschungelkrieg das Material transportiert.

4 · Freitag

In West-Birma eröffnen japanische Verbände eine neue Offensive und erobern erstmals indisches Territorium. An der Operation sind auch Truppen des vom Deutschen Reich unterstützten indischen Unabhängigkeitskämpfers Subhas Chandra Bose beteiligt.

5 · Samstag

Argentinien bricht die diplomatischen Beziehungen zu Bulgarien, Ungarn, Rumänien und dem französischen Vichy-Regime ab. Die USA werten diesen Schritt als Annäherung an die Politik der Alliierten.

6 · Sonntag

An der Ostfront setzt Tauwetter ein und verwandelt Wege und Straßen in tiefen Morast. Meteorologen hatten milde Temperaturen erst für den April prognostiziert.

9 · Mittwoch

Der englische Bischof von Chichester, George Bell, kritisiert den alliierten Bombenkrieg: »Eine ganze Stadt zu vernichten, weil einige militärische Ziele in dieser Stadt vorhanden sind, hieße, das Verhältnis von Mitteln und Zielen zu mißachten.«

Amerikanische Nachrichtenagenturen melden, daß William Patrick Hitler, ein Neffe des deutschen »Führers«, zum Dienst in der US-Navy zugelassen wird. Sein Vater Alois Hitler ist ein Stiefbruder des Diktators.

Im tiefen Morast kamen die Fahrzeuge nur mühsam voran.

7 · Montag

In Warschau werden mehr als 100 polnische Geiseln als Vergeltung für die Ermordung von Franz Kutschera, Gestapo-Chef der Stadt, erschossen. Die Leichen werden »zur Abschreckung« in den Straßen liegengelassen.

8 · Dienstag

Ein Berliner Sondergericht verhängt wegen Diebstahls die Todesstrafe gegen einen Tschechen, der sich laut Urteilsbegründung »seit Beginn seines Aufenthaltes in Deutschland arbeitslos und wohnungslos herumgetrieben« habe.

10 · Donnerstag

In Ankara werden britisch-türkische Geheimverhandlungen über einen Kriegseintritt der Türkei auf seiten der Alliierten ergebnislos abgebrochen.

11 · Freitag

Auf der Südseeinsel Kermadec werden 13 Australier entdeckt, die dort 1927 nach einem Schiffsunglück gestrandet waren und seitdem auf der Insel leben. Als sie vom Kriegsgeschehen in der ganzen Welt erfahren, weigern sie sich, ihr Eiland zu verlassen.

12 · Samstag

Admiral Wilhelm Canaris, Chef der »Abwehr« im deutschen Geheimdienst, wird entlassen. Unter dem Schutz von Canaris hatte sich sein Amt zu einem organisatorischen Zentrum des Widerstands gegen Hitler entwickelt.

13 · Sonntag

Die US-Luftwaffe fliegt einen schweren Bombenangriff auf das Hafengebiet von Hongkong.

14 · Montag

Das gesamte deutsche Nachrichten- und Spionagewesen wird nach der Entlassung von Wilhelm Canaris umstrukturiert. Sein ehemaliges Ressort wird der SS und dem »Reichssicherheitshauptamt« unterstellt.

15 · Dienstag

Der Ministerpräsident der polnischen Exil-Regierung, Stanislaw Mikołajczyk, akzeptiert die Einrichtung einer sowjetischen Militärverwaltung in den befreiten Gebieten Ost-Polens, sofern dadurch keine endgültigen Grenzziehungen vorweggenommen würden.

147 »Flying Fortresses« und 87 weitere Maschinen der US-Luftwaffe bombardieren die 529 n. Chr. erbaute Benediktinerabtei am Monte Cassino und verwandeln das italienische Kulturdenkmal in eine Ruine. Erst jetzt besetzen deutsche Truppen das Kloster.

Das Kloster am Monte Cassino nach dem Angriff der amerikanischen Luftwaffe.

16 · Mittwoch

Der »Generalbevollmächtigte für den Arbeitseinsatz im Deutschen Reich«, Fritz Sauckel, ruft Rentner und Frauen zum »freiwilligen Ehrendienst« in der Kriegswirtschaft auf.

17 · Donnerstag

Die seit dem 28. Januar bei Tscherkassy in der Ukraine eingekesselten deutschen Truppen brechen entgegen einem Befehl Hitlers aus. 30 000 der insgesamt 50 000 Soldaten erreichen die deutschen Linien.

18 · Freitag

Marschall Georgi K. Schukow, der Oberkommandierende der Roten Armee, wird zum Stellvertreter des sowjetischen Staats- und Parteichefs Josef Stalin ernannt.

Australische und kanadische Kampfflugzeuge bombardieren das Gefängnis von Amiens. Ziel der »Operation Jericho« ist die Befreiung von rund 700 Résistancekämpfern, die dort inhaftiert und zum Tode verurteilt sind. 258 Gefangenen gelingt die Flucht, 100 kommen bei dem Bombardement ums Leben.

19 · Samstag

Die Sowjetunion verleiht US-General Dwight D. Eisenhower, dem Oberbefehlshaber der geplanten alliierten Invasion in Frankreich, die höchste militärische Auszeichnung der UdSSR, den Suworow-Orden.

20 · Sonntag

Im »Führerhauptquartier Wolfsschanze« bei Rastenburg zeichnet Hitler den Kommandeur der SS-Freiwilligenbrigade »Wallonie«, Leon Degrelle, mit dem Ritterkreuz aus. Der Belgier ist damit der höchstdekorierte ausländische Offizier der Wehrmacht.

Norwegische Partisanen sprengen den deutschen Frachter »Hydro«, der sämtliche verfügbaren Vorräte an schwerem Wasser (Deuterium) nach Deutschland transportieren sollte. Das deutsche Atombombenprogramm wird dadurch erneut zurückgeworfen.

Fahrzeuge ohne funktionstüchtige Brems- und Blinklichter werden künftig auf öffentlichen Straßen des Deutschen Reiches zugelassen. Grund dieser Änderung ist der kriegsbedingte Produktionsstopp von elektrischen Einrichtungen für Zivilfahrzeuge.

21 · Montag

Missak Manouchian, prominenter französischer Résistanceführer, wird in Paris von einem Gestapo-Kommando hingerichtet.

22 · Dienstag

Ein Hamburger Gericht verhängt die Todesstrafe wegen »Unterschlagung und Schiebung« von Lebensmittelkarten.

Vor dem Unterhaus in London verteidigt der britische Premierminister Winston Churchill die Westverschiebung Polens: »Zwischen Stalin und mir herrscht Einigkeit darüber, daß Polen eine Kompensation auf Kosten Nord- und Westdeutschlands gegeben werden muß.«

23 · Mittwoch

Die jugoslawischen Partisanenverbände unter Führung von Josip Tito schließen sich den sowjetischen Streitkräften an.

Die »Hannoversche Zeitung« warnt vor gefälschten Lebensmittelmarken, die von den Alliierten abgeworfen wurden: »Wer derartige Marken behält oder in den Handel bringt, gilt als Volksschädling und wird dementsprechend bestraft.«

Der Präsident der deutschen Reichspressekammer, Max Amann, stoppt im Verlauf seines Feldzugs gegen nicht linientreue Verlage die Auslieferung von Brockhaus, Westermann und Goldmann.

24 · Donnerstag

Theo Morell, der Leibarzt Adolf Hitlers, wird mit dem Ritterkreuz, dem höchsten Kriegsverdienstkreuz, ausgezeichnet.

25 · Freitag

In der Nähe von London entgeht die niederländische Königin Wilhelmina nur knapp dem Tode, als deutsche Bomben ihr Haus zerstören. Die Königin, die mit ihrer Regierung 1940 ins britische Exil floh, bleibt unverletzt.

26 · Samstag

In Washington kündigt US-Präsident Franklin D. Roosevelt eine Verschärfung der amerikanischen Einberufungsbestimmungen an. Derzeit stehen 10,6 Millionen US-Amerikaner unter Waffen.

Nach Abschluß seiner Gespräche mit dem rumänischen Staatschef Antonescu gibt Hitler den Befehl, die Vorbereitungen für die Besetzung Rumäniens einzustellen, »da politisch dazu kein Anlaß mehr« vorliege.

Marschall Ion Antonescu.

27 · Sonntag

Der Vatikan dementiert die Meldung ausländischer Nachrichtenagenturen, in der Sixtinischen Kapelle sei eine Zeitzünderbombe entdeckt worden.

28 · Montag

Im Vergnügungspark auf Coney Island bei New York bricht ein verheerender Großbrand aus.

Auf einer Tagung der Reichspropagandaleiter in Berlin unterstreicht der »Reichsführer SS«, Heinrich Himmler, die »Mission des Reiches gegen den Ansturm der bolschewistischen Steppenvölker«.

29 · Dienstag

Vor dem Reichstag in Helsinki berichtet der finnische Ministerpräsident Edwin Linkomies über die Aufnahme von Waffenstillstandsverhandlungen mit der Sowjetunion.

Deutsche Städte in Flammen

Der alliierte Bombenkrieg

»Alarm, Alarm und nochmals Alarm«, notierte die Berliner Journalistin Ruth Andreas-Friedrich am Abend des 4. Februar 1944 in ihr Tagebuch. »Man hört nichts anderes, sieht nichts anderes, denkt nichts anderes. In der S-Bahn, auf den Straßen, in Geschäften und Autobussen – überall schwirren die gleichen Gesprächsfetzen: Total ausgebombt . . . Dach abgedeckt, Wand eingestürzt . . . Fenster raus . . . Türen raus . . . Fliegerschadenschein . . . Alles verloren. Es ist, als ob für die übrigen Nöte kein Raum mehr sei.« Schon seit 1943 dauerte die unaufhörliche alliierte Luftoffensive gegen Berlin an: 16 Großangriffe mußte die Bevölkerung über sich ergehen lassen, bis die britische Royal Air Force in der Nacht vom 24. auf den 25. März mit einem neuerlichen Angriff auf Berlin die Bombardierungswelle vorläufig einstellte. 6166 Menschen starben in diesem Zeitraum in den Trümmern, 18 431 wurden schwer verletzt. Die Reichshauptstadt wurde auf einer Gesamtfläche von 9,5 Quadratkilometern zerstört, 1,5 Millionen Menschen verloren ihr Obdach. Doch im Herbst 1944 sollten Wucht und Intensität der alliierten Bombardierungen in einem Maße anschwellen, das alle vorangegangenen Angriffe übertraf.

Schon den Siegern des Ersten Weltkriegs war klar, daß in einem künftigen Krieg die Entscheidung an der »dritten Front«, in der Luft, fallen könnte. Nicht von ungefähr untersagten die Alliierten den besiegten Deutschen im Versailler Vertrag die Luftrüstung. Durch Kooperation mit der Roten Armee verstand schon die Reichswehr, diese Beschränkung zu umgehen, ehe Hitler dann im Zuge seiner Revisionspolitik die Luftwaffe groß aufrüstete. Sie sollte das Rückgrat seiner Strategie des Blitzkrieges werden. Der kaiserliche Fliegeroffizier Göring wurde zu ihrem Oberbefehlshaber ernannt. Hitler sah eine fast gänzlich auf taktische und operative Einsätze abgestellte Luftkriegführung vor, so daß der Aufbau einer strategischen Bomberwaffe versäumt wurde. In der Luftschlacht um England kam es daher zu einem ersten schweren Rückschlag. Hitlers Forderung lautete: Bomberoffensiven ohne Ansehen der Ziele und Opfer, wahlloser Terror, um die Moral des Gegners zu brechen. Von den Nachtangriffen auf London und Coventry führte ein direkter Weg nach Hamburg und Dresden.

Als in der britischen Öffentlichkeit nach dem Angriff auf Coventry der Ruf

Bei einem Tagesangriff am 24. Mai 1944 auf Berlin wird auch der Französische Dom getroffen. Die Kuppel wird sofort ein Raub der Flammen.

Das Grauen des Bombenkriegs spiegelt sich in den Gesichtern der Menschen, die sich nach dem Fliegerangriff wieder auf die Straßen wagen.

Die englische Stadt Coventry nach einem Angriff durch die deutsche Luftwaffe.

nach Vergeltung laut wurde, ernannte Churchill im Februar 1942 einen neuen Mann zum Chef des britischen Bomber Command: Sir Arthur Travers Harris. Er hatte die Weisung des Luftstabs in die Tat umzusetzen, nach der sich die Bomberoffensive künftig nicht mehr gegen ausgesuchte Einzelziele richten sollte. Die Strategie des Flächenbombardements zielte dagegen auf die Verwüstung ganzer Wohnviertel, um die Moral der feindlichen Zivilbevölkerung zu treffen. Harris verstieg sich sogar zu dem Glauben, das Deutsche Reich ohne jeden Bodenangriff kapitulationsbereit bomben zu können. Dabei hatte doch gerade Großbritannien unter dem deutschen Bombenterror selbst den Beweis erbracht, daß sich die Moral der Zivilbevölkerung unter den Angriffen eher noch festigte. Doch »Bomber-Harris«, wie ihn die deutsche Propaganda bald nannte, argumentierte: Ein diktatorisch regiertes Volk muß anfälliger sein als wir.

Der Entschluß der britischen Führung zu Flächenbombardements wurde nicht nur zum Zweck der Vergeltung gefaßt. Objektive Gründe kamen hinzu: Tagesangriffe hatten sich als zu verlustreich erwiesen; Geleitschutz durch Jagdflugzeuge schien wegen des langen Anflugweges technisch noch unmöglich und die Trefferquote bei Nachtangriffen war so niederschmetternd gering, daß nur breit gestreute Flächenwürfe Erfolg versprachen. Als Harris seinen Dienst antrat, war die Stimmung im Bomber Command noch ziemlich schlecht. Was Harris brauchte, um seinen Auftrag ungehindert auszuführen, war ein spektakulärer Erfolg. Nicht nur die britische Bevölkerung, auch die amerikanischen Verbündeten mußten überzeugt werden, daß eine Luftoffensive gegen Deutschland Erfolg versprach. Harris rechnete: Wenn er alle Maschinen, auch Schulflugzeuge, zusammenholte, käme er auf immerhin 1000 Bomber. In der Nacht vom 30. auf den 31. Mai 1942 holte er zum »Tausend-Bomber-Schlag« gegen Köln aus. Mit diesem »Jahrtausend«-Angriff demonstrierte die Royal Air Force erstmals auf spektakuläre Weise ihre neue Strategie. Innerhalb von 90 Minuten entlud sich über der Stadt eine Bombenlast von 1455 Tonnen, davon waren zwei Drittel Brandbomben. Hildegard Steinborn aus Köln erinnert sich: »In dieser Mainacht ging alles wahnsinnig schnell. Schon das lautstarke Dröhnen der Flugzeugmotoren kündigte an, daß der Angriff diesmal viel stärker sein würde als sonst. Im Keller ging die Notbeleuchtung aus. Trotz aller Tapferkeit kroch nun eine kalte Angst in uns hoch. Zitternd klammerten mein Mann und ich uns aneinander, denn solch ein Krachen, Zischen und Böllern hatten wir noch nie erlebt. Plötzlich flog mit einem fürchterlichen Krach die Tür zum Luftschutzkeller auf; es wurde heiß und taghell vom Feuerschein der ganzen Umgebung. Wir hatten Todesangst. Nach langer banger Zeit wagten wir uns endlich hinauf, wo uns ein grausiges Bild empfing: überall Feuer, Rauch, Schutt, Ruinen. Wir wollten schon mit den Aufräumungsarbeiten beginnen, da ging das Inferno von neuem los.«

Aufklärer konnten noch am Tag danach keine Fotos von dem Ausmaß der Zerstörungen machen, da eine gewaltige Rauchwolke 4500 Meter hoch über der Stadt lag. Harris hatte seine gesamte Streitmacht bis zum letzten Mann aufs Spiel gesetzt – und »gewonnen«.

In dem Geräusch der Bomberflugzeuge, die Köln verwüstet hatten, war ein neues sonores Brummen zu hören gewesen, das in den folgenden Jahren die deutsche Bevölkerung in Angst und Schrecken versetzen sollte: Es waren die vier Motoren des Avro-Fernbombers Lancaster. Fast 8000 Stück wurden davon gebaut.

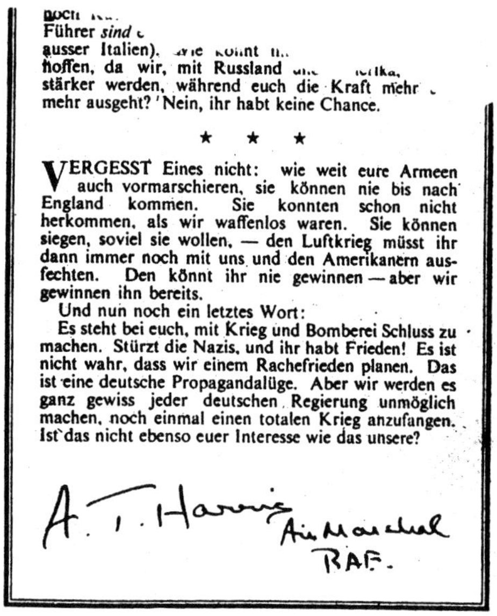
noch ...
Führer *sind* ...
ausser Italien). ... könnt ...
hoffen, da wir, mit Russland ... ...rika, stärker werden, während euch die Kraft mehr ... mehr ausgeht? Nein, ihr habt keine Chance.

★ ★ ★

VERGESST Eines nicht: wie weit eure Armeen auch vormarschieren, sie können nie bis nach England kommen. Sie konnten schon nicht herkommen, als wir waffenlos waren. Sie können siegen, soviel sie wollen, — den Luftkrieg müsst ihr dann immer noch mit uns und den Amerikanern ausfechten. Den könnt ihr nie gewinnen — aber wir gewinnen ihn bereits.

Und nun noch ein letztes Wort:

Es steht bei euch, mit Krieg und Bomberei Schluss zu machen. Stürzt die Nazis, und ihr habt Frieden! Es ist nicht wahr, dass wir einem Rachefrieden planen. Das ist eine deutsche Propagandalüge. Aber wir werden es ganz gewiss jeder deutschen Regierung unmöglich machen, noch einmal einen totalen Krieg anzufangen. Ist das nicht ebenso euer Interesse wie das unsere?

A. T. Harris
Air Marshal
RAF.

Arthur T. Harris, »Bomber-Harris« genannt, unterzeichnete ein Flugblatt, das die Royal Air Force abwarf.

In der ersten Hälfte des Jahres 1944 entschieden die Alliierten die Luftschlacht über Deutschland.

Diese Zahl wurde nur noch von einem anderen Flugzeug übertroffen: der Boeing B 17 Flying Fortress (Fliegende Festung). Von Juni bis Dezember 1942 flogen allein 900 dieser Maschinen über den Atlantik nach England; sie bildeten den Kern der 8. US-Luftwaffe. Anders als die britischen Luftstreitkräfte verfolgte das Pentagon in Washington von Beginn an das Konzept des Präzisionsangriffs, tagsüber und in geschlossener Formation. Obwohl bis zum Ende des Krieges Briten und Amerikaner auch andere Bomber gegen Deutschland einsetzten, wurden die Namen dieser beiden Flugzeugtypen zum Synonym des Luftkriegs »Round the clock« (Rund um die Uhr): nachts die Reihenwürfe aus den Bomberströmen der Lancaster, tags die Bombenteppiche aus den dichtgestaffelten Verbänden der Flying Fortress. Diese »Arbeitsteilung« wurde offiziell im Januar 1943 auf der Casablanca-Konferenz beschlossen. Als Losung wurde ausgegeben: »Fortschreitende Störung und Zerstörung der militärischen Struktur Deutschlands und die Unterhöhlung der Moral seiner Bevölkerung bis zu einem Punkt, an dem die Fähigkeit, bewaffneten Widerstand zu leisten, entscheidend geschwächt ist.«

Noch wehrte sich Deutschland erfolgreich. Die Nachtjäger der deutschen Luftwaffe, vor allem zweimotorige Maschinen vom Typ Me 110 und Ju 88, verbuchten (neben der Bodenabwehr) die meisten Abschüsse. Von den 44 britischen Total-Verlusten beim 1000-Bomber-Schlag gegen Köln gingen 36 auf das Konto der Nachtjäger. Sie vollendeten damit ihren 600. Abschuß.

Die Briten hatten noch lange den Hauptanteil am Luftkrieg zu tragen. Ihre Flugzeugproduktion lief auf Hochtouren – ungehindert von deutschen Bombern, da diese vom Nordmeer bis Afrika und in den Weiten Rußlands im Einsatz waren. Dagegen ging der Aufbau der 8. US-Luftflotte nur langsam voran. Doch am 21. März 1943 begann der erste amerikanische Großangriff gegen Ziele in Deutschland. Die Verbände der US Air Force erreichten bei Bodensicht mit ihren Bombenteppichen zwar eine bisher nicht gekannte Treffergenauigkeit, doch ohne Jagdschutz, das stand bald fest, riskierten sie über Deutschland vernichtende Verluste; denn die deutsche Jagdabwehr kämpfte verbissen. Zum ersten Mal wurden auch Raketen eingesetzt. Die zunehmenden amerikanischen Verluste gipfelten in der Katastrophe von Schweinfurt am 14. Oktober 1943. Von 291 Maschinen, die den Angriff auf die bedeutenden Kugellagerfabriken flogen, wurden 60 abgeschossen, 17 gingen auf ihrem Rückflug über der See und England verloren, 121 wurden beschädigt.

Daraufhin wurde die Tagesoffensive der Amerikaner unterbrochen, nicht zuletzt wegen der am Boden liegenden Moral der entnervten Besatzungen. Aber da zu diesem Zeitpunkt bereits der Beschluß zur Invasion feststand, die ohne Luftüberlegenheit nicht gelingen würde, wurden die Tagesangriffe wieder aufgenommen. Doch ohne Jagdschutz bis zum Ziel und zurück war dies nicht möglich. Die Lösung waren wendige Begleitjäger vom Typ »Mustang«, die ab Dezember 1943 in Schwärmen an der Seite der Bomber erschienen.

Amerikanische Bomber laden am 29. Januar 1944 über Frankfurt ihre Fracht ab.

Inzwischen hatte das britische Bomber Command den eingeschlagenen Weg mit grausiger Konsequenz weiterverfolgt. Unter der Codebezeichnung »Gomorrha«, benannt nach der biblischen Stadt, die Gott wegen ihrer »himmelschreienden Sünden« vernichtete,

»Keiner der Bertinis wußte später, wie sie im Finstern über die verstopfte Treppe nach oben gelangt waren.... Die Straße war ein einziges Flammenmeer. Zwischen den Vorgärten fielen sie in die Knie und verhüllten die Gesichter vor der Hitze.... Der unermeßliche Lärm; das Brüllen der Geschütze; das Pfeifen der fallenden und die Detonationen der krepierenden Bomben; das saugende, hohle Geheul des Feuers ließen keine Verständigung zu. Dabei schrien sie alle ohne Unterbrechung. Ihre Münder aufgerissen, ihre Haare versengt, ihre Kleider zerrissen und die Gesichter rauchverschmiert.... Vom Himmel dröhnend bedroht, vom Feuer ringsum an der entsetzten Erde gehalten, krächzend, wimmernd, stammelnd, so rutschten sie Meter um Meter heraus aus dem zerfallenden, krachenden, platzenden Barmbeker Häusermeer an den Rand des Stadtparks, wo der Phosphor weniger Nahrung fand, aber die Erde von unzähligen Bombeneinschlägen wie eine von unten hochgedrückte Haut bebte.... Als der Himmel endlich verstummte, als sich gelb, schwadig und verhangen der Morgen über Barmbek meldete, lagen auf der Brücke über dem Kanal am großen Güterbahnhof seltsam schuppig, schimmlig,

acht menschliche Raupen auf der Erde. Von den Überlebenden des dritten Großangriffs auf das nächtliche Hamburg wurden sie für tot gehalten, niemand kümmerte sich um sie.«

Aus: Ralph Giordano, Die Bertinis, 1982.

begann Ende Juli 1943 eine Serie von Luftangriffen auf Hamburg. Mit »Gomorrha« sollte nach Harris' Willen die Millionenstadt an der Elbe »ausgelöscht« werden. Die Angreifer verwandelten Hamburg in eine Feuerwüste, in der allein so viele Menschen umkamen wie im gesamten deutschen Luftkrieg gegen England. In dem 1000 Grad heißen Feuersturm starben 30 500 Menschen, da es selbst in den Wasserstraßen keine Rettung vor den Flammen gab und der Luftschutz total überfordert war. Ralph Giordano beschreibt das Inferno, das auch auf britischer Seite bleibendes Unbehagen zurückließ, in seiner autobiographischen Familien-Saga »Die Bertinis«.

Trotz der unvorstellbar großen Schäden erreichte die Hansestadt durch das Zwangssystem der Nazis, die für den Aufbau Arbeitssklaven heranzogen, in fünf Monaten wieder 80 Prozent ihrer Produktionskapazität – eine Zahl, die die Fragwürdigkeit des britischen Terror-Konzepts deutlich machte.

In der ersten Hälfte des Jahres 1944 entschieden die Amerikaner mit ein paar gewaltigen Schlägen die Luftschlacht über Deutschland. Unter dem Schutz ihrer Jäger erschienen die Bomber fast täglich über dem Reichsgebiet. Mit dem Vordringen der Alliierten in Italien griff von dort aus immer stärker auch die 15. US-Luftflotte in den Kampf ein. Am 20. Februar 1944 begann die »Big Week« (Große Woche) der Alliierten: Während die US Air Force bei Tage ihre Angriffe auf Produktions- und Montagebetriebe der Flugzeugindustrie flog, bombardierte die Royal Air Force bei Nacht die Arbeitersiedlungen. Die deutsche Flugzeugproduktion wurde nun mit ungeheurem Aufwand in unterirdische Höhlen und Tunnels verlagert, und es gelang sogar, den Bau der Jäger durch den Einsatz von »Fremdarbeitern« – Kriegsgefangenen und Häftlingen – in nie gekannte Höhe zu treiben.

»Ein diktatorisch regiertes Volk muß anfälliger sein als wir.«

Sir Arthur T. Harris

Der nächste Schlag der Amerikaner galt der Kraftstoffversorgung. Im April wurde das rumänische Erdölgebiet Ploesti, eine der wichtigsten Quellen zur Deckung des deutschen Treibstoffbedarfs, stark verwüstet. Die Donau wurde aus der Luft vermint, Schienenwege wurden gezielt bombardiert, um Öltransporte zu verhindern. Schließlich vernichteten Präzisionswürfe die deutschen Hydrierwerke, in denen aus Steinkohle synthetischer Treibstoff gewonnen wurde. Ohne Treibstoff waren die ohnehin geschwächten deutschen Armeen nicht mehr in der Lage, der alliierten Offensive wirkungsvoll standzuhalten.

Auch Stuttgart war im Jahr 1944 mehrfach Ziel alliierter Bombenangriffe. Die Innenstadt wurde fast völlig zerstört.

Als am 6. Juni 1944 die Invasion der Alliierten in der Normandie begann, bestand an ihrer Luftherrschaft über Europa kein Zweifel mehr. Bis zum Kriegsende verhinderten die Amerikaner die Wiederaufnahme der vollen Produktion in den Hydrierwerken. Im Lauf des Herbstes nahm der Bombenhagel immer gewaltigere Ausmaße an. Allein ein Viertel aller Zerstörungen richtete die Luftoffensive im Zeitraum von September bis Dezember 1944 an. Die Städte Darmstadt, Heilbronn, Freiburg, Stralsund, Saarbrücken, Stuttgart, Wesermünde und Duisburg zählten zu den am schwersten betroffenen Städten des Herbstinfernos.

Dann folgten mitteldeutsche Städte wie Plauen und Chemnitz. Doch der grausige Höhepunkt des alliierten Bombenkriegs wird durch den Namen Dresden symbolisiert, das am 13. und 14. Februar 1945 unterging.

Das unbeschreibliche Grauen des Holocaust läßt die Schrecken der Bombardierungen heute in den Hintergrund rücken. Doch im Rückblick wird selbst in der angelsächsischen Literatur die Bombardierung der deutschen Städte zu den Kriegsverbrechen gezählt. Denn letztlich erwies sich nicht das Vernichtungswerk an den Städten als kriegsentscheidend, sondern die alliierte Luftüberlegenheit über den Schlachtfeldern des Krieges. (UN)

Nach dem nächtlichen Bombenangriff.

Fremde unter deutschen Waffen

Die Ausländer in Hitlers Heeren

Als Napoleon 1812 zum Feldzug gegen Rußland aufbrach, dienten in seinem Heer mehr Ausländer als Franzosen. 129 Jahre später standen der deutschen Wehrmacht zu Beginn des »Unternehmens Barbarossa« nur zwei fremde Heere zur Seite, die Armeen Finnlands und Rumäniens. Hitler rechnete mit einem weiteren »Blitzkrieg« gegen die Sowjetunion, bei der Aufteilung der Beute sollte die Zahl der Teilhaber möglichst begrenzt bleiben. Doch als sich die deutschen Truppen vor Moskau festrannten und der erwartete schnelle Zusammenbruch der Roten Armee ausblieb, waren die Divisionen weiterer Verbündeten willkommen. Italien, Ungarn, Kroatien, die Slowakei und später auch Spanien schickten bereitwillig Truppen an die deutsche Ostfront. Im Sommer 1942 kämpften schon mehr als eine Million verbündeter Soldaten auf seiten der Wehrmacht. Noch glaubten die Bundesgenossen an einen deutschen Sieg und buhlten um die Gunst der vermeintlichen Hegemonialmacht.

Zwei Jahre später war die Koalition der ungleichen Partner auseinandergebrochen. Die katastrophalen Niederlagen 1942 und 1943 waren für die Verbündeten oft noch blutiger gewesen als für die Deutschen. In Stalingrad und am Don verlor das königlich-rumänische Heer mehr als 170 000 Mann. Die 2. ungarische Armee erlitt Anfang 1943 innerhalb von zwölf Tagen Verluste in Höhe von mehr als 100 000 Soldaten, 50 Prozent ihres ursprünglichen Bestandes. Schuld an den verheerenden Verlustziffern waren vor allem Ausrüstung und Ausbildungsstand der verbündeten Heere, aber auch die Vorliebe der Roten Armee, in den Abschnitten nichtdeutscher Truppenteile massiv anzugreifen. Das Verhältnis zwischen der Wehrmacht und den »Waffenbrüdern« verschlechterte sich dramatisch: Die Deutschen erklärten die Niederlagen ihrer Kriegspartner mit »Verrat« und »mangelnder Tapferkeit«. Nach und nach wurden die verbündeten Verbände von der Front abgezogen. Am 25. September 1944 brandmarkte Hitler die Bundesgenossen öffentlich: »Nach fünfjährigem schwersten Kampf steht infolge des Versagens aller unserer europäischen Verbündeten der Feind an einigen Fronten in der Nähe oder an den deutschen Grenzen.«

Dennoch herrschte an den deutschen Fronten längst eine babylonische Sprachenvielfalt. Hitlers kategorische Forderung zu Beginn des Rußlandfeldzuges: »Nur der Deutsche darf Waffen tragen«, war konsequent umgangen worden – nur teilweise mit seiner Billigung. Um dem enormen Bedarf an Soldaten nachzukommen, hatte Himmlers Waffen-SS schon 1940 begonnen, junge Männer in den eroberten Ländern Europas für Nationalitätenverbände zu rekrutieren. Auf dem Höhepunkt der deutschen Erfolge kamen dafür zunächst nur »germanische« Völker in Frage. Die Soldaten der Standarten »Westland« und »Nordland« wurden in Norwegen, Belgien und den Niederlanden noch nach »rassischen und körperlichen Maßstäben« ausgewählt und im Geist der elitären SS-Ideologie ausgebildet. Doch nach der Wende in Stalingrad wurden rassische und ideologische Kriterien über Bord geworfen, so daß die Waffen-SS 1944 ein buntes Völkergemisch aufwies. Im fünften Kriegsjahr kämpften mehr als 20 Nationalitäten unter dem Banner des SS-Totenkopfes: Neben Dänen, Finnen, Holländern, Balten, Belgiern und Franzosen auch Ukrainer, Tataren, Turkmenen und Albaner – bis zum Kriegsende eine halbe Million Mann.

In Skandinavien und Westeuropa meldeten sich Tausende in den Werbebüros der Besatzungsmacht. Abenteuer, die Zugehörigkeit zu einer »Elite« oder die Flucht vor der tristen Arbeitsdienstpflicht – das Kürzel »SS« übte eine magische Anziehungskraft aus. Unter der Parole des von Hitler proklamierten

Im »Kreuzzug gegen den Bolschewismus« kämpfte die spanische »Blaue Division« mit den Deutschen gegen die Rote Armee.

»Kreuzzugs gegen den Bolschewismus« sammelten sich viele, die sich von den westeuropäischen Demokratien enttäuscht abgewandt hatten. »Ein Traum von Europa«, so ein Freiwilliger der ersten Stunde, habe der Waffen-SS zu Beginn des Rußlandfeldzuges verführerische Attraktivität verliehen.

Werbeplakat für die belgische »Legion Wallonie« der SS

Die Freiwilligenwerbung reichte jedoch schon bald nicht mehr aus, zumal Gerüchte über Verbrechen und Greuel der SS die Werbequoten empfindlich senkten. Der steigende Mannschaftsbedarf konnte nur noch durch Zwangsrekrutierungen gedeckt werden. So wie 30 000 junge Lothringer und Luxemburger wurden Hunderttausende aus den besetzten Gebieten zum Dienst in Hitlers Armee gepreßt, meist in der Uniform der Waffen-SS. Auf sie wartete ein ungewisses Schicksal. Von den »malgré nous« (»Gegen unseren Willen«), wie sich die zwangsrekrutierten Lothringer nannten, kam mehr als ein Drittel auf den Schlachtfeldern Rußlands ums Leben. Viele, die – oft erst nach Jahren der Gefangenschaft – zurückkehrten, wurden in der Heimat als Kollaborateure verachtet und gemieden.

Für Verbände aus Ost- und Südosteuropäern führte der »Reichsführer-SS« Himmler einen neuen Namen ein, die »Waffengrenadierdivision«. An der Front erwiesen sich diese Verbände zwar als »äußerst unzuverlässig«, im Einsatz gegen Partisanen machten sie jedoch bald durch ihr brutales Vorgehen auf sich aufmerksam. Bei der Aufstellung der insgesamt 16 »Waffengrenadierdivisionen« nahm die SS gezielt auf nationale Besonderheiten Rücksicht: Im weltanschaulichen Unterricht der Ukrainer wurden die üblichen Lektionen der Rassenlehre gestrichen, den strenggläubigen Mohammedanern der Division »Handschar« ersparte man die nationalsozialistische Kritik der Weltreligionen.

Auch bei der Auswahl der Uniformen erwies sich Hitlers einstige Elitetruppe als einfallsreich: Reguläre Kopfbedekkung der muslimischen SS-Verbände blieb der traditionelle Fes, allerdings in Feldgrau mit dem SS-Totenkopf auf der Stirn. An der Atlantikküste erfreuten sich die ebenso malerischen Kosakenverbände großer Beliebtheit: Eine kosakische Eskorte mit ihren langen Säbeln und der Burka, dem traditionellen wollenen Wettermantel, galt unter deutschen Standortkommandanten als der letzte Schrei. Doch unter militärischen Gesichtspunkten bildeten die »Waffengrenadierdivisionen« einen unkalkulierbaren Risikofaktor: Bei Feindberührung desertierten oft ganze Kompanien und gefährdeten die Flanken ihrer Nachbarverbände. Die meist deutschen Offiziere und Unteroffiziere schwebten in ständiger Gefahr, einer Meuterei zum Opfer zu fallen.

Andrej A. Wlassow, sowjetischer Generalleutnant, seit 1942 in deutscher Gefangenschaft, plante, mit einer Freiwilligenarmee Rußland von der Sowjet-Diktatur zu befreien.

Das größte potentielle Soldatenreservoir innerhalb des deutschen Machtbereichs blieb jedoch bis zum Jahreswechsel 1944/45 auch für die SS tabu: die russischen Kriegsgefangenen. Zwar dienten seit 1941 mehr als eine halbe Million Russen als »Hilfswillige« (»Hiwis«) im Troß der Wehrmacht, doch nach dem Willen Hitlers sollte es bei deren Verwendung als Küchenpersonal, Munitionsträger oder Pferdeburschen bleiben. Geschlossene russische Verbände auf deutscher Seite widersprachen dem wahnwitzigen »Lebensraum«-Prinzip: Hitler fürchtete den russischen Nationalismus – er führte keinen Bürgerkrieg in Rußland, sondern einen Eroberungsfeldzug.

Erst als Eroberungen und »Lebensraum« längst dem bloßen Überlebenskampf gewichen waren, griff der Diktator zähneknirschend auch nach dem letzten Strohhalm: der »Wunderwaffe Wlassow«. Der populäre sowjetische General Andrej Wlassow war 1942 in deutsche Gefangenschaft geraten und bemühte sich seitdem um die Aufstellung einer Freiwilligenarmee zur Befreiung Rußlands vom Joch Stalins. Ende 1944 gab Hitler grünes Licht für die »Wlassow-Armee«. Ein Treffen des einstigen Kriegshelden der Sowjetarmee mit Himmler feierte die NS-Propaganda als »historischen Moment«. Die Parallele zu 1917 drängte sich förmlich auf: Auch damals hatten die Deutschen den Bürgerkrieg beim östlichen Kriegsgegner entfacht – durch eine simple Transitgenehmigung für Lenin. Doch 1944 war es für politische Strategien schon zu spät; das Bündnis mit dem russischen Nationalisten hatte keine Auswirkungen auf das Kriegsgeschehen mehr. Auch die wenigen aufgestellten Einheiten der geplanten zehn russischen Divisionen blieb militärisch bedeutungslos. Welche Kraft jedoch in der nationalen russischen Bewegung steckte, demonstrierten Tausende noch in den letzten Kriegsmonaten zu den Wlassow-Verbänden übergelaufene Rotarmisten. (CD)

Hitlers letzter Sieg

Der Einmarsch in Ungarn

Durch die ehrwürdigen Hallen von Schloß Kleßheim schallten hitzige Gesprächsfetzen. Mit erwartungsvollen Mienen lauschten vor dem ehemaligen Festsaal der Fürstbischöfe von Salzburg Adjutanten, Minister und Militärs. Ihre ungarischen und deutschen Uniformen wirkten fremd inmitten der barocken Pracht des Schlosses.

Hinter den massiven Flügeltüren des Festsaals stritten zwei Verbündete, der ungarische Staatschef Admiral Miklós Horthy und Adolf Hitler. Eigentlich war die ungarische Delegation an diesem 18. März 1944 voller Hoffnung nach Kleßheim gekommen. Die Deutschen hatten endlich signalisiert, über den Abzug auch der letzten acht ungarischen Divisionen von der Ostfront verhandeln zu wollen. Doch jetzt verlor Hitler darüber kein Wort. Statt dessen überschüttete er seinen Gast lautstark mit wüsten Beschimpfungen. Kern der jähzornigen Anklage: Das NS-Regime hatte von Horthys geheimen Waffenstillstandsverhandlungen mit den Alliierten erfahren. Für Hitler war das »Verrat an der deutsch-ungarischen Schicksalsgemeinschaft« – eine politische Todsünde.

In barschem Ton schnarrte Hitler: Die Wehrmacht werde noch in dieser Nacht in Ungarn einmarschieren. Das ungarische Kabinett müsse unverzüglich umgebildet werden. Der stolze Ungar verstand: Die Deutschen wollten auf der Budapester Burg eine Marionettenregierung installieren. Er war in einen Hinterhalt geraten. Hitler legte ein vorbereitetes Papier auf den Tisch, das den deutschen Einmarsch als gemeinsamen

Miklós Horthy, der ungarische »Reichsverweser«, führte geheime Waffenstillstandsverhandlungen mit den Alliierten und provozierte damit Hitler zum Einmarsch in Ungarn.

»Schritt im Kampf gegen den Bolschewismus« bemäntelte. Horthy könne Staatsoberhaupt bleiben, die Unterschrift unter das »gemeinsame« Kommuniqué war der Preis dafür.

Doch der einstige k.u.k. Flottenkommandant ließ sich nicht so leicht einschüchtern. Staatschef von Hitlers Gnaden, das war unter der Würde des standesbewußten Aristokraten. Entschlossen erklärte er dem deutschen Diktator, er werde eher sofort zurücktreten als zu unterzeichnen. Ohne seine Unterschrift würden die Ungarn bewaffneten Widerstand leisten, so daß ein massiver Einsatz deutscher Truppen notwendig werde. Hitler sah seine Pläne durchkreuzt. Außer sich vor Wut drohte er, die Wehrmacht werde auch ohne Horthys Einwilligung marschieren. Dann allerdings an der Seite von rumänischen und slowakischen Truppen – ein unerträglicher Gedanke für die ungarische Nation. Kalt und zynisch fügte er hinzu, daß Deutschland im Falle ungarischer Gegenwehr für die Sicherheit Horthys und seiner Familie keine Garantien übernehmen könne.

Doch selbst diese unverhüllte Morddrohung konnte den 75jährigen Admiral nicht zum Einlenken bewegen. Erregt sprang er auf, stürzte zur Tür und eilte mit hochrotem Kopf die Freitreppe hinab, Hitler ihm dicht auf den Fersen, um wenigstens einigermaßen protokollgerecht die Form zu wahren. Noch in der Tür verlangte Horthy nach seinem Sonderzug: »Wenn doch alles schon beschlossen ist, hat es ja keinen Zweck, daß wir noch weiter reden. Ich reise ab.«

Die Deutschen hatten vorgesorgt: Eiligst wurde ein Luftangriff vorgetäuscht. Die Sirenen heulten, das Schloß wurde eingenebelt. Eine Ordonnanz meldete der ungarischen Delegation, der Sonderzug könne »auf keinen Fall« abfahren, außerdem sei die Telefonleitung nach Budapest »schwer getroffen«. Horthy saß in der Falle. Ungarn war führerlos, mit dem Staatsoberhaupt waren der Kriegsminister und der Generalstabschef der Honvéd, der ungarischen Armee, nach Kleßheim gereist. Die deutsche Inszenierung machte den Magyaren klar: Weitere »Bombenangriffe« oder andere Überraschungen würden eine rechtzeitige Rückkehr der Delegation nach Budapest zu verhindern wissen.

Das Schmierentheater glückte. Ohnmächtig beugte sich Horthy der brutalen »Führerdiplomatie« und telegrafierte um

20.00 Uhr, sechs Stunden vor dem deutschen Einmarsch, sein Einverständnis nach Budapest. Der stolze Admiral entschied sich für Kollaboration und gegen aussichtsloses Blutvergießen, wie so viele europäische Staatsmänner vor ihm. In seinen Erinnerungen fragte er: »Was sollte ich tun? Soviel war klar, daß meine Abdankung nicht nur die Besetzung Ungarns nicht aufhalten, sondern Hitler veranlassen würde, ein hundertprozentiges Nazi-Regime einzuführen.«

Als Horthy am nächsten Vormittag auf der königlichen Burg in Budapest eintraf, empfing ihn schon eine deutsche »Ehrenwache«. Ohne auf nennenswerten Widerstand zu stoßen, hatten Wehrmacht und Waffen-SS in der Nacht alle strategischen Schlüsselpositionen des Landes besetzt. Die Bevölkerung erfuhr vom deutschen Einmarsch auf dem Weg zur heiligen Messe – wieder hatte Hitler an einem Sonntag zugeschlagen. Neuer Regierungschef wurde der deutschfreundliche Döme Sztójay, seine erste Regierungserklärung verkündete Hitlers letzten Sieg: »Auf Grund einer Vereinbarung, die im Geiste der Ungarn und das Großdeutsche Reich verbindenden Schicksalsgemeinschaft zustande gekommen ist, beteiligen sich deutsche Truppen an der Verteidigung des Landes...«

Die Planung der Operation »Margarethe« hatte schon im November 1943 begonnen. Hitler fürchtete ein »zweites Italien«, der drohende Frontwechsel Budapests im Rücken der Ostfront mußte um jeden Preis verhindert werden. Doch neben strategischen Erwägungen spielte der blindwütige Rassenwahn des Diktators eine zentrale Rolle bei den Planungen für »Margarethe«. Schon seit langem richtete sich Hitlers Haß auf die fast

Deutsche Truppen in Budapest: Das Unternehmen »Margarethe« sollte den drohenden Frontwechsel Ungarns verhindern.

800000 ungarischen Juden, die bisher mitten im deutschen Machtbereich vom Massenmord verschont geblieben waren. Hartnäckig hatte sich die Regierung in Budapest immer wieder den deutschen Forderungen widersetzt, die »Endlösung« auch in Ungarn zu praktizieren.

Schon am Tag der Abreise Miklós Horthys aus Kleßheim bildete Adolf Eichmann im »Reichssicherheitshauptamt« der SS ein neues »Sondereinsatzkommando«. Mit mörderischer Perfektion setzte der Holocaust jetzt auch in Ungarn ein. Mehr als eine halbe Million Juden wurde deportiert und in den Vernichtungslagern ermordet – und das vor den Augen der ganzen Welt, denn noch immer waren in Ungarn Gesandte und Journalisten neutraler Staaten akkreditiert, deren Berichte ungehindert die westlichen Hauptstädte erreichten.

Bald nach dem Einmarsch der deutschen Wehrmacht wurden in Ungarn neue Divisionen ausgehoben und an die Front geschickt, die sich schnell den Karpaten näherte. Bald hatte die Honvéd eine Stärke von mehr als einer Million Mann. Die Alliierten reagierten auf die totale Mobilmachung prompt: Britische und amerikanische Bomberströme legten nun auch ungarische Städte in Trümmer.

Doch mit der Rolle des treuen Vasallen wollte sich Horthy auch nach der Besetzung seines Landes nicht abfinden. In einem Brief an Hitler protestierte er empört gegen deutsche Besatzungswillkür und forderte den Abzug von SS und Gestapo: »Ich enthalte mich, zu Papier zu bringen, was hier alles geschehen ist und noch immer geschieht.« Gleichzeitig leitete er wie schon 1943 geheime Waffenstillstandsverhandlungen mit den Westmächten und der Sowjetunion ein. Neben der Erkenntnis der unvermeidlichen deutschen Niederlage leiteten den »Reichsverweser« dabei wohl auch persönliche Ambitionen. Miklós Horthy, seit 1920 Staatschef eines Königreichs mit vakantem Thron, hoffte auf die Gründung einer eigenen Dynastie. Sein Sohn sollte die tausend Jahre alte Stephanskrone tragen.

Am 11. Oktober 1944, die Rote Armee stand schon auf ungarischem Boden, schlossen Emissäre aus Budapest einen geheimen Waffenstillstand mit Stalin. Vier Tage darauf verkündete der staatliche Rundfunk das Ausscheiden des Königreichs aus dem Krieg. In den Hotels der Hauptstadt knallten die Sektkorken, die Gäste der Kaffeehäuser stimmten patriotische Lieder an. Doch die Freude war nur von kurzer Dauer. Agenten der Gestapo hatten die Besatzungsmacht gewarnt. Deutsche »Tiger«-Panzer rollten durch die Straßen. SS-Kommandos besetzten das Rundfunkgebäude und verhafteten Horthy. Noch am selben Tag unterschrieb er seine Rücktrittserklärung. Ein Nachfolger im Amt des »Reichsverwesers« wurde nicht mehr bestimmt. Ungarn hörte auf, Königreich zu sein. (CD)

Cancan in der Etappe

Fronttheater als Ablenkungsmanöver

Für den Truppenarzt Walther Camerer war an der »Unterhaltungsfront« das Maß des Erträglichen endgültig überschritten. Zotige Witze von Männern in Frauenkleidern – Camerer war angewidert von diesen »Entgleisungen«: Der Soldat, ließ er den für »Truppentröstung« zuständigen Ministerialdirektor Hans Hinkel wissen, wolle im Fronttheater Lieder aus Opern, Operetten und der Heimat hören; »er sieht gerne, sehr gerne sogar, ein hübsches Mädel«, erfreue sich »an echter akrobatischer Leistung und an einem guten Witz mehr als an einem schlechten. Letztere machen wir nämlich selbst besser!«

Hinkel, dessen Referat »Truppenbetreuung« zusammen mit dem »Amt Feierabend« der »NS-Gemeinschaft Kraft durch Freude« (KdF) die Front-Unterhaltung organisierte, bekam derartige Kritik öfter zu hören. Doch zum Besseren veränderte sich auf den Bühnen in den besetzten Gebieten kaum etwas. Das Gegenteil war der Fall: Von Jahr zu Jahr sank das künstlerische Niveau der Fronttheater, bis im letzten Spieljahr 1944 ein beispielloser Tiefpunkt der Trivialität erreicht war. Propagandaminister Joseph Goebbels klagte über »sexuelle Geschmacklosigkeiten«, die »keinesfalls« zu dulden sind. »Gewiß«, appellierte Camerer an Hinkel, »wollen wir alle hier draußen Zerstreuung, aber eine wohltuende, auflockernde und keine schmutzige!«

Goebbels sah in der moralischen Aufrüstung der Wehrmacht ein entscheidendes Mittel der psychologischen Kriegführung. Optimale Truppen- und Volksbetreuung, so das nüchterne Kalkül, biete die »Voraussetzung für die Standhaftigkeit und Durchhaltekraft der ganzen Nation in ihrem Schicksalskampf«. Den Soldaten mußte folglich der Frontalltag mit dem allgegenwärtigen Tod »angenehmer« gestaltet werden, damit die »inneren Kräfte« für den »Kampf um die abendländische Kultur« gestärkt wurden. Truppenbetreuung unter der Parole »Neue Kraft zum Kämpfen« galt als kriegswichtig. Schließlich spielten Hitlers Statisten in den Schützengräben auch die Rolle der Vorkämpfer »völkischer« Kultur. Jedem sollte bewußt werden, warum er sein Leben riskierte. Die nationalsozialistische Weltanschauungsschmiede »Dienststelle Rosenberg« forderte daher mehr »wertvolles dramatisches Gut unserer Klassiker und zeitgenössische Dramatiker« auf den Bühnen. Ein Ruf, der nahezu ungehört verhallte. Die Organisatoren der Truppenbetreuung, schimpfte die Dienststelle, gingen »in vielen Fällen nur von artistischen Voraussetzungen aus«. Ihnen fehle es an einer »klaren weltanschaulichen Einstellung«. Und den Spielplänen verpaßten die Hüter der Doktrin das Prädikat »instinktlos«.

Zeitschriften, Zeitungen, Bücher, Soldatensender, Musikkapellen, Filmvorführungen, Dichterlesungen und vor allem Fronttheater hatten nur den einen Zweck: Die Soldaten sollten für wenige Stunden Morden, Verwundungen, Todesangst, Heimweh vergessen. Wo auch immer Wehrmachtsangehörige statio-

Für wenige Stunden Kampf, Tod und Heimweh vergessen: Deutsche Soldaten im Fronttheater.

niert waren oder kämpften, öffneten sich die Vorhänge der Frontbühnen. Schauspieler, Artisten und Kabarettisten traten auf, spielten in Kasernen, Fliegerhorsten, Flakstellungen, Lazaretten und in Konzentrationslagern. Sie tanzten auf Lastwagen, auf Bühnen im Freien, in Scheunen und hastig errichteten Soldatenheimen. Oft bestanden die Kulissen nur aus Pappe und Lumpen. Mehr war in der Ausnahmesituation der zusammenbrechenden Fronten nicht machbar, und mehr war auch gar nicht gefragt. Für diese Vergnügungen nahmen die Soldaten sogar kilometerlange Märsche in Kauf. Gellende Pfiffe und lautstarkes Johlen begleiteten den Auftritt einer Tänzerin, die verheißungsvoll die Lippen schürzte und freizügigen Blick auf ihre Beine gewährte. Da aber Frauen auf den Bühnen nicht die Regel waren, legten

Wichtige Informationen entnahm man im Frontalltag dem »Stoßtrupp« oder anderen Soldaten-Zeitungen.

mitunter auch Männer Strapse an. Das fahrende Kabarett der 16. Armee, »Der Knobelbecher«, machte den Mangel gar zum Programm: »Es fehlen Girls in kurzen Hosen – sechs Männer bringen Kunst in kleinen Dosen.«

Lediglich 14 Wanderbühnen sorgten im ersten Kriegsjahr mit Schwänken und Komödien für Abwechslung im Kriegsalltag – eine Zahl, die sich schon bald vervielfachen sollte. Bereits wenige Stunden nach Kriegsbeginn begann die Mobilmachung der Künstler. Allzu hohe Ansprüche an die Bewerber wurden dabei offenbar nicht gestellt, und so wunderte sich die Schauspielerin und »Truppenbetreuerin« Olga Tschechowa, »wer sich da alles Schauspieler, Tänzer und Sänger nennt.« Diese »Künstler« waren das Fußvolk in einem Heer von Alleinunterhaltern, KdF-Theatern, Wehrmachtsbühnen und kommerzieller Ensembles mit Stars und Sternchen als Zugpferden, das auszog zum Kreuzzug der Heiterkeit. Das Landestheater Saarpfalz aus Kaiserslautern verwandelte sich in das »Armeetheater der Westfront«, die »Front-Soldaten-Bühne Sylt« unter Ferdinand Mahir tingelte an der Nord-Front von einer Marine-Einheit zur anderen, das Dortmunder Marionettentheater ließ die Puppen für den »Endsieg« tanzen, und das Frontkabarett »Von der Maas bis an den Kreml« erntete dank seines »echten Landserhumors« emphatische Kritiken in der Frontzeitung.

Bis zu fünfmal am Tag traten manche Ensembles auf. Das populäre »Fronttheater Pleß«, das in Polen mit Werken von Sudermann, Kleist und Hauptmann debütierte, gab allein 1940 1109 Vorstellungen. Stolz berichtete die Organisation KdF von annähernd 600 000 Wehrmachtsveranstaltungen bis zum 1. April 1943. Im letzten Kriegsjahr 1944 gastierten 600 Spielgruppen in der Etappe. Doch der Nachwuchs für das Theater im Krieg machte sich rar. Je näher die »Götterdämmerung« rückte, desto weniger Künstler waren bereit, gute Miene zum bösen Spiel zu machen und

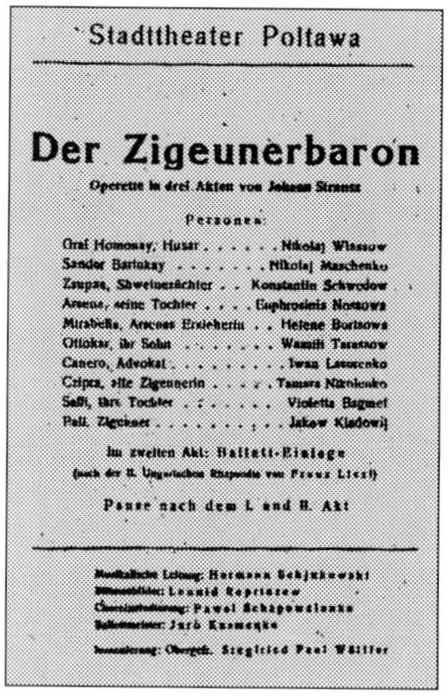
Stadttheater Poltawa

Der Zigeunerbaron

Operette in drei Akten von Johann Strauss

Personen:

Graf Homonay, Husar . . . . . . Nikolaj Wlassow
Sandor Barinkay . . . . Nikolaj Maschenko
Zsupan, Schweinezüchter . . Konstantin Schwodow
Arsena, seine Tochter . . . . Euphrosinia Nossowa
Mirabella, Arsenas Erzieherin . . Helene Burbowa
Ottokar, ihr Sohn . . . . Wassili Tarassow
Carnero, Advokat . . . . Iwan Lawrenko
Czipra, alte Zigeunerin . . . . Tamara Nikolenko
Saffi, ihre Tochter . . . . . . Violetta Bagmet
Pali, Zigeuner . . . . Jakow Kladowij

Im zweiten Akt: Ballett-Einlage
(nach der II. Ungarischen Rhapsodie von Franz Liszt)

Pause nach dem I. und II. Akt

Musikalische Leitung: Hermann Schjukowski
Bühnenbilder: Leonid Repriazew
Chorleitung: Pawel Schapowalenko
Ballettmeister: Jurò Kusmeqko
Inszenierung: Obergefr. Siegfried Paul Wölfer

sich als »kulturpolitische Soldaten des Führers« verheizen zu lassen. Die Zahl der Vorstellungen sank stark. Im Gegensatz zum Kriegsbeginn, als noch prominente Künstler wie Lil Dagover an der Front einen Schimmer vom Glanz und Glamour der Filmwelt verbreiteten, bekam die angeschlagene Truppe wenige Monate vor dem Zusammenbruch fast nur noch drittklassige Schauspieler vorgesetzt. Front-Gastspiele der Deutschen Oper Berlin, des Leipziger Gewandhausorchesters, der Berliner und der Dresdner Philharmoniker waren eine Seltenheit geworden. Selbst die Veranstalter mußten mißmutig einräumen: »Die Truppenbetreuung lebt heute im wesentlichen von Künstlern, die sehr alt oder aber als dienstuntauglich ausgemustert sind.« Kein Vergleich zum hochkarätigen Aufgebot der US-amerikanischen United Service Organization (USO). Marlene Dietrich, Frances Langford, Bing Crosby, Bob Hope – die Stars marschierten mit. In Deutschland drehte die erste Garnitur derweil martialische Durchhaltefilme wie »Kolberg«. Und an der Front blamierten sich die Amateurkünstler nach Kräften.

Nicht nur Deutsche »betreuten« die Truppe. Ausländische Artisten wurden, da deutsches künstlerisches Personal fehlte, in den besetzten sowjetischen Gebieten bald unverzichtbar. Das sah überraschenderweise auch Hitler ein und befahl: »Die Künstler in den besetzten Ostgebieten, die sich zum Spielen unter der deutschen Besatzungsbehörde zur Verfügung gestellt haben, sind unentbehrlich für die geistige Truppenbetreuung.« Tatsache ist, daß sich ihre Darbietungen sehen lassen konnten. Mehr noch: »Im Vergleich mit den russischen Künstlern schneidet der Durchschnitt der KdF-Truppen nach immer wiederkehrenden Mitteilungen teilweise so schlecht ab, daß die Propagandaleiter es mit allen Mitteln verhindern, daß die einheimischen Künstler derartige deutsche Vorstellungen besuchen, damit sie keinen falschen Begriff von der deutschen Kunst bekommen.«

Hans Hinkel, selbst Conferencier in fast fünfhundert Wehrmachtsveranstaltungen, hielt dennoch weiterhin an seinem haltlosen Eigenlob fest: »Wird einmal die Geschichte dieses entscheidenden Krieges geschrieben, dann wird ein Blatt den stolzen Titel tragen: Nationalsozialistische Truppenbetreuung.« Zwar wurde die Geschichte nicht im Sinne des Goebbels-Getreuen geschrieben, doch gab es bereits 1942 einen Propagandaspielfilm, der dem NS-Geschichtsbild vollauf gerecht wurde. Auf Hinkels Wunsch hin entstand der Schmacht-Streifen »Fronttheater«, in dem »Reichswehmutsänger« Wilhelm Strienz den Schlager »Glocken der Heimat« anstimmt. Arthur Maria Rabenalt drehte den »staatspolitisch und volkstümlich wertvollen« Film an Orten, von denen Reichsbürger nur träumen konnten: in Biarritz, Paris, Den Haag, Amsterdam, an der Kanalküste und in Griechenland. Das Publikum strömte – wie bei nahezu allen Filmen im Krieg – in die Kinos und labte sich an der Exotik deutscher Theaterleute am Fuße der Akropolis.

Doch schon zwei Jahre nach der Premiere hatten die Frontbühnen auch den letzten der Vorzüge eingebüßt, die Kunstschaffende einst zum Frontschauspiel lockten. Schauspieler durften zunächst, was anderen verwehrt blieb: Sie reisten ins Ausland. Dort gab es all die Kostbarkeiten zu »hamstern«, die im Reich schon lange nicht mehr zu bekommen waren: dänische Schokolade, französische Badeseife, holländischen van-Houten-Kakao, Chanel-Parfum. »Die Kollegen«, berichtete Lale Andersen alias Lili Marleen, »bestaunten uns wie Fabelwesen, denen sich die Türen zum Paradies geöffnet hatten.« Ein Schlaraffenland, das einen Schuß Abenteuer in unmittelbarer Nähe der gefeierten Kriegshelden verhieß – und als Zugabe ein dankbares Publikum, das mit Applaus nicht geizte. 1941, als Lale Andersen ihren Marschbefehl zur Marine erhielt, war der Dienst als Künstler in Uniform noch dazu außerordentlich gut bezahlt. Zu gut, wie Offiziere und Soldaten der kämpfenden Truppe bei den gebotenen, oft »innerlich wertlosen Veranstaltungen« meinten. Das böse Wort vom »Kriegsgewinnler auf den Fronttheaterbrettern« kursierte. Es hagelte Beschwerden – und diesmal hatten sie Folgen: Gagenstopp! Vom 1. April 1944 an erhielten die Künstler einen Einheitslohn von 800 Reichsmark monatlich. Dies war bei einem Tagesverdienst von zuvor 75 Reichsmark eine gravierende Einbuße. Viel schwerer aber wog, daß nun auch für Künstler »Kriegsdienstverpflichtung« galt.

Die alliierten Luftangriffe auf deutsche Städte häuften sich, und die Schauspieler flüchteten, tauchten unter, besorgten sich Atteste, stellten »Ausreisegesuche«. Zum Äußersten bereit, verstümmelten sich manche sogar selbst. Der Kabarettist Wolfgang Neuss, nach dem Krieg die prägende Figur des Berliner Kabaretts, schoß sich mit einem Gewehr den linken Zeigefinger weg. Seine Karriere als Komödiant in Hitlers Diensten war damit beendet. Nie mehr trat er mit hintergründigen Späßen wie diesen vor Verwundeten in Lazaretten auf: »Ich will mal erzählen, wie ich hierhergekommen bin. Ich war draußen, da bin ich verwundet worden. Das war so: Herr Hauptmann, rufe ich, Herr Hauptmann! Ich habe sieben Gefangene! Sagt der Hauptmann: Ist gut. Bring sie her. Geht nicht, sag ich. Die halten mich fest.« Das Publikum lachte. Es lachte, weil es befreite, und es lachte wohl auch, weil der Witz einen Kern Wahrheit enthielt, den jeder zumindest erahnte. Die Alliierten waren drückend überlegen, der Untergang des Hitler-Reichs gewiß.

Die Tänzerinnen des Theater-Balletts wurden von den Zuschauern in Witebsk begeistert gefeiert.

Auch einheimische Künstler – wie diese kaukasischen Schauspielerinnen – wurden für das Fronttheater verpflichtet.

Am 20. August 1944 erklärte Joseph Goebbels als »Reichsbevollmächtigter für den totalen Kriegseinsatz« sämtliche Theater, Varietes, Kabaretts und Schauspielschulen für geschlossen. »Großdeutschland« hatte auf kulturellem Gebiet kapituliert. Vom 1. September 1944 an hatte das Regime von raren Werkkonzerten und Aufführungen in Lazaretten abgesehen – nur noch zwei Trümpfe anzubieten: Film und Rundfunk. (JM)

Lale Andersen

Das Lied »Lili Marleen«

Ich lernte die Lieder »Drei rote Rosen«, »Der Feldmohn« und »Lili Marleen« noch in der gleichen Nacht und konnte es kaum erwarten, sie am darauffolgenden Abend bei meinem Auftritt zu singen. Applaudierten die Studenten, die dicht gedrängt in dem verrauchten Lokal saßen, wirklich stärker als bei meinen anderen Liedern? Oder bildete ich es mir nur ein? Im Grunde war es mir gleichgültig. Auch wenn sich nur wenige Hände zum Applaus gerührt hätten, wäre ich nicht unglücklich gewesen. »Erst dann, wenn ein Künstler sich den Luxus leistet, eine Rolle, ein Lied oder eine Inszenierung zu seinem eigenen Entzücken zu interpretieren, hat er die Gnade der Unabhängigkeit erreicht.« Diese Worte, die Ernst Ginsberg mir einmal gesagt hatte, fielen mir ein. Kein Weihnachtsgeschenk hätte mich so beglücken können wie diese Lyrik von Hans Leip und die Sensibilität, mit der dieser junge Schwabinger sie vertont hatte.

[...]

Schwarze Marmorwände, grüne Stechpalmen – das Foyer, in dem Journalisten und Fotografen herumstanden, kam mir vor wie ein Mausoleum, in dem man auf meine Aufbahrung wartete. Die üblichen Fragen.

»Wann haben Sie das Lied geschrieben?«

»Nie. Die Autoren heißen Hans Leip und Norbert Schultze.«

»Buchstabieren Sie bitte.«

Ich buchstabiere.

»Wie gelangten Sie an dies Lied? Und wann?«

»Ein Münchner Komponist hatte 1938 das Gedicht gelesen, es vertont und mir vorgespielt.«

»Und der hieß Schultze?«

»Nein, der hieß Zink. Schultze hat das Lied etwas später ebenfalls vertont, und im Gegensatz zum verträumten Zink wußte er, daß man dazu das schriftliche Einverständnis haben muß. Hans Leip gab es ihm. So war Schultzes Vertonung die vertraglich autorisierte. Sie gefiel übrigens dem Publikum besser, war einfach, ohne banal zu sein, und hatte einen Marschrhythmus ohne antiquiertes ›Gloria Victoria‹. Für deutsche Ohren ist ein Marsch genauso Himmelsmusik wie für österreichische ein Walzer und für italienische eine Tarantella.«

»Nicht nur für deutsche.«

»Ja, das hab' ich inzwischen auch festgestellt.«

»Und dann kamen Sie mit den deutschen Truppen nach Belgrad und haben es allabendlich gesungen?«

»Ich war nie in Belgrad. Es war die Platte, die da jeden Abend lief.«

»Wie erklären Sie sich die Wirkung dieses Liedes auf Freund und Feind?«

»Kann der Wind erklären, warum er zum Sturm wird?«

In diesem Augenblick beendete Corelli sein abwesendes Schweigen.

[...]

»Schreiben Sie, was Ihr großer amerikanischer Kollege John Steinbeck über die Wirkung von ›Lili Marleen‹ schrieb. Sie lag in der Dreieinigkeit von Stimme, Text und Musik und rief – ein modernes Mysterium – diese weltweite Massenpsychose hervor.«

[...]

Der Präsident
Der Reichskulturkammer
Der Generalsekretär

Berlin, den 15. Mai 43
Schlüterstr.45

Einschreiben

Frau
Lale Andersen
Berlin W.15
Cicerostr. 49

Nur in Berücksichtigung Ihrer familiären Verhältnisse genehmige ich Ihnen – trotz Ihres erwiesenen unwürdigen Verhaltens als deutsche Künstlerin – ab sofort wieder die künstlerische Betätigung in Varieté- oder Kabarett-Unternehmen privater Besitzer. Sie tragen die Verantwortung dafür, daß in keiner gedruckten oder mündlichen Propaganda bzw. Ankündigung in irgendwelcher Form auf Ihre frühere Betätigung vor unseren Soldaten am Sender Belgrad usw. Bezug genommen wird. Auch jegliche Verbindung Ihres Namens mit dem Soldaten-Lied ›Lili Marleen‹ hat in jedem Fall zu unterbleiben. Sie besitzen nicht das Recht, in Veranstaltungen vor Soldaten oder in NSDAP- bzw. KdF.-Veranstaltungen zu erscheinen. Dies gilt auch für Veranstaltungen von Gliederungen der NSDAP und dieser angeschlossenen Vereine und Verbände. Jede Betätigung im Bereich des Großdeutschen Rundfunks ist Ihnen ebenfalls untersagt. Unter der Auflage, daß Sie beabsichtigte Aufnahmen jeweils rechtzeitig zuvor dem unterfertigten Generalsekretär der Reichskulturkammer zur Genehmigung einreichen, erhalten Sie das Recht, Schallplatten-Verträge abzuschließen bzw. Schallplatten herstellen zu lassen.

Auch bei diesen Aufnahmen wie innerhalb Ihrer gesamten öffentlichen Betätigung sind Ihnen jene Lieder untersagt, die in irgendeiner Form auf die deutsche Wehrmacht oder auf Angehörige eines Wehrmachtteils Bezug nehmen.

Sie werden darauf hingewiesen, daß Sie im Falle eines Verstoßes gegen obige Entscheidungen die entsprechende Bestrafung zu gewärtigen haben.

Im Auftrag
gez. Hinkel
(Hinkel)
Ministerialdirektor

> Vor der Kaserne vor dem großen Tor
> stand eine Laterne und steht sie noch davor,
> so wolln wir da uns wiedersehn,
> bei der Laterne wolln wir stehn
> wie einst Lili Marleen,
> wie einst Lili Marleen.

»Ich riskiere es«, sagte Heinz Hoffmeister. »Bis in die deutschen Randgebiete sind die Gerüchte um Sie nicht vorgedrungen. Beginnen müssen wir zwar wegen der zwei Probewochen in Hamburg. Die Mitglieder des Orchesters Bach wohnen sämtlich in der Hansestadt. Aber anschließend werden wir größtmöglichen Abstand von Berlin halten. Ich denke an Konzerte im Elsaß, Straßburg, Metz, Colmar – und ans Sudetenland.«

[...]

Der Tourneebeginn mußte verschoben werden. Das Promi hatte Hoffmeisters Gesuch, das Orchester Bach für eine achtwöchige Konzertreise mit mir freizustellen, abgelehnt. Jeder deutsche Mann müsse jetzt für die Verteidigung des Großdeutschen Reiches bereitstehen. »Ich finde eine andere Lösung«, versuchte Hoffmeister mich am Telefon zu trösten. »Es gibt dienstverpflichtete holländische Musiker, die glücklich sein werden, Sie zu begleiten, und diese Verhandlungen gehen über eine mir befreundete Dienststelle und nicht über Herrn Hinkel. Starten werden wir trotzdem im Hamburger Konventgarden.«

[...]

Lale Andersen und Heinz Goedecke bei einem Konzert.

»Wollen Sie der Stimme des Volkes nachgehen und ›Lili Marleen‹ als letztes Dacapo singen? Sie trampeln und rufen es schon minutenlang im Chor.« Hoffmeister wischte sich den Schweiß vom strahlenden Gesicht und ließ die Garderobentür weit offen, damit man das Geräusch über den Gang bis in die Umkleideräume höre. Der Saal war ausverkauft. Die Holländer hatten sich als Spitzeninstrumentalisten erwiesen, es hatte keinen Alarm gegeben. Jetzt, jetzt müßten die Sirenen gehen und mir die Entscheidung in dieser schwierigen Situation abnehmen. Sie schwiegen. Hoffmeister redete. »Nun gehen Sie wenigstens noch mal zum Verbeugen 'raus, vielleicht fallen Ihnen ein paar nette Worte ein, oder Sie singen halt doch das Lied.«

»Damit Ihr Reiseleiter sich fünf Minuten später ans Telefon hängt und ins Promi meldet?«

»Der Gerstorff?«

»Ja, der. Von wem haben Sie sich den überhaupt andrehen lassen?«

»Von niemanden. Er kam nach Mannheim und fragte, ob ich für ihn im Besetzungsbüro oder als Reiseleiter Verwendung hätte.«

Verärgert über die Einfalt eines Mannes, dessen Mut und Furchtlosigkeit ich bis zu diesem Augenblick bewundert hatte, ließ ich ihn stehen und ging zur Bühne. Ich würde Ihren Wunsch gern erfüllen, werde ich sagen, das Propagandaministerium hat es mir verboten. Machen Sie jetzt bitte nicht Buh, es ist Gestapo anwesend, und Ihre Reaktion könnte Ihnen gefährlich werden.

Ich sagte nichts, verbeugte mich immer wieder, versuchte mit bedauerndem Achselzucken und tieftraurigem Blick auszudrücken, was niemand verstand. Enttäuscht schlich ich in die Garderobe und das Publikum aus dem Saal.

»Von morgen ab trete ich nur auf, wenn Sie vor der Veranstaltung auf die Bühne gehen und dem Publikum sagen, daß es ein gutes Programm hören wird, aber auf keinen Fall das Lied ›Lili Marleen‹.«

Aus: Der Himmel hat viele Farben.
Leben mit einem Lied. 1972.

1 · Mittwoch

Thomas Mann lehnt die Mitarbeit am Projekt des deutschen Exil-Theologen Paul Tillich ab, ein konkretes Programm für eine deutsche Nachkriegsregierung zu formulieren.

2 · Donnerstag

Der US-Spielfilm »Casablanca« mit Ingrid Bergman und Humphrey Bogart in den Hauptrollen wird in Hollywood mit drei Oscars ausgezeichnet.

3 · Freitag

In Süditalien fordert ein Eisenbahnunglück in einem Tunnel 500 Menschenleben. Die Opfer ersticken an giftigen Gasen.

In Warschau wird die Polin Anna Zwarycz von einem deutschen Gericht zum Tode verurteilt, weil sie ein jüdisches Kind versteckt hatte.

4 · Samstag

Im Frontabschnitt der deutschen Heeresgruppe Süd eröffnet die Rote Armee unter dem Oberbefehl von Marschall Georgi K. Schukow ihre Frühjahrsoffensive. Ende April ist die gesamte Ukraine wieder in sowjetischer Hand.

Marschall Georgi K. Schukow.

5 · Sonntag

Die Vereinigten Staaten brechen die diplomatischen Beziehungen zu Argentinien ab. Die US-Regierung wirft dem neuen Regierungschef in Buenos Aires, Edelmiro Fárrell, vor, die Achsenmächte zu unterstützen.

6 · Montag

Unter dem Codewort »Thursday« beginnt in Birma eine alliierte Luftlandeoperation hinter den japanischen Linien. Bei der Operation kommen auch Maultiere zum Einsatz, denen die Stimmbänder durchschnitten wurden.

7 · Dienstag

Das Oberkommando der Wehrmacht meldet von der Ostfront: »An der Autobahn Smolensk-Orscha setzten die Bolschewisten auf schmaler Front ihre in mehreren Angriffswellen vorgetragenen Durchbruchsversuche fort.«

8 · Mittwoch

Im »Führerbefehl Nr. 11« erläßt Hitler Weisungen für die Kommandanten sogenannter »fester Plätze«: Deutsche Verbände sollen sich in befestigten Städten von der vorrückenden Roten Armee einschließen lassen und sich dort »bis zum Letzten« verteidigen.

9 · Donnerstag

In Rostock verurteilt ein Sondergericht die Giftmörderin Helene Möller zum Tode. Zwischen 1935 und 1943 hatte die Angeklagte, die fünfmal verheiratet war, insgesamt sieben Menschen vergiftet, darunter drei ihrer Ehemänner und ihre zwei Kinder aus erster Ehe.

10 · Freitag

Großbritannien stellt den Reiseverkehr in die Republik Irland ein. Damit soll die neutrale Republik, die diplomatische Beziehungen auch zu den Achsenmächten unterhält, isoliert werden.

11 · Samstag

Auf dem »Berghof« bei Berchtesgaden scheitert ein Attentatsversuch auf den »Führer«. Rittmeister Eberhard von Breitenbuch gelangt nicht in das Besprechungszimmer Hitlers.

12 · Sonntag

Eleanor Roosevelt, die Frau des amerikanischen Präsidenten, äußert in der »Neuen Zürcher Zeitung« ihre Hoffnung, »daß wir nicht einen Frieden der Rache schließen werden«.

Hitler unterzeichnet den Operationsbefehl für das »Unternehmen Margarethe«, den Einmarsch in Ungarn.

13 · Montag

In London gibt der britische Außenminister Anthony Eden anläßlich des sechsten Jahrestages des »Anschlusses« seiner Hoffnung Ausdruck, daß Österreich bald von der »Hitler-Tyrannei« befreit sein werde.

Im Südatlantik versenkt das deutsche U-Boot »U 852« den griechischen Dampfer »Peleus«. Der U-Boot-Kommandant befiehlt, die Überlebenden der »Peleus« mit Maschinengewehren zu beschießen.

14 · Dienstag

In New York wird Franz Werfels antifaschistische Komödie »Jacobowsky und der Oberst« uraufgeführt.

15 · Mittwoch

Adolf Eichmann, der Leiter des »Judenreferats im Reichssicherheitshauptamt«, ordnet die systematische Verfolgung der jüdischen Bevölkerung Griechenlands an. Mehr als 5 000 griechische Juden sterben im Vernichtungslager Auschwitz.

16 · Donnerstag

In London wird der deutsche Spion John Job hingerichtet. Job sollte über die Auswirkungen deutscher Bombenangriffe berichten.

17 · Freitag

In Kairo nimmt die rumänische Opposition mit Billigung von König Michael geheime Waffenstillstandsverhandlungen mit den Alliierten auf.

In Birma setzen die Alliierten erstmals in der Kriegsgeschichte Hubschrauber ein. Helikopter vom Typ »Sikorsky« bergen Verwundete im Dschungel hinter den japanischen Linien.

Miklós Horthy.

18 · Samstag

Auf Schloß Kleßheim bei Salzburg empfängt Hitler den ungarischen »Reichsverweser« Miklós Horthy. Nach dramatischen, ganztägigen Verhandlungen gibt Horty den Drohungen des »Führers« nach und stimmt der Besetzung seines Landes zu.

19 · Sonntag

Verbände der Wehrmacht und der Waffen-SS dringen ohne nennenswerten Widerstand in Ungarn ein und besetzen alle strategischen Schlüsselstellen. Gleichzeitig mit der Operation »Margarethe« beginnt die Verfolgung der jüdischen Bevölkerung des Landes. Schätzungsweise 500 000 ungarische Juden werden in den kommenden Monaten vom »Sonderkommando Adolf Eichmann« deportiert und ermordet.

Ungarische Jüdinnen auf dem Weg nach Auschwitz.

Die Rote Armee überschreitet den Dnjestr und dringt in Bessarabien ein.

20 · Montag

Pierre Brossolette, französischer Widerstandskämpfer und Berater Charles de Gaulles, begeht nach seiner Verhaftung durch die Gestapo Selbstmord.

In Italien bricht der Vesuv aus. Der Lavastrom des Vulkans zerstört zwei Dörfer.

In London wohnen zahlreiche Vertreter des europäischen Hochadels der Trauung von Jugoslawiens König Peter II. und Prinzessin Alexandra von Griechenland bei.

21 · Dienstag

Ein Sprecher des Weißen Hauses in Washington sagt alle Termine des amerikanischen Präsidenten Franklin D. Roosevelt ab – offiziell wegen einer »leichten Erkältung«. Der Gesundheitszustand des Präsidenten gilt seit längerem als kritisch.

22 · Mittwoch

76 alliierte Piloten brechen aus einem Gefangenenlager im schlesischen Sagan aus. 50 werden gefaßt und hingerichtet, 26 gelingt die Flucht.

In Großbritannien wird bekanntgegeben, daß einer Hungersnot in Indien bisher mehr als eine halbe Million Menschen zum Opfer gefallen sind.

23 · Donnerstag

Die deutsche Öffentlichkeit erfährt von der Besetzung Ungarns – vier Tage nach dem Einmarsch von Wehrmacht und SS.

24 · Freitag

US-Präsident Franklin D. Roosevelt gibt eine Erklärung zum Massenmord an den europäischen Juden ab. Er bezeichnet die Judenvernichtung als »eines der schlimmsten Verbrechen in der Geschichte« und kündigt die harte Bestrafung der Schuldigen nach Kriegsende an.

25 · Samstag

Seit Jahresanfang haben alliierte Bombenangriffe allein in Berlin 6166 Opfer gefordert und die Wohnungen von 1,5 Millionen Menschen zerstört. Die angestrebte Demoralisierung der deutschen Bevölkerung tritt jedoch nicht im erhofften Maße ein.

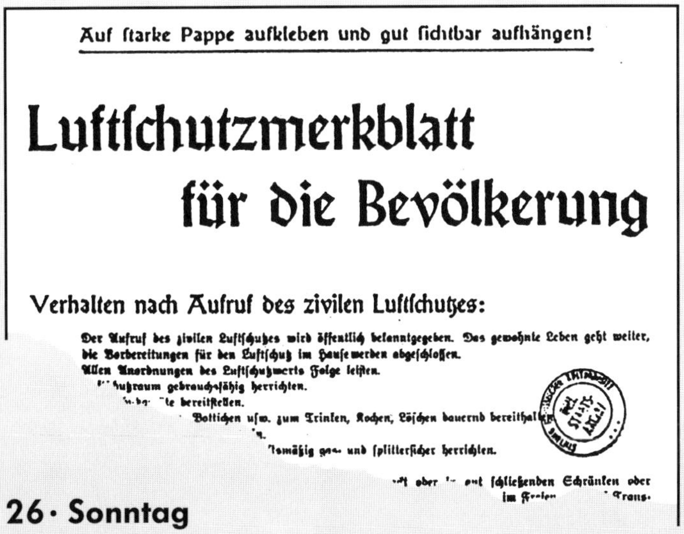

Auf starke Pappe aufkleben und gut sichtbar aufhängen!

Luftschutzmerkblatt
für die Bevölkerung

Verhalten nach Aufruf des zivilen Luftschutzes:

Der Aufruf des zivilen Luftschutzes wird öffentlich bekanntgegeben. Das gewohnte Leben geht weiter, die Vorbereitungen für den Luftschutz im Hause werden abgeschlossen.
Allen Anordnungen des Luftschutzwarts Folge leisten.
…schutzraum gebrauchsfähig herrichten.
…te bereitstellen.
Bottichen usw. zum Trinken, Kochen, Löschen dauernd bereithal…
…smäßig gas- und splittersicher herrichten.
… oder … schließenden Schränken oder
im Freien … Trans-

26 · Sonntag

In Griechenland meldet die kommunistische »Nationale Befreiungsfront« Ansprüche auf die Regierungsbildung an. Der blutige Kampf zwischen den griechischen Widerstandsgruppen erreicht daraufhin einen neuen Höhepunkt.

27 · Montag

In einer Rundfunkansprache prophezeit der britische Premier Winston Churchill den baldigen Zusammenbruch der deutschen Wehrmacht.

28 · Dienstag

Ein Kälteeinbruch an der Ostfront läßt das Thermometer im Kampfgebiet bis auf 30 Grad unter den Gefrierpunkt fallen.

29 · Mittwoch

Nach dem Abbruch der alliierten Offensive gegen den deutschen »Verteidigungsriegel« bei Monte Cassino tritt an der italienischen Front Ruhe ein.

30 · Donnerstag

Bei einem Nachtangriff der Royal Air Force (RAF) auf Nürnberg schießt die deutsche Luftabwehr 95 britische Bomber ab. Es ist der verlustreichste RAF-Angriff des Krieges.

Hitler macht die Generalität des Heeres für den Zusammenbruch der deutschen Ostfront verantwortlich und entläßt die Feldmarschälle Kleist und Manstein. Er erklärt, im Osten käme es jetzt auf »starres Festhalten« an.

31 · Freitag

Eine vertrauliche Mitteilung der deutschen Botschaft in Tokio übermittelt den Wunsch der japanischen Regierung, aufgrund der »schwierigen Lage« im Pazifik noch enger als bisher mit Deutschland zusammenzuarbeiten.

Die deutsche Presse fordert Eltern dazu auf, ihre Kinder im Rahmen der Kinderlandverschickung evakuieren zu lassen.

B
A
C
D
RISE
OF
ASIA

Tokio im Visier

Der Krieg im Pazifik

Im Fernen Osten hatte sich der Krieg ebenso wie in Europa längst zugunsten der Alliierten gewendet. Der Blitzkrieg Japans, der auf die schnelle Eroberung der pazifischen Inselwelt mit ihren reichen Rohstoffvorkommen abzielte, das »Inselspringen«, war gescheitert. Der Traum von einem japanischen Großreich, der im Dezember 1941 mit den Propagandaworten »Asien den Asiaten, Kampf dem weißen Unterdrücker« begonnen hatte, war ausgeträumt. Japan stand nach den Niederlagen von Midway (Juni 1942) und Guadalcanal (August 1942 und Februar 1943) mit dem Rücken an der Wand. Die gewaltige Rüstungsindustrie der USA hatte geradezu astronomische Mengen an Kriegsschiffen, Flugzeugen und Kampfpanzern produziert; Japan konnte dem nichts Gleichwertiges entgegensetzen. Auch in der Qualität der Waffen waren die Japaner deutlich unterlegen. Ein großer Teil ihrer Flugzeuge war veraltet, leistungsfähige Radargeräte gab es ebenfalls nicht, auch die japanischen Geschütze und Panzer entsprachen nicht dem alliierten Standard.

Am 20. November 1943 begannen die Amerikaner ihre Gegenoffensive und überrollten nun Insel für Insel des japanischen Machtbereiches im Südwest- und Zentralpazifik. Aus zwei Stoßrichtungen näherten sie sich den Philippinen. Ein Teil der Truppen unter dem Befehl General MacArthurs bezwang die japanischen Stellungen auf Neuguinea und den umliegenden Inseln, der andere Teil unter Admiral Nimitz griff im Lauf der Offensive die Gilbert-, Marshall-, Karolinen- und Marianen-Inseln im Zentralpazifik an.

Die beiden Gilbert-Atolle Makin und Tarawa waren die ersten Ziele des Gegenschlags. Während Makin schnell fiel, wurde Tarawa erbittert verteidigt. Die Japaner hatten die Hauptinsel Betio zu einer gewaltigen Festung ausgebaut. Der amerikanischen Aufklärung waren die vorgelagerten Korallenriffe entgangen, so daß die Landungsschiffe nicht nahe genug an den Strand fahren konnten. Als die amerikanischen Marine-Infanteristen auf den Strand zuwateten, empfing sie ein tödlicher Feuerhagel; die Landung geriet zum Blutbad. Als es Nacht wurde, war ein Drittel der 5000 US-Soldaten gefallen. Die Insel mußte den Japanern Meter um Meter entrissen werden. Am 23. November war Betio erobert, von 4700 japanischen Soldaten gingen nur 100 in Gefangenschaft. Der Rest war gefallen.

Auf die Eroberung der Gilbert-Inseln folgte im Februar 1944 die Besetzung der Marshall-Inseln. Weiter im Süden wur-

Mit der Parole »Asien den Asiaten« rief die japanische Propaganda zum Befreiungskrieg gegen die »Langnasen« auf. Damit verschleierte Japan seine Großmachtpolitik und seinen Eroberungskrieg in den Nachbarländern.

Sie eroberten eine Insel nach der anderen zurück. US-Marineinfanteristen (»Ledernacken«) sturmbereit in einem Landungsboot.

den die wichtigen Eckpfeiler der japanischen Garnisonen auf Neuguinea von ihren Verbindungen mit dem Mutterland abgeschnitten. 125000 japanische Soldaten waren praktisch isoliert; sie spielten für den Ausgang des Krieges keine Rolle mehr. Hunger und Krankheiten waren fortan ihre größten Feinde. Die Amerikaner betrachteten die eingeschlossenen Stützpunkte wie Gefangenenlager, die sich

Angriff eines US-Bombers auf einen Geleitzerstörer im Chinesischen Meer während der Kämpfe auf Okinawa.

selbst zu versorgen hatten. Am 15. Juni 1944 setzte die US-Marine zu einer der beiden entscheidenden Operationen des Jahres 1944 an: der Eroberung der Marianen-Inseln Saipan, Tinian und Guam im Zentralpazifik. Die Inselgruppe wurde von den Japanern besonders heftig verteidigt, da amerikanische Langstreckenbomber von hier aus das japanische Mutterland bombardieren konnten.

Die Amerikaner hatten mittlerweile viel Erfahrung in der Durchführung amphibischer Operationen. Ihre Trägerflugzeuge gewannen über den Marianen die absolute Luftherrschaft und vernichteten die japanischen Flugzeuge, die auf den Inselflugplätzen stationiert waren. Dann schossen eine große Zahl von US-Schlachtschiffen die Verteidigungsstellungen sturmreif. Unter ihrem Feuerschutz landeten am Morgen des 15. Juni die ersten »Ledernacken« – US-Marine-Infanteristen – auf Saipan. Sie trafen auf erbitterten Widerstand der Verteidiger, die sich ohne Rücksicht auf Verluste wehrten. In selbstmörderischen Gegenangriffen kamen Tausende Japaner ums Leben. Als nach drei Wochen harter Kämpfe auf Saipan der letzte Widerstand abflaute, war praktisch die gesamte japanische Inselgarnison, etwa 27000 Mann, vernichtet. Auch die Befehlshaber der japanischen Truppen überlebten den Kampf nicht. General Saito beging am 9. Juli Selbstmord durch »Harakiri«, – Admiral Chuchi erschoß sich am gleichen Tag. 3100 Amerikaner verloren während der Eroberung Saipans ihr Leben.

Ähnlich erbittert verliefen die Kämpfe auf Tinian und Guam. Die amerikanischen Marine-Infanteristen landeten auf der Insel, igelten sich zunächst ein, um

Kamikaze-Flieger beim Angriff auf das amerikanische Schlachtschiff »Missouri«.

die Insel dann Stück für Stück einzunehmen. Gefangene wurden kaum gemacht, da die japanischen Soldaten bis zum letzten Mann ausharrten und eher »Harakiri« begingen, als in Gefangenschaft zu gehen. Der bis zur Selbstopferung reichende Widerstand war durch ihre enge Einbindung in den »Bushido« (Samurai-Kodex) und »Senjiinkum« (Schlacht-Ethik) zu erklären. Danach galt Gefangenschaft als die schlimmste Schande. Wer sich gefangennehmen ließ, verlor vor Volk und Familie sein Gesicht.

Japanische Seeleute, die von amerikanischen Schiffen gerettet wurden, versuchten sich wieder in die See zu stürzen, um ihre »heiligen Prinzipien« nicht zu verraten. Ähnliches galt für die japanischen Flieger, die es meist ablehnten, Fallschirme zu tragen. Ein geradezu grotesker Beleg dieses übersteigerten Kults war die »Kapitulation« des letzten japanischen Soldaten auf der Marianen-Insel Guam im Jahre 1972.

Doch 1944 wagte es in Japan niemand, offen über Kapitulation zu sprechen – auch nicht, als die japanische Flotte beim Versuch, die Landung auf den Marianen zu verhindern, drei Flugzeugträger sowie 450 Jagdmaschinen und Bomber verlor. Die jungen japanischen Piloten waren noch unerfahren; es gelang ihnen lediglich, 30 Flugzeuge abzuschießen. Deshalb bezeichneten die Amerikaner die Luftkämpfe während der Schlacht in der Philippinen-See als »Truthahnschießen«.

Der unerbittliche Widerstand auf den Pazifik-Inseln hatte für die Amerikaner trotz ihrer unbestreitbaren Erfolge einen bitteren Nachgeschmack. Es schien unwahrscheinlich, daß Japan ohne Eroberung des Mutterlandes zur Kapitulation gezwungen werden konnte. Auf der Insel Saipan hatte die gesamte japanische Zivilbevölkerung Selbstmord begangen, um sich nicht ergeben zu müssen. Die Besetzung des Mutterlandes und völlige Auslöschung der japanischen Armee schienen der einzig mögliche Weg zum Sieg.

Zwar schloß Kaiser Hirohito nach der Niederlage bei den Marianen eine Kapi-

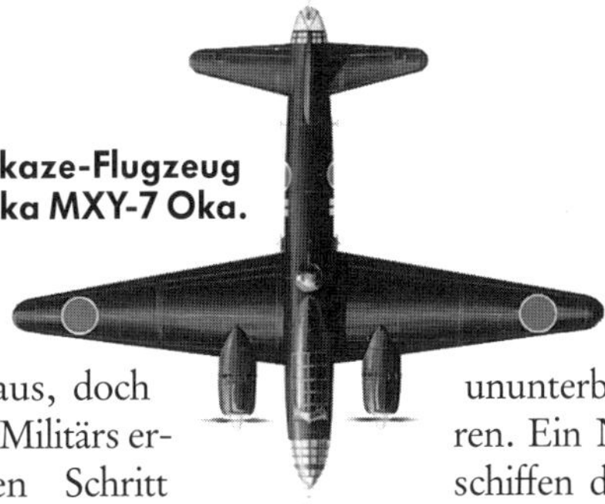

Kamikaze-Flugzeug Yokosuka MXY-7 Oka.

tulation nicht mehr aus, doch die Ehrauffassung der Militärs erlaubte einen solchen Schritt nicht. Niemand im Kabinett wollte sich der unausweichlichen Niederlage beugen und entsprechende Schritte einleiten. Besonders ungünstig wirkte sich die alliierte Forderung nach einer »bedingungslosen Kapitulation« aus, was einen »ehrenvollen Frieden« ausschloß. Der ungleiche Kampf ging mit unverminderter Härte weiter und sollte noch Hunderttausende von Menschen das Leben kosten. Der Entschluß weiterzukämpfen, stieß im japanischen Volk auf keinerlei Widerstand. Ein Grund hierfür war nicht nur die enge Bindung an gesellschaftliche Traditionen, sondern auch die Unkenntnis der wirklichen Lage. Die japanische Propaganda verschwieg die hohen Verluste.

Die Offensive im Pazifik ging weiter, und am 20. Oktober 1944 landete die US-Navy auf der Philippinen-Insel Leyte. General MacArthur konnte sein Versprechen, das er bei der Räumung der Philippinen im Frühjahr 1942 gegeben hatte, einlösen. Er wollte »wiederkommen«. Noch einmal versuchte die japanische Flotte, die amerikanische Landung zu verhindern. Wieder erlitt sie schwere Verluste – vier Flugzeugträger, drei Schlachtschiffe und zehn Kreuzer wurden versenkt. Es war die schwerste Schlacht der Seekriegsgeschichte. Unter anderem verlor die kaiserlich-japanische Marine eines ihrer Super-Schlachtschiffe, die »Musashi«, damals eines der größten Kriegsschiffe der Welt.

Die Schlacht im Leyte-Golf war der Todesstoß. Die japanische Flotte war nun als Machtfaktor im Pazifikkrieg ausgeschlachtet und trat bis Kriegsende kaum mehr in Erscheinung. Die Eroberung strategisch wichtiger Positionen auf den Philippinen trennte Japan von seinen Rohstoffquellen in Borneo und Indonesien. Der Blockadering um das »Land der aufgehenden Sonne« zog sich immer enger.

Der Nachschub der US-Marine rollte dagegen völlig unbehindert. Die US-Kriegsschiffe konnten drei Monate lang ununterbrochen auf See operieren. Ein Netz von Versorgungsschiffen deckte den Nachschub, Öl, Verpflegung, Munition. Die gesamte Palette der Versorgungsgüter, es gab rund zwei Millionen Einzelposten, wurde in einem Katalog erfaßt. Die Schiffe konnten wie bei einem Warenhausversand mittels Kenn-Nummer die benötigten Gegenstände anfordern. Der Katalog war bis Kriegsende auf 279 Bände angewachsen und wog 100 Kilo. Einen wichtigen Beitrag zur Isolierung Japans leistete auch die amerikanische U-Boot-Waffe. Obwohl Ende 1943 die meisten japanischen Frachter mit Geleitschutz fuhren, gelang es den Japanern nicht, der Gefahr Herr zu werden. In einem beispiellosen Aderlaß wurden Ende 1944 drei Millionen BRT Handelsschiffsraum versenkt, das waren rund 50 Prozent der japanischen Handelsflotte. Je mehr Schiffsraum vernichtet wurde, desto schneller sank die Leistungsfähigkeit der japanischen Kriegsmaschinerie.

Große Erfolge erzielten die amerikanischen U-Boote auch gegen die japanischen Kriegsschiffe. Im Vorfeld der Landung auf den Marianen versenkten sie zwei japanische Flugzeugträger, im November ein Schlachtschiff und den größten Flugzeugträger der Welt, die »Shinano«. Die japanischen U-Boote hatten nicht annähernd die Kampfkraft der amerikanischen Unterwasserfahrzeuge. Sie konnten 1944 weder gegen Kriegsschiffe noch gegen Handelsschiffe nennenswerte Erfolge erzielen.

Angesichts der herannahenden Niederlage setzten die Japaner ab Oktober 1944 Kamikaze-Flieger ein. Hunderte japanischer Piloten meldeten sich freiwillig, um sich mit ihren bombenbeladenen Flugzeugen auf die amerikanischen Kriegsschiffe zu stürzen. Der Name »Kamikaze« (»Götterwind«) erinnert symbolisch an die Taifune, die 1273 und 1279 die Landungsflotte des Mongolenführers Kublai Khan vernichtet und Japan gerettet hatten. Am 25. Oktober griffen zum erstenmal Kamikaze-Flieger eine Gruppe amerikanischer Flugzeugträger vor den Philippinen an. Leut-

Die strategischen Konzepte im Pazifikkrieg

»Meine strategische Vorstellung für den pazifischen Kriegsschauplatz sieht massive Schläge nur gegen wichtige Ziele vor und nützt Überraschungseffekte und gemeinsame Boden- und Luftangriffe unter Unterstützung der Flotte aus. Das ist das gerade Gegenteil von dem, was man ›Inselspringen‹ nennt, wobei der Feind durch direkten frontalen Druck bei entsprechend schweren Verlusten, die zwangsläufig damit verbunden sind, allmählich zurückgedrängt wird. Natürlich müssen Schlüsselpositionen eingenommen werden, aber durch kluge Wahl dieser Positionen kann man die Notwendigkeit vermeiden, die Gesamtheit der Inseln, die jetzt in feindlichem Besitz sind, stürmen zu müssen. Das ›Inselspringen‹ mit seinen außerordentlichen Verlusten und seinem langsamen Vordringen halte ich nicht für die beste Methode, den Krieg so schnell und so billig wie möglich zu beenden. Neue Verhältnisse erfordern neue Lösungen, und neue Waffen erfordern die Anwendung neuer und sinnvoller Verfahren.«

General MacArthur

»Diese Art Strategie haßten wir am meisten. Mit geringsten Verlusten griffen die Amerikaner ein verhältnismäßig schwaches Gebiet an, eroberten es, bauten Flugplätze, und dann begannen sie, die Versorgungslinien unserer Truppen in diesem Gebiet zu unterbrechen. Unsere Stützpunkte wurden allmählich ausgehungert. Die japanische Armee hätte einen direkten Angriff nach der deutschen Methode vorgezogen, aber die Amerikaner sickerten in unsere schwächeren Stellungen ein und höhlten uns aus, wie Wasser sich den schwächsten Punkt aussucht, um in ein Schiff einzudringen und es zu versenken.«

General Matsuichi Ino

nant Seki, der Führer der Kamikaze-Formation, stürzte sich mit seinem Flugzeug auf den Geleitträger St. Lo, der durch sieben gewaltige Detonationen zerrissen wurde und die gesamte Besatzung mit sich in die Tiefe riß. Kapitän Inoguchi erlebte als Stabsoffizier die Gründung der ersten Kamikaze-Einheiten mit: »In der Situation damals war es selbstverständlich, daß die japanischen Soldaten ihr Leben für Kaiser und Volk opferten. Ihre Vaterlandsliebe entsprang dem tiefverwurzelten Glauben, daß die gesamte Nation, die Gesellschaft und sogar der Kosmos in der kaiserlichen Macht vereint seien. Und für diesen Glauben waren sie bereit zu sterben.«

»Flying Fortress« nannte die amerikanische Luftwaffe ihren Langstreckenbomber Boeing B-17.

Die japanischen Piloten waren davon überzeugt, daß die herkömmliche Art der Luftangriffe nicht mehr ausreichte, um das Blatt noch einmal zu wenden. Der Kamikaze-Angriff bot die Möglichkeit, mit einem Mann viele Hunderte zu töten, mit nur einem Flugzeug ein Schiff zu versenken.

Der Einsatz der Kamikaze brachte jedoch nicht die erhoffte Wende im Pazifikkrieg; frühzeitig durch Radar erfaßt, wurden die meisten Flieger abgeschossen, bevor sie überhaupt in die Nähe amerikanischer Schiffe kamen. Wenn es den ohnehin schlecht ausgebildeten Piloten doch noch gelang, bis zu ihnen vorzudringen, empfing sie meist ein unüberwindliches Flak-Feuer. Die Versenkungserfolge blieben insgesamt gering.
Das japanische Mutterland spürte von den erbitterten Kampfhandlungen im Pazifik zunächst wenig. Am 15. Juni griffen zum erstenmal Langstreckenbomber B-29 »Superfortress« von China aus an. Für eine Großoffensive gegen japanische Städte reichte die Zahl der Flugzeuge jedoch nicht aus. Es gab zu wenige Luftwaffenstützpunkte. Nach der Eroberung der Marianen im Sommer 1944 wurde dort die Basis der 21. Strategischen Luftflotte eingerichtet. Am 24. November erfolgte der erste »Superfortress«-Angriff auf Tokio. Bei einem Angriff im Frühjahr 1945 versank die Metropole in Flammen.

Die japanische Antwort auf die Luftangriffe mutete mitunter hilflos an. Da die japanische Rüstungsindustrie nicht in der Lage war, eine strategische Luftwaffe aufzubauen, bestückte sie große Gasballons mit Brand- und Splitterbomben. In neuntausend bis elftausend Metern Höhe sollte diese von einem starken Ostwind nach Nordamerika getragen werden und dort ihre tödliche Last automatisch ausklinken. Ein Teil der Ballons erreichte tatsächlich die USA. Einer wurde im November 1944 in Montana von spielenden Kindern entdeckt.

Während die japanische Luftwaffe kaum mehr in der Lage war, Widerstand zu leisten, versuchte die japanische Infanterie auf anderen Kampfschauplätzen Boden zu gewinnen – gegen die Briten.

Im Frühjahr 1944 plante der britische General Wavell, Oberbefehlshaber der alliierten Truppen in Indien, die Rückeroberung Burmas. Die Japaner kamen ihnen jedoch zuvor. Sie starteten im März 1944 eine Offensive gegen Ostindien und eroberten die strategisch wichtigen Städte Kohima und Imphal. Unterstützt wurde die japanische Offensive von Truppen des indischen Freiheitskämpfers Subhas Chandra Bose. Er hielt sich bei Kriegsausbruch 1941 in Deutschland auf und wurde 1943 mit einem U-Boot nach Japan gebracht. Im Gegensatz zu Mahatma Gandhi wollte er Indien mit Gewalt von der britischen Kolonialherrschaft befreien. Am 4. Juni 1943 proklamierte er eine vorläufige indische Regierung und nahm die Aufstellung einer Nationalarmee in Angriff. Seine Hoffnungen auf die Befreiung Indiens sollten sich jedoch bald zerschlagen. Nach vielversprechenden Anfangserfolgen scheiterte die Offensive an dem entschlossenen Widerstand britischer und neuseeländischer Truppen sowie englandfreundlicher indischer Kontingente. Die Japaner wurden zurückgeschlagen und verloren 65 000 Mann. Im November 1944 gingen die Briten selbst zum Angriff auf Burma über. Anfang 1945 rückten sie bis nach Mandalay vor.

Eine britische Einheit erobert im Dschungel eine japanische Stellung.

Dennoch – gemessen an den Verlusten der Luftwaffe und der Marine, behielt das japanische Heer im großen und ganzen seine Schlagkraft. Der Krieg im Pazifik aber wurde auf See und in der Luft entschieden und hier hatten die Alliierten Japan eine Niederlage nach der anderen zugefügt.

Das Jahr 1944 klang mit einer düsteren Ankündigung aus: Massenvernichtung aus der Luft. General Groves, der Leiter des Manhattan-Projektes, teilte Ende Dezember mit, daß im August 1945 die ersten Atombomben einsatzbereit wären. (SN)

Die Schlacht der Lügen

Goebbels' Propaganda auf Hochtouren

Es war ein strahlender Sonnentag; im lauen Frühlingswind wehten rote Hakenkreuzfahnen über den Trümmern der verwüsteten deutschen Städte. Mit bunten Fähnchen und Parolen waren die Ruinen festlich herausgeputzt – makabre Kulisse für ein glanzvolles Ereignis. Zur selben Zeit wurde an einem abgelegenen Ort ein pompöses Zeremoniell veranstaltet. Auf seinem Berghof nahe Berchtesgaden empfing Adolf Hitler eine schier unüberschaubare Schar von Gratulanten. Offiziere mit ordenübersäter Brust, SS-Führer mit Totenkopfabzeichen an den schwarzen Mänteln und Parteileiter in braunen Uniformen – kein Paladin wollte sich dieses Ereignis entgehen lassen. Es war der 20. April 1944. Der »Führer« zelebrierte seinen 55. Geburtstag. Die Wirklichkeit war dabei ausgeklammert: An der Front waren Millionen Soldaten einem aussichtslosen Überlebenskampf ausgeliefert.

»Niemals hat das deutsche Volk so gläubig zu seinem Führer aufgeschaut wie in diesen Tagen und Stunden«, tönte es unterdessen aus den »Volksempfängern«. Mit markigen Worten stimmte Reichspropagandaminister Joseph Goebbels die Radiohörer auf den Festtag ein: »Auch in diesem Kampf auf Leben und Tod«, donnerte der Demagoge mit anschwellendem Pathos, »ist und bleibt unser Führer uns das, was er uns immer war: Unser Hitler!«

Für Zeitgenossen, die sich ein halbwegs unabhängiges Urteil bewahren konnten, hatte die Selbstdarstellung der Machthaber freilich jede Wirkung verloren. »Es wirkt wie Hohn, dieses verhaßte Rot der Fahnen«, notierte die junge Journalistin Ursula von Kardorff zu Hitlers 55. Geburtstag in ihr Tagebuch. »Schließlich lagen unter den Trümmern der zerbombten Häuser Menschen begraben, man hörte ihre Klopfzeichen – bis sie dann erstickten.«

Propaganda und Wirklichkeit klafften mehr und mehr auseinander. Die Geheimberichte des Sicherheitsdienstes der SS dokumentierten, wie kritisch die Bevölkerung den offiziellen Nachrichten inzwischen schon gegenüberstand: »An unseren Sieg glaubt in unserem Gau außer einem ganz kleinen Teil von Volks- und Parteigenossen sowie den Aktivisten der Partei niemand.« Die Zweifel am »Endsieg« ließen sich im fünften Kriegsjahr nicht mehr ausräumen.

Der »Volksempfänger« war wichtig für die Indoktrination. »Rundfunk formt den Menschen im Geiste Adolf Hitlers.«

Doch noch immer bestimmte die allgegenwärtige NS-Propaganda die öffentliche Meinung und die privaten Anschauungen vieler Deutscher. Über alle Medien hämmerten die Propagandisten den Menschen die simple Botschaft von der »Volksgemeinschaft« ein: »Du bist nichts. Dein Volk ist alles.« oder »Führer befiehl! Wir folgen.« Die Meinungsmacher wollten so den Zusammenhalt der Bevölkerung stärken. Gleichzeitig beabsichtigten sie, Gefolgschaft und Treue der Deutschen zum allmächtigen »Führer« zu festigen. Diesem Zweck dienten viele differenzierte Instrumente. Zwar gehörten die Massenaufmärsche gleichgeschalteter Kolonnen und die nächtliche, gigantische Himmelsbeleuchtung des »Lichtdoms« längst der Vergangenheit der Vorkriegszeit an. Doch der Indoktrination durch Radio und Zeitung konnte gerade während der Kriegszeit niemand entgehen. In der sogenannten »Tagesparole« gab das Goebbels-Ministerium den Zeitungen detaillierte Formulierungsanweisungen vor, welche bei Strafe übernommen werden mußten. In den vollbesetzten Kinos zeigten Wochenschauberichte Bilder von »deutscher Größe« und »deutschem Siegeswillen«: Vorrückende, wendige Panzer und rüstungstechnische Höchstleistungen. Der anschließende Unterhaltungsfilm entführte die Kinobesucher dann in glückliche Friedenszeiten. Propaganda wirkte durch große Reden und Gesten sowie in der subtilen Ablenkung. Sie war vielfältig und einfallsreich.

Schon in seinem Buch »Mein Kampf« hatte Adolf Hitler die Marschrichtung für die Meinungslenkung vorgegeben: »Die Propaganda versucht eine Lehre dem ganzen Volke aufzuzwingen.« Deutlicher konnte die Absicht nicht vorgegeben werden. Beeinflussung, nicht Information war das Ziel.

Während des Krieges wurde diese Strategie bis ins Extrem gesteigert. Schlagworte mußten an die Stelle von Tatsachen treten. Zunächst hatten Goebbels und seine Mitarbeiter, angesichts der militärischen Erfolge, keine großen Schwierigkeiten, die Bevölkerung einzustimmen. Erst das militärische Scheitern wurde zur eigentlichen Bewährungsprobe für die Propaganda. Nicht Selbstdarstellung war jetzt gefragt, sondern Verschleierung der Realität und Ablenkung vom drohenden Niedergang. Doch diese Rechnung ging nicht immer auf. So hatte das Goebbels-Ministerium Ende 1943 eine großangelegte Propagandakampagne entwickelt, in deren Zentrum die später als »Vergeltungswaffen« V 1 und V 2 bekannt gewordenen Raketen standen. Der fluchtartige Rückzug der dezimierten deutschen Armeen ließ sich zu dieser Zeit vor der deutschen Bevölkerung nicht mehr geheimhalten. Siege waren kaum mehr zu verkünden. Deshalb schickte Goebbels sich an, den »Durchhaltewillen« der Menschen durch Emotionen und Haßtiraden zu mobilisieren: »Das ganze deutsche Volk«, schrie er am 5. Juni 1943 in einer seiner berüchtigten Sportpalastreden vor einem verblendeten Publikum, »ist heute nur von einem Gedanken beseelt, Gleiches mit Gleichem zu vergelten!« Der Glaube an den Mythos einer Kriegswende sollte die Einsicht in die drohende Niederlage ersetzen. Den »Wunderwaffen« wurde eine »kriegsentscheidende« Bedeutung zugeschrieben.

Joseph Goebbels versah sein Amt als »Reichsminister für Volksaufklärung und Propaganda« mit agitatorischer Beredsamkeit.

Doch dann verzögerte sich der Einsatz der vielgepriesenen Waffe wegen technischer Mängel. Hitlers Trommler reagierte prompt und schwenkte um. Anfang 1944 erklärte das Propagandaministerium in der Tagesparole »Vergeltung« vorübergehend zur verbotenen Vokabel. Der Minister fürchtete, daß die hochgesteckten Erwartungen der Bevölkerung schnell in Enttäuschung umschlagen könnten.

Die gezielten Propagandakampagnen repräsentierten jedoch nur einen Ausschnitt aus dem umfassenden Beeinflussungsrepertoire des Regimes. Subtiler wirkte die versteckte Manipulation der Bevölkerung. Eine hervorragende Rolle spielte dabei der Rundfunk. Fanfaren kündigten Sieges- und Sondermeldungen an. Marschmusik sollte die Menschen einstimmen. Dann folgte eine Aufzählung von Erfolgsmeldungen, die jedoch gegen Kriegsende immer spärlicher ausfiel. Selbst geschickte Umschreibungen, zum Beispiel »Frontbegradigung«, konnten den allgemeinen Niedergang nicht mehr verschleiern. Dies wirkte sich auch auf das Radioprogramm aus. Musikalische Unterhaltung nahm nun einen immer größeren Raum ein. Titel wie »Musik am Vormittag«, »Musikalische Kurzweil«, »Hafenkonzert«, »Leichte Kost« oder »Wunschkonzert« beherrschten das Programm. Mit seichter Muse sollten die Menschen vom Kriegsinferno und den angsterfüllten Bombennächten abgelenkt werden. Die häßliche Fratze des Todes blieb für kurze Momente ausgesperrt.

Selbst die Werbetexter hatten die »Endsieg«-Propaganda verinnerlicht. Unterschwellig sollte auch die gezielt lancierte Flüsterpropaganda wirken. Mitarbeiter des Propagandaministeriums streuten inoffizielle Informationen aus.

Wenngleich die Begeisterung der Bevölkerung für die Machthaber kurz vor Kriegsende schon ziemlich abgekühlt war, gelang es den Propagandisten doch immer wieder, wenigstens einen Teil der Menschen für ihre Sache zu begeistern. Nach dem Bombenattentat am 20. Juli 1944 in Hitlers Führerhauptquartier geriet die NS-Führung für kurze Zeit in eine Krise. Doch Goebbels nutzte die Gunst der Stunde. Er spielte die einfachen Arbeiter und Frontsoldaten gegen die meist adelige Elite und Generalität aus. »Welches Interesse sollte ein Arbeiter daran haben, die Hand gegen den Führer zu erheben?«, schallte seine Stimme am 26. Juli 1944 über den Äther, Hitler sei ja die Hoffnung der Nation. »Alle Soldaten«, griff der Propagandachef den Faden wieder auf, »haben nur gewetteifert in dem heißen Bestreben, den treubrüchigen Verräterklüngel zu Boden zu schlagen.« Von den Attentätern sprach Goebbels nur verächtlich als »kleine, reaktionär verkalkte Verräterclique«, die »unseren Volksstaat nicht verstehen wollen und nicht verstehen können, die dem Führer nie verzeihen, daß er auch dem Sohn des Volkes den Weg zur Offizierslaufbahn eröffnet hat.« Tatsächlich waren in den Straßen Deutschlands in diesen Tagen erleichterte Ausrufe zu hören wie: »Hitler lebt! Gott sei Dank!«

Ein tiefer Riß ging durch das deutsche Volk. Von »Volksgemeinschaft« war nichts mehr zu spüren. Die militärische Niederlage war vorauszusehen. Die Kluft zwischen Propaganda und Wirklichkeit war nicht mehr zu überbrücken. (JES)

Insel des Friedens

Die Festung Schweiz

Ein Navigationsirrtum war der Grund für den schwersten Luftangriff auf die neutrale Schweiz während des Zweiten Weltkriegs. 30 US-Kampfflugzeuge warfen am 1. April 1944 irrtümlich nahezu 400 Brandbomben über der schweizerischen Stadt Schaffhausen ab. Der Angriff, bei dem 40 Menschen getötet und 100 Einwohner verletzt wurden, vermittelte nun auch den Schweizern einen Eindruck von den verheerenden Ausmaßen dieses Krieges. Die vorangegangenen Kriegsjahre hatte die Schweiz überstanden, ohne nennenswert ins Kampfgeschehen einbezogen zu sein. Sie hatte sich verschanzt in ihrer Alpenfestung, in der Hoffnung, daß der Sturm über sie hinwegfege.

Einen Tag vor dem deutschen Überfall auf Polen betonte die Schweiz ihren Status der bewaffneten Neutralität, der bei ihrem Beitritt zum Völkerbund allgemein anerkannt und 1938 von Hitler und Mussolini nochmals ausdrücklich bestätigt worden war. Der Regierung, dem Schweizer Bundesrat, wurden weitgehende Vollmachten übertragen. Als glücklich erwies sich die Wahl Henri Guisans zum General der Bundesarmee. Im Gegensatz zur Regierung, die während der folgenden schwierigen Jahre der außenpolitischen Isolation in ihrem Neutralitätskurs mitunter ins Wanken geriet, entwickelte sich Henri Guisan für die Mehrheit der Schweizer zur Integrationsfigur, die ihnen Orientierung bot.

Amerikanische Kampfflugzeuge bombardierten am 1. April 1944 irrtümlich die Stadt Schaffhausen in der Schweiz.

General Henri Guisan war während des Zweiten Weltkriegs Kommandierender der Schweizer Armee.

Viele Schweizer hofften auf einen Sieg der Westmächte, namentlich der Franzosen, deren Verteidigungswall, die Maginotlinie, man für unüberwindlich hielt. Bis dahin versuchten sie auszuharren.

Bei Kriegsbeginn traf die Regierung Vorkehrungen, um die innere und äußere Sicherheit zu gewährleisten. Die Grenzen wurden befestigt und die Generalmobilmachung angeordnet. 430000 Mann, das waren rund zehn Prozent der Bevölkerung, wurden einberufen. Zur Bekämpfung faschistischer und antidemokratischer Strömungen in der Gesellschaft, wie sie auch in der Schweiz in den dreißiger Jahren mit der Wirtschaftskrise aufgekommen waren, wurden polizeiliche Maßnahmen ergriffen: Politische Versammlungen wurden unter Polizeikontrolle gestellt, nationalsozialistische Gruppen aufgelöst und Bürgerwehren gebildet. Ein wichtiges Instrument zur Sicherung der Neutralität war die Pressezensur, die jedoch eher in Form einer Selbstkontrolle gehandhabt wurde; die Schweizer wollten weder den deutschen noch den italienischen Diktator durch allzu kritische Äußerungen provozieren. Die Meinungsäußerung wurde durch die Pressekontrolle nicht beeinträchtigt.

Um die kleine Schweiz nach außen zu stärken, ergriff der Staat eine ganze Reihe von Maßnahmen, die den inneren sozialen Frieden sicherten. Sie sollten sich für den Ausbau der sozialen Einrichtungen in der Nachkriegszeit als richtungsweisend herausstellen. Die Soldaten erhielten für die Dauer ihres Wehrdienstes eine Lohn- und Verdienstausfallentschädigung. Kündigungsschutz für Dienst- und Pachtverträge, Mietpreisstopp, straffe Preiskontrolle und eine Wehrabgabe für Besserverdienende ergänzten diese Politik des sozialen Ausgleichs und der eidgenössischen Verbundenheit. Die Einführung eines Rationierungssystems und die unter dem Namen »Plan-Wahlen« an die Bevölkerung ausgegebene Aufforderung, auch jedes noch so kleine Stück Land mit Kartoffeln und Gemüse zu bebauen, sollten die Ernährung sicherstellen.

Trotz dieser Bemühungen war die Schweiz auf Importe lebenswichtiger

Die Schweizer Grenze wurde besonders gut bewacht. »Das Rettungsboot ist voll« lautete die Devise, mit der Flüchtlinge aus Deutschland abgewiesen wurden.

Produkte angewiesen. Um ihren Bedarf an Lebensmitteln und Kohle zu decken, intensivierte sie ihre Handelsbeziehungen zu Deutschland. Im Gegenzug für die Lieferung von Rohstoffen erhielten die Deutschen nicht nur Produkte der Schweizer Uhren-, Chemie- und Maschinenindustrie, sondern vor allem auch Kriegsmaterial. Unter politisch-wirtschaftlichem Druck stellte die Schweiz ihre Alpenbahnen für Transporte zwischen Deutschland und Italien zur Verfügung.

Derartige Konzessionen wurden von den Westmächten beargwöhnt und setzten die Schweiz dem Verdacht der Kollaboration aus. Darum wurde sie nach dem Krieg von den Siegermächten eine Zeitlang eher distanziert behandelt.

Der deutsche Überfall auf Norwegen und die Besetzung Dänemarks im April 1940 führte den Schweizern vor Augen, welches Schicksal auch sie jederzeit ereilen konnte. In ihrer Industriekapazität, ihrer Funktion als finanzielle Drehscheibe und ihrer militärischen Schlagkraft sahen sie den Hauptgrund dafür, daß Hitler ihre Unabhängigkeit zu respektieren schien. Aber ein Problem stellte sich den Schweizern: Die Mobilmachung entzog der Wirtschaft auf einen Schlag 430 000 Arbeitskräfte, ohne die das hohe Produktionsniveau nicht gehalten werden konnte. Einen Ausweg aus dieser Sackgasse eröffnete der »Réduit«-Plan General Guisans, der die Zahl der Soldaten auf ein notwendiges Minimum reduzierte und trotzdem ein schlüssiges Konzept der Landesverteidigung darstellte. Die Réduit-Strategie machte sich die Topografie des Landes zunutze, indem sie eine Konzentration der militärischen Kräfte im Alpen- und Zentralraum mit starken Befestigungen vorsah. Im Ernstfall hätte dies zwar die Preisgabe weiter Teile des den Bergen vorgelagerten Mittellandes bedeutet. Ein Angreifer mußte jedoch mit einem langwierigen und mühsamen Gebirgskrieg rechnen.

Ob die Réduit-Strategie, die General Guisan den Stabsoffizieren am 25. Juli 1940 auf dem Rütli (Rütli-Rapport) bekanntgab, Hitler wirklich von einem Angriff abgehalten hätte, ist fraglich. Tatsache ist, daß die Deutschen im Sommer 1940 Pläne für die Besetzung der Schweiz (Deckname »Tannenbaum«) ausarbeiteten, sie aber nie ausführten.

Damals hatte die Spannung ihren Höhepunkt erreicht: Mit dem Zusammenbruch Frankreichs und dem Kriegseintritt Italiens sah sich die Schweiz nun völlig von den Achsenmächten eingekreist. Zu der Bedrohung von außen kam die Angst vor den Untergrundaktivitäten faschistischer Gruppen und der intensiven deutschen Spionagetätigkeit im Innern des Landes. Unter dem Eindruck der Machtpolitik Hitlers ließen sich einige namhafte Persönlichkeiten in Regierung und Armee zu deutschfreundlichen Äußerungen hinreißen und gaben eine Art »helvetischen Pétainismus« zu erkennen.

Das dunkelste Kapitel der Schweizer Geschichte während des Zweiten Weltkrieges war ihre Flüchtlingspolitik. Bis zum 12. Juli 1944 galten Juden und rassisch Verfolgte nicht als politische Flüchtlinge und wurden deshalb an der Schweizer Grenze abgewiesen. Im Jahre 1942 wurde eine fast vollständige Grenzsperre verhängt: »Das Rettungsboot ist voll« – so die Devise des zuständigen Bundesrats. Und das, obwohl sich zu diesem Zeitpunkt nicht mehr als 10 000 Emigranten in der Schweiz aufhielten und die Schweizer von der Judenverfolgung wußten. Viele Flüchtlinge wurden damit den deutschen Schergen überantwortet und in den sicheren Tod geschickt. Im offiziellen Bericht der Schweizer Bundesregierung von 1957 heißt es: »Man nahm sich oft zu Füßen der Schweizer Soldaten das Leben, nur um nicht in die Hände der Deutschen zu fallen.« Erst als sich nach der Kriegswende der Druck der Alliierten verstärkte, lockerten die Schweizer ihre Flüchtlingspolitik. Bis Ende 1943 fanden 75 000 Flüchtlinge in der Schweiz Zuflucht, bei Kriegsende waren es 100 000. Die Schweiz hatte den Krieg ohne nennenswerte Schäden überstanden. Ihre Wirtschaft hatte allein 1943 doppelt soviel exportiert wie in den Krisenjahren 1933 bis 1936. Nur widerstrebend gab die Schweiz dem massiven Druck der Amerikaner nach, die auf Schweizer Banken lagernden Nazi-Vermögen und jüdischen Bankguthaben herauszugeben. Wegen ihrer restriktiven Flüchtlingspolitik hatte das Ansehen der Schweiz gelitten. Die von Schweizer Boden ausgehenden Aktivitäten des Internationalen Komitees vom Roten Kreuz konnten dieses Bild freilich korrigieren. (UN)

Marschmusik und schräge Töne

In den Nischen blüht der Swing

Fanfarenstöße der Waffen-SS empfingen Mitte August 1944 vor dem Bayreuther Festspielhaus die Besucher der fünften Kriegs-Festspiele. Da die Belastungen des Kriegsgeschehens im Jahr 1944 von Tag zu Tag drückender wurden, hatten die Vertreter der Reichskulturkammer lange Zeit überlegt: Sollten sie die Pforten des Festspielhauses überhaupt noch einmal öffnen? Schließlich entschieden sie sich dafür. Denn die Bayreuther Festspiele sollten ein Zeichen »unversiegbaren deutschen Kulturwillens in der Zeit der größten Kraftanstrengung der Nation im Ringen um Sein oder Nichtsein« setzen. So dirigierte Wilhelm Furtwängler die Wagner-Oper »Die Meistersinger von Nürnberg« vor ausgesuchten »Gästen des Führers«: Soldaten, Rüstungsarbeitern, Verwundeten, Kriegsberichterstattern – und den Sprechern aller Sender des Besatzungsgebietes, die nach Hitlers Wunsch von dem Ereignis in alle Welt berichten sollten.

Kein Künstler wurde von Hitler und den Nationalsozialisten ähnlich inbrünstig verehrt wie Richard Wagner. Seine musikalische Aufbereitung der germanischen Mythologie traf ebenso wie der kultische Charakter der Inszenierungen den Geschmack der braunen Machthaber. »Der Ring der Nibelungen« entsprach mit seiner monumentalen Ausrichtung dem nationalsozialistischen Sinn für überdimensionale Aufführungen. Den Gralshütern der NS-Musik galten die »Meistersinger« als »aus dem Urquell der Volkskraft gespeiste Kunst«. Kein Werk, so Goebbels, stehe »unserer Zeit in ihren seelischen und geistigen Spannungen« so nahe. Zudem erleichterten Wagners antisemitische Schriften wie »Das Judentum in der Musik« die ideologische Vereinnahmung. Mit Wagners Schwiegertochter Winifred, die seit 1930 die Leitung der Bayreuther Festspiele innehatte, war Hitler freundschaftlich verbunden. Sie bezeichnete ihn als »eifrigen mächtigen Förderer der Festspiele«. Hitler hielt die Verbindung »deutscher Tonkunst und deutscher Dichtkunst« in den Wagner-Opern für die Hochform künstlerischen Schaffens. Und was er für richtig hielt, das sollte selbstverständlich für das deutsche Volk gelten. Im totalitären Staat wurde auch die Musik von der Gleichschaltung erfaßt. Selbst Schlager und leichte Rhythmen entgingen in den zwölf braunen Jahren nicht der Vereinnahmung. »Artfremd« hingegen seien die »Hottentotten-Rhythmen der Nigger« und das »Klarinettengewinsel des Juden Benny Goodman«.

Generalmusikdirektor Wilhelm Furtwängler als Dirigent im Jahr 1939.

Im Oktober 1935 wurde der Jazz im gesamten deutschen Rundfunkprogramm verboten. Die gelenkte Presse entrüstete sich über das »teuflische Zerstörungsmittel« Jazz, das mit »heiserem Refraingesang« und »plärrenden Tönen« an die »niedersten Triebe« appelliere, das nichts sei als »Niggerei und jüdische Frivolität«. Aber diese Musik war nicht per Dekret auszurotten, der »Swing-Bazillus« geriet im Dritten Reich zu keiner Zeit unter Kontrolle, schon gar nicht in Berlin, wo er seit den zwanziger Jahren nicht zum Schweigen zu bringen war. Ein reguläres Verbot auf Gesetzesbasis wurde nie erlassen. Anders als bei der modernen Kunst handelte es sich bei Jazz und Swing nicht um ein Kulturprodukt elitärer Minderheiten. Die Nazis sahen sich von Anfang an mit einer breiten Jazz-Anhängerschaft konfrontiert, vor der sie schließlich kapitulieren mußten. In strittigen Fällen sollte die Reichsmusikkammer entscheiden, ob ein Musikstück als erwünscht galt oder nicht. Doch die nationalsozialistische Reglementierung erwies sich gegenüber der Hartnäckigkeit der Jazz-Liebhaber oft als hilflos. Die Machthaber selbst vollzogen aus Gründen der Imagepflege ihre Restriktionen nicht so streng.

1936, im Jahr der Olympiade, wollten sie einem internationalen Publikum vorführen, wie liberal es in der Hauptstadt des neuen Reiches zuging. Da durften nicht nur »Teddy Stauffer und seine Original Teddies« hotten. Im Februar 1937 lud Goebbels persönlich das englische Swing-Orchester »Jack Hylton« zum offiziellen Berliner Presseball. Hohe NS-Funktionäre wie er und Göring wagten sich zu den schrägen Klängen der zweiundfünfzig Mann starken Kapelle selbst auf die Tanzfläche, obgleich das Propagandaministerium noch 1934 die »negroiden Auswüchse« von Hyltons Swingmusik scharf angegriffen hatte. Auch die regimetreue Presse vollzog den widersprüchlichen Schlingerkurs des Regimes mit: »Bleibt uns nichts übrig, als in dem Gebotenen ein Spezialgebiet der zeitgenössischen Unterhaltungsmusik zu erblicken, das in seinem durchaus ernst zu nehmenden Leistungswillen neue Wege vor Augen führt«, stand in der »NS-Musikwoche« vom 27. Februar zu lesen, und auch der »Völkische Beobachter« räumte zähne-

Glenn Miller und sein Orchester. Sein neuer Jazzstil, der »Glenn-Miller-Sound«, wurde weltberühmt.

Winifred Wagner und ihr Sohn Wieland begrüßen Adolf Hitler anläßlich seines Besuchs der Bayreuther Festspiele.

knirschend ein: »Eine Sache wie ›Stardust‹ läßt sich schon hören.«

Noch schien das Parkett sicher, doch allmählich begann es zu wanken. Mit Kriegsbeginn wurde das Swingtanzen immer häufiger verboten, und als die USA in den Krieg eintraten, brach für Jazz und Swing in Deutschland endgültig die Zeit der Finsternis an.

Das seit jeher anglophile Hamburg galt gleichwohl noch immer als Hochburg des von den Nazis so verpönten Swing. Seine Anhänger, die »Swingheinis«, wie der Volksmund sie abwertend nannte, waren eine ausgelassene Meute, meist im Alter zwischen 14 und 18 Jahren. Sie gaben sich exzentrisch, trugen auffällig elegante Kleidung und überlanges, zurückgekämmtes Haar. Vorbilder waren smarte Swing-Musiker wie Teddy Stauffer oder halstuchtragende Tonfilmhelden mit Tolle und ausländischem Akzent wie der singende Holländer Johannes Heesters. Stets traten die Swing-Fans gruppenweise auf. Manchmal hockten sie abends im Stadtpark zusammen oder gingen am Wochenende gemeinsam auf Fahrt. Nie fehlte dabei das Grammophon, das sie, samt Tanzplatten, überall hin mitschleppten. Vor allem aber traf man sich im »Alsterpavillon«. Hier spielte alles, was Rang, Namen und eine Auftrittsgenehmigung hatte. In- und ausländische Orchester machten da ihre Musik, fühlten sich sicher und wurden manchmal auch übermütig. Den völkischen Kulturhütern waren die »feinen Swingheinis«, die offen mit den englischen »Plutokraten« sympathisierten und sich der »Volksgemeinschaft« widersetzten, ein Dorn im Auge. Obendrein standen manche dieser jungen Leute in Verbindung mit der Widerstandsgruppe »Weiße Rose«, die auch in Hamburg ihre Anhänger hatte.

Zwischen Januar 1941 und Mai 1943 gab es unzählige Verhaftungen. Über 300 Jugendliche wurden wegen ihrer Liebe zum Swing in das Gestapo-Gefängnis Fuhlsbüttel eingeliefert. Briefe belegen, wie wenig die Machthaber mit sich spaßen ließen. Am 26. Januar 1942 schrieb Himmler an Heydrich: »Meines Erachtens muß jetzt das ganze Übel radikal ausgerottet werden. Alle Rädelsführer sind in ein Konzentrationslager einzuweisen. Dort muß die Jugend zunächst einmal Prügel bekommen und dann in schärfster Form exerziert werden. Der Aufenthalt im Konzentrationslager muß ein längerer, 2 bis 3 Jahre, sein. Es muß klar sein, daß sie nie wieder studieren können ...«
Doch die Kulturpolitik der Nazis verlief im Zickzackkurs. Auf der einen Seite hagelte es Verhaftungen, auf der anderen Seite konnten sich Jazzmusiker Freiräume schaffen, um auftreten zu

können – mit Findigkeit und Raffinesse. So wurden anglo-amerikanische Jazzklassiker kurzerhand zu Phantasie-Volksliedern umgetauft, um die Gestapo zu täuschen. Der »St. Louis Blues« wandelte sich flugs zum »Lied des blauen Ludwig«, »Big Noise of Winnetka« hieß »Großer Lärm vom Ku'damm«. Der »Tiger Rag« mutierte zum »Schwarzen Panther«. Unter der Hand pflegte eine Vielzahl deutscher Tanzorchester einen anglophilen Stil. So meldeten die SD-Spitzel im April 1942 aus Hamburg, daß die Kapelle Wolff in der Caricata-Bar andere Schlager gespielt hätte als angekündigt. Wolff selbst habe sich mit »seinen Verrenkungen, Grimassen und der häufigen Aufeinanderfolge von Pralltrillern eng an das Vorbild der ausgefallensten amerikanischen Negersänger« gehalten.

Doch auch nachdem Goebbels am 18. Februar 1943 im Sportpalast den »Totalen Krieg« ausgerufen hatte, wagte es das Propagandaministerium nicht, solche Musikveranstaltungen ganz zu verbieten. Einigen Tanzorchestern wurden zwar Lizenzen entzogen, die Musiker in die Rüstungsindustrie oder an die Front geschickt, doch gleichzeitig wurden aus Angst vor Unmut der Bevölkerung und der Soldaten neue Bands ins Leben gerufen. Das »Wunschkonzert für die Wehrmacht«, das jeden Sonntag vier Stunden lang und live aus dem großen Sendesaal des Berliner Funkhauses übertragen wurde, konnte die Soldaten schon lange nicht mehr begeistern. Sie wollten sich nicht länger von der NS-Hitparade langweilen lassen, die nach ausgefeiltem Strickmuster Märsche, Schlager, Volksmusik und sentimentale Schnulzen präsentierte. Sie hatten die faden deutschen Melodien gründlich satt. Der Unmut blieb nicht ohne Wirkung, neue Nischen für unkonventionelle Klänge taten sich auf: die Soldatensender.

Ausgerechnet aus den Studios der Wehrmacht in den besetzten Ländern erklangen schräge Töne, doch sie alle wurden in den Schatten gestellt vom Soldatensender Belgrad. Jimmy Jungermann, damals Gefreiter, erinnert sich: »Besser kann man auch heute nicht Rundfunk machen. Da wurde frisch-fröhlich rund um die Uhr gesendet. Richtige Discjokkeys spielten die Scheiben rauf und runter. Das Höchste waren die Jazzsendungen. Hemmungslos wurde da Jazz gespielt. Die Programm-Macher wußten, daß man den Soldaten nichts vorschreiben kann. Das sind junge Leute, die wollen Jazzmusik hören und ehe sie ganz zum (britischen) Soldatensender Calais abwandern und da die Propaganda gleich mithören, spielen wir – sagte man sich – doch den Jazz lieber selbst. Dann hat es aber doch Ärger gegeben, und da ist der Discjockey auf den Trichter gekommen, vor der Sendung diesen »jüdischen Rattenfänger« Benny Goodman zu beschimpfen, um dann 55 Minuten seine herrliche Musik zu spielen«.

»Swingheinis« nannte der Volksmund abwertend Jugendliche, die sich nach englischer Mode kleideten und in der Öffentlichkeit Jazz- und Swing-Musik spielten (rechts). Im »Wunschkonzert für die Wehrmacht« sendete man vorwiegend gemütvolle deutsche Melodien (unten).

Doch nicht wegen solcher Tricks blieb der Soldatensender Belgrad den Soldaten ewig im Gedächtnis, sondern wegen eines Liedes, gesungen von Lale Andersen. Eines Abends im Mai 1941 wurde es zum ersten Mal gespielt, und von da an erklang es jeden Abend, genau drei Minuten vor Zehn. »Das schönste Lied des Zweiten Weltkriegs« – so nannte General Eisenhower »Lili Marleen«. Freund und Feind sangen es, hüben und drüben. Den NS-Funktionären jedoch erschien es »zu pessimistisch«. Im März 1944 ließ Goebbels das Lied für den Bereich des Senders Belgrad sogar verbieten. Es paßte so gar nicht zu den Schlagern, wie sie die Nazis etwa vom Ufa-Star Zarah Leander singen ließen. Die Hoffnung, daß »noch einmal ein Wunder geschehen« würde, mußte jedoch auch hier schon Siegesgewißheit ersetzen.

Kurios, daß es gerade die deutsche Schallplattenindustrie war, die die »Sabotage deutscher Kultur« durch Jazz und Swing möglich machte. Deutschland besaß die größten Schallplattenfabriken des Kontinents. Bis Ende 1944 produzierte der Hitler-Staat mehrere Millionen Swing- und Jazzaufnahmen für die besetzen und neutralen Länder, darunter auch die neuesten amerikanischen und englischen Titel von Duke Ellington, Nat Gonella, Glenn Miller, Benny Goodman. Zahlreiche dieser Platten landeten in den Koffern deutscher Soldaten, die sie während des Urlaubs nach Deutschland brachten. Auf dem Schwarzen Markt gehörten diese Scheiben zu den begehrtesten Tauschobjekten.

Fazit: Trotz aller Unterdrückungsmaßnahmen konnte sich die Jazzmusik auch im Hitler-Staat behaupten. (UN)

April 1944

1 · Samstag

US-Flugzeuge bombardieren irrtümlich die schweizerische Stadt Schaffhausen, 40 Einwohner kommen ums Leben. Die Vereinigten Staaten kündigen Entschädigungszahlungen für die Opfer an.

Das zerstörte Schaffhausen.

Reichspropagandaminister Joseph Goebbels wird zum Stadtpräsidenten von Berlin ernannt.

2 · Sonntag

In seinem »Operationsbefehl Nr. 7« erklärt Hitler: »Die russische Offensive im Süden der Ostfront hat ihren Höhepunkt überschritten.« Er befiehlt, »das russische Vorgehen endgültig zum Stehen zu bringen«.

Verbände der Roten Armee überschreiten den Pruth und dringen in Rumänien ein. Der sowjetische Außenminister Wjatscheslaw Molotow erklärt, die UdSSR plane nicht, rumänisches Territorium zu annektieren oder »die bestehende Gesellschaftsordnung zu verändern«.

3 · Montag

In einem norwegischen Fjord wird das größte deutsche Schlachtschiff »Tirpitz« bei einem britischen Luftangriff so stark beschädigt, daß es eine Werft anlaufen muß. 122 Mitglieder der Besatzung kommen ums Leben.

4 · Dienstag

Ein südafrikanisches Aufklärungsflugzeug fotografiert durch Zufall bei Luftaufnahmen vom »IG-Farben«-Werk in Monowitz auch das angrenzende Konzentrationslager Auschwitz. Die alliierte Aufklärung erkennt jedoch noch nicht die Bedeutung der Bilder.

Einer amtlichen britischen Statistik zufolge sind seit Kriegsausbruch mehr als 50 000 Zivilisten bei deutschen Bombenangriffen ums Leben gekommen.

5 · Mittwoch

Der Reclam-Verlag gibt bekannt, daß er dem Buchhandel nur noch drei Ausgaben der »Universal Bibliothek« liefern kann: die Textausgaben der Wagner-Opern »Tannhäuser«, »Götterdämmerung« und »Rienzi«.

6 · Donnerstag

In Berlin wird ein 60jähriger Mann hingerichtet, den der »Volksgerichtshof« wegen »Abhörens feindlicher Radiosender« zum Tode verurteilt hatte.

Im Zuchthaus Brandenburg nimmt sich der Karikaturist Erich Ohser-Plauen, Schöpfer der berühmten »Vater und Sohn«-Geschichten, das Leben.

7 · Karfreitag

Sowjetische Einheiten der »4. Ukrainischen Front« unter dem Kommando von General Tolbuchin starten einen Großangriff zur Befreiung der Halbinsel Krim.

Der Gestapo-Chef von Lyon, Klaus Barbie, meldet seiner vorgesetzten Dienststelle die erfolgreiche »Liquidierung« eines jüdischen Kinderheims.

9 · Ostersonntag

Während der Osterfeiertage verweigern die Behörden der Stadt Rom allen Besuchern den Zutritt. Die Einwohnerzahl der Metropole ist durch hunderttausende Flüchtlinge auf das Doppelte gestiegen.

General Charles de Gaulle, Chef des französischen »Befreiungskomitees«, wird in Algier zum Oberbefehlshaber der französischen Streitkräfte ernannt.

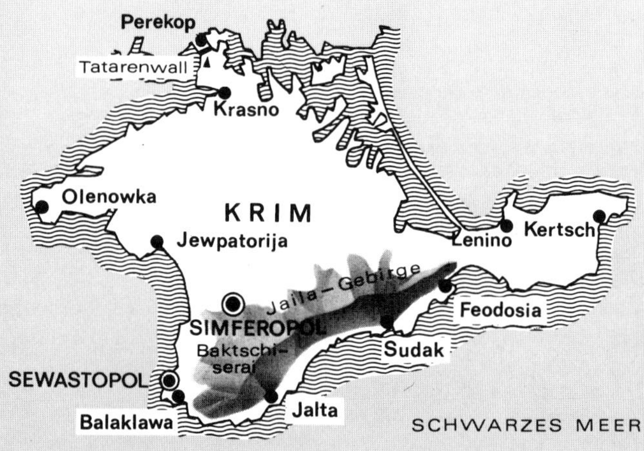

8 · Samstag

Reichsfinanzminister Graf Schwerin-Krosigk erklärt in einer Rundfunkansprache, Kritik wegen der kriegsbedingt hohen Verschuldung des Reiches sei nicht gerechtfertigt: Die Schulden würden »durch den Gewinn großer und fruchtbarer Gebiete im Westen und Osten« wettgemacht.

Auf einem deutschen Flugplatz bei Odessa startet eine speziell ausgerüstete Langstreckenversion der »Junkers Ju 290« mit vier Tonnen wertvollen Rüstungsgütern für das verbündete Japan, überfliegt in großer Höhe unbemerkt die Sowjetunion und landet 20 Stunden später in der japanisch besetzten Mandschurei.

10 · Ostermontag

Die nach Stalingrad neu aufgestellte deutsche 6. Armee räumt die ukrainische Hafenstadt Odessa. Neuer Nachschubhafen für die von jeder Landverbindung abgeschnittenen Verteidiger der Krim wird Konstanza (Rumänien).

11 · Dienstag

Das Reichsministerium für Ernährung und Landwirtschaft ordnet die Einschränkung der Kleintierhaltung in deutschen Haushalten an.

12 · Mittwoch

Hitler untersagt die zum Teil bereits begonnene Evakuierung deutsch-rumänischer Einheiten von der Halbinsel Krim. Trotz der drückenden Überlegenheit der Roten Armee befiehlt er, »daß Sewastopol auf Dauer zu halten ist«.

13 · Donnerstag

Im US-Bundesstaat Carolina weigern sich die Behörden, einem Urteil des Obersten Gerichtshofes der USA zu entsprechen und farbigen Bürgern das Wahlrecht einzuräumen.

14 · Freitag

Im Hafen von Bombay explodiert der britische Munitionsfrachter »Fort Stikine«. Die bis heute nicht restlos aufgeklärte Katastrophe fordert 336 Menschenleben und vernichtet mehr als 100 000 Bruttoregistertonnen alliierten Schiffsraum.

Die deutsche Presse weist darauf hin, daß das Wohnungshilfswerk zum Bau von Notunterkünften für »ausgebombte« Familien einen Zuschuß bis zu 1700 Reichsmark gewähren kann.

15 · Samstag

Der italienische Ministerpräsident Pietro Badoglio beginnt auf Druck der Alliierten mit einer Kabinettsumbildung, deren Ziel die Einigung aller demokratischen Kräfte in Italien ist.

16 · Sonntag

Großadmiral Erich Raeder feiert sein 50jähriges Dienstjubiläum.

17 · Montag

Die britische Regierung schränkt den diplomatischen Reiseverkehr ein und untersagt ausländischen Botschaften das Absenden von verschlüsselten Nachrichten. Hintergrund der Maßnahmen sind die verschärften Geheimhaltungsbestimmungen im Vorfeld der Invasion.

18 · Dienstag

Zur Eindämmung von Streiks im Bergbau beschließt die britische Regierung harte Strafmaßnahmen. Die Aufforderung zum Ausstand kann künftig mit fünf Jahren Zuchthaus geahndet werden.

In der New Yorker Metropolitan Oper feiert das Ballett »Fancy Free« des 25jährigen Komponisten Leonard Bernstein Premiere.

19 · Mittwoch

Am Vorabend von Hitlers 55. Geburtstag hält Reichspropagandaminister Joseph Goebbels eine Rundfunkansprache, in der er die »Verdienste« Hitlers würdigt: »Die ganze zivilisierte Menschheit wird es ihm später einmal danken müssen.«

20 · Donnerstag

Der jugoslawische Partisanenführer Tito und die griechische kommunistische Untergrundbewegung »Nationale Befreiungsfront« nehmen diplomatische Beziehungen auf.

Der geheime Lagebericht des »Sicherheitsdienstes der SS« meldet: »Viele Volksgenossen zeigten sich allmählich müde unter dem ständigen Druck, durch das Bangen um die Entwicklung im Osten und die immer wieder aufgefrischte Hoffnung auf ein ›erlösendes Wunder‹.«

21 · Freitag

Die zukünftige Königin von England, Prinzessin Elizabeth, feiert ihren 18. Geburtstag. Aufgrund der Kriegsereignisse wird die Volljährigkeit der Thronfolgerin ohne große Feierlichkeiten begangen.

Mussolini inspiziert faschistische Truppen.

22 · Samstag

Benito Mussolini trifft zu einem zweitägigen Treffen mit Hitler auf Schloß Kleßheim bei Salzburg ein. Mussolini, der am 25. Juli 1943 als »Duce« gestürzt worden war, bezeichnet seine faschistische Regierung von Saló als »rechtmäßige« Vertretung des italienischen Volkes.

23 · Sonntag

In Wien wird ein 40jähriger Mann wegen Diebstahls von vier Würsten aus einer Metzgerei zum Tode verurteilt.

24 · Montag

München erlebt den schwersten Luftangriff des Krieges. Britische Bomber werfen 80 000 Phosphor- und Brandbomben auf die Stadt.

25 · Dienstag

In Dänemark drohen die deutschen Besatzungsbehörden mit der Erschießung von 100 gefangenen Widerstandskämpfern. In den vergangenen drei Tagen hatten dänische Untergrundgruppen 72 Anschläge auf deutsche Einrichtungen verübt.

26 · Mittwoch

Der Chef der »Sicherheitspolizei« Ernst Kaltenbrunner vereinfacht per Erlaß das Registrierungsverfahren in Konzentrationslagern: »Meldungen über Verpflegung, Todesfälle oder sonstige Veränderungen der Häftlinge kommen in Wegfall.«

27 · Donnerstag

Die griechische Exilregierung in London berichtet über massenhafte Zwangsverpflichtungen griechischer Männer für den Dienst in der deutschen Wehrmacht.

28 · Freitag

In Mailand werden 50 Italienerinnen wegen Verstößen gegen die nächtliche Ausgangssperre festgenommen. Die Frauen waren im Morgengrauen aufgebrochen, um sich vor einem Kaufhaus anzustellen.

Während eines alliierten Manövers vor der englischen Küste werden zwei US-Landungsschiffe von deutschen Schnellbooten versenkt. 634 GIs ertrinken.

29 · Samstag

In Tokio wird der 43. Geburtstag von Kaiser Hirohito mit einer großen Militärparade gefeiert.

30 · Sonntag

Bei ihren Bombenangriffen auf das Reichsgebiet haben die alliierten Luftwaffen im April 1392 Flugzeuge samt Besatzungen verloren.

Der »Völkische Beobachter« ruft angesichts der zugespitzten Ernährungslage im Reich dazu auf, in Klein- und Schrebergärten den Obst- und Gemüseanbau zu forcieren.

Die Todesfabrik

Auschwitz – Massenmord nach Plan

»Alle Räder müssen rollen für den Sieg«, tönte die NS-Propaganda – eine Parole mit entsetzlichem Hintersinn. Denn »Endsieg« hieß auch »Endlösung«. Für den staatlich vollstreckten Völkermord rollten die Räder 1944 mehr denn je zuvor. Ungetrübt vom Chaos des Krieges hielt das Reichsverkehrsministerium den Fahrplan der Deportationen aus allen Teilen Europas penibel ein.

»Wie Tiere waren wir in den Waggon gepfercht, der nach Osten rollte. Es herrschte großes Gedränge, dazu die Schreie: ›Wo ist mein Kind?‹, ›Wasser, habt Mitleid!‹. Man verhungerte, und, schlimmer, man erstickte ... Die Hitze! Für ein Baby wie mein's, ein drei Wochen altes Baby, gab es nicht einen Tropfen Wasser, auch für dessen Mutter nicht, für niemanden.« (Abraham Bomba aus Polen, überlebender KZ-Häftling)

Die Überlebenden der oft Tage dauernden Transporte lasen bei ihrer Ankunft am Bahnsteig, weiß auf rotem Grund, das Schild »Auschwitz«. Aber sie wußten noch nicht, daß dieser Name »Tod« bedeutete. Wie konnte auch menschliche Vorstellungskraft ahnen, was ihnen bevorstand?

»Die Tür wurde krachend aufgetan, das Dunkel hallte wider von fremden Befehlen, jenem barbarischen Gebell kommandierender Deutscher, die sich eines jahrhundertealten Ingrimms zu entledigen schienen. Vor uns erkannten wir einen ausgedehnten, von Scheinwerfern angestrahlten Bahnsteig. In geringer Entfernung eine Reihe von Lastautos. Dann war wieder Schweigen. Man hatte mit dem Gepäck auszusteigen und dieses längs des Zuges abzustellen. In diesem Augenblick war der Bahnhof voller wimmelnder Schatten. Doch wir hatten Angst, jenes Schweigen zu brechen.« (Primo Levi aus Italien, überlebender KZ-Häftling)

Im Selbstmord am elektrisch geladenen Zaun der KZ sahen viele Häftlinge den einzigen Ausweg, ihr Martyrium zu beenden.

Nach der Ankunft im KZ Auschwitz: Die Häftlinge warten auf der Todesrampe auf den Beginn der Selektion.

Die Häftlinge des »Sonderkommandos« in graugestreifter Kleidung, die unter der Knute der SS die Ankommenden aus den Waggons bitten, zerren oder prügeln mußten, kannten die ganze schreckliche Wahrheit. Sie wußten auch, daß sie selbst schon dem Tod geweiht waren, da sie zuviel wußten. Aber es war ihnen bei Todesstrafe untersagt, den Ahnungslosen auch nur ein Wort zu sagen.

»Einmal hat ein Häftling denen, die in das Krematorium geführt wurden, gesagt, wohin sie gingen. Der Mann, zu dem er gesprochen hat, ging zu einem SS-Mann und fragte ihn: ›Ist es wahr, gehen wir wirklich in den Tod?‹ Der SS-Mann fragte: ›Wer hat das gesagt?‹ Der Mann zeigte auf den Häftling. Dieser Häftling wurde lebendig verbrannt. Wir mußten dabei zuschauen, denn das sollte für uns eine Warnung sein.« (Filip Müller aus der Tschechoslowakei, ehemaliger Angehöriger des »Sonderkommandos«) Am 22. Juli 1944 wurden 435 Juden aus Griechenland in der Gaskammer von Auschwitz-Birkenau getötet, weil sie sich weigerten, als Handlanger des Massenmords zu dienen.

Mit dem Gewehr im Anschlag riegelten SS-Männer in schwarzen Uniformen die Eisenbahnrampe ab. Sie mußten selten eingreifen; die Menschenbeschau vollzog sich in gespenstischer Geschäftsmäßigkeit. Mit einer Handbewegung entschied der SS-Arzt am Ende des Bahnsteigs über Leben oder Tod: rechts Hölle, links Grab. Einziges Kriterium für Wert oder Unwert des Lebens

Der Stürmer
Deutsches Wochenblatt zum Kampfe um die Wahrheit
HERAUSGEBER: JULIUS STREICHER
Nummer 48 | Nürnberg, im Dezember 1938 | 17. Jahr 1938
Ist die Judenfrage gelöst?
Die Vergeltungsmaßnahmen gegen die Juden / Die weltgeschichtliche Aufgabe Deutschlands / Der Kampf geht weiter
Mordjude

Antisemitische Hetzblätter wie »Der Stürmer« bereiteten die »Endlösung« propagandistisch vor.

war seine Verwertbarkeit, als Arbeitskraft oder medizinisches Versuchsobjekt.

»Die Ankommenden wurden nach rechts und links beordert. Ihre Arbeitsfähigkeit wurde geprüft und besondere Berufe ausgesucht, je nach Bedarf. So wurden einmal Ärzte herausgerufen, ein anderes Mal Feinmechaniker oder Schlosser. Meistens waren SS-Ärzte auf der Rampe. Frauen mit Kindern wurden gleich fürs Gas ausgesondert.« (Horst Huley, SS-Unterscharführer)

Fronarbeit war nur wenigen vorbehalten, die Mehrzahl war von Anfang an zum Tod verurteilt. Mit tödlicher Präzision arbeitete die Vernichtungsfabrik. Effektiv und geräuschlos ging der industrielle Massenmord vor sich. Lastwagen standen bereit, die alten und gebrechlichen Todeskandidaten zu den Krematorien zu karren, die anderen wurden zu Fuß dorthin getrieben. Beim ersten Augenschein wirkten die von gepflegten Blumenrabatten umgebenen Gebäude wie die Sanitärabteilung des Lagers. Doch der »fürsorgliche« Empfang erwies sich bald als mörderische Falle, wie ein überlebender Häftlingsarzt in einem erschütternden Bericht überlieferte (siehe rechte Spalte, Seite 75).

Man kann nur ahnen, welcher schreckliche Todeskampf sich hinter den verriegelten Türen zutrug, wie die dicht zusammengedrängten Menschen nach Luft rangen, um jede Minute Leben kämpften, wie sie schrien, um sich schlugen, verzweifelten. Niemand überlebte die Vernichtungskammer. Nur die Zwangsarbeiter der Todesfabrik, die die Leichen – am Rande der völligen Selbstaufgabe – zu den Verbrennungsöfen bringen mußten, hatten eine Vorstellung vom Ausmaß des Grauens.

Warum mußten diese Menschen sterben? Warum wurden Millionen von Männern, Frauen, Kindern aller Altersgruppen, aller Nationalitäten, unterschiedlichster Herkunft wahllos erstickt, ohne Schuld, ohne Prozeß, ohne Gnade?

Es gibt keine Erklärung, die der Verstand begreift. Der Vernichtungswille entsprang einem Wahn. »Die Juden sind die ewigen Feinde des deutschen Volkes und müssen ausgerottet werden«, so lautete der strikte Befehl des SS-Führers Heinrich Himmler, wie ihn der Lagerkommandant von Auschwitz, Rudolf Höß, später zitierte. »Alle für uns erreichbaren Juden sind jetzt während des Krieges ohne Ausnahme zu vernichten. Gelingt es uns jetzt nicht, die biologischen Grundlagen des Judentums zu zerstören, so werden einst die Juden das deutsche Volk vernichten.«

Nüchterne Anweisungen eines machtbesessenen Vollstreckers, der Hitlers pathologischen Judenhaß verinnerlicht hatte und den »Führerbefehl« auf Gedeih und Verderb in die Tat umsetzte. Mit bürokratischer Gründlichkeit und technokratischer Perfektion organisierte Himmlers SS den größten Völkermord der Menschheitsgeschichte. Hitler hatte nie einen Zweifel daran gelassen, daß sein Eroberungskrieg immer und in erster Linie ein Kreuzzug gegen die Juden war. In aller Öffentlichkeit hatte er am 30. Januar 1939 im Reichstag angekündigt, was Krieg für ihn bedeutete: die »Vernichtung der jüdischen Rasse in Europa«. Und nun wurde der Rassenwahn todernste Wirklichkeit in Form von Einsatzplätzen, Dienstbefehlen, Firmenaufträgen. Amtsschreiben mit Briefkopf, Stempel und Dienstweg verfügten die Auslöschung ganzer Orte, Stadtteile, Kulturen.

Um die praktische Durchführung der »Endlösung« zu koordinieren, bestellte der dafür beauftragte SS-Obergruppenführer Reinhard Heydrich am 20. Januar 1942 Vertreter sämtlicher Ministerien und Dienststellen in den Konferenz-

Häftlinge im Konzentrationslager.

raum einer Villa in Berlin-Wannsee. Gemeinsam berieten die hohen Herren, wie das europaweite Vernichtungswerk logistisch zu bewerkstelligen sei. Adolf Eichmann, seit 1939 Leiter des Judenreferats im Reichssicherheitshauptamt, organisierte die »Endlösung«. Wenige Wochen später traf der erste Todestransport aus der Slowakei in Auschwitz ein. Im März gingen in Belzec, im Mai in Sobibor, im Juli in Treblinka weitere Vernichtungslager in Betrieb.

In Auschwitz-Birkenau wurden die ersten beiden Todesbunker nach und nach durch vier neue Gebäude ersetzt, die den fließbandartigen Tötungsablauf technisch »perfektionierten«. Land für Land wurde seiner jüdischen Bevölkerung beraubt. Mit der Deportation von über 437 000 Juden aus Ungarn im Sommer 1944 erreichte die planmäßige Ausrottung ihren grauenvollen Höhepunkt. Auch polnische Zivilisten, sowjetische Kriegsgefangene, Zigeuner, Homosexuelle und politische Gegner fielen zu Hunderttausenden dem nationalsozialistischen Vernichtungsfeldzug zum Opfer.

Keine Spur blieb mehr von ihnen zurück, keine Habe, nicht einmal ein Grab. Die Feueröfen der Krematorien tilgten das letzte Lebenszeichen, die Asche wurde in Flüsse, Teiche, Sümpfe gestreut oder als Dünger in der Landwirtschaft verwendet. Doch zuvor wurden die Leichname restlos ausgeplündert, nur ihr Materialwert zählte noch. Für die abgeschnittenen Haare der Getöteten zahlte die Filzfirma »Alex Zink« in Roth bei Nürnberg 50 Pfennig pro Kilo. Bis zu zwölf Kilogramm Gold am Tag enthielten die Zahnfüllungen, die Häftlinge den Leichen aus dem Gebiß brechen mußten.

Der Massenmord an den Juden war zugleich ein gigantischer Raubzug. Schon während der »Umsiedlung« eignete sich der NS-Staat Vermögen und Immobilien der Deportierten entschädigungslos an. Die Habseligkeiten, die die Menschen mit ins Lager brachten, wurden unter dem Vorwand, sie zu verwahren, von der Lagerverwaltung beschlagnahmt. Auf Lastwagen beförderten Häftlinge des »Aufräumungskommandos« die Habe in über 30 Barackendepots, die im Häftlingsjargon »Kanada« hießen. Für das Lagerpersonal war jede Ankunft neuer Deportationszüge wie Weihnachten.

»Ein großer Teil der Sachen, besonders Eßwaren und die Wertgegenstände, sikkerte auf verschiedenen Wegen in das Lager ein. Wieder begann im Lager eine Zeit des Überflusses. Die Küche kochte Brotsuppe mit Gänseschmalz. Es gab Konserven, Obst, Schuhe, Kleidung, schöne Wäsche, Daunendecken, Slivovitz und Schmuck. Das Lager atmete auf, weil die mit den Transporten beschäftigten betrunkenen SS-Männer nicht viel Interesse für die im Lager Lebenden zeigten. Sie suchten nach Gold und stopften sich damit die Taschen voll.

Die Organisatoren der »Endlösung«: Reinhard Heydrich (links), Heinrich Himmler (Mitte) und Adolf Eichmann.

Auschwitz 1944 Die Gaskammer

»Am Eingang steht eine Tafel mit deutscher, französischer, griechischer und ungarischer Aufschrift: Bade- und Desinfizierungsraum. Dies klingt beruhigend und beschwichtigt das Mißtrauen. [. . .] In dem rund zweihundert Meter langen und grell erleuchteten Raum sind ein gutes Dutzend Bankreihen aufgestellt. Über den Bänken sind Kleiderhaken angebracht, von denen jeder eine Nummer trägt. Den fast dreitausend Männern, Frauen und Kindern wird nun befohlen, sich nackt auszuziehen. Erstarrt stehen sie da. Die Menschen beginnen zu ahnen, daß ihnen Furchtbares bevorsteht. Ihr Schamgefühl empört sich. [. . .] Schwerfällig beginnen sie sich zu entkleiden. Den Alten, Lahmen und Geisteskranken helfen die dafür bereitstehenden Leute des Sonderkommandos. [. . .] Jetzt öffnet die SS-Wache die zwei Flügel der Eichentür am Ende des Saales. Die Menge drängt in den nächsten Raum, der ebenfalls hell erleuchtet ist. [...] Ein scharfer Befehl: ›SS und Sonderkommando raus!‹ Nachdem draußen festgestellt ist, daß niemand fehlt, werden die Türen verschlossen, wird das Licht von außen gelöscht. [. . .] Ein SS-Offizier und ein SDG[Sanitätsdienstgrad]-Scharführer – er hat vier grüne Blechdosen in der Hand – betreten die Rasenfläche über der Halle, auf der im Abstand von dreißig Metern Betonsockel stehen. Beim ersten Sockel legen sie Gasmasken an. Dann heben sie den Deckel ab, brechen den Patentverschluß der Blechdose auf und schütten den Inhalt, eine violette, bröckelige Masse, in die Öffnung: Zyklon. Das Zyklon entwickelt Gas, sobald es mit Luft in Berührung kommt. Es fällt durch die Blechrohre in den unterirdischen Raum. Zyklon tötet zuverlässig innerhalb von fünf Minuten. Die Gas-Scharfrichter warten noch weitere fünf Minuten, um ihrer Sache ganz sicher zu sein. [. . .] Fast dreitausend unschuldige Menschen haben sie innerhalb von wenigen Minuten umgebracht.« (*Dr. Miklos Nyiszli*, Häftlingsarzt aus Siebenbürgen)

Die Arbeiter und Häftlinge von ›Kanada‹ taten das gleiche. Sie brauchten diese Schmuckstücke, um sich das Leben im Lager zu erleichtern. Die Angehörigen des Sonderkommandos siebten auf Befehl der SS sogar die Asche der Verbrannten und suchten darin nach nicht geschmolzenen Brillanten.« (Wieslaw Kielar, überlebender KZ-Häftling)

Lebensmittel, Kleidung, Brillen, Uhren, Schmuck, Münzen, Wertpapiere, Koffer, Rasierapparate und andere persönliche Utensilien in unvorstellbarer Fülle wurden von den Häftlingen sorgfältig getrennt, durchsucht, gereinigt und gestapelt.

»Der Tod ist ein Meister aus Deutschland«

»Täglich fuhren Lastwagen mit dem geraubten Gut aus dem Lager nach Deutschland. Wenn wir die Kleider sortierten, mußten alle Taschen ausgeleert werden. Es war schlimm, wenn einem dabei Personaldokumente oder – was noch furchtbarer war – Fotografien in die Hände gerieten. Ich wagte nie, sie anzuschauen.« (Kitty Hart aus Polen, ehemalige Angehörige des Aufräumungskommandos)

Sämtliche Waren fanden ihre Verwertung. Ausgebombte erhielten neuen Hausrat, Frontsoldaten warme Kleidung. Das Winterhilfswerk konnte soziale Großzügigkeit demonstrieren. Münzen, Devisen und Wertpapiere wurden an die Reichsbank abgeliefert. Zahngold ging an die Preußische Staatsmünze zum Einschmelzen, Juwelen an die Berliner Pfandleihanstalt zur Weiterveräußerung. Den Gesamterlös überschrieb die Reichshauptkasse dem Reichsfinanzministerium auf ein Deckkonto. Wertsachen wurden im Ausland gegen Devisen und Rohstoffe getauscht. Ein Milliardenvermögen wurde Beute der Mörder.

All jenen, die nicht sofort in den Tod gingen, wurde schließlich noch das Letzte genommen, das ihnen verblieb: ihre Arbeitskraft. Allein in den Industriebetrieben um Auschwitz hielten 41000 Zwangsarbeiter die Rüstungsproduktion aufrecht. Für das Wirtschafts- und Verwaltungshauptamt der SS eine üppige Einnahmequelle und für Unternehmen wie IG Farben, Krupp oder Unionwerke Werl ein profitables Geschäft: Für drei bis sechs Mark konnten sie über die Arbeitssklaven einen Elf-Stunden-Tag lang frei verfügen. »Nach drei Tagen wurde ich zusammen mit 200 slowakischen Juden zur Arbeit in die Deutschen Ausrüstungswerke nach Auschwitz kommandiert. Unsere Wohnstätte blieb weiterhin Birkenau. Zu essen bekamen wir zu Mittag einen Liter Suppe aus Steckrüben und am Abend 300 Gramm schlechtes Brot. Die Arbeitsbedingungen waren von einer unvorstellbaren Härte, so daß die meisten von uns es nicht aushielten. Wir hatten täglich in unserer Gruppe 30 bis 35 Tote. Der Ausfall wurde aus dem in Birkenau arbeitenden Teil täglich ergänzt. Sehr schwer und für uns gefährlich war allabendlich die Rückkehr von der Arbeit. Wir mußten unsere Arbeitsgeräte, Brennholz, schwere Kochkessel und unsere Toten, die während der Arbeit starben oder erschlagen wurden, auf einer Strecke von fünf Kilometern ins Lager zurückschleppen. Es mußte mit der schweren Last stramm marschiert werden. Wer dem Kapo mißfiel, wurde grausam geschlagen, wenn nicht erschlagen. Bis der zweite slowakische Männertransport nach etwa 14 Tagen bei uns ankam, blieben von unserem Transport nur mehr ungefähr 150 am Leben.« (Rudolf Vrba aus der Slowakei, ehemaliger Angehöriger des »Sonderkommandos«)

Der Tod trug viele Gesichter im Lager: Hunger, Seuchen, Entkräftung, Massenerschießungen, Folterungen, der Elektrozaun und die Mordlust der Aufseher machten das Sterben alltäglich.

Jede Auflehnung gegen diese Zustände wurde mit gnadenloser, brutaler Härte schon im Ansatz erstickt. Dennoch wagten jüdische Häftlinge des »Sonderkommandos«, denen der Gang in die Gaskammer bevorstand, am 7. Oktober 1944 in Auschwitz das Unmögliche.

»An dem Tag, als ein angeblicher ›Transport‹ des Sonderkommandos zusammengestellt werden sollte, brach der Aufstand aus. In wenigen Minuten schlossen sich ihm etwa 600 Häftlinge dieses Kommandos an. Das Krematorium IV wurde in Brand gesteckt und gesprengt. Der deutsche Kapo, der wegen seiner Brutalität berüchtigt war, wurde lebend ins Feuer geworfen. Im Nahkampf wurden vier SS-Leute getötet und viele andere verletzt. Das Revier des Krematoriums war der Kampfplatz. Die Aufständischen sprengten die Umzäunung und Hunderte flüchteten.

Aber die Häftlinge aus den Lagern konnten den Aufständischen nicht zu Hilfe kommen. Ihr Schicksal war von vornherein besiegelt.

Die SS ermordete alle Häftlinge des Sonderkommandos, die lebend in ihre Hand fielen, auf der Stelle. Ihre Rachsucht kannte keine Grenzen.« (Israel Gutman aus Polen, ehemaliger Angehöriger des »Sonderkommandos«)

Knapp einen Monat später verfügte SS-Führer Himmler angesichts der bevorstehenden militärischen Niederlage die Einstellung der systematischen Vergasung. Ende November 1944 wurden die verbliebenen Gaskammern und Krematorien in Auschwitz gesprengt. Aber die Spuren des Jahrhundertverbrechens waren nicht mehr zu tilgen. (PH)

Haß wider Haß

Der Partisanenkrieg

»Achtung, Banditengefahr!« Die grellen Warnschilder, mit denen die deutsche Besatzungsmacht ihre Soldaten im Hinterland der Front zur Vorsicht vor Partisanenangriffen mahnte, erinnerten in ihrer Bedrohlichkeit an Absperrungen eines Tollwutgebietes. Schon seit dem Beginn des Ostfeldzugs hatten sporadische Überfälle auf Nachschubfahrzeuge den Alltag in den besetzten Gebieten bestimmt. Doch bis zum Frühjahr 1944 hatten sich die schlecht bewaffneten Guerillatrupps in eine von Moskau straff gelenkte Schattenarmee verwandelt. Stalins Partisanen – und nicht die deutschen Soldaten – waren nun die eigentlichen Herren des Hinterlandes.

Vergeblich versuchte die Besatzungsmacht, ihre wichtigsten Nachschublinien zu sichern. So ließ sie in den schwer zugänglichen Wäldern Weißrußlands auf beiden Seiten der Bahnstrecke sämtliche Bäume und Sträucher abholzen, um patroullierenden deutschen Soldaten ein freies Sichtfeld zu schaffen. Auf diese Weise sollten Partisanen, die sich den Zuggleisen nähern wollten, sofort aufgespürt werden. Mit Tretminen wurden diese abgeholzten Schneisen in Todesstreifen verwandelt.

Doch von solchen Maßnahmen ließen sich die entschlossenen Guerillakämpfer nicht beirren. »Man mußte dann eben dorthin gehen, wo es leichter ging«, erzählt Arnold Arluk, dessen Partisanengruppe Sprengstoffanschläge gegen deutsche Nachschublinien unternommen hatte. »Wenn eine Patrouille kam, haben wir die erst einmal in ein Feuergefecht verwickelt. Dabei mußten wir nur aufpassen, daß sie keine Leuchtpatronen abschossen, um andere deutsche Soldaten herbeizurufen. So gewannen wir Zeit, die Sprengladungen anzubringen.«

Schon von der zweiten Jahreshälfte 1943 an hatten die sowjetischen Partisanen zeitweilig fast den gesamten deutschen Zugverkehr in Richtung Front lahmgelegt und so die Grundlage für die Sommeroffensive der Roten Armee 1944 geschaffen. Stalin zeigte sich zufrieden. Seinen Befehl zum »Schienenkrieg« hatten die Guerillagruppen prompt umgesetzt.

Stalin hatte die Bedeutung des bewaffneten Widerstands im Rücken der Angreifer schon bald nach dem deutschen Überfall erkannt und parteitreue Militärspezialisten im Hinterland der Front eingeschleust. Dort sollten sie einen Flächenbrand gegen die Eroberer entfachen. Die Rechnung des roten Diktators ging aber erst auf, als die Bewohner der besetzten Gebiete sahen, was die deutsche Herrschaft ihnen bescherte: Nicht »Befreiung vom bolschewistischen Joch«, wie dies die NS-Propaganda glauben machen wollte, sondern Plünderung, Verschleppung und Tod. Den vorrückenden deutschen Truppen folgten Sondereinsatzgruppen der SS, die Hunderttausende von Juden planmäßig ermordeten.

Die undurchdringlichen Wälder Weißrußlands begrenzten das deutsche Herrschaftsgebiet. Sowjetische Instrukteure in einem Waldlager unterweisen die Partisanen an Waffen.

Die sowjetischen Kriegsgefangenen kamen massenweise in deutschen Lagern um. Im großen Stil raubten die neuen Herren den Bauern Getreide und Vieh. Millionen Männer und Frauen wurden zur Zwangsarbeit in das Deutsche Reich verschleppt.

Viele der verfolgten Menschen retteten sich durch die Flucht zu den Partisanen, die sich in den umliegenden Wäldern formierten. Den harten Alltag in den notdürftig errichteten Waldlagern – bittere Kälte im Winter, Mücken, Läuse und Morast im Sommer – mußten die Geflüchteten in Kauf nehmen, denn sie hatten oft keine andere Wahl: »Ich war ein junger Mann, ich wollte noch nicht sterben, und wenn, dann nur mit der Waffe in der Hand«, erklärt Arnold Arluk, der den Völkermord an der jüdischen Bevölkerung nur überleben konnte, indem er in den Wäldern Weißrußlands untertauchte.

Den Kampf gegen die Partisanen überließ die Wehrmacht oft ihren »Waffenbrüdern«. Der Führer einer Kalmückenabteilung, ein erfolgreicher »Partisanenjäger«, wird von deutschen Offizieren begrüßt.

Für die menschenverachtende Politik der Besatzer rächten sich die Guerillakämpfer mit Überfällen, die an Brutalität den deutschen Repressionen in nichts nachstanden. SS-Einheiten, seit 1942 zuständig für die Partisanenbekämpfung, übten im Gegenzug blutige »Vergeltung« an der Zivilbevölkerung.

In dem unwegsamen Gelände gelang es der SS nur selten, die beweglichen Guerillakämpfer zu stellen. Um trotzdem die dringend eingeforderten »Erfolgsmeldungen« liefern zu können, zündeten Himmlers Schergen bei sogenannten »Säuberungsaktionen« ganze Dörfer an und ermordeten Frauen, Kinder und Greise.

Auch auf dem Balkan war der Besatzungsalltag 1944 von diesem Krieg aus dem Hinterhalt bestimmt. Gut organisierte Partisanengruppen verbreiteten Unsicherheit und Angst unter den deutschen Besatzungssoldaten. Der Kroate Josip Broz hatte unter dem Namen »Tito« innerhalb von zwei Jahren eine schlagkräftige Guerillatruppe mit über hunderttausend Kämpfern aufgebaut und war zum mächtigsten Partisanenchef im Südosten Europas aufgestiegen. Die Versuche der deutschen Besatzungsmacht, die Tito-Partisanen einzukesseln, verliefen zumeist erfolglos. Immer wieder konnten die Guerillakämpfer in den unzugänglichen Bergregionen Jugoslawiens ihren Verfolgern entkommen. Im Frühjahr 1944 war der bewaffnete Widerstand nicht mehr einzudämmen. Der ausgelaugten deutschen Wehrmacht fehlte es nach der Besetzung Ungarns an Truppen für großangelegte Kampfmaßnahmen.

Partisanenführer Josip Broz (»Tito«).

Deshalb verlegte sich die deutsche Militärführung auf eine neue Taktik. Wenn die Partisanenbewegung schon nicht mehr zu besiegen war, sollte sie zumindest für eine Weile lahmgelegt werden. Und dazu gab es nur einen Weg: ein Überraschungsangriff aus der Luft direkt in das Mark der Guerilla, das Hauptquartier des bereits legendären Tito. Titel des Militärcoups: »Unternehmen Rösselsprung«. Am Morgen des 25. Mai 1944 schlugen die Deutschen zu: 500 Angehörige eines SS-Fallschirmjägerbataillons sprangen nahe der kleinen bosnischen Industriestadt Drvar ab. Kurz danach landeten Gleitsegler auf einem nahegelegenen Rollfeld und setzten Maschinengewehrschützen ab.

Zwischen den deutschen Angreifern und den überraschten Partisanen entbrannten erbitterte Gefechte. Ausgerüstet mit einem Foto des »Banditenführers« machte sich unterdessen ein Stoßtrupp der SS in den hügeligen Wäldern der Umgebung auf die Suche nach Tito. »Tot oder lebendig«, so ihre Weisung, sollte er ergriffen werden. Doch das Unternehmen schlug fehl: Der gerissene Partisanenführer bekam Wind von der Aktion und konnte mit seinen engsten Mitarbeitern – wie schon so oft – in letzter Minute entkommen.

Wenige Monate später traf Tito als Chef einer provisorischen Regierung mit dem britischen Premierminister Churchill zusammen. Das Scheitern des deutschen Überfalls auf sein Hauptquartier hatte ihm nicht nur das Leben gerettet, sondern auch die Weichen für Jugoslawiens Nachkriegsordnung gestellt: ein Jugoslawien unter Titos Herrschaft. (DE)

Der weißrussische Partisan Nikifor T. Ridlewski mit seinen Töchtern Olga und Sina im Sommer 1944.

Die verlorene Wirklichkeit

Hitler in der »Wolfsschanze«

Im Führerhauptquartier »Wolfsschanze« bei Rastenburg in Ostpreußen treffen Adolf Hitler und Generalfeldmarschall Wilhelm Keitel ein.

In der düsteren Bunkerwelt des Führerhauptquartiers »Wolfsschanze« bot sich eine gespenstische Szenerie: Mit aschfahlem Gesicht und mattem Blick schleppte sich eine vornüber gebeugte Gestalt durch die Gänge. Der linke Arm, ja die ganze linke Körperhälfte zitterte. Der Mann zog ein Bein nach. Manchmal drohte er nach rechts zu kippen. Jeder Schritt ein Kraftakt. Die Stimme klang kraftlos, oft wiederholte er sich bei seinen monotonen Ausführungen. Adolf Hitlers Kräfte schwanden. Ende 1944 glich sich sein Gesundheitszustand immer mehr der hoffnungslosen Lage seiner Fronttruppen an. Der »Führer« war 55 alt – und schon ein Greis.

Sein krankhafter Fanatismus jedoch trieb ihn wie in den fernen Tagen des Erfolgs. Das Ende nahte – und Hitler drängte zum totalen, zum aussichtslosen Verteidigungskrieg. Von Beginn des Rußlandfeldzuges im Juni 1941 an bis zum November 1944, beinahe tausend Tage, verschanzte sich der selbsternannte Größte Feldherr aller Zeiten – von kurzen Ausflügen einmal abgesehen – hinter den zuletzt sieben Meter dicken Mauern seines mit Stahlbeton ummantelten Führerbunkers in der entlegenen Provinz Ostpreußen. Hier, im sumpfigen und insektenreichen Wald bei Rastenburg, geschützt von Stacheldraht, Minen und Beton, war einer der wenigen Orte im fallenden Reich, wo er sich sicher fühlte. Fern ab von Schlachtfeldern und zerbombten Städten traf der Diktator seine Entscheidungen, die Millionen zum Verhängnis wurden. Generaloberst Alfred Jodl, Chef des Wehrmachtsführungsstabes im Oberkommando der Wehrmacht, beschrieb das Hauptquartier, dem Hitler den Namen Wolfsschanze gab, als eine »Mischung aus Kloster und Konzentrationslager«. Die Räume waren kahl und mit schlichten Holzmöbeln eingerichtet. Die Wirren des Krieges drangen nur in Form nüchterner Lagebeschreibungen in das Innere des eingeschossigen Bunker. Nachrichten von außen? Selten.

Ein Mißstand, den Propagandaminister Joseph Goebbels wohl am meisten bedauerte: »Es ist tragisch«, notierte er in sein Tagebuch, »daß der Führer sich so vom Leben abschließt und ein so unverhältnismäßig ungesundes Leben führt. Er kommt nicht mehr an die frische Luft, findet keinerlei Entspannung mehr, sitzt in seinem Bunker, handelt und grübelt.« Für Hitler empfand Goebbels Mitleid. Doch als oberster Propagandist des Regimes blieb er der kalte Prediger der Unmenschlichkeit, der dem Krieg das Wort redete. Berichte aus dem Führerhauptquartier klangen in der Tat geradezu mitleidheischend. Außer den Spaziergängen mit Schäferhündin Blondi habe Hitler wenig Bewegung; nur zwei oder drei Stunden Schlaf sowie das bedrückende Wissen um die drohende Niederlage beschleunigen den körperlichen Verfall; erschwerend hinzu komme eine zwar vegetarische, jedoch einseitige Ernährung. Eine von Hitlers »Sekretär« Martin Bormann verfaßte und als »Geheime Reichssache« ausgewiesene »Einkaufsliste« für einen Monat erlaubt einen Blick auf Hitlers Speiseplan: Er bestand hauptsächlich aus Gemüse, Kartoffeln, Obst, Knäckebrot und Haferflocken... Daß der Diktator sein Pensum durchhielt, hatte einen ganz anderen Grund: Vor und nach jeder Mahlzeit schluckte Hitler die von seinem Leibarzt Professor Theodor Morell präparierten Tabletten. Morell, ein eher zwielichtiger und als Quacksalber verspotteter Berliner Arzt für Haut- und Geschlechtskrankheiten, setzte seinem prominenten Patienten zudem fast täglich Injektionen. Zeitweise behandelte er ihn mit bis zu 28 verschiedenen Medikamenten, wahlweise Beruhigungs- und Aufputschmitteln – und mobilisierte so die letzten Kraftreserven. Dennoch oder gerade deshalb klagte Hitler über Magenkrämpfe, Kopf- und Halsschmerzen. Die Sehkraft auf dem rechten Auge ließ nach. Er erkrankte an Gelbsucht. Am 17. September 1944, die Alliierten landeten bei Arnheim und Nimwegen, brach Hitler zusammen: Herzanfall. Nach einer kurzen Zwangspause auf dem Feldbett fühlte er sich jedoch wieder soweit bei Kräften, mit berüchtigter Detailversessenheit seine Divisionen zu dirigieren und den Taktstock zur Symphonie des Untergangs zu schwingen.

Während auf den Schlachtfeldern Hunderttausende Hitler-Gläubige in den Tod gingen, in den Konzentrationslagern der industrielle Massenmord seinen Höhepunkt erreichte und die Angehörigen der hingerichteten Hitler-Attentäter trauerten, erging sich der phasenweise depressive Diktator in Selbstmitleid: »Wenn mein Leben am 20. Juli beendet worden wäre, wäre es für mich persönlich nur eine Befreiung von Sorgen, schlaflosen Nächten und einem schweren Nervenleiden gewesen.« Eine Befreiung wohl auch von dem strengen

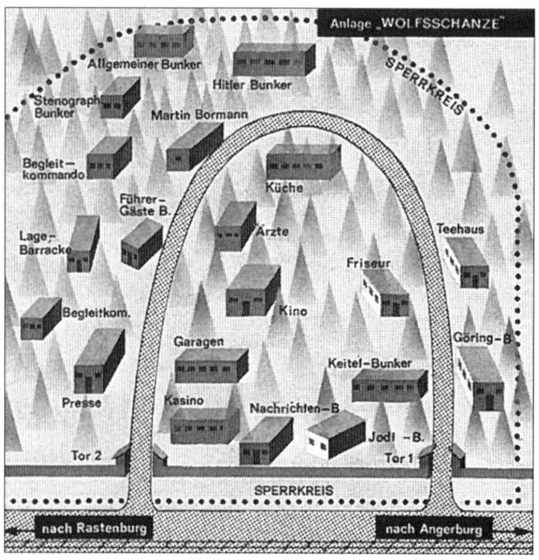

Plan der Anlage »Wolfsschanze« mit den einzelnen Gebäuden.

Zeitplan der Besprechungen und Führerpflichten, der dem vermeintlichen Künstler zutiefst widerstrebte. Nach einem späten, einsamen Frühstück und der bis zu drei Stunden langen »Führerkonferenz« um die Mittagszeit pflegte er kurz zu ruhen, um gegen 16 oder 17 Uhr die Besprechungen fortzusetzen. Das Abendessen wurde zwischen 20 Uhr und Mitternacht serviert. Der Tag endete gegen vier Uhr morgens mit einer Teerunde, gewöhnlich in Gesellschaft seiner Sekretärinnen Gerda Christian und Christa Schröder, seines Leibarztes Theo Morell und seines Adjutanten Julius Schaub. Die Runde kämpfte meist verzweifelt gegen den Schlaf an, doch Hitler kümmerte das nicht. Er setzte zu ständig neuen Monologen an, dozierte über die Kampfjahre, über Kunst, Frauen oder den Glauben, schimpfte über »Juristenpack« und »blödes Bürgertum«. Kaum ein Wort jedoch vom Krieg.

Hitler kapselte sich ab. Die Front – oder was davon geblieben war – erlebte er aus der Perspektive des Kartentisches. Berichte vom grausigen Kriegsgeschehen nahm er gelassen hin. Niederlagen wurden unter dem Einfluß halluzinatorischer Mittel als Grundlagen kommender Erfolge interpretiert. Sogar der Zerstörung der Städte konnte er positive Seiten abgewinnen. Ende November, Berlin war gerade bombardiert worden, bemerkte er gegenüber seinem Chefarchitekten Albert Speer: »Was hat das alles zu sagen, Speer. Für unseren neuen Bebauungsplan hätten Sie in Berlin achtzigtausend Häuser abreißen müssen. Leider haben die Engländer diese Arbeiten nicht genau nach Ihren Plänen durchgeführt. Aber immerhin ist ein Anfang gemacht.« In dieser Stimung galten fundierte Argumente wenig, Fakten nichts, Visionen alles. Hitler tauchte ab in eine freundlichere Welt, in der er wieder Theater besuchen und »Mensch unter Menschen« sein konnte. Er selbst hatte diese Welt zerstört. 1944 verbannte der Kriegstreiber jeglichen Musikgenuß aus seinem Leben. Nach und nach verzichtete er auch auf den gewohnten Spielfilm am Abend. Bei seinen Zugfahrten durchs nächtliche Reich blieben die Fenster verhangen. Zu grausam war die Wirklichkeit, die er geschaffen hatte.

Große Reden in der Öffentlichkeit hatte der einstige Hypnotiseur der Massen schon lange nicht mehr gehalten, nach Stalingrad nur noch zwei. Er warte auf einen militärischen Erfolg, redete sich heraus und verwies auf die dramatische Lage: »Was soll ich jetzt viel reden?« Dem in der Propaganda gepriesenen »Retter Deutschlands« waren längst Zweifel gekommen, ob er noch fähig sei, die Menschen zu begeistern.

Wollte er noch wissen, was in ihnen vorging? Spätestens nach der Wende an der Wolga zeigte der Volkstribun – für jeden im Bunker sicht- und hörbar – Nerven. »Idioten«, »Feiglinge«, »Lügner« beschimpfte er die Offiziere des Generalstabs.

Aufgeben kam zu keiner Zeit in Frage. »Ich habe den Begriff Kapitulation in meinem Leben nie kennengelernt.« Durchhalten um jeden Preis bis zum vielbeschworenen Ereignis, das nie eintreten sollte: der Bruch der Anti-Hitler-Koalition. Fast schien es so, als gälten in der Wolfsschanze die Gesetze des Glücksspiels. Das Schicksal von Millionen lag in der Hand des Zockers am Kartentisch, der geradezu versessen darauf war, in einem aussichtslosen Spiel alles auf eine Karte zu setzen. Er, der sich von der Vorsehung für auserwählt hielt, war davon überzeugt: »Ich lebe nur der einzigen Aufgabe, diesen Kampf zu führen, weil ich weiß: wenn nicht eine eiserne Willensnatur dahintersitzt, kann der Kampf nicht gewonnen werden.«

Deutschland war bei diesem Kampf um die »Weltgesundung« nie mehr als Mittel zum Zweck. Scheitere seine Mission, dann sei nicht er, sondern das unwürdige deutsche Volk Schuld daran. Schon im November 1941 hatte der Diktator zynisch prophezeit: »Ich werde dem deutschen Volk keine Träne nachweinen.« Drei Jahre später eroberten die Alliierten mit Aachen die erste deutsche Großstadt. Hitler wollte noch immer nicht wahrhaben, daß der Kampf längst verloren war. (JM)

Die Hölle von Monte Cassino

Der Kriegsschauplatz Italien

»Die von den Kämpfen ausgemergelten Soldaten hatten dem Tod bei Monte Cassino ins Antlitz geschaut, sie weinten wie kleine Kinder, als aus den Trümmern der eben noch uneinnehmbaren Festung die Stimme Polens, die Melodie des ›Hejnal‹ erklang.«

Es mochte Zugführer Choma vom Podolski-Ulanenregiment 12 wie eine Fügung erscheinen, daß ausgerechnet polnische Soldaten die seit Monaten umkämpfte Abtei auf dem Berg des Heiligen St. Benedikt als erste besetzten – ohne daß dabei auch nur ein Schuß fiel. Nicht nur weil von dort aus vor 1000 Jahren katholischer Glaube und christliche Kultur in ihr Land getragen wurden – auch, weil es polnische Einheiten waren, die beim Sturm der Westalliierten auf den Klosterberg von Monte Cassino die höchsten Verluste erlitten hatten.

Sechzehn Verwundete, zwei Sanitäter und ein Fähnrich, das war die Hinterlassenschaft der deutschen Besatzung. Die 101. Fallschirmjägerdivision unter General Richard Heidrich hatte das zerstörte Kloster in der Nacht vom 17. auf den 18. Mai kampflos geräumt, weil die deutsche Front hinter Monte Cassino zusammengebrochen war und der Berg dadurch seine strategische Bedeutung verlor.

Ursprünglich gehörte nur Cassino, die Stadt, nicht aber das Kloster zur deutschen Hauptverteidigungslinie. Die sogenannte »Gustav-Linie« zog sich entlang den Flüssen Garigliano und Sangro quer durch den italienischen Stiefel; spätestens hier sollte der alliierte Vormarsch auf Rom gestoppt werden.

Schon im Juli 1943 war die Achse Berlin-Rom erschüttert worden. Italien geriet für Hitler zu einem militärischen und politischen Risiko. Nach der Landung der 7. US-Armee und der britischen 8. Armee in Sizilien breitete sich in der italienischen Bevölkerung zunehmend eine »Schluß-mit-dem-Krieg«-Stimmung aus. Mit Unterstützung von König Viktor Emanuel III. bildete Marschall Pietro Badoglio eine neue Regierung, Mussolini wurde am 24. Juli 1943 gestürzt und verhaftet.

Hitlers Antwort ließ nicht lange auf sich warten. Er befahl das Unternehmen »Achse«. Acht deutsche Divisionen marschierten Ende Juli in Italien ein – Richtung Rom.

Ohne Wissen der deutschen Führung schloß die Regierung Badoglio am 3. September 1943 einen Waffenstillstand mit den Westalliierten. Daraufhin erteilte Hitler den Befehl, Rom zu besetzen; die italienische Armee wurde entwaffnet, die neue Regierung floh ins Lager der Alliierten. Mussolini konnte befreit werden, doch das Ende des Faschismus in Italien war nicht mehr abzuwenden. Der Norden des Landes, einschließlich Rom, wurde de facto von Berlin aus regiert.

Im Süden bauten die Westmächte ihre Brückenköpfe nach den großen Landeoperationen in der Straße von Messina und bei Salerno weiter aus. Mitte September vereinigten sich die Stoßkeile der 5. US-Armee und der britischen 8. Armee bei Auletta. Der deutsche Oberbefehlshaber in Italien, Generalfeldmarschall Albert Kesselring, ordnete den schrittweisen Rückzug auf die »Gustav-Linie« an.

Polnische Soldaten bilden die Speerspitze beim Angriff der Alliierten auf Monte Cassino.

Noch um die Jahreswende 1943/44 herrschte auf Monte Cassino Friede. Die 10. Armee unter General von Vietinghoff verwickelte die nach Norden vorstoßenden alliierten Truppen immer wieder in verlustreiche Rückzugsgefechte. Mitte Februar versuchten neuseeländische Truppen zunächst die Stadt Cassino im Sturm zu nehmen. Der Angriff scheiterte.

Auf dem Klosterberg befand sich in dieser Phase der Kämpfe kein einziger deutscher Soldat. Berlin wollte die guten Beziehungen zum Vatikan aufrechterhalten. Fridolin von Senger, Panzergeneral an der »Gustav-Linie«, gehörte als Laienbruder dem Benediktinerorden an. Senger unternahm alle Anstrengungen, um die »Wiege des Abendlandes« vor der Zerstörung zu bewahren. Feldmarschall Kesselring ließ einen Sperriegel von 300 Metern Durchmesser um das Kloster legen; nicht einmal verwundete Soldaten durften die Abtei betreten.

Generalfeldmarschall Albert Kesselring, Oberbefehlshaber der deutschen Truppen in Italien, wollte das Kloster aus der Hauptkampflinie heraushalten.

Der Kommandant der 2. neuseeländischen Division, General Freyberg, behauptete dagegen steif und fest, deutsche Truppen hätten auf dem Klosterberg Stellung bezogen und Beobachtungsposten eingerichtet.

Am Morgen des 15. Februar hielten die Mönche von Monte Cassino wie gewohnt ihre 9.00-Uhr-Messe. Auch rund 250 Flüchtlinge und Verwundete, Frauen und Kinder waren in der Krypta der Abtei versammelt. Zunächst vernahm niemand die Geräusche der herannahenden Flugzeuge, Gesang übertönte den Lärm der Motoren.

229 Bomber der 15. US-Luftflotte befanden sich im Anflug. Über dem Klosterberg klinkten sie ihre tödliche Fracht aus. 435 Tonnen Brand- und Sprengbomben verwandelten Monte Cassino in ein Inferno aus Feuer und Rauch. Die Abtei wurde regelrecht in Stücke gerissen, 50 000 Granaten aus den Rohren alliierter Geschütze vollendeten das Zerstörungswerk; das Klostergelände glich einer Trümmerwüste. Selbst der Befehlshaber der 5. US-Armee, General Clark, sprach von ei-

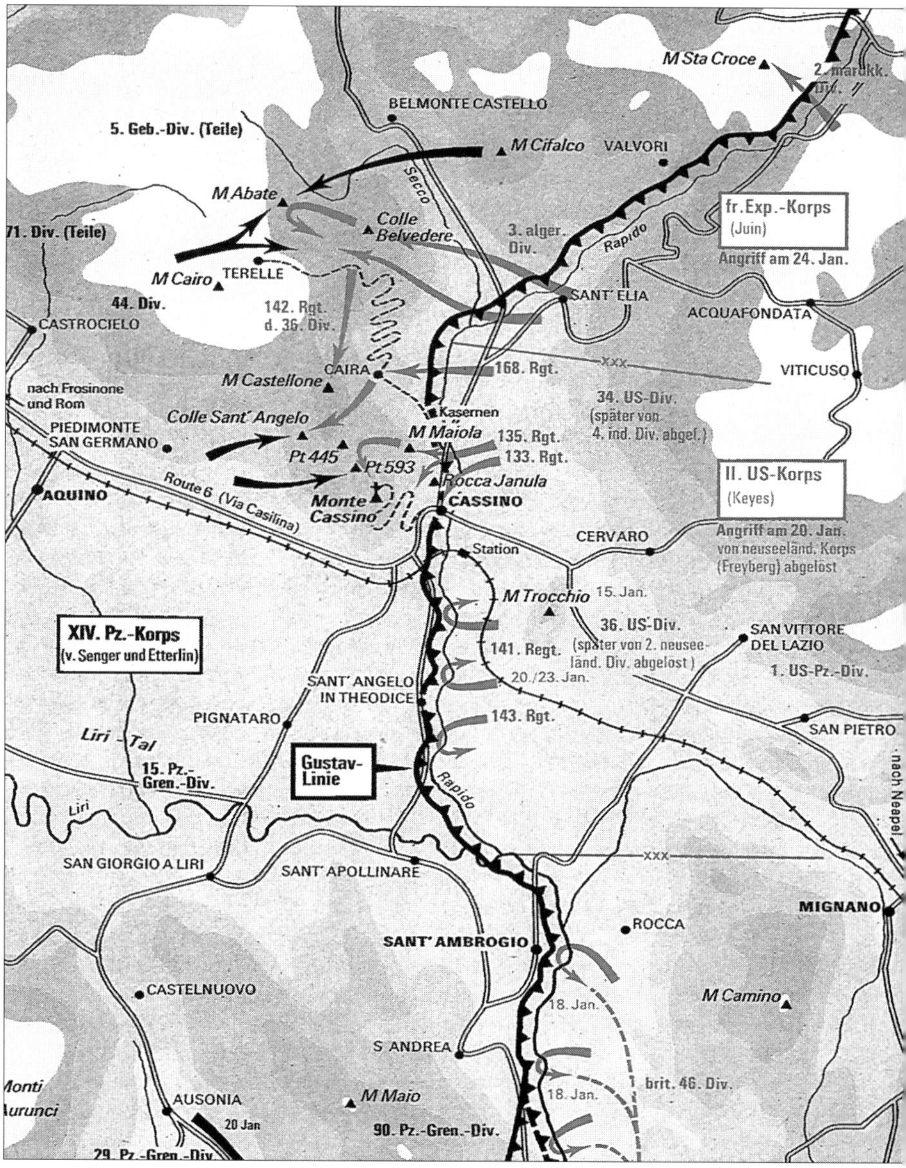

Nach einem vergeblichen alliierten Durchbruchsversuch wird die Stadt Cassino am Fuß des Klosterbergs bombardiert.

nem Akt des »Vandalismus«, doch aus Loyalität gegenüber den neuseeländischen Waffenbrüdern hatte er dem Bombardement zugestimmt.

Den Westmächten war zuerst nicht bewußt, daß sie Monte Cassino mitten in das Zentrum der deutschen Verteidigungslinien gebombt hatten. Nun gab es für Generalfeldmarschall Kesselring keine Bedenken mehr, den strategisch günstig gelegenen »heiligen Berg« zur Festung zu erklären. Bunker aus Stahl und Beton waren nicht erforderlich, die Trümmer des Klosters boten genügend Deckung.

General Heidrichs Fallschirmjäger hielten den Schutthaufen Monte Cassino. Zwischen Februar und Mai 1944 tobten drei erbitterte Schlachten um den Klosterberg und die Stadt. Wochenlang rannten die alliierten Verbände vergeblich gegen die deutschen Verteidigungsstellungen an. Jeder Mauervorsprung mußte in Nahkampf genommen werden. Ungeheure Mengen von Bomben und Granaten schlugen auf dem Klosterberg ein.

»Ich bezweifle, daß es auf der Welt eine zweite Truppe gibt, die das überstehen und nachher mit der gleichen Verbissenheit weiterkämpfen würde«, schrieb der britische Oberbefehlshaber Lord Herold Alexander an Winston Churchill.

Ein Großangriff im rund 30 Kilometer langen Frontabschnitt zwischen der Küste und dem Rapido-Tal sollte die Entscheidung bringen. Ein amerikanisches, ein britisches und ein polnisches Armeekorps sowie fünf französische Divisionen traten entlang des Garigliano zur Offensive an. Am 11. Mai, um 23.00 Uhr, kurz nach dem Zeitzeichen von BBC London, eröffneten rund 1600 Geschütze ihr Trommelfeuer auf die Stellungen der Deutschen. Die Attacke kam völlig überraschend, da gerade Wachablösungen stattfanden. Die materielle Überlegenheit alliierter Streitmacht war gewaltig. Fast sechzig Panzer und rund 90 Flugzeuge kamen auf jeden Kilometer der Angriffsfront.

Die Soldaten des II. polnischen Korps unter General Wlasdislaw Anders stürmten immer wieder den Monte Cassino hinauf; etliche Angriffe der anderen verbündeten Truppen waren schon gescheitert. Im Mörser- und MG-Feuer der deutschen Fallschirmjäger wurden ganze Einheiten aufgerieben. So geriet der Kampf um den Klosterberg für die Polen zum Opfergang. Monte Cassino schien uneinnehmbar. Die Entscheidung mußte also auf einem anderen Kampfschauplatz fallen.

Schon Ende Januar waren die Alliierten bei den Hafenstädten Anzio und Nettuno, im Rücken der deutschen Front, an Land gegangen. Während der Mai-Offensive an der »Gustav-Linie« gelang es den Alliierten, die deutschen Stellungen links und rechts von Cassino zu zerschlagen. Die deutschen Truppen liefen nunmehr Gefahr, eingeschlossen zu werden.

So gab Kesselring den Befehl zum Absetzen. In der Nacht vom 17. auf den 18. Mai 1944 zogen sich die Reste der 1. Fallschirmjägerdivision vom Monte Cassino zurück. Ihre Kompanien bestanden zum Teil nur noch aus zwei bis drei Mann. Zwanzigtausend deutsche Soldaten waren bei den Kämpfen gefallen, zwölftausend Opfer hatten die Alliierten zu beklagen.

Monte Cassino hatte aus der Sicht Hitlers seine strategische Aufgabe erfüllt. Die Einnahme des völlig verwüsteten Klosterberges war für die Alliierten zuletzt nur noch von symbolischer Bedeutung. Die letzte Bastion der deutschen Hauptkampflinie in Italien war gefallen. Der unter hohen Verlusten erstrittene Sieg geriet zum Menetekel. Der Weg nach Rom war frei. (SB)

Verwundete werden zum nächsten Feldlazarett getragen.
Das Benediktinerkloster auf dem Monte Cassino nach dem Luftangriff am 15. Februar 1944 (unten).

Mai 1944

1 · Montag Maifeiertag

Das deutsche Amt für Kriegsgefangenenwesen veröffentlicht eine Statistik, nach der bisher 5 165 381 sowjetische Soldaten in deutsche Kriegsgefangenschaft geraten sind. Mehr als zwei Millionen sind laut Mitteilung in den Lagern umgekommen.

Gefangener Rotarmist.

In seiner Rede zum Maifeiertag verlangt der sowjetische Staats- und Parteichef Josef Stalin die Bildung einer zweiten Front im Westen. Bulgarien, Rumänien und Ungarn fordert der Diktator zum Kampf gegen das Deutsche Reich auf.

2 · Dienstag

In Berlin wird der deutsche Journalist Erich Knauf wegen seiner öffentlichen Erklärung, ein Sieg Deutschlands »wäre das größte Unglück«, hingerichtet.

Der Oberbefehlshaber der auf der Krim eingeschlossenen deutschen 17. Armee, General Erwin Jaenecke, wird seines Postens enthoben. Jaenecke hatte Hitler die sofortige Evakuierung der Halbinsel empfohlen.

In einem Außenlager des KZ Flossenbürg bricht ein Aufstand sowjetischer Kriegsgefangener aus. Einigen Häftlingen gelingt die Flucht.

3 · Mittwoch

Der spanische Staatschef Franco schließt ein Abkommen mit den Alliierten, in dem sich das neutrale Land zur Einstellung seiner Zusammenarbeit mit Deutschland verpflichtet. Zuvor hatten die Alliierten ein Erdölembargo gegen Spanien verhängt.

4 · Donnerstag

Die US-Luftwaffe richtet von italienischen Flugplätzen aus einen schweren Bombenangriff gegen das rumänische Erdölgebiet von Ploesti.

Brasilien feiert den 444. Jahrestag der Entdeckung durch spanische Seefahrer.

5 · Freitag

Der »Reichsführer SS« Heinrich Himmler erklärt in einer Geheimrede, die »Judenfrage in Deutschland« sei »kompromißlos gelöst« worden.

Künftig muß in Deutschland mit der Todesstrafe rechnen, wer sich der »Zersetzung der Wehrkraft« schuldig macht. Unter diesen Tatbestand fallen Delikte wie kritische Äußerungen über das Regime oder das »Abhören von Feindsendern«.

In Philadelphia trampelt der Elefant »Lizzle« einen Zirkuspfleger zu Tode. Nachforschungen ergeben, daß der Mann acht Jahre zuvor das Tier mit einer Nadel mißhandelt hatte, weil es seine zum Trocknen aufgehängte Hose von der Leine gerissen hatte.

6 · Samstag

Künftig ist es in Norwegen strafbar, in Eisenbahnzügen zu stehen, wenn noch Sitzplätze frei sind. Grund dieser Maßnahme ist die zunehmende Weigerung norwegischer Fahrgäste, neben deutschen Soldaten Platz zu nehmen.

7 · Sonntag

Im Deutschen Reich rufen die Behörden zur »Spinnstoff-, Wäsche- und Kleidersammlung 1944« auf. Der zuständige Reichskommissar Hans Heck erklärt die Altkleidersammlung zum »Baustein für den Endsieg«.

8 · Montag

In Neapel breitet sich große Unruhe in der Bevölkerung aus, weil in der Kathedrale der Stadt das sogenannte »Blutwunder« ausbleibt. Das in zwei kleinen Fläschchen aufbewahrte Blut des neapolitanischen Schutzpatrons hat sich zum erstenmal seit 60 Jahren nicht verflüssigt.

Eine Woche lang wird im Deutschen Reich eine Fleischzulage von 100 Gramm ausgeteilt. Wegen Futtermangels mußten Tausende Kälber geschlachtet werden.

9 · Dienstag

Der Oberbefehlshaber der alliierten Truppen in Europa, Dwight D. Eisenhower, legt den Termin der Invasion auf den 5. Juni fest.

Großadmiral Dönitz, der Oberbefehlshaber der deutschen Kriegsmarine, erklärt, die alliierte Invasion werde »noch einige Zeit« auf sich warten lassen.

10 · Mittwoch

Anläßlich des 11. Jahrestages der »Bücherverbrennung« im Deutschen Reich findet in New York eine Gedenkveranstaltung des »Women's Council for Post War Europe« statt.

Das Oberkommando der Wehrmacht kündigt Präventivmaßnahmen gegen eine alliierte Landung in Holland an, unter anderem auch die Überflutung ganzer Landstriche.

11 · Donnerstag

US-Bomber zerstören ein Gestapo-Gebäude in Den Haag und vernichten dabei Dutzende Deportationslisten.

12 · Freitag

Sowjetische Einheiten bezwingen südwestlich von Sewastopol die letzten deutschen Verteidiger der Krim. Luftwaffe und Marine konnten 150 000 Mann der 17. Armee evakuieren, 80 000 »Landser« sind gefallen oder geraten in sowjetische Gefangenschaft.

13 · Samstag

Die portugiesische Regierung stellt einen Zehnjahresplan gegen das Analphabetentum vor. Nur ein Fünftel der Portugiesen können lesen und schreiben.

14 · Sonntag

Die Generale Rommel und von Stülpnagel planen die Festnahme Hitlers und ein Gerichtsverfahren gegen den Diktator. Rommel lehnt die Ermordung des »Führers« ab.

15 · Montag

»Reichsleiter« Alfred Rosenberg erklärt auf einer Großkundgebung: »Der Krieg trägt angesichts der Größe der Auseinandersetzung die Notwendigkeit größten Einsatzes in sich.«

16 · Dienstag

Hitler ordnet per »Führerbefehl« den »Einsatz von Fernwaffen gegen England« für Mitte Juni an.

17 · Mittwoch

In Kairo veröffentlicht die griechische Exilregierung eine Statistik, nach der seit der Besetzung Griechenlands 1941 mehr als 19 000 Griechen von den italienischen und deutschen Besatzern ermordet worden sind.

18 · Donnerstag Christi Himmelfahrt

Nach monatelangen heftigen Kämpfen hissen polnische Truppen ihre Flagge über dem völlig zerstörten Kloster Monte

Cassino in Mittelitalien. Für die Alliierten ist damit der Weg nach Rom frei.

19 · Freitag

Die griechische Exilregierung in Kairo bezeichnet die kommunistischen Untergrundkämpfer in Griechenland als »Feinde des Landes«.

20 · Samstag

Nach seiner Haftentlassung wendet sich der indische Freiheitskämpfer Mahatma Gandhi scharf gegen »Ausbeutung und Unterdrückung« des Subkontinents durch die britischen Kolonialherren.

21 · Sonntag

Anläßlich des Muttertages fordert Reichsfrauenführerin Gertrude Scholtz-Klink die deutschen Frauen zu neuen »Geburtenhöchstleistungen« auf.

Die alliierten Luftstreitkräfte fliegen zur Vorbereitung der Invasion 5 000 Einsätze gegen das Verkehrssystem in den besetzten Westgebieten und in Westdeutschland.

22 · Montag

Die polnische Exilregierung kritisiert den offiziellen Empfang einer Delegation polnischer Kommunisten im Kreml als Versuch Stalins, in Warschau ein kommunistisches Regime zu installieren.

23 · Dienstag

Nach einer Mitteilung der britischen Luftwaffe sind seit Kriegsbeginn mehr als eine Milliarde Flugblätter über Deutschland abgeworfen worden.

24 · Mittwoch

In Berlin wird der Jugendfilm »Junge Adler« mit Dietmar Schönherr und Willy Fritsch in den Hauptrollen uraufgeführt.

25 · Donnerstag

Im bosnischen Drvar entkommt der jugoslawische Partisanenführer Josip Tito in letzter Minute einem Angriff deutscher Fallschirmjäger.

In Griechenland meldet der deutsche Nachrichtenoffizier Kurt Waldheim, daß Repressalien gegen die Zivilbevölkerung »trotz ihrer Strenge keinen nennenswerten Erfolg« erzielt hätten.

26 · Freitag

US-Präsident Franklin D. Roosevelt lädt offiziell zu einer internationalen Konferenz nach Bretton Woods (USA) ein, wo die Weichen für ein globales Währungssystem gestellt werden sollen.

27 · Samstag

In Berlin wird ein 54jähriger Ingenieur aus Niederbayern wegen Landesverrats zum Tode verurteilt, weil er mit Bekannten über Rüstungsgüter seines Betriebes geplaudert hatte.

Jean-Paul Sartres Drama »Bei geschlossenen Türen« (»Huis clos«) wird im besetzten Paris uraufgeführt.

Unter der Überschrift »Ein Wort zum feindlichen Luftterror« schreibt Goebbels im »Völkischen Beobachter«: »Es ist immer unser Wunsch gewesen, daß der Krieg sich in ritterlichen Formen abspielt, der Feind scheint das nicht zu wollen.«

28 · Pfingstsonntag

Schwere alliierte Luftangriffe auf französische Städte fordern während der Pfingstfeiertage mehr als 3 500 Opfer unter der Zivilbevölkerung.

Alliierte Bomber im Anflug.

29 · Pfingstmontag

In Ecuador wird Präsident Carlos Alberto del Río durch putschende Militärs gestürzt. Am 31. Mai übernimmt sein Vorgänger, der ins kolumbianische Exil geflüchtete Velasco Ibarra, erneut das Präsidentenamt in Quito.

30 · Dienstag

Martin Bormann, der »Persönliche Sekretär des Führers«, ordnet an, gegen Lynchjustiz an abgeschossenen alliierten Piloten nicht mehr einzuschreiten.

31 · Mittwoch

Der Vatikan stellt eine eigene Flotte auf. Das erste Schiff für die Sicherstellung der päpstlichen Lebensmittelversorgung stellt Spanien zur Verfügung.

Der längste Tag

Die Alliierten landen in der Normandie

Madame Angèle Levrault öffnete langsam ihre Augen. Ein flackernder Lichtschein flutete in das Schlafzimmer der sechzigjährigen Lehrerin. Ihr Häuschen stand am Stadtrand von Ste. Mère Eglise, etwa zwei Stunden Fußmarsch von der Atlantikküste entfernt. Irritiert betrachtete sie das bunte Lichterspiel an der Wand gegenüber dem Bett. In der Ferne war das Brummen von Flugzeugen und Flakfeuer zu hören. Eigentlich nichts Besonderes – schon oft war das vierundzwanzig Kilometer weiter nördlich gelegene Cherbourg bombardiert worden. Doch nun näherten sich Flugzeuge, ohne daß Bomben fielen. Madame Levrault ging hinaus in den Garten; die dunklen Silhouetten der Flugzeuge entfernten sich schon wieder. Plötzlich hörte sie ein seltsames Flattern. Einen Atemzug lang verdunkelte sich der Mond, und ein merkwürdiges Paket plumpste mitten ins Gemüsebeet. Ein weiter grauer Schleier senkte sich darüber. Das Paket entpuppte sich als Fallschirmspringer. Es war Robert M. Murphy vom 505. Regiment der 82. US-Luftlandedivision: Madame hatte die Ehre, einem der ersten in der Normandie gelandeten GIs zu begegnen. Einen knappen Kilometer weiter westlich schwebte der Fallschirmjäger John Steele direkt auf den Kirchturm von Ste. Mère Eglise zu und blieb zunächst unbemerkt an dessen Brüstung hängen. Unter ihm – im Turm – eröffneten deutsche Soldaten das Feuer auf seine Kameraden. Die Uhr zeigte kurz nach Mitternacht; es war Dienstag, der 6. Juni 1944, »D-Day«, »Dooms-Day«, der Tag des »Jüngsten Gerichts«. Die Alliierten traten zum Sturm auf die »Festung Europa« an, um mit Hitler-Deutschland abzurechnen.

Vorbereitungen für den Sturm auf Hitlers »Festung Europa«: In einem südenglischen Hafen beladen amerikanische Soldaten Transportschiffe.

Der Absprung der sogenannten »Pfadfinder« gehörte zur Strategie der vom westalliierten Oberkommando minuziös geplanten Luftlandeoperation. Die »Pfadfinder« hatten den Auftrag, Absprungzonen zu markieren für nachfolgende Lastensegler und Fallschirmspringer-Einheiten, die den Flankenschutz der Landungstruppen übernehmen sollten. Murphy hatte Glück. Er war bei seiner Landung nicht in feindliches Flakfeuer geraten. Hunderte seiner Kameraden starben im Kugelhagel, bevor sie den Boden erreichten; viele ertranken im Hinterland, weil große Weide- und Ackerflächen im Rücken des Atlantikwalls überflutet waren. Generalfeldmarschall Rommel hatte angeordnet, Dämme zu durchbrechen.

Was aber konnten die deutschen Abwehrmaßnahmen schon ausrichten angesichts der gigantischen Streitmacht, die sich in der Nacht vom 5. auf den 6. Juni 1944 vor der Normandie aufbaute?

Rund 200000 Mann Sturmtruppen, auf viertausend Schiffe verteilt, standen bereit zum Sprung auf den Kontinent. Das Hauptkontingent bildeten Amerikaner, Briten und Kanadier, unterstützt von französischen und polnischen Einheiten. Sechshundert Kriegsschiffe eskortierten die Landungstruppen. Rund

Hunderte von alliierten Fallschirmspringern landen als »Pfadfinder« hinter der deutschen Frontlinie am Atlantikwall.

2500 Bomber und 7000 Jagdflugzeuge garantierten uneingeschränkte Luftherrschaft. Um 2.00 Uhr morgens begannen die großangelegten Luftlandungen, nachdem die »Pfadfinder« ihre Aufgabe erfüllt hatten. Eine Stunde später bebte in der Normandie die Erde. Tausende von Bombern klinkten ihre tödliche Fracht über der Calvados-Küste aus.

Die größte Flotte der Kriegsgeschichte nähert sich in der Nacht zum 6. Juni 1944 der französischen Atlantikküste.

Meter um Meter Boden wurde umgewühlt, Dämme, Dünen und Strände. Der Küstenstreifen verwandelte sich in eine Hölle aus Feuer und Rauch. Bei Tagesanbruch setzte der Beschuß von See aus ein. Schwere und schwerste Schiffsgeschütze nahmen die deutschen Befestigungen unter Feuer. Die meisten Batteriestellungen barsten wie Zigarrenkisten.

Um 6.30 Uhr erreichten die ersten Landungsboote den Strand. Obwohl die Sturmtruppen an einigen Küstenabschnitten auf heftige Gegenwehr trafen – nach wenigen Stunden standen die ersten Brückenköpfe der »Zweiten Front«.

Die Befreiung Westeuropas war jetzt nur noch eine Frage der Zeit. Schon 1942 hatte Stalin die Errichtung einer Zweiten Front gefordert. Doch die Westmächte zögerten ihre Entscheidung immer wieder hinaus. Während ihrer Konferenz in Washington im Mai 1943 einigten sich Roosevelt und Churchill auf eine Invasion in Frankreich – in der Normandie. Doch erst in Teheran (November 1943) weihten die beiden westlichen Regierungschefs den sowjetischen Bundesgenossen ein. Es war das Ende eines langen Versteckspiels, das zu starken Spannungen zwischen den »Großen Drei« geführt hatte. Churchill wollte die Zweite Front ursprünglich in Italien aufbauen; schon im Juli 1943 waren westalliierte Truppen auf Sizilien gelandet. Er plädierte dafür, den »italienischen Stiefel« so rasch wie möglich zu erobern und anschließend die Offensive Richtung Norden und Nordosten fortzusetzen. Sein Plan sah vor, die deutschen Armeen vom Balkan abzuschneiden und gleichzeitig gegen das Reich vorzurücken. Der britische Premier hatte dabei auch politische Hintergedanken. Für ihn war Stalin längst nicht mehr nur der Waffenbruder »good old Joe«, sondern auch der kommunistische Machtpolitiker und Eroberer. Deshalb wollte er verhindern, daß die Rote Armee auf der gesamten Breite des Kontinents bis ins Herz Europas vorstieß.

Kein Wunder, daß Stalin vehement gegen die britischen Pläne protestierte. Für ihn war eine Zweite Front nur in Frankreich akzeptabel: Allein von Frankreich aus konnte das Deutsche Reich wirklich im Rücken angegriffen und in einen Zwei-Fronten-Krieg verwickelt werden. Daß er außerdem im Balkan freie Hand haben wollte, um dort zu seinen Gunsten vollendete Tatsachen zu schaffen, ließ sich der Kreml-Chef nicht unterstellen. Und Franklin D. Roosevelt wollte seinen mächtigsten Alliierten nicht vor den Kopf stoßen. Er hoffte, daß Stalin Japan den Krieg erklärte und die USA in Fernost unterstützte. So plädierte auch der US-Präsident für die Invasion in Frankreich. Der Hauptschlag, das Unternehmen »Overlord«, sollte in der Normandie stattfinden, zwei Monate später eine zweite Landung zwischen Cannes und Toulon, die Operation »Anvil«.

Die Normandie bot viele Vorteile für einen Großangriff. Erstens lag sie in Reichweite der in Südengland stationierten Jäger, zweitens waren die Küstenverhältnisse zwischen Cherbourg und Le Havre günstig für eine Landung, und drittens war davon auszugehen, daß das deutsche Oberkommando die Invasion an der engsten Stelle zwischen Frankreich und England erwartete, am Pas de Calais.

Die Alliierten sollten recht behalten. Doch Anfang 1944 war sich das deutsche

Oberkommando noch nicht einmal sicher, ob die Westmächte in Frankreich, in Norwegen oder in Dänemark landen würden, oder ob der Vorstoß über Italien erfolgte. Die gigantische Ansammlung von militärischem Material in Südengland zerstreute jedoch die Zweifel nach und nach: Nur Nordfrankreich blieb als Ziel übrig.

In Frankreich waren die deutschen Heeresgruppen B und G stationiert. Sie unterstanden dem Oberbefehlshaber (OB) West, Generalfeldmarschall von Rundstedt. Generalfeldmarschall Rommel befehligte die Heeresgruppe B, dazu zählten die 7. und die 15. Armee. Hitler

Präsident Franklin D. Roosevelt und Premierminister Winston Churchill sind überzeugt vom Gelingen der »Operation Overlord«.

ernannte den »Wüstenfuchs« zum Inspekteur für den Atlantikwall – zum einen wegen seiner Erfahrung, zum anderen aber auch wegen seines ruhmreichen Namens. Nicht nur die Bollwerke der »Festung Europa«, auch die Moral der Truppe am Atlantik hatten Stärkung dringend nötig. Zum Leidwesen von Rundstedt erhielt Rommel seine Anweisungen meist direkt aus dem Führerhauptquartier. Dessen Heeresgruppe B umfaßte rund vierundzwanzig Infanteriedivisionen und fünf Panzerdivisionen mit insgesamt 330000 Mann. Doch als Küsten- oder Ausbildungsdivisionen verfügten die Einheiten zum Teil nur über geringe Kampfkraft. Zudem erschwerte ein kompliziertes Befehlssystem die Führung. Hitlers unmittelbares Eingreifen stiftete Verwirrung. Auch Hermann Göring mischte sich ein. Er übernahm das Kommando über die in Nordfrankreich stationierte Luftflotte 3. Mit neunzig einsatzfähigen Bombern und siebzig Jägern hatte diese sogenannte »Flotte« jedoch mehr symbolischen als strategischen Wert. Am 6. Juni verfügte die Luftwaffe in ganz Frankreich nur noch über rund fünfhundert einsatzbereite Maschinen. Vollmundig sicherte der Reichsmarschall tausend weitere Flugzeuge für den Tag der Invasion zu. Es war nicht das erste Versprechen, das Göring nie einlöste.

Rommels Hauptquartier im Schloß von La Roche Guyon geriet zum Schauplatz hitziger Wortgefechte. Leidenschaftlich stritten der ehemalige Ostfront-Marschall Rundstedt und der Wüstenfuchs a.D. über die Frage, wo der Feind an Land gehen wird, und wie man ihn am besten abwehrt. Für Rommel bestand kein Zweifel, daß die Invasion in der Normandie stattfinden würde; Rundstedt und Hitler erwarteten sie bei Calais.

Der Oberbefehlshaber West und sein »Führer« wollten die gegnerischen Streitkräfte erst einmal an Land kommen lassen, um möglichst große Truppenteile zerschlagen zu können. Rommel dagegen war der Meinung, daß der übermächtige Angreifer – wenn überhaupt – nur im Moment der Landung zurückgeworfen werden könne. Von der jeweiligen Beurteilung hing die Strategie ab und von der Strategie die Stationierung der Reserven. Sollten die Ersatzkräfte mehr im Hinterland oder an der Küste postiert werden? Auch darüber kam es zum Streit. Hitler befahl einen Kompromiß: Die Infanteriedivisionen wurden in Küstennähe, die beweglichen Panzerdivisionen im Landesinneren in Stellung gebracht.

Weil die Küste bei Calais schon stark befestigt war, konnte Rommel Hitler davon überzeugen, den Ausbau des Atlantikwalls vor allem in der Normandie zu

Tagesbefehl General Eisenhowers

vom 6. Juni 1944

Soldaten, Matrosen und Flieger der alliierten Landungsstreitkräfte!

Ihr begebt Euch nun auf den großen Kreuzzug, für den wir uns seit vielen Monaten vorbereitet haben. Die Augen der Welt blicken auf Euch; die Hoffnungen und Gebete der freiheitsliebenden Menschen der ganzen Welt begleiten Euch. Zusammen mit unseren tapferen Verbündeten und Waffenbrüdern an allen Fronten werdet Ihr die deutsche Kriegsmaschine zerschlagen, die Nazi-Tyrannei über die unterdrückten Völker Europas hinwegfegen und Sicherheit für uns alle in einer freien Welt schaffen.

Eure Aufgabe wird nicht leicht sein. Euer Feind ist gut ausgebildet, gut ausgerüstet und kriegserfahren. Er wird fanatisch kämpfen. Aber wir stehen im Jahre 1944! Vieles ist geschehen seit den Siegen der Nazis von 1940–1941. Die Vereinigten Nationen haben den Deutschen große Niederlagen beigebracht, auch in offener Schlacht von Mann zu Mann. Unsere Luftoffensive hat ihre Stärke in der Luft und ihre Kraft zu Lande erheblich angeschlagen. Unsere Heimatfront hat uns ein überwältigendes Übergewicht an Waffen und Kriegsmaterial verschafft, außerdem stellt sie uns große Reserven an ausgebildeten Kämpfern zur Verfügung. Die Flut hat sich gewendet! Die Soldaten der freien Welt marschieren zusammen in den Sieg!

Ich vertraue fest auf Euren Mut, auf Eure Pflichttreue und auf Eure Kampffertigkeit. Nur ein völliger Sieg ist für uns annehmbar!

Glück Euch allen, und laßt uns den Segen des allmächtigen Gottes für dieses große und edle Unternehmen erflehen.

Dwight D. Eisenhower

forcieren. Der Feldmarschall machte keinen Hehl daraus, daß es im Falle einer alliierten Landung um »alles oder nichts« gehe: »Die ersten 24 Stunden der Invasion sind die entscheidenden. Von ihnen hängt das Schicksal Deutschlands ab...

Generalfeldmarschall Erwin Rommel wird von Hitler mit der Verteidigung der »Festung Europa« beauftragt.

Für die Alliierten und für Deutschland wird es der längste Tag.« Von nun an hatte der 6. Juni 1944 auch auf deutscher Seite einen Namen.

Rommel lag daran, das bisher Unterlassene so schnell wie möglich nachzuholen. Riesige Befestigungsanlagen aus Stahl und Beton ließ er aus dem Boden stampfen, Hunderte von Bunkern, Unterständen sowie Küstenartillerie mit schweren Geschützen, Stacheldrahtverhaue, Unterwasserhindernisse für Panzer, Minenfelder und Flammenwerferstellungen. Arbeitskommandos rammten »Rommelspargel« in die Felder hinter den Deichen, lange Holzpfosten, um Lastenseglern die Landung unmöglich zu machen. Doch Rommel konnte nur einen Bruchteil seiner Pläne verwirklichen. Immer wieder wurde ihm das notwendige Material verweigert. Der Nachschub stockte. Vor seinen Soldaten gab er sich dennoch optimistisch: »Im Hinblick auf unsere starken Anlagen, im Hinblick auf den vorzüglichen Geist unserer Truppe, auf die neue Bewaffnung und die Kampfmittel, die uns in die Hand gegeben sind, können wir den kommenden Ereignissen mit größter Ruhe entgegensehen.«

Längst wußte der Feldmarschall, daß der Krieg verloren war. Rommel zählte zu den Männern, die Hitler stürzen wollten. Doch er hatte sich zum Ziel gesetzt, den Angriff der Alliierten an der Küste abzuwehren, um Zeit zu gewinnen. Deutschland sollte nicht bedingungslos kapitulieren.

Zigtausende deutscher Soldaten, die Wacht am Atlantik hielten, glaubten, was manche Armeeführer und Propagandafilme in schillerndsten Tönen ausmalten: Die »Festung Europa« ist uneinnehmbar!

Auf der anderen Seite des Kanals füllten sich unterdessen die Waffenarsenale der Invasionsarmee. Endlos anmutende Reihen von Flugzeugen, Panzern und Artilleriegeschützen säumten die britischen Waldränder. Südengland glich einem gigantischen Rüstungsbetrieb. In den Werften der Insel entstanden riesige Pontons für den Bau von künstlichen Häfen, über die nach der Landung der Nachschub rollen sollte.

Das ganze Unternehmen war mit einem der perfektesten Täuschungsmanöver des ganzen Krieges gekoppelt. Die Alliierten unterließen keine Anstrengung, den Deutschen weiszumachen, daß die eigentliche Landung an der Straße von Dover stattfinden werde. Auf jeden Feindflug im Gebiet westlich von Le Havre folgten zwei Einsätze in der Region Calais. Für jede Tonne Bomben, die über der Normandie ausgeklinkt wurden, fielen zwei Tonnen auf weiter nördlich gelegene Ziele. Der britischen Funkabwehr gelang es, die wichtigsten Chiffriercodes des deutschen Nachrichtennetzes zu brechen. Mit fingierten Funksprüchen wurde vorgetäuscht, daß weitaus mehr Militär in der Nähe von Dover stationiert sei, als es tatsächlich der Fall war. General Patton, Mitglied des alliierten Oberkommandos, firmierte gleichzeitig als Befehlshaber einer Geisterarmee, deren Existenz er für Fotografen oft durch einen Doppelgänger vorspielen ließ. Aufblasbare Lkws, Panzerattrappen aus Sperrholz, für die deutsche Luftaufklärung demonstrativ an südenglischen Waldrändern plaziert, führten das deutsche Oberkommando in die Irre. »Umgedrehte« Agenten bestätigten die Falschmeldungen.

Hinter den deutschen Linien stiftete die französische Résistance Verwirrung. In den Monaten vor der Landung vervielfachte sich die Zahl ihrer Aktionen. Fast Nacht für Nacht flogen britische Flugzeuge über den Kanal, um Agenten abzusetzen oder Waffen für die Widerstandsbewegung abzuwerfen. Das Sammeln von Nachrichten, Sabotageakte, Terror gegen Soldaten, Demoralisierung der Besatzungstruppen – die Bandbreite der Aktivitäten wurde immer größer. Für den Tag der Landung erhielten die »Maquisards« präzise Aufträge: Nachschubwege zu unterbrechen, Eisenbahnlinien zu sprengen, Nachrichtenverbindungen zu kappen, Elektrizitätswerke lahmzulegen – und den Luftlandetruppen Rückendeckung zu geben. Agenten der Résistance überwachten monatelang die Küsten, registrierten jede Festung, jede Kanone, alle Verteidigungsbauten und trugen sie auf einer Karte ein. Das »Karten-Puzzle« war am Ende 18 Meter lang und wurde mit einer kleinen Propellermaschine nach London geflogen. Die

Als »Inspekteur des Atlantikwalls« entwarf und zeichnete Rommel selbst Pläne für Luftlandehindernisse – seine Erfindung: der »Rommelspargel«.

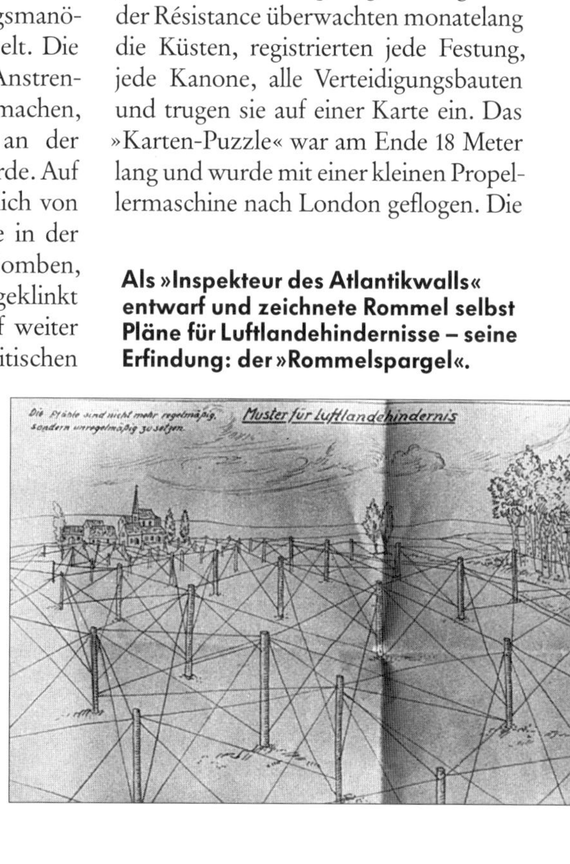

Angaben waren präzise genug, um die militärischen Operationen darauf abzustimmen.

Ganze Stäbe von Experten befaßten sich mit der Vorbereitung und Entwicklung von Waffen, Gerät und Einsatzmethoden für den »längsten Tag«. Bei kaum einer militärischen Operation zuvor kam so viel technischer Erfindungsreichtum zum Einsatz. Modernste Radartechnik, neuestes Pioniergerät, amphibische Fahrzeuge, Panzer zum Minenräumen, Spezialbomben und -artillerie sollten der Invasionsarmee den Sprung auf den Koninent erleichtern.

Den Oberbefehl über das Unternehmen »Overlord« hatte seit Beginn des Jahres General Dwight D. Eisenhower. Die eigentlichen Landetruppen unterstanden Feldmarschall Bernard Montgo-

In Südengland hatten die Alliierten ein riesiges Waffenarsenal angehäuft – der Angriff sollte auf Anhieb gelingen.

mery, »Monty«, der schon während des Afrika-Feldzuges der große Kontrahent von Feldmarschall Rommel war. Das Kommando über die Seestreitkräfte hatte Admiral Ramsey; das über die fliegenden Verbände Luftmarschall Leigh Mallory. Amerikanische und britische Generale aller Waffengattungen bildeten das Alliierte Oberkommando SHAEF (Supreme Headquarter Allied Expeditionary Forces).

Die Invasionsarmee bestand aus insgesamt 2,8 Millionen Soldaten. Rund fünftausend Schiffe, die größte Flotte der Weltgeschichte, fungierten als »Brücke« und zugleich als »Schutzschild« für die Landetruppen. Das eigentliche Angriffsheer – im wesentlichen die 1. US-Armee und die britische 2. Armee – sollten in fünf Korps aufgefächert an Land gehen, in den Küstenabschnitten mit den Bezeichnungen »Utah«, »Omaha«, »Gold«, »Juno« und »Sword«.

Der Zeitpunkt der Invasion war im wesentlichen vom Wetter und von den Gezeiten abhängig. Das Wasser mußte eine bestimmte Höhe haben, damit die Wegstrecke über den Strand nicht zu lang geriet. Vollmond und klarer Himmel waren die Voraussetzungen dafür, daß die Flugzeuge und Lastensegler ihre Ziele sicher fanden. Die See durfte nicht zu rauh sein, da sonst der Einsatz von amphibischen Fahrzeugen in Frage stand. Mit einem Zusammentreffen aller notwendigen Bedingungen war nur alle vier Wochen zu rechnen. Drei Tage, der 5., 6. und 7. des Monats, wurden für den Juni 1944 als geeignet avisiert. Doch das Wetter blieb unberechenbar.

Die Einschiffung der Invasionstruppen begann Anfang Juni. Was die alliierten Kommandeure am meisten befürchtet hatten, trat schließlich ein: Die Witterung schlug um. Es stürmte und regnete im Ärmelkanal. General Eisenhower mußte den »D-Day« noch einmal um vierundzwanzig Stunden verschieben – eine Qual für die Soldaten. Wegen des schweren Seegangs litt der größte Teil der Landungstruppen an Seekrankheit.

Die deutschen Meteorologen waren der Meinung, daß das schlechte Wetter anhalte: Eine Invasion unter diesen Bedingungen sei unwahrscheinlich – so lautete die Nachricht an Rommel. Ein folgenschwerer Befund, denn der Feldmarschall verließ sich darauf und trat am 5. Juni die Heimreise ins württembergische Herrlingen an, um dort im Kreis der Familie den Geburtstag seiner Frau zu feiern. Am nächsten Tag wollte er die Reise fortsetzen. Hitler erwartete ihn zu einer wichtigen Lagebesprechung auf dem Obersalzberg bei Berchtesgaden.

General Eisenhower rief seine führenden Generale zusammen, um den Zeitpunkt des Angriffs endgültig festzule-

General Eisenhower berät die Lage nach der Invasion mit dem britischen Feldmarschall Montgomery (rechts).

gen. Die alliierten Meteorologen waren anderer Meinung als ihre deutschen Kollegen. Sie sagten für die Nacht vom 5. auf den 6. Juni eine kurze Wetterbesserung an der Normandieküste voraus. Eisenhower hatte nun die einsamste Entscheidung seines Lebens zu fällen. Nachdem er seinen Generalen eine Weile zugehört hatte, schwieg er mehrere Minuten. Dann faßte er den Entschluß: »O.k. We'll go!« – das Unternehmen »Overlord« rollte an.

Die gesamte Streitmacht sammelte sich in der Mitte des Kanals, am sogenannten »Picadilly Circus«. Fast unbemerkt steuerten die Schlachtschiffe, Zerstörer, Kreuzer und Fregatten auf die Landepunkte zu. Wegen des schlechten Wetters hatte die deutsche Marine an diesem Tag Auslaufverbot. Die Zeitminen waren abgelaufen. Am 6. Juni sollte die Verlegung neuer Minengürtel beginnen.

Als die gigantische Flotte in der Morgendämmerung vor der Calvados-Küste auftauchte, bestand für die deutschen Beobachtungsposten kein Zweifel mehr: Das ist sie, die lang erwartete Invasion! Der 22jährige Leutnant Werner Fiebig traute seinen Augen nicht: »Als der Tag anbrach, erkannten wir auf See die dunklen, unheilvollen Umrisse einer Masse großer Schiffe. Es waren so viele, daß das Meer fast schwarz aussah. Als es heller wurde, lösten sich aus dieser Masse Truppentransporter, Landungsschiffe und Hunderte von Sturmbooten, sie kamen direkt auf uns zu.«

Sie planten das Unternehmen »Overlord«. Von links: Omar N. Bradley, Bertram Ramsay, Arthur Tedder, Dwight D. Eisenhower, Bernard Montgomery, Trafford Leigh Mallory und Walter Bedell Smith am 1. Februar 1944 in London.

Die Vorposten am Kanal wurden nicht gewarnt, obwohl es sichere Hinweise auf den Beginn der Landung gab. Am Abend des 5. Juni, kurz nach 22.00 Uhr, übersetzte der Abwehrchef der 15. Armee, Oberstleutnant Meyer, den Wortlaut einer BBC-Sendung. Sie enthielt die wahrscheinlich wichtigste Nachricht, die im Zweiten Weltkrieg von den Deutschen abgefangen wurde. Es war die zweite Strophe des Verlaine-Gedichts »Chanson d'Automne« (Herbstlied): »Blessent mon coeur d'une langueur monotone« (... verletzen mein Herz mit öder Langeweile), das Kennwort für die französische Untergrundbewegung, daß die Invasion binnen 48 Stunden beginnt. Aus seinem Dienstzimmer rief Meyer unverzüglich in Rundstedts Hauptquartier an. Die 15. Armee wurde sofort in Alarmbereitschaft versetzt. Doch die 7. Armee erhielt keine Meldung – aus bis heute nicht geklärten Gründen.

So landeten 18 000 britische und amerikanische Fallschirmspringer hinter den Linien völlig ahnungsloser deutscher Divisionen. Die ersten Luftlandungen auf der Halbinsel Cotentin und bei Caen nahm der Stab der Heeresgruppe B noch nicht einmal ernst. Viele deutsche Kommandeure waren davon überzeugt, daß es sich um ein Ablenkungsmanöver handle. Die Vermutung war nicht völlig aus der Luft gegriffen. US-Flugzeuge warfen Hunderte mit Feuerwerkskörpern bestückte Puppen ab, um den Gegner in die Irre zu führen – offenkundig mit Erfolg.

Die Meldungen an das deutsche Oberkommando überschlugen sich an jenem Morgen; doch ausgerechnet die wichtigsten Nachrichten scheinen ihre Empfänger nicht erreicht zu haben. Offiziere der Marinegruppe West fragen sich heute noch, wo damals ihre Meldung vom Beginn der Landung geblieben ist. Schon früh in der Nacht hatten sie dem Heer mitgeteilt: »Hunderte von Schiffen Kurs Süd – das ist die Invasion.«

In den Stäben der beiden Oberkommandierenden Rundstedt und Rommel herrschte in der Tat Verwirrung. Rommel befand sich auf Heimaturlaub, andere hochrangige Kommandeure waren nach Rennes gereist, wo eine Lagebesprechung stattfinden sollte. In den entscheidenen Morgenstunden des 6. Juni gab es keinerlei Kontakte zwischen den drei führenden Männern Hitler, Rundstedt und Rommel.

Doch das ist nur ein Grund dafür, daß nicht alle verfügbaren Kräfte an die Front geschickt wurden. Die alliierte »Abwehr« hatte ganze Arbeit geleistet. Noch Wochen nach dem »längsten Tag« glaubte Hitler an eine Hauptlandung an der Kanalküste bei Calais. Das Fehlen jeglicher Luftaufklärung hatte die deutsche Führung blind und für die alliierten Täuschungsmanöver empfänglich gemacht.

Die Hauptlandung aber nahm ihren Lauf. Eine gewaltige Streitmacht ging an Land. Die 1. US-Armee unter General Bradley erreichte um 6.30 Uhr die westlichen Küstenabschnitte »Utah« und »Omaha«. Eine Stunde später, um 7.25 Uhr, landete die von General Dempsey geführte 2. britische Armee in den östlichen Abschnitten »Gold« und »Sword«. Die kanadischen Truppen erreichten um 7.35 Uhr »Juno-Beach«.

Im »Utah«-Abschnitt auf der Höhe von Ste. Mère Eglise hatten die Amerikaner leichtes Spiel; sie trafen dort nur auf

Die ersten amerikanischen Soldaten landen unter großen Verlusten an der französischen Atlantikküste.

geringen Widerstand. Schnell kam es zu den ersten Vereinigungen mit den Luftlandedivisionen. Im »Omaha«-Abschnitt östlich von Vierville dagegen blieb der Angriff der GIs im MG- und Mörserfeuer stecken. Rein zufällig hatte die 352. deutsche Infanteriedivision dort eine Übung. Sie war sofort gefechtsbereit. Außerdem war ein Teil der Küstenbefestigung trotz schwerer Bombardements intakt geblieben. Die See war stürmischer und das Wasser höher als angenommen. Viele Soldaten blieben im Stacheldraht der Vorstrandhindernisse hängen. Landungsboote wurden aufgeschlitzt und versanken in der tobenden See. Artilleriefeuer, das von etwa drei Kilometern landeinwärts kam, zielte genau auf die Strände. Der deutsche Widerstand war so erbittert, daß General Bradley gegen Mittag den Strand wieder räumen wollte. Erst bei Einbruch der Nacht gelang es einigen Stoßtrupps, sich bis zur Küstenstraße vorzukämpfen. Die »Hölle von Omaha« kostete 2200 US-Soldaten das Leben.

Briten und Kanadier trafen auf weniger starken Widerstand. Besonders in ihren Landeabschnitten hatte die gewaltige Feuervorbereitung durch Bomber und Schiffsartillerie Wirkung gezeitigt. Binnen weniger Stunden entstanden solide Landeköpfe.

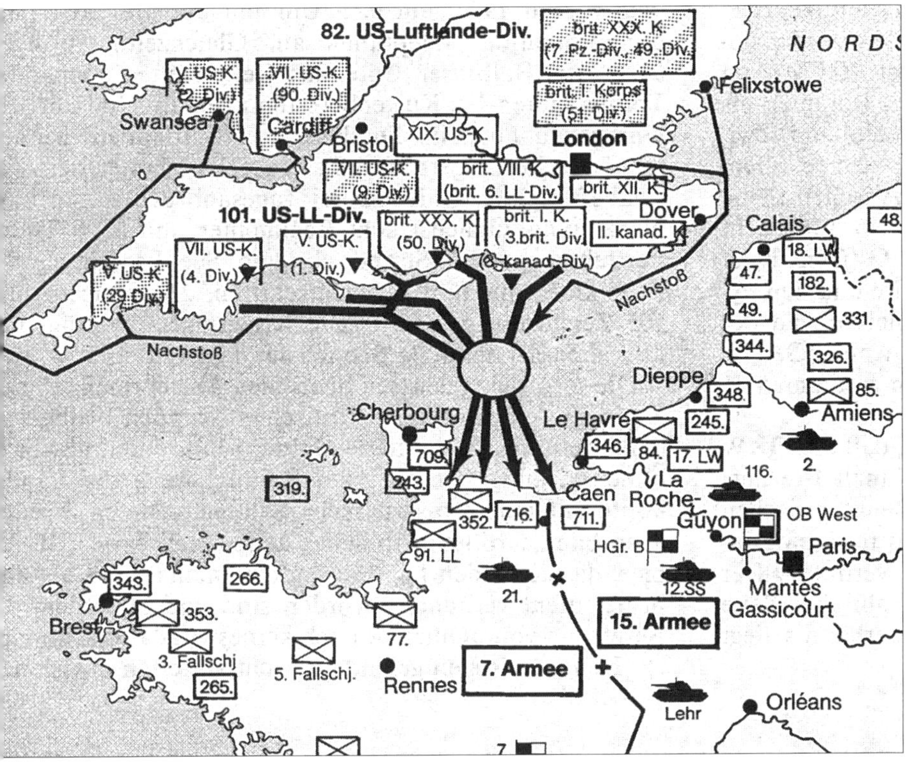

Die Übermacht der Alliierten war erdrückend. Den Armeen Rommels und von Rundstedts stand Eisenhowers 2,8 Millionen Mann starke Invasionstruppe gegenüber (oben).

Trotz ihrer gewaltigen Übermacht erlitten die Alliierten schwere Verluste bei der Landung an der Calvados-Küste.

Die beiden Generalfeldmarschalle Gerd von Rundstedt und Erwin Rommel, verantwortlich für die Verteidigung der Atlantikküste, hatten wochenlang darüber gestritten, wo die Alliierten an Land gehen würden.

Inzwischen war Rommel wieder in sein Hauptquartier zurückgekehrt. General Speidel hatte ihn vom Beginn der Invasion unterrichtet. Zornig stellte der Feldmarschall fest, daß seine Prognose richtig war. Hätten Hitler und Rundstedt auf ihn gehört, stünden nun genügend Panzerkräfte zur Verfügung, um den Gegner wenigstens so lange aufzuhalten, bis weitere Verstärkung eintreffen konnte.

Rommel forderte beim Oberkommando der Wehrmacht umgehend die südlich von Paris stehende Panzerlehrdivision und die 12. SS-Panzerdivision an. Das OKW aber zögerte immer noch in Erwartung eines Angriffs auf Calais. Erst im Laufe des 7. Juni traf Unterstützung ein. Hinzu kam, daß die meisten Nachschubwege nur nachts genutzt werden konnten, denn die Luftüberlegenheit der Alliierten war erdrückend.

Bomber und Schlachtflugzeuge nahmen jede Bewegung auf deutscher Seite unter Beschuß. Fast 11000 Kampfeinsätze wurden am 6. Juni registriert.

Dank ihrer uneingeschränkten See- und Luftherrschaft erzielten die Alliierten schon am ersten Invasionstag große Landgewinne. Der britische Brückenkopf zwischen »Juno«- und »Gold«-Beach hatte eine Breite von fünfundzwanzig Kilometern und eine Tiefe von zehn Kilometern. Der amerikanische Brückenkopf hinter »Utah« erreichte eine Breite von fünfzehn Kilometern und vier Kilometern Tiefe. Zwar hatten die Alliierten nicht alle Ziele erreicht, doch die beiden Befehlshaber Eisenhower und Montgomery konnten mit dem Ergebnis zufrieden sein. Die Landung war geglückt.

Am 10. Juni gelang es den Invasionstruppen, die Deutschen aus dem gesamten Küstenabschnitt zu verdrängen und ihre Landeabschnitte miteinander zu verbinden. Sicher vor deutschem Beschuß begann die Errichtung eines künstlichen Hafens vor Arromanches. Riesige Mengen an Kriegsmaterial und Truppen luden die Transportschiffe Tag für Tag ab. Ein zweiter Hafen vor »Omaha«-Beach wurde wenig später durch einen Sturm zerstört.

> **»... der ungleiche Kampf neigt dem Ende entgegen. Ich muß Sie bitten, Folgerungen aus dieser Lage unverzüglich zu ziehen.«**
>
> **Rommel an Hitler**

Bei Caen lieferten die britischen Divisionen den deutschen Besatzungstruppen eine erbitterte Schlacht – Caen galt als Tor auf dem Weg nach Paris. Die Amerikaner hatten dadurch den Rücken frei und konnten die Eroberung der Halbinsel Cotentin fortsetzen. Während US-Einheiten die strategisch wichtige Hafenstadt Cherbourg belagerten, begannen die Briten Caen zu umzingeln.

Drei Wochen nach dem »D-Day« fiel Cherbourg. Die Schlacht um Caen, die auch hohe Opfer unter der Zivilbevölkerung forderte, endete am 10. Juli. Neun Tage später fiel St. Lo. Die gewonnene Frontlinie wurde Ausgangsbasis für die entscheidenden Offensiven in Richtung Süden und Westen. Die zweite Front, die die Alliierten ihren sowjetischen Verbündeten versprochen hatten, war Wirklichkeit geworden.

Der Blutzoll aber war hoch. Bis Ende Juli zählten die Deutschen 127000 Tote und Verletzte gegenüber 121000 auf alliierter Seite. Hitler hatte vor der Invasion einmal gesagt, daß der Krieg verloren sei, falls es dem Feind gelänge, in Frankreich Fuß zu fassen. Jetzt, da die Invasion gelungen war, wollte er davon nichts mehr wissen. Feldmarschall Rommel wurde am 15. Juli bei einem Tieffliegerangriff schwer verwundet; noch früh am Morgen hatte er in einem Blitzfernschreiben Hitler zum Aufgeben geraten.

Doch Hitler dachte nicht daran, Konsequenzen zu ziehen – weder in militärischer und schon gar nicht in politischer Hinsicht. Jeden Gedanken an eine Beendigung des Krieges wies er brüsk zurück. Die deutschen Offiziere, die ihm widersprachen, verloren sofort ihren Posten und damit ihren Einfluß auf den Verlauf des Kriegsgeschehens.

Das Attentat gegen den NS-Diktator am 20. Juli 1944 scheiterte. Rommel, der dem Kreis der »Verschwörer« nahestand, wurde am 14. Oktober in den Selbstmord getrieben.

Hitler aber war davon überzeugt, den »längsten Tag« auch ohne seine besten Generale wieder rückgängig machen zu können. (SB)

Ein deutscher Militärflugplatz wird von der alliierten Luftflotte mit einem Bombenteppich belegt.

Um die riesige Invasionsarmee mit Nachschub zu versorgen, legten die Briten bei Arromanches einen künstlichen Hafen an.

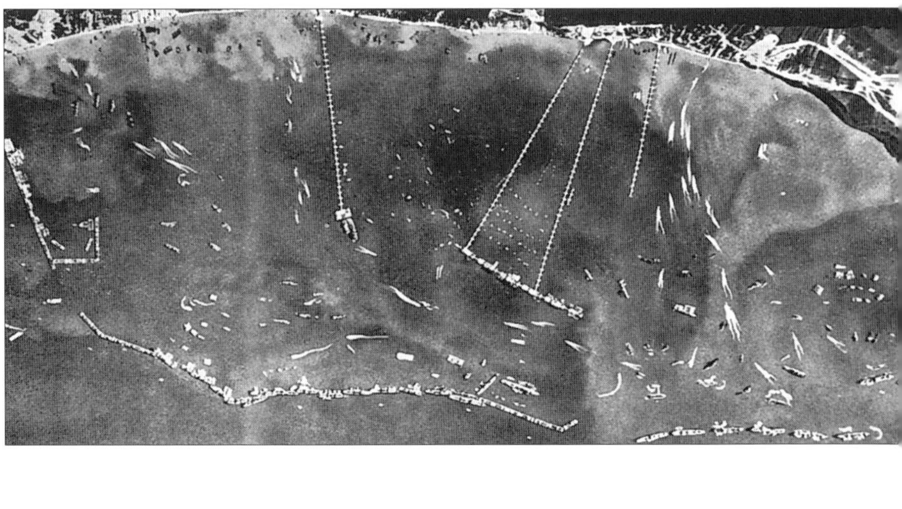

Das Massaker

Oradour: ein Dorf wird vernichtet

»Überall wurde geschossen, im ganzen Ort, im Norden und im Süden – überall hörte man Salven. Ich hatte einige Streifschüsse abbekommen, eine Kugel saß im Bein. Kurz danach hörte ich, wie im Dorf ein Lautsprecher in voller Lautstärke Schlager spielte. Dann sind die Deutschen auf den Leichenhaufen gestiegen und haben alle erschossen, die sich noch bewegten.«

Robert Hébras, damals 23 Jahre alt, zählt zu den wenigen Einwohnern von Oradour-sur-Glane, die das Massaker der Waffen-SS-Division »Das Reich« am 10. Juni 1944 überlebten.

Um die Mittagszeit hatten Panzerspähwagen des Bataillons »Der Führer« das Dorf umstellt – angeblich, weil dort Waffen und Sprengstoff lagerten. Stunden später existierte Oradour nicht mehr; vom gesamten Ort blieb nur eine verkohlte Trümmerwüste. Die Dorfbevölkerung wurde fast völlig ausgerottet, die Häuser waren bis auf die Grundmauern niedergebrannt. 190 Männer, 245 Frauen und 207 Kinder mußten sterben – in den Salven der Maschinengewehre, in brennenden Scheunen, unter den Trümmern ihrer Kirche. Nur 36 Bewohner überlebten das Massaker. Die Ankläger beim Nürnberger Kriegsverbrecher-Prozeß bezeichneten diesen Massenmord als einen »Gipfelpunkt der deutschen Greueltaten«.

Dabei hatte es zunächst den Anschein gehabt, als würde der Krieg spurlos an Oradour vorüberziehen. In die idyllische Landschaft des Limousin gebettet, versank das Dorf während des Vichy-Regimes in eine Art Dornröschenschlaf. Die nächstgelegene deutsche Kommandantur befand sich im rund dreißig Kilometer entfernten Limoges. In Oradour konnte man Ferien machen von Krieg und Besatzung – bis zu dem Tag, als das Unbegreifliche geschah.

Heinz Lammerding, SS-Brigadeführer und General der Waffen-SS, befahl den Mord an den Bewohnern von Oradour-sur-Glane.

Die Glocke des Kirchturms hatte gerade zu Mittag geläutet. Viele Dorfbewohner tummelten sich auf den Straßen. Vor dem »Café du Chêne« unterhielten sich die Passanten angeregt darüber, wann die alliierten »Befreier« wohl eintreffen würden. In diesen Minuten erreichten die deutschen Panzerspähwagen das Dorf.

Der Kommandeur der Division »Das Reich« und General der Waffen-SS, Heinz Lammerding, hatte befohlen, den Raum um Limoges »rasch und nachhaltig von Banden zu säubern«. Seit der Landung der Alliierten in der Normandie bekam der bewaffnete Widerstand in Frankreich täglich Zulauf; die SS-Division hatte auf dem Weg in Richtung Atlantikküste selbst schwere Verluste zu verzeichnen. In Tulle überfielen Angehörige der Résistance eine deutsche Garnison und richteten ein Blutbad an. SS-General Lammerding gab den Befehl, die Tat mit »Blut und Asche« zu vergelten. Am 9. Juni 1944 wurden 99 Männer, Frauen und Jungen an Laternen und Balkongeländern entlang der Hauptstraße von Tulle aufgehängt. Lammerding, einige seiner Offiziere und seine Sekretärin beobachteten die Exekution in aller Ruhe von der Terrasse des Café Tivoli aus. Ein Grammophon ließ Tangomusik über den Schlachtplatz erschallen.

Der »blutige Marsch« – wie er in Frankreich noch heute heißt – ging weiter. In der Nähe von Oradour sur Vayres – etwa vierzig Kilometer südlich von Oradour-sur-Glane – erschossen Heckenschützen einen Kompanieführer der Waffen-SS. SS-Bataillonskommandeur Dieckmann erteilte daraufhin seinen Kompanien den Befehl, »Oradour-sur-Glane niederzubrennen und alle Personen vom Säugling bis zum Greis zu vernichten.«

In seiner blinden Wut hatte er offenkundig die Ortsnamen verwechselt – ein Beleg dafür, daß es Männern seines Schlages in erster Linie darum ging, nach Willkür Exempel zu statuieren.

Die Aussagen der Überlebenden, Protestnoten der Vichy-Regierung, Protokolle der Vernehmungen von Tätern und Gerichtsakten sind erschütternde Zeugnisse des Massakers.

Gleich nach ihrer Ankunft befahlen die SS-Männer den Einwohnern von Oradour, ihre Häuser zu verlassen. Alle Bürger sollten sich auf dem Marktplatz versammeln. Mit Fußtritten und Gewehrkolben-Hieben wurden die Männer von den Frauen und Kindern getrennt. Wer flüchtete, wurde sofort erschossen. Ein Dolmetscher erklärte, es gäbe Hinweise, daß in Oradour Sprengstoff gelagert werde, deshalb würde man Hausdurchsuchungen durchführen und die Identität aller Bewohner feststellen.

Doch dann wurden entgegen aller beruhigenden Erklärungen sämtliche Männer des Dorfes abgeführt und in Scheunen, Lager und Garagen gepfercht. Sorgfältig reinigten die SS-Leute die Stellen mit dem Besen, an denen sie anschließend ihre Maschinengewehre aufbauten. »Wir konnten nicht glauben, daß die Deutschen wirklich auf uns schießen würden«, erinnert sich Jean-Marcel Darthout; zusammen mit Robert Hébras und rund 60 anderen Männern befand er sich in der Scheune »Laudy«: »Auge in Auge standen sie uns mit ihren MGs und Maschinenpistolen gegenüber. Plötzlich hörte man draußen einen Schuß, das Zeichen zum Töten. Sie schossen zuerst auf die Beine, damit keiner mehr weglaufen konnte. Ich war einer der ersten, die getroffen wurden und sackte zusammen. Das war mein Glück, denn meine Kameraden, die im Kugelhagel starben, fielen auf mich, so war ich geschützt. Danach herrschte eine grauenvolle Stille, die Überlebenden begannen miteinander zu flüstern. Erst eine Viertelstunde später kamen die Deutschen zurück, breiteten Heuballen über uns aus, übergossen uns mit Benzin und steckten die Scheune an. Überall waren Flammen. Auch ich wurde vom Feuer erfaßt und versuchte, mich aus dem Leichenberg zu befreien. Meine Schulter, meine Haare und mein Gesicht – überall hatte ich fürchterliche Schmerzen.« Jean-Marcel Darthout und noch fünf andere Männer überlebten die Hinrichtung. Trotz ihrer Schußwunden und schweren Verbrennungen gelang es ihnen, durch ein Loch im Mauerwerk ins Freie zu kriechen.

Mehr als vierhundert Frauen und Kinder verbrannten in der Kirche, während die Männer erschossen wurden. Als Mahnung blieben Reste eines Kinderwagens vor dem Altar.

Alle Frauen und Kinder waren auf Befehl des Kommandeurs noch vor der Mordaktion in die Kirche gesperrt worden. Dort vernahmen sie das Schreien der Todgeweihten. Selbst vor dem Altar des Gotteshauses schreckten die SS-Männer nicht zurück. Ungerührt plazierten sie eine Kiste vor dem Gabentisch, gingen wieder nach draußen und verschlossen die Tür. Dann gab es einen dumpfen Knall. Schwarzer, beißender, stechender Rauch quoll zwischen den Brettern hervor – das Husten und Schreien der Erstickenden war im ganzen Ort zu hören.

»Unter uns waren alle Schulkinder, auch die dreizehn- und vierzehnjährigen Jungen. Ich floh mit meinen beiden Töchtern und einem Enkelkind in die Sakristei. Da begannen die Deutschen, auf die Fenster zu schießen. Meine jüngste Tochter Andrée wurde getroffen, die Kugeln durchschlugen ihre Halsschlagader, sie mußte elend verbluten. Dann wurde die Kirchentür geöffnet. Nun schossen die Deutschen mit Maschinengewehren in die Menge. Danach drangen sie in die Kirche ein. Sie türmten einen Holzstoß auf und warfen mitgebrachtes Stroh und Reisig sowie das Mobiliar der Kirche darauf. Dann zündeten sie alles an.«

Nur Marguerite Rouffanche entkam dem »Holocaust« in der Kirche von Oradour. Es gelang der 46jährigen Frau in letzter Minute, sich durch ein geborstenes Fenster ins Freie zu retten. Ein Gebetsschemel, den sie als Podest benutzte, war ihre Rettung. Die anderen Frauen und Kinder starben. Um den Altar herum, an den Beichtstühlen, in den Seitenschiffen – überall lagen ihre verkohlten Leichen. Mütter, Kinder und Geschwister hielten einander noch im Angesicht des Todes umschlungen.

Einige SS-Männer wollten es sich nicht nehmen lassen, ihren »Erfolg« mit Champagner zu begießen.

Bei der ersten Besichtigung des »Schlachtplatzes« bot sich den Bewohnern der umliegenden Ortschaften ein Bild des Grauens. Die offiziellen Berichte im Auftrag der Vichy-Regierung sprechen für sich: »Überall lagen verkohlte menschliche Überreste, Berge aufeinandergehäufter Leichen – Oradour glich einem entsetzlichen Beinhaus.« Zwar stieß der Massenmord an unschuldigen Zivilisten auch bei der deutschen Wehrmacht auf Empörung, doch eine Ahndung des Verbrechens blieb während des Krieges aus. Lammerding und seine Leute behaupteten steif und fest, sie seien in Oradour auf bewaffneten Widerstand gestoßen. Die Bevölkerung sei lediglich den Kämpfen gegen Partisanen zum Opfer gefallen. Jahrzehnte konnte sich die sogenannte »Oradour-Legende« behaupten. Nur einer der Täter gab später zu, daß es sich um ein reines Lügengespinst handelte. »Abschreckung« und »Vergeltung« waren die wirklichen Motive des Massakers.

Vergeblich hofften die Überlebenden auf eine Sühnung der Greueltat. SS-General Lammerding wurde 1951 in Abwesenheit zum Tode verurteilt.

Die Ruinen von Oradour aber blieben stehen, sie sind ein Mahnmal gegen jeden Krieg und Völkermord. Wie Auschwitz, Majdanek, Katyn, Lidice erinnert der Name des früher so idyllischen Ortes an eines der schlimmsten Verbrechen dieses Jahrhunderts. (SB)

Der erwachte Riese

Die USA als Weltmacht

1944 befanden sich die Vereinigten Staaten von Amerika im dritten Kriegsjahr. Seit Pearl Harbor hatten sie das militärische Kräfteverhältnis entscheidend zugunsten der Alliierten verändert. Im Juni 1944 begann auf dem pazifischen Kriegsschauplatz die Rückeroberung der Philippinen, in Europa landete die größte Invasionsstreitmacht aller Zeiten an der französischen Atlantikküste und begann mit der Rückeroberung des Kontinents. Doch mehr als auf den Schlachtfeldern in Nordafrika, im Pazifik und in Europa wurde der Krieg in den Fabriken von Detroit und Chicago entschieden. Ein Blick auf die Kriegswirtschaft der Alliierten zeigt dies deutlich.

Lange Zeit hatten in den USA isolationistische Kräfte vorgeherrscht. Die meisten Amerikaner wollten mit dem Krieg nichts zu tun haben. Die Rüstungsausgaben hatten noch 1940 unter denen Japans oder Deutschlands gelegen. Die Stimmung in der Bevölkerung änderte sich auch nicht, als Franklin D. Roosevelt angesichts der militärischen Erfolge der Achsen-Diktaturen verkündete, die USA müßten das »Arsenal der Demokratie« sein. Der Umschwung in der öffentlichen Meinung kam erst mit dem Angriff der Japaner auf Pearl Harbor am 7. Dezember 1941. Wenige Tage später erklärte Hitler den USA den Krieg.

Dieser überraschende Coup traf Washington jedoch nicht unvorbereitet. Durch eine Reihe von Maßnahmen Roosevelts wurden die USA noch im Frieden kriegstauglich. Dennoch lagen 1941 die Ausgaben für Rüstungsgüter in den USA bei lediglich 4,5 Milliarden Dollar. Zum Vergleich: In Japan waren es 2 Milliarden, im Deutschen Reich 6 und in der Sowjetunion 8 Milliarden Dollar gewesen. 1944 sahen die Kräfteverhältnisse dann völlig anders aus. Von 20 Milliarden Dollar 1942 hatte sich die amerikanische Rüstung über 38 Milliarden 1943 schließlich auf 42 Milliarden Dollar im Jahre 1944 gesteigert. Die japanische Rüstungsproduktion betrug zu diesem Zeitpunkt 6, die des Deutschen Reiches 18 Milliarden Dollar – und war damit im übrigen höher als die sowjetische mit 16 Milliarden Dollar. Die amerikanische Industrie produzierte in den Kriegsjahren unter anderem insgesamt fast 300 000 Flugzeuge, über 86 000 Panzer, 5 500 Frachtschiffe und Truppentransporter sowie 6 500 Kriegsschiffe, darunter 749 Großschiffe. Noch beeindruckender werden diese Zahlen, wenn man bedenkt, daß die amerikanische Wirtschaft dabei noch nicht einmal ihre Möglichkeiten voll ausschöpfte. Während in den anderen kriegführenden Staaten die Kriegswirtschaft alle vorhandenen Kräfte aufs äußerste anspannte und damit die zivile Produktion fast völlig zum Erliegen kam, mußten die amerikanischen Verbraucher verhältnismäßig ge-

US-Bomber, die auf einem Flugzeugträger stationiert sind, greifen im Februar 1944 einen japanischen Frachter an.

ringe Einschränkungen hinnehmen. Im Gegenteil: Für viele bedeutete die erhöhte Produktion eine Verbesserung des Lebensstandards. Zum einen sank die Zahl der Arbeitslosen von acht Millionen (1940) auf einen Restsatz von einer Million im Jahre 1944. Zum anderen stieg die Zahl der beschäftigten Industriearbeiter im gleichen Zeitraum von 47 auf 54 Millionen. Es erhöhte sich jedoch nicht nur die Beschäftigtenzahl, sondern auch das reale Einkommen. Diese beiden Faktoren kamen nun auch gesellschaftlichen Gruppen zugute, die vorher nur wenig am Produktionsprozeß teilgenommen hatten. Denn parallel zum höheren Bedarf an Arbeitskräften taten insgesamt zwölf Millionen Amerikaner in Heer, Marine oder Luftwaffe Dienst und nahmen am Krieg teil. Durch diesen doppelten Bedarf stieg die Zahl der weiblichen Arbeitnehmer 1944 auf 18,4 Millionen – das war ein Drittel aller Beschäftigten. Die Frauen fanden nun auch vermehrt Zugang zu Berufen, die ihnen zuvor verwehrt geblieben waren. Das hieß: viele Amerikanerinnen wurden nicht nur finanziell unabhängiger, sondern überhaupt selbständiger.

Vielerorts wurde freilich eine Verwahrlosung der Jugendlichen beklagt. Tatsächlich kam es zu einem Anstieg der Jugendkriminalität. Generell nutzten viele die Gelegenheit, eigenes Geld zu verdienen, zu Lasten ihrer Bildung aus. 1944 gab es an den High-Schools 1,25 Millionen Schüler weniger als 1941. Auch für viele Farbige verbesserte sich die soziale und materielle Situation durch die Kriegsanstrengungen. Die Zahl der in Fabriken und Versorgungsbetrieben arbeitenden Schwarzen verdoppelte sich bis 1944. Das alles war nicht ohne Schwierigkeiten so gekommen. Es hatte Protestmärsche, Auseinandersetzungen und sogar blutige Unruhen gegeben. Aber schließlich kam es doch zu einer stärkeren Gleichstellung der Schwarzen. Kennzeichnend für eine verbesserte, aber immer noch nicht gleichberechtigte Situation waren in diesen Kriegszeiten die Streitkräfte. Zwar hatten sich die zuvor rein »weiße« Marine und die Luftwaffe auch für Schwarze geöffnet, aber von den insgesamt 920 000 Schwarzen in allen Teilstreitkräften erhielten kaum 8 000 ein Offizierspatent.

Franklin D. Roosevelt, 32. Präsident der Vereinigten Staaten, wird 1944 zum vierten Mal gewählt.

Alles in allem: Die USA hatten bis 1944 gezeigt, wozu sie fähig waren. Der Sieg im Weltkrieg war zum Greifen nah. In diesem Klima fand der Präsidentschaftswahlkampf statt. Um den Präsidentschaftskandidaten der Demokratischen Partei gab es keine innerparteilichen Diskussionen: Er konnte nur Franklin Delano Roosevelt heißen. Schon bei seiner dritten Kandidatur 1940 hatte er mit der Tradition gebrochen, daß kein Präsident der USA mehr als zwei Amtszeiten im Weißen Haus verbringen sollte. Nun gab es auch über die Nominierung zur vierten Amtsperiode keine Diskussion mehr. Die Republikaner hatten Thomas E. Dewey nominiert, der sich in den Vorwahlen unter anderen gegen den Kriegshelden MacArthur durchgesetzt hatte. Der Wahlkampf selbst verlief eher ruhig. Die meiste Aufregung hatte es zunächst um den Kandidaten Roosevelts für die Vize-Präsidentschaft gegeben. Der Präsident selbst stiftete Verwirrung, weil er mehreren Anwärtern eine Zusage gemacht hatte. Nach einigem Hin und Her setzte sich schließlich der Senator von Missouri durch, Harry S. Truman. Den Ausschlag gab das Ansehen Trumans im Senat, wovon sich Roosevelt eine Erleichterung in der Innenpolitik versprach. Außenpolitisch brachte Truman keine Erfahrungen mit – und daß er jemals das Geschick der Weltmacht USA leiten sollte, nahm trotz der angeschlagenen Gesundheit von Roosevelt niemand ernstlich an. Und doch kam es so, Franklin D. Roosevelt starb nur wenige Monate nach seiner Wahl, noch bevor der Krieg beendet war.

Sein Gesundheitszustand spielte allerdings im Wahlkampf keine Rolle. Roosevelt hatte schon oft bewiesen, welch eisernen Willen er besaß. Im August 1921 war der vierzigjährige Roosevelt während eines Erholungsurlaubes zunächst ins kalte Wasser gefallen. Einen Tag später löschte er mit seinen Kindern einen kleinen Waldbrand und setzte sich nach zwei anstrengenden Dauerläufen mit nasser Badehose hin, um Post durchzuarbeiten. Am 11. August 1921 konnte der spätere Präsident der Vereinigten Staaten zum letzten Mal ohne fremde Hilfe gehen. Ohne daß es zunächst erkannt wurde, war er an Kinderlähmung erkrankt. Beine, Arme und Rücken waren gelähmt. Mit eiserner Selbstdisziplin schaffte es Roosevelt, daß Arm- und Rückenmuskeln wieder funktionierten. Er trainierte sich einen Oberkörper an, auf den, so Roosevelt, selbst Boxweltmeister Jack Dempsey stolz sein könne. Die Beine blieben jedoch gelähmt.

Hauptargument seiner Gegner war die Innenpolitik, der »New Deal«. Roosevelt hatte versucht, das freie Spiel der kapitalistischen Kräfte durch eine Reform- und Sozialpolitik abzufedern. Der Widerstand dagegen war enorm. Als es schließlich aufwärts ging, hielten ihm seine politischen Gegner vor, die große wirtschaftliche Depression, die die Regierungszeit Roosevelts mitgeprägt hatte, sei nicht durch die Reformpolitik, sondern durch die Rüstungsproduktion beseitigt worden.

Das war sicher nicht falsch, aber es bestand kaum ein Zweifel daran, daß die amerikanischen Wähler mitten im Krieg ihren Präsidenten nicht auswechseln wollten. Und so kam es auch. Roosevelt wurde zum viertenmal gewählt – ein bis heute einmaliger Vorgang. Der 32. Präsident der Vereinigten Staaten regierte freilich nur noch ein paar Monate. Das Ende des Krieges sollte er nicht mehr erleben. (HH)

Windeln, Witwen, Wehrmachthelfer

Frauen zwischen Tod und Trümmern

Nicht erst 1944, sondern schon mit Kriegsbeginn zeigte sich, wie sehr Alltag und Anspruch der NS-Propaganda im Hinblick auf die Rolle der Frau auseinanderklafften: »Die deutschen Frauen wollen in der Hauptsache Gattin und Mutter sein. Sie haben keine Sehnsucht nach der Fabrik, keine Sehnsucht nach dem Büro und auch keine Sehnsucht nach dem Parlament. Ein trautes Heim, ein lieber Mann und eine Schar glücklicher Kinder steht ihrem Herzen näher« – so hatte die populäre Schrift »Das ABC des Nationalsozialismus« noch 1933 die Welt des weiblichen Glücks definiert.

Die Ideologie, mit der der Nationalsozialismus die Frauen zu gewinnen suchte, war keineswegs originell. Politische Emanzipation wurde als Irrweg abgelehnt, die wahre Erfüllung der Frau lag in der Aufopferung für die Familie. Als Mutter war sie wertvoll für die Nation. Als Idealtyp galt die verklärte Schönheit unter dem zu Knoten oder Krone geflochtenen strohblonden Haar, das Bild des breithüftigen Weibes im langen weitfallenden Rock, befreit vom verpönten Korsett – ein Inbegriff folkloristischer Gemütlichkeit. Wie sehr das Denken der Männer von dieser Idealvorstellung durchdrungen war, zeigt eine Heiratsannonce aus dem Jahr 1935 (siehe Seite 31).

Die Einschränkung der weiblichen Bevölkerung auf ein Hausfrauen- und Mutterdasein begründeten die Nationalsozialisten mit den »typisch weiblichen Eigenschaften«: Intellektuell zwischen Mann und Kind stehend, bot sie ideale Voraussetzungen für die Erziehung der Kinder, gleichzeitig reichten ihre Fähigkeiten aber gerade aus, dem Mann als verständnisvolle Kameradin zur Seite zu stehen.

Das Glück aller Frauen sollte nach der Vorstellung der NS-Ideologen ausschließlich in der Aufopferung für die Familie bestehen.

Dieses Ideal griff bei vielen Frauen unterschwellig vorhandene Wunschvorstellungen auf: Die wirtschaftlichen Krisen der Weimarer Republik hatten zur extremen Doppelbelastung vieler Frauen geführt, in deren Händen die alleinige Sicherung des Lebensunterhalts gelegen hatte. Gleichzeitig hatten sie sich noch um Haushalt, Mann und Kinder kümmern müssen. Die NSDAP ver-

sprach diesen Frauen Entlastung, sie gaukelte den überforderten Frauen ein Idealbild vor und vermittelte den Eindruck, die Partei würde Sorge tragen, diesen Idealzustand zu verwirklichen. Dennoch sollten die Frauen dies nicht als Aufforderung verstanden wissen, sich ganz ins Privatleben zurückzuziehen. Vielmehr sollten sie die Interessen der Volksgemeinschaft zum Maßstab ihres eigenen Handelns machen und sich deren Belangen unterordnen: So sollte die Ehe nicht länger der Erfüllung des individuellen Glücks dienen; ihr Wert lag vor allem in »Geburt und Aufzucht arischer Kinder«. Von Anfang an griff der

NS-Staat massiv ins Privatleben ein: Paare wurden davor gewarnt, das Eheleben zur Befriedigung ihrer sexuellen Bedürfnisse zu mißbrauchen; das Geschlechtsleben habe in erster Linie der Erhaltung der Nation zu dienen. Un-

nachsichtig verfolgten die Behörden Verstöße gegen den Paragraphen 218, »Fortpflanzungsverweigerung« wurde ebenso als Scheidungsgrund anerkannt wie Unfruchtbarkeit. Dagegen erhielten Ehepaare mit Kindern Steuerermäßigungen, kinderreiche Familien konnten mit Beihilfen rechnen.

Der Mutter kam bei der Erziehung des Kindes große propagandistische Bedeutung zu; ihr oblag die Pflicht, die Kinder für die Volksgemeinschaft zu erziehen. Ab vier Kindern wurde eine Frau mit dem »Ehrenkreuz der deutschen Mutter« ausgezeichnet, denn die »deutsche kinderreiche Mutter« zeige ja schließlich den gleichen »Einsatz von Leib und Leben« wie »Frontsoldaten im Donner der Schlachten«.

In der Realität waren die Rechte der Mutter stark eingeschränkt: Innerhalb der Ehe hatte sie zwar teil am Sorgerecht, doch die elterliche Gewalt stand nur dem Vater zu. Das Erziehungsrecht war nach nationalsozialistischer Doktrin ohnehin nur eine Art »Leihgabe« der Volksgemeinschaft an die Eltern. Um den wirklich deutschen Menschen zu formen, mußte die »Bewegung« die Erziehung der ersten Generation von Nationalsozialisten selbst in die Hand nehmen. Bei Mädchen hieß das, sie von klein an auf ihre spätere Rolle als Hausfrau und Mutter vorzubereiten. An diesem Lernziel waren alle Lehrpläne und Unterrichtsinhalte ausgerichtet. Der Staat billigte den Mädchen gerade noch eine abgeschlossene Volksschulbildung zu, die von den Frauenrechtlerinnen im 19. Jahrhundert so mühsam erkämpfte höhere Schulbildung und das Frauenstudium wurden als nicht artgemäß abgelehnt. Um den Nachwuchs an Akademikerinnen zu drosseln, wurde schon 1933 in allen Fachrichtungen ein Numerus clausus für Studentinnen eingeführt. Von den 10000 Abiturientinnen des Jahres 1934 wurde nur 1500 die Studienberechtigung zuerkannt.

Neben der Schule sorgte der »Bund deutscher Mädel« (BDM) für eine der nationalsozialistischen Ideologie entsprechende Erziehung. Dem Ziel der Einheitlichkeit diente auch die Einheitskleidung: blauer Rock, weiße Bluse, braune Kletterweste und Zopffrisur waren die Markenzeichen der »Mädel«. Unter dem Motto »Straff, aber nicht stramm – herb, aber nicht derb« wurde neben der politischen Schulung vor allem der körperlichen Ertüchtigung große Bedeutung zugemessen.

Um die Frauen in den nationalsozialistischen Staat einzubinden, gab es eine Fülle von Organisationen für sie: die »NS-Frauenschaft«, das »Deutsche Frauenwerk« mit seinen angeschlossenen Gruppen, das »Hilfswerk Mutter und Kind«, das Frauenamt der »Deutschen Arbeitsfront«. Während Hausfrauen-Kurse oder Sportveranstaltungen bei den Frauen großes Echo fanden, stieß die Absicht der politischen Indoktrination recht bald an gewisse Grenzen: Die Propagandistinnen der Organisationen beklagten die politische Gleichgültigkeit und vor allem die engen kirchlichen Bindungen vieler Frauen.

Aus wirtschaftlichen Gründen war nicht daran zu denken, das Heer der billigen Frauenarbeitskräfte generell abzuschaffen. Die Propaganda versuchte den Frauen schmackhaft zu machen, an der »Heimatfront ihren Mann zu stehen«. Die »Reichsfrauenführerin« Gertrud Scholtz-Klink richtete deshalb einen Appell an ihre »Volksgenossinnen«: »Deut-

Nach den Lehrplänen galt die Erziehung der Mädchen hauptsächlich ihrer späteren Rolle als Hausfrau und Mutter.

sche Frauen und Mädel! Heute nun, wo jeder wehrfähige deutsche Mann sich seinem Vaterland stellt, wollen wir Frauen und Mädel alles tun, um Soldaten des Heimatgebietes restlos den Fronteinsatz zu ermöglichen.«

Die Last der kriegsbedingten Arbeitsintensität traf die Frauen mit fortschreitendem Kriegsgeschehen in voller Wucht. Jetzt war ihr Platz nicht mehr an Heim und Herd, sondern in den Munitionsfabriken. Erschwerend kam für arbeitende Frauen hinzu, daß die Haushaltsführung, bedingt durch den Mangel an Konsumgütern und Nahrungsmitteln, immer mehr Zeit erforderte: Mangelhafte Ernährung, Schlangestehen vor den Geschäften, schlechte Verkehrsverbindungen zum Arbeitsplatz, ein 10-Stunden-Tag im Betrieb waren das Los der erwerbstätigen Frau.

Je weiter der Krieg fortschritt, um so mehr wurden die Frauen von der Mühsal des Überlebens vereinnahmt: in vielen Städten Nacht für Nacht Fliegeralarm, stundenlanges Warten im Keller, Angst vor dem Verlust des Eigentums, Sorgen um die Kinder, den Mann. Die Zahl der Verlust- und Todesmeldungen stieg von Tag zu Tag. Immer mehr Todesanzeigen gefallener Soldaten füllten die Seiten der Zeitungen. Bei den Kriegerwitwen kam zu Schmerz und Trauer um den verlorenen Mann nun noch das Bewußtsein hinzu, auch in Zukunft die Last der Familienversorgung allein tragen zu müssen. Bevor die Soldatenbräute aber Kriegerwitwen wurden, sollten sie zuvor noch Ehefrauen werden. Dazu konnte die »Personenstandsverordnung« vom 17. Oktober 1942 mit der Idee der Ferntrauung verhelfen. Erforderlich war dazu nur die Erklärung des »Ehewillens« beider Partner. Manche schwangere Frau wurde sogar noch ferngetraut, wenn der Verlobte bereits gefallen war.

Der Versuch, mit einer Meldepflicht bei den Arbeitsämtern alle 17- bis 45jährigen Frauen auf ihre Arbeitsfähigkeit in der Industrie hin zu prüfen, um die letzten Kräfte für die Kriegswirtschaft zu mobilisieren, führte nicht zum Erfolg. Die Verordnung umfaßte so viele Ausnahmeregelungen, daß bis zum Jahresende lediglich rund 500 000 Arbeitskräfte verpflichtet wurden. Von drei Millionen registrierten Frauen ließen sich zweieinhalb Millionen aus gesundheitlichen oder familiären Gründen von der Einteilung zum Erwerbsdienst befreien. Wieder waren es vor allem Arbeiterinnen und Angestellte, auf deren Rükken die Lösung des Arbeitskräfteproblems ausgetragen wurde. Anders als die Frauen aus dem Bürgertum verfügten sie nicht über die nötigen Kontakte, um sich freistellen zu lassen. Doch als 1944 die Lage an den Fronten für Nazi-Deutschland immer dramatischer wurde, startete man im März 1944 eine großangelegte Werbeaktion, um alle nicht berufstätigen Frauen für den Arbeitseinsatz »im Dienste der Volksgemeinschaft« zu gewinnen. Die Frauen sollten die Plätze der Männer in Büro und Betrieb übernehmen, die nun erst an die Front geschickt wurden. Doch auch diese Aktion, die an das »Pflichtgefühl der deutschen Frauen« appellieren wollte, schlug fehl. Die Frauen reagierten in den meisten Fällen ablehnend. Mit der Lösung der kriegsbedingten Alltagsprobleme waren sie vollkommen ausgelastet.

Im Juli 1944 erhöhte der Generalbevollmächtigte für den Arbeitseinsatz, Fritz Sauckel, die Altersgrenze für die Meldepflicht der Frauen bei den Arbeitsämtern auf 50 Jahre. Doch wieder gab es so viele Ausnahmeregelungen, daß sich auch diese Maßnahme als zwecklos erwies. Schließlich erging am 25. Juli 1944 der »Erlaß des Führers über den totalen Kriegseinsatz«.

Zehntausende von Frauen wurden in Kurzlehrgängen zu Metallarbeitern und Monteuren für die wichtigsten Sparten der Rüstungsindustrie ausgebildet. Ende 1944 bedienten etwa 50 000 »Arbeitsmaiden« als FlakHelferinnen sogar Geschütze. Der ideologische Anspruch, Frauen von Kampfhandlungen fernzuhalten, entpuppte sich als Leerformel. Der »totale Krieg« verschonte die Frauen nicht. Eine halbe Million Frauen waren in Wehrmachtdienststellen tätig. Sie arbeiteten als Nachrichtenhelferinnen an Radargeräten, als Betreuungsschwestern und als Dolmetscherinnen. Hunderttausende standen in der letzten Kriegsphase im Einsatz. Gleichzeitig forderte die »Reichsfrauenführerin« Gertrud Scholtz-Klink alle deutschen Frauen zu neuen »Geburtshöchstleistungen« auf.

Der »totale Krieg« verschonte die Frauen nicht, es änderte sich der ideologische Anspruch: sie wurden als Wehrmachthelferinnen gebraucht.

Die Ergebnisse der nationalsozialistischen Frauenpolitik waren überaus dürftig, denn es zeigte sich, daß die Frauen keineswegs ganz »erfaßt« werden konnten. Ein Teil der weiblichen Bevölkerung konnte sich dem Regime entziehen und so einen gewissen Freiraum behalten. Die Idee der Volksgemeinschaft war also nicht überall auf fruchtbaren Boden gefallen.

Auf der anderen Seite gewann das patriarchalische Frauenideal wieder an Boden. Die Frauen erlangten durch ihre Leistungen während des Krieges hindurch und vor allem in der Nachkriegszeit kein neues Selbstbewußtsein. Erst ihren Töchtern sollte das gelingen. (UN)

Juni 1944

1 · Donnerstag

Verheerende Waldbrände in Kanada vernichten zahlreiche Ortschaften.

2 · Freitag

Bei Geheimverhandlungen in Stockholm einigen sich Vertreter Rumäniens und der Sowjetunion über die Bedingungen für einen Kriegsaustritt Rumäniens.

Alliierte Bomberverbände testen erstmals das »shuttle bombing«: Im Anschluß an Angriffe auf Ziele in Ungarn fliegen 200 Maschinen der 15. US-Luftflotte zum Auftanken Flugplätze in der Ukraine an. Diese »Pendeltaktik« ermöglicht Angriffe gegen Ziele in ganz Europa.

3 · Samstag

Der deutsche Oberbefehlshaber in Italien, Generalfeldmarschall Albert Kesselring, erklärt Rom zur »offenen Stadt«.

4 · Sonntag

Alliierte Truppen rücken in Rom ein, nachdem die deutsche Wehrmacht kampflos die »ewige Stadt« geräumt hatte. Briten und Amerikaner werden von der Bevölkerung begeistert empfangen.

Amerikanische Soldaten im befreiten Rom.

Der Oberkommandierende der alliierten Invasionsstreitmacht, Dwight D. Eisenhower, verschiebt den Termin für die Landung in der Normandie wegen einer Schlechtwettervorhersage vom 5. auf den 6. Juni.

5 · Montag

In Rom teilt der italienische König Viktor Emanuel III. seine Abdankung zugunsten seines Sohnes Umberto II. mit. Viktor Emanuel hatte 1922 Mussolini zum Ministerpräsidenten ernannt und ihn viele Jahre nachhaltig unterstützt.

Das Oberkommando der deutschen Luftwaffe ordnet an, daß wegen des Mangels an Flugbenzin künftig »Dienstreisen im allgemeinen« auf der Schiene anzutreten sind.

6 · Donnerstag

Alliierte Truppen landen an der Küste der Normandie. Das lange erwartete Unternehmen »Overlord« ist die größte Landungsoperation der Geschichte: Allein am »D-Day«, dem 6. Juni, kommen 6 000

Die Alliierten landen an der französischen Küste.

Schiffe, 14 000 Flugzeuge und mehr als 150 000 Mann zum Einsatz.

Der deutsche Schriftsteller Alfred Andersch, der an der italienischen Front kämpft, desertiert und läuft zu den Amerikanern über.

7 · Mittwoch

Der nahe Brüssel internierte belgische König Leopold III. wird verhaftet und nach Dresden deportiert. Der Monarch kommt erst am 8. Mai 1945 frei.

8 · Donnerstag

Im Vatikan empfängt Papst Pius XII. Hunderte alliierter Soldaten.

Howard Florey, Professor an der britischen Universität Oxford, gibt bekannt, daß Wissenschaftler in den USA und Großbritannien ein Verfahren zur synthetischen Herstellung des Antibiotikums Penicillin entwickelt haben.

9 · Freitag

Neuer italienischer Ministerpräsident wird der Sozialist Ivanoe Bonomi.

In Berlin-Plötzensee wird die Sozialdemokratin und Widerstandskämpferin Johanna Kirchner hingerichtet.

10 · Samstag

Soldaten der SS-Panzerdivision »Das Reich« ermorden 642 Einwohner des südfranzösischen Dorfes Oradour-sur-Glane und brennen die gesamte Ortschaft nieder.

12 · Montag

Der Präsident der Vereinigten Staaten, Franklin D. Roosevelt, stimmt der geplanten britisch-sowjetischen Abmachung über Einflußzonen in Südosteuropa zu.

13 · Dienstag

Die deutsche Luftwaffe feuert die ersten unbemannten V-1-Flugkörper in Richtung London ab. Der Einsatz der von der deutschen Propaganda zu »Wunderwaffen« stilisierten

Geschosse erzielt nicht die erhoffte militärische und psychologische Wirkung.

14 · Mittwoch

Die schwedische Regierung erklärt sich in einem Abkommen mit den USA bereit, die Ausfuhr von kriegswichtigen Kugellagern nach Deutschland erheblich zu reduzieren.

Oradour-sur-Glane nach der Zerstörung durch die SS.

11 · Sonntag

Hitler gratuliert dem deutschen Komponisten Richard Strauss telegrafisch zu dessen 80. Geburtstag. Strauss hatte sich zu Beginn des Jahres durch regimekritische Äußerungen den Unmut der NS-Führung zugezogen.

15 · Donnerstag

Vor der nordamerikanischen Küste wird ein US-Fischkutter von einem deutschen U-Boot beschossen.

Hitler ordnet die Umbenennung der »Goten-Stellung« in »Grüne Linie« an.

16 · Freitag

US-Bomber des neuen Typs »B 29 Superfortress« beginnen von Flugplätzen in China aus mit der Bombardierung des japanischen Mutterlandes. Ihr erster Angriff richtet sich gegen Stahlwerke auf der Insel Kiuschu.

In der Wehrmacht stehen 500 000 ausländische »Freiwillige« unter Waffen.

In der Nähe von Lyon wird der französische Historiker Marc Bloch, der sich der Résistance angeschlossen hatte, von der Gestapo hingerichtet.

18 · Sonntag

In der Normandie erreichen Einheiten der 1. US-Panzerarmee unter General Omar Bradley die Westküste der Halbinsel Cotentin. 41 000 deutsche Soldaten werden im Raum Cherbourg eingeschlossen.

Vor 70 000 Zuschauern im Berliner Olympiastadion wird der Dresdner SC durch ein 4:0 gegen die Mannschaft des Luftwaffen-Sport-Vereins Hamburg Deutscher Fußballmeister. Die Tore für Dresden schießen Helmut Schön (1), Heinz Schaffer (2) und Rudi Voigtmann (1).

Einheimische Partisanen kannten jedes Tal und jeden Pfad.

17 · Samstag

Im nordfranzösischen Margival trifft Hitler seine Oberbefehlshaber an der Westfront, die Feldmarschälle Rommel und Rundstedt, und befiehlt, die 15. Armee weiterhin bei Calais bereitzuhalten, wo er die »wirkliche« Invasion erwartet.

Freifranzösische Truppen erobern die italienische Insel Elba.

Island kündigt die Assoziierung mit Dänemark auf und erklärt sich zur »freien und unabhängigen Republik«.

19 · Montag

Partisanen im Rücken der deutschen Heeresgruppe Mitte sprengen Brücken, Eisenbahnen und Nachrichtenverbindungen.

20 · Dienstag

In der Nähe der Marianeninsel Saipan gelingt der US-Marine ein entscheidender Erfolg gegen die japanische Flotte. In der zweitägigen Seeschlacht verlieren die Japaner drei Flugzeugträger und 480 Flugzeuge.

21 · Mittwoch

200 deutsche Kampfflugzeuge zerstören auf dem ukrainischen Flugplatz Poltawa mehr als 60 schwere US-Bomber. Die amerikanische Luftwaffe stellt daraufhin die »Pendelangriffe« vorläufig ein.

22 · Donnerstag

In Weißrußland beginnt die Sommeroffensive der Roten Armee gegen die deutsche Heeresgruppe Mitte. An manchen Frontabschnitten treten die Angreifer mit einer zahlenmäßigen Überlegenheit von 12:1 an.

23 · Freitag

In London wird der deutsche Spion Pierre Neuckermans hingerichtet.

24 · Samstag

Der 1938 in die Vereinigten Staaten emigrierte deutsche Schriftsteller Thomas Mann nimmt die US-Staatsbürgerschaft an.

25 · Sonntag

In Kopenhagen führen die deutschen Besatzungsbehörden zwecks einer »schnelleren Behandlung von Verbrechen« das Standrecht ein.

26 · Montag

Mehr als 150 000 Mann des deutschen »Ostheers« sind in der ersten Woche der sowjetischen Großoffensive gefallen oder in Gefangenschaft geraten. Die Heeresgruppe Mitte ist von der Einkesselung durch rasch vordringende Panzerspitzen bedroht.

Deutsche Soldaten in russischer Gefangenschaft.

27 · Dienstag

Alliierte Truppen erobern den Hafen von Cherbourg und große Teile der Stadt. Die Hafenanlagen können jedoch erst in zwei Monaten für Nachschubtransporte genutzt werden, weil die Zufahrten vermint sind.

28 · Mittwoch

In Helsinki erklärt der finnische Staatspräsident Risto Heikki Ryti, daß sein Land an der Seite Deutschlands »bis zum Sieg« weiterkämpfen werde.

29 · Donnerstag

Auf dem Marktplatz im italienischen Civitella erschießen SS-Angehörige als Vergeltung für die Ermordung von drei deutschen Soldaten 153 Einwohner der Stadt.

Seit der Invasion am 6. Juni haben die Alliierten mehr als 850 000 Soldaten und 570 000 Tonnen Kriegsgerät in der Normandie an Land gebracht.

30 · Freitag

In seinem Bericht über die geheime »Euthanasie«-Aktion im Deutschen Reich, die Ermordung geistig und körperlich Behinderter, fordert Curd Runckel, der verantwortliche »Betriebsarzt« der Aktion, »konsequenteres Vorgehen«.

Im Konzentrationslager Auschwitz treffen nach einem vierwöchigen Transport ohne Nahrung und Wasser 1795 aus Griechenland deportierte Juden ein. Ein Augenzeuge: »Die Hälfte von ihnen war schon tot, die andere Hälfte lag im Koma.«

Das Attentat

Aufstand des Gewissens am 20. Juli 1944

Am Tor der Außenwache Süd droht die Falle zuzuschnappen. Ein Schlagbaum versperrt den Weg, und der wachhabende Oberfeldwebel Kolbe verweigert kategorisch jede Durchfahrt. Eben ist über die Ringtelefonleitung Alarm ausgelöst worden. Auch die forschen Befehle des jungen Generalstabsoffiziers bewirken nichts. Vorschrift ist Vorschrift.

Doch mit der ihm eigenen Unbeirrbarkeit springt Claus Graf von Stauffenberg aus dem Horch-Kabriolett und läßt sich im Wachhäuschen sofort mit der Kommandantur verbinden. Rittmeister von Möllendorff ist am anderen Ende der Leitung. Er kennt Stauffenberg und hat keine Bedenken gegen dessen Weiterfahrt. Die Meldung von einer Explosion auf dem Gelände ist zwar auch bei ihm eingegangen, aber der verdiente, von Hitler geschätzte Generalstabschef des Befehlshabers des Ersatzheeres wäre der letzte, den Möllendorff damit in Verbindung bringen würde.

Gegen 12.50 Uhr am 20. Juli 1944 hebt sich die Schranke schließlich, und Stauffenberg verläßt das hermetisch abgeriegelte Areal des Führerhauptquartiers »Wolfsschanze« bei Rastenburg in Ostpreußen. Auf der kurvenreichen Straße zum nahegelegenen Flugplatz hält er seinen Fahrer zu höchster Eile an. Ein Wettlauf mit der Zeit beginnt.

In wenigen Stunden muß die mächtige Militärmaschinerie umgelenkt und gegen die eigene Regierung gewendet werden. Nur so kann der Weg in den Abgrund noch aufgehalten werden. Die Voraussetzung ist geschaffen, der Urknall gezündet. Hitler ist tot, davon ist Stauffenberg überzeugt. Diesmal scheint der Tyrannenmord gelungen.

Beharrlich hatte der kleine Kreis der Verschwörer in den vergangenen Monaten auf diesen Moment hingearbeitet, besonders nach der verheerenden Katastrophe von Stalingrad im Januar 1943. Alle Versuche, den zurückgezogenen Alleinherrscher zu töten, um damit den Nerv des totalitären Regimes zu treffen, waren bislang fehlgeschlagen – durch Mißtrauen, Mißgeschick oder mangelnde Courage.

Eine Verkettung ungewöhnlicher Zufälle hatte alle bisherigen Attentatsversuche zu Fall gebracht: Am 13. März 1943, nicht lange nach der Katastrophe von Stalingrad also, besuchte Adolf Hitler das Hauptquartier der Heeresgruppe Mitte. Auf dem Rückflug gaben Henning von Tresckow, Fabian von Schlabrendorff und Rudolf Freiherr von Gersdorff einem Begleiter Hitlers eine als Kognak-Geschenk getarnte Zeitzünder-

Generalfeldmarschall Keitel und Reichsaußenminister von Ribbentrop im Führerhauptquartier »Wolfsschanze« vor Keitels Arbeitsbunker.

Vor der Lagebaracke in Hitlers Hauptquartier »Wolfsschanze« bei Rastenburg in Ostpreußen am 15. Juli 1944 (von links): Claus Graf von Stauffenberg, Konteradmiral Karl Jesko von Puttkamer, Generaloberst Friedrich Fromm, der von Hitler begrüßt wird, und Generalfeldmarschall Wilhelm Keitel (mit Mappe).

Claus von Stauffenberg auf Genesungsurlaub in Lautlingen: mit Sohn Heimeran, Tochter Valerie, Nichte Elisabeth, Neffe Alfred (den Kindern seines Bruders Berthold) und Sohn Franz Ludwig (von links).

In der Wohnung der Brüder Stauffenberg in Berlin-Wannsee fand am 16. Juli 1944 die letzte Zusammenkunft der Verschwörer statt: Ulrich Graf Schwerin von Schwanenfeld, Fritz-Dietlof Graf von der Schulenburg, Peter Graf Yorck von Wartenburg, Adam von Trott zu Solz, Cäsar von Hofacker, Albrecht Ritter Mertz von Quirnheim und Oberst Georg Hansen besprachen hier den Attentatsplan.

bombe mit. Doch die Condor-Maschine landete unbeschadet in Rastenburg. Der Sprengstoff hatte nicht gezündet, weil die Temperatur im Gepäckraum der Condor zu stark abgesunken war: unbegreifliches Glück für den Diktator wie dann noch bei weiteren Anschlägen.

So wollte sich von Gersdorff selbst und Hitler mit einer Bombe, die er bei sich trug, in die Luft sprengen, während er ihm in einer Ausstellung im Zeughaus erbeutete Waffen vorführte. Doch zur Überraschung aller Beteiligten ging Hitler eilig durch die Waffensammlung, ohne etwas zu besichtigen; es schien, als hätte er – im Wortsinn – Lunte gerochen. Zwei Minuten später hatte er den Saal verlassen. Im letzten Moment konnte Gersdorff den Sprengsatz noch entschärfen. Auch der junge Hauptmann Axel von dem Bussche war bereit, sein Leben für ein Attentat auf Hitler zu opfern. Die Beobachtung einer Massenerschießung von ukrainischen Juden hatte ihn in seiner Überzeugung bestärkt.

Bei einer geplanten Uniformvorführung, die Oberst i.G. Hellmuth Stieff für ein Attentat auf Hitler vorgesehen hatte, wollte sich Axel von dem Bussche zusammen mit Hitler in die Luft sprengen, doch das Vorführmaterial wurde durch einen Luftangriff schwer beschädigt.

Rittmeister Eberhard von Breitenbuch, der sich vorgenommen hatte, Hitler während einer Lagebesprechung am 11. März 1944 auf dem Berghof zu erschießen, wurde entgegen den üblichen Gepflogenheiten nicht in den Konferenzraum vorgelassen.

Mit fortschreitendem Kriegsverlauf wurde es immer schwieriger, in die unmittelbare Nähe des Staatsoberhauptes zu gelangen. Hitler lebte wie ein hypochondrischer Eremit in seinem Sicherheitsbunker, mied jede Öffentlichkeit, änderte fortwährend seine Reisevorhaben und sagte Termine kurzfristig ab. Audienz gewährte er nur engen Weggefährten und hochrangigen Militärs. Für diese willfährige Lakaienschar verbot sich jeder Gedanke an Auflehnung. Wie so oft in der Geschichte der Opposition besaßen die Führungsfiguren keinen Willen zur Tat und die dazu Entschlossenen keine Macht.

Da erschien es wie ein Geschenk des Himmels, daß einer der entschiedensten Verfechter des Umsturzes Zutritt zur Höhle des Löwen erhielt. Mit seiner Beförderung zum Chef des Generalstabs beim Befehlshaber des Ersatzheeres am 1. Juli 1944 durfte Claus Schenk Graf von Stauffenberg an den Lagebesprechungen im Führerhauptquartier teilnehmen. Der 36jährige Oberst i.G. wußte, daß ohne den Tod des »Führers«, der seine Gefolgschaft mit einem persönlichen Eid an sich gebunden hatte, die Rettung Deutschlands illusorisch war. Langwierige Erörterungen von Grundsatzfragen, Regierungsprogrammen und Kabinettslisten waren seine Sache nicht. Er drängte zum Handeln. Als Chef des Stabes beim Allgemeinen Heeresamt hatte Stauffenberg im Jahr zuvor selbst die organisatorische Grundlage für den Staatsstreich geschaffen: Die Operation »Walküre«, als Einsatzplan gegen innere Unruhen getarnt, sollte im Ernstfall die Befehlsgewalt über das Ersatzheer sichern. In hektischer Betriebsamkeit entfalteten die militärischen Verschwörer um Claus von Stauffenberg, Henning von Tresckow, Fritz von der Schulenburg, Albrecht Ritter Mertz von Quirnheim und Hans Oster (bis zu dessen Überwachung durch die Gestapo und Entlassung aus der Wehrmacht im März 1944) rege Aktivitäten. Sie knüpften Kontakte zu politischen Widerstandskreisen, warben Gesin-

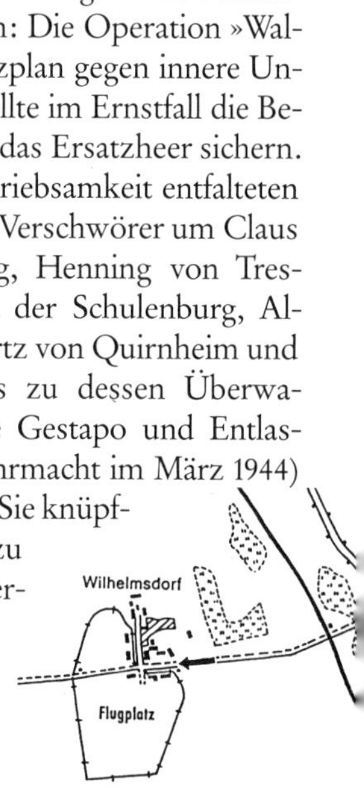

nungsgenossen, instruierten Vertrauensleute in verschiedenen Dienststellen und bereiteten Aufrufe und Befehle für den Tag X vor. Ziel der politischen und militärischen Opposition war neben der Beseitigung Hitlers die Ausschaltung des Machtapparates von SS und NSDAP sowie die Aufnahme von Friedensverhandlungen mit den Kriegsgegnern.

Während sich die Initiatoren des Aufstands in der politisch-moralischen Ablehnung des Gewaltregimes einig waren, reichten ihre Visionen einer künftigen Staatsordnung vom reaktionär-autoritären Ständestaat bis zur freiheitlichen Demokratie nach westlichem Vorbild.

Dabei war ihnen bewußt, daß ein Erfolg ihres Unternehmens keineswegs gewiß war. Mit jedem weiteren Kriegstag mußte die politische Wirkung eines Umsturzversuches schwinden.

Der Kartenausschnitt zeigt den Rückweg aus dem Führerhauptquartier, den Claus von Stauffenberg nach der Besprechung in der Lagebaracke zum Flugplatz nahm.

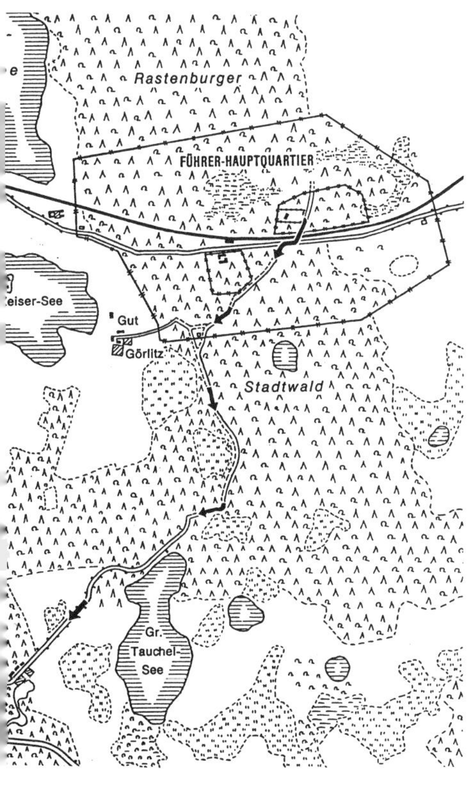

»Es ist Zeit, daß jetzt etwas getan wird.«

Claus von Stauffenberg

Nach der Landung der Alliierten in der Normandie war der völlige Zusammenbruch des Dritten Reiches nur noch eine Frage von Monaten. Welchen Sinn hatte es überhaupt noch, in einem kenternden Boot das Ruder herumzureißen? Generalmajor von Tresckow, treibende Kraft in der Opposition gegen Hitler, gab die unmißverständliche Antwort: »Das Attentat auf Hitler muß erfolgen, coûte que coûte. Sollte es nicht gelingen, so muß trotzdem in Berlin gehandelt werden. Denn es kommt nicht mehr auf den praktischen Zweck an, sondern darauf, daß die deutsche Widerstandsbewegung vor der Welt und vor der Geschichte unter Einsatz des Lebens den entscheidenden Wurf gewagt hat. Alles andere ist daneben gleichgültig.«

Am 6. Juli 1944 scheint die Gelegenheit zum Handeln gekommen. Stauffenberg ist zu Sonderbesprechungen auf Hitlers Berghof bei Berchtesgaden bestellt. In seiner Aktentasche hat er zwar Sprengstoff bei sich, doch das Attentat

Claus von Stauffenberg und Albrecht Ritter Mertz von Quirnheim 1942 im Hauptquartier Winniza (Ukraine).

Auszug aus einem Brief Claus Schenk Graf von Stauffenbergs an Generalmajor Georg von Sodenstern

vom 13. März 1939

»Soldat sein, und insbesondere soldatischer Führer, Offizier sein, heißt, Diener des Staats, Teil des Staats sein mit all der darin inbegriffenen Gesamtverantwortung. Das Gefühl für diese darf nicht verloren gehen. Diese umfassende Auffassung der soldatischen Aufgabe wach zu halten und zu erziehen scheint mir heute unsre größte Aufgabe. Was ein unerschütterlicher Glaube und eine vor nichts zurückschreckende Folgerichtigkeit im einmal für Recht erkannten zu leisten vermag, steht uns allen vor Augen. Daß wir oder unsre Söhne und Enkel hier nicht von neuem beginnen müssen, daß hier nicht die Verbindung abreißt, daß hier eine Generation, die sich weder durch Äußerlichkeiten der Vorkriegszeit noch durch vierjährigen Krieg noch durch die Umschichtungen und Wirrungen der Nachkriegszeit vom Kern des Soldatentums hat abziehen lassen, sich nicht versagt, ist meine Bitte. Ich glaube, ich bin in meinem Denken folgerichtig genug, um abmessen zu können, was das bedeutet: Wir müssen nicht nur um die Armee im engeren Sinn zu kämpfen wissen, nein, wir müssen um unser Volk, um den Staat selbst kämpfen, im Bewußtsein, daß das Soldatentum und damit sein Träger, das Offizierkorps, den wesentlichen Träger des Staates und die eigentliche Verkörperung der Nation darstellt.«

Im Winter 1942/43 sagte Claus Stauffenberg einem befreundeten Kameraden: »Ja, wir sind auch die Führung des Heeres und auch des Volkes und wir werden diese Führung in die Hand nehmen.«

unterbleibt; ebenso am 11. Juli, bei Stauffenbergs nächstem Besuch auf dem Obersalzberg. Wieder fehlen Himmler und Göring. Sollten diese mächtigen Führungsfiguren aber den Bombenanschlag überleben, so sehen die Verschwörer den gesamten Staatsstreich gefährdet.

Auf der anderen Seite wird die Lage nun zunehmend prekärer. Nach der Verhaftung des Sozialdemokraten Julius Leber, den Stauffenberg als politischen Weggefährten besonders schätzte, droht das Komplott über kurz oder lang aufzufliegen.

Die Zeit zum Handeln drängt also. Als Stauffenberg am 15. Juli in die »Wolfsschanze« beordert wird, sind alle Weichen für die Erhebung gestellt. In Berlin hat Oberst Mertz von Quirnheim unter dem Stichwort »Walküre« schon die Alarmbefehle an die Heeresschulen um die Reichshauptstadt herausgegeben. Stauffenberg ist entschlossen, die Bombe diesmal, koste es, was es wolle, zu zünden. Doch ausgerechnet die verbündeten Generale durchkreuzen in letzter Minute dieses Vorhaben. Ohne die Anwesenheit von SS-Führer Heinrich Himmler am Ort des Attentats versagen sie dem Aufstand ihre Unterstützung. Als Stauffenberg sich unverdrossen über ihre Einwände hinwegsetzen will, ist es zu spät. Hitler hat die Besprechung schon verlassen.

Der Besprechungsraum in der Lagebaracke nach der Explosion am 20. Juli 1944.

Nun stehen die Verschwörer mit dem Rücken zur Wand. Ihr Plan muß Tat werden, selbst um den Preis des Scheiterns. »Es ist Zeit, daß jetzt etwas getan wird«, vertraut Claus von Stauffenberg seiner Frau an. »Derjenige allerdings, der etwas zu tun wagt, muß sich bewußt sein, daß er wohl als Verräter in die deutsche Geschichte eingehen wird. Unterläßt er jedoch die Tat, dann wäre er ein Verräter vor seinem eigenen Gewissen.«

»Das Furchtbarste ist, zu wissen, daß es nicht gelingen kann, und daß man es dennoch für unser Land und unsere Kinder tun muß.«

Berthold von Stauffenberg

Noch drastischer umreißt sein Bruder Berthold das Dilemma: »Das Furchtbarste ist, zu wissen, daß es nicht gelingen kann, und daß man es dennoch für unser Land und unsere Kinder tun muß.«

Am Morgen des 20. Juli begleitet Berthold von Stauffenberg seinen Bruder zum Flugplatz Rangsdorf bei Berlin, wo die Kuriermaschine zum Führerhauptquartier bereitsteht. Der Fahrer Karl Schweizer stellt die Aktentasche in das Flugzeug. Keiner der Passagiere ahnt, daß sie annähernd zwei Kilogramm hochexplosiven Sprengstoff aus Wehrmachtsbeständen enthält. Auch die Wachhabenden an den Außenposten der Wolfsschanze lassen den Oberst kurz vor 10.30 Uhr bedenkenlos passieren. Vor dem Kasino im Sperrkreis II ist unter einer Eiche ein Tisch zum Frühstück gedeckt, das Stauffenberg mit Angehörigen des Kommandanturstabes einnimmt. Etwa um 11 Uhr läßt er sich zu Vorbesprechungen in den inneren Sperrkreis des Geländes fahren.

Telefonisch meldet Hitlers Diener Heinz Linge, daß die »Morgenlage beim Führer« auf 12.30 Uhr vorverlegt ist. Stauffenberg weiß, daß er mit der Auslösung des Zeitzünders bis zur letzten Minute warten muß, wenn er den Tatort noch lebend verlassen will. Während die hohen Offiziere vor dem Eingang der Baracke schon ungeduldig warten, verschwindet er in einen Aufenthaltsraum, unter dem Vorwand, sein Hemd zu wechseln. Daß sein Adjutant Werner von Haeften ihn dabei begleitet, erscheint nur plausibel: Seit seiner schweren Verwundung durch einen Tieffliegerangriff in Tunesien ist Stauffenberg auf fremde Hilfe angewiesen. Als ein Bote in den Raum platzt und sieht, wie die beiden einen Gegenstand hastig in der Mappe verstauen, wird er rüde wieder hinauskomplimentiert. Auch von draußen drängt der Adjutant des Wehrmachtschefs Keitel schon zum Aufbruch. So bleibt dem Attentäter nicht mehr die Zeit, mit seiner Flachzange auch noch die Säureampulle am zweiten Zeitzünder zu zerdrücken. Obwohl die zweite Sprengstoffpackung sicher auch ohne eigenen Zünder explodiert wäre, packt Stauffenberg sie nicht in die Tasche, sondern übergibt sie Haeften zur Verwahrung. Dies sollte sich als verhängnisvoller Nachteil erweisen, denn die Wirkung der Bombe ist dadurch erheblich vermindert.

Als Stauffenberg und seine Begleiter schließlich kurz nach 12.30 Uhr im Eilschritt in der Lagebaracke ankommen, ist der Vortrag zur Lage an der Ostfront schon im Gange. Hitler wendet sich kurz um, betrachtet den hochgewachsenen Generalstabsoffizier und drückt ihm die verbliebene linke Hand. Göring und Himmler sind auch diesmal nicht erschienen. Stauffenberg bittet um einen Platz in der Nähe Hitlers an der Längsseite des Kartentisches, der dem kriegsversehrten Oberst bereitwillig gewährt wird. Seine Tasche läßt er unter dem Tisch abstellen, wo sie allerdings ein schwerer Sockel von Hitlers Standort trennt. Nur wenige Augenblicke später murmelt Stauffenberg eine Ausrede und geht aus dem Raum. Auf dem Flur meldet er ein Telefonat an, verläßt aber das Gebäude, sobald er sich unbemerkt wähnt. Vor dem etwa 200 Meter entfernten Gebäude der Wehrmachtsadjutantur trifft er auf den verbündeten General Erich Fellgiebel, den Chef des Nachrichtenwesens, einen Nachrichtenoffizier und seinen Adjutanten. Ein bestelltes Fahrzeug steht schon zur Abfahrt bereit.

Da zerreißt eine gewaltige Detonation die Luft, aus der Lagebaracke schießt eine dunkle Rauchwolke hervor, angekohlte Trümmer wirbeln durch die Luft. Stauffenberg und seine Begleiter können erkennen, wie Verletzte aus den Trümmern geborgen werden. Über eine

Münchener Ausgabe
VÖLKISCHER BEOBACHTER
Kampfblatt der nationalsozialistischen Bewegung Großdeutschlands
Die Verräter sind gerichtet
Die Verhandlung vor dem Volksgerichtshof enthüllt das feige Verbrechertum der Verschwörer

Bahre gebreitet, vermeinen sie gar den Umhang des »Führers« zu erkennen. Stauffenberg schließt daraus, daß der Anschlag geglückt ist. Während im ganzen Führerhauptquartier Alarm ausgelöst wird, gelangt er mit seinem Adjutanten an allen Kontrollen vorbei unbehelligt zum Flugplatz.

Im Besprechungsraum herrscht unterdessen ein heilloses Chaos aus Qualm, Scherben und Trümmern. Alle vierundzwanzig Konferenzteilnehmer sind von der Druckwelle zu Boden geschleudert worden. Vier Offiziere haben den Anschlag nicht überlebt, andere liegen schwerverletzt am Boden. Doch alle Anwesenden auf der linken Seite des eichernen Holzsockels, an dem die Tasche lehnte, sind mit dem Schrecken weggekommen. Die schwere Tischplatte wirkte wie ein Schutzschirm. Die dünnen Holzwände ließen den Explosionsdruck zudem nach draußen entweichen.

Auch Hitler richtet sich sofort wieder auf. Rock und Hose sind zerrissen, aber größere Verletzungen hat er nicht davongetragen. Generalfeldmarschall Keitel stürzt auf ihn zu und umarmt ihn mit den Worten: »Mein Führer! Sie leben, Sie leben!«

Der Diktator hat den Anschlag überlebt. Damit ist das Scheitern des gesamten Staatsstreiches vorgezeichnet. Denn ohne die Gewißheit von Hitlers Tod wagen sich die meisten Befehlsträger, auf deren Unterstützung der Umsturzplan gründet, nicht aus ihrer Deckung heraus.

Generalleutnant Fritz Thiele soll im Bendlerblock, der Berliner Befehlszentrale der Verschwörer, die Einleitung der »Walküre«-Maßnahmen veranlassen. Indes wartet er nach der Mitteilung aus der »Wolfsschanze« zunächst untätig ab und verabschiedet sich zum Mittagessen. Erst nachdem Stauffenberg persönlich gegen 15.30 Uhr in Berlin gelandet ist, tickern allmählich die ersten Alarmbefehle über die Fernschreiber. Wertvolle Stunden sind ungenutzt verstrichen.

Generaloberst Friedrich Fromm, der Befehlshaber des Ersatzheeres, verweigert nach einem Blitzgespräch mit OKW-Chef Keitel jede Unterstützung des Umsturzes und wird auf Stauffenbergs Anweisung unter Zimmerarrest gestellt. Generalfeldmarschall Erwin von Witzleben, dessen Unterschrift unter den Aufrufen der Verschwörer steht, erscheint erst am späten Abend in der Bendlerstraße und fährt bald wieder ab, nachdem er seinen Unmut über den dilletantischen Ablauf des Unternehmens bekundet hat. Generalquartiermeister Eduard Wagner, der ebenfalls zum Verschwörerkreis zählt, meldet die konspirativen Aktivitäten gar umgehend an den Oberbefehlshaber der Wehrmacht weiter. Er scheut nicht davor zurück, seine Verbündeten zu verraten.

So bleiben nur wenige Getreue um Stauffenberg, die das ungewisse Vorhaben konsequent vorantreiben. Unermüdlich telefonieren die Offiziere mit den verschiedenen Wehrkreisen, um sie zum Losschlagen zu veranlassen. Tatsächlich gehen tatkräftige Befehlshaber in Paris, Wien, Prag, Kassel und Frankfurt zeitweise gegen Amtsträger von Partei und Staat vor. In Berlin riegeln Kompanien des Wachbataillons »Großdeutschland« auf Weisung der Verschwörung das Regierungsviertel ab.

Doch sämtliche Vorstöße kommen ins Stocken, als der Großdeutsche Rundfunk die Nachricht von Hitlers Überleben verbreitet. Noch in der Nacht wird der Kommandeur des Wachbataillons Otto-Ernst Remer von Hitler persönlich mit der Niederschlagung des Staatsstreichs beauftragt, und dieser führt den Befehl mit willfähriger Gründlichkeit aus. Auch Generaloberst Fromm versucht seine Haut noch zu retten, indem er die Anführer des Staatsstreichs kurz nach Mitternacht im Hof des Bendlerblocks erschießen läßt. Zuvor hat Claus von Stauffenberg alle Verantwortung auf sich genommen und seine Mitstreiter als Befehlsempfänger in Schutz genommen.

Die nächtlichen Hinrichtungen waren der Beginn einer beispiellosen Verfolgungswelle, die auch vor Opportunisten wie Fromm nicht haltmachte. Freislers Blutjustiz forderte Tausende von Todesopfern. Der letzte Versuch, den Untergang noch aufzuhalten und das Morden zu beenden, war gescheitert. (PH)

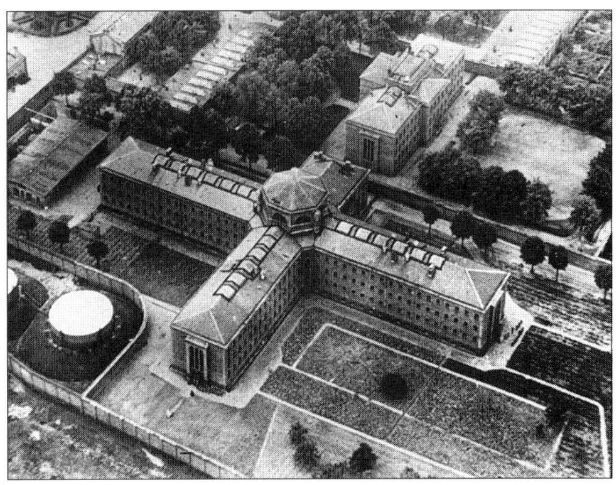

Die Strafanstalt Berlin-Plötzensee. Hier wurden die meisten Verschwörer des 20. Juli hingerichtet.

Eberhard Jäckel

Wenn der Anschlag gelungen wäre...

Natürlich ist die Annahme unsinnig; der Anschlag ist nicht gelungen, und Mutmaßungen darüber, was geworden wäre, wenn . . ., sind in jedem Falle zumindest verwegen. Andererseits gibt es kaum ein Gespräch über den 20. Juli, in dem die Frage nicht aufkäme. Sie wird auch an den Historiker gerichtet. Er selbst darf sie strenggenommen nicht stellen, aber er muß sich ihr stellen, muß etwas dazu sagen können, und er kann es auch. Seine Erkenntnisse befähigen ihn, die Möglichkeiten einer Entwicklung jedenfalls annäherungsweise abzuschätzen, zwischen ganz unwahrscheinlichen und weniger unwahrscheinlichen Vermutungen zu unterscheiden. Mehr allerdings kann er nicht leisten, und wenn mehrere Historiker die Frage miteinander erörterten, würden sie zu sehr unterschiedlichen Ergebnissen gelangen. Sicherheit also ist nicht zu erwarten, bestenfalls eine größere Klarheit über Art und Bedeutung des Unternehmens.

Wenn eine solche Mutmaßung nicht in völlige Beliebigkeit ausarten soll, ist die erste Voraussetzung eine möglichst genaue Bestimmung dessen, was gefragt werden soll. Was soll unter einem Gelingen des Anschlags verstanden werden? Offensichtlich sind ganz verschiedene Antworten denkbar. Wir wollen zwei von ihnen untersuchen. Die erste Annahme soll lauten: Hitler wäre am 20. Juli 1944 getötet worden. Die zweite Annahme soll lauten: Die Regierungsgewalt in Deutschland wäre auf die Widerstandsbewegung übergegangen. Diese zweite Annahme bedarf noch einer näheren Eingrenzung. Wir wollen sie zunächst zurückstellen und mit der ersten Annahme beginnen, das unmittelbare Ziel des Anschlags wäre erreicht worden.

Das ist nicht ganz und gar aus der Luft gegriffen. Stauffenbergs Bombe tötete immerhin vier Personen, eine am selben Nachmittag, zwei am 22. Juli; eine vierte starb am 1. Oktober. Wir wollen also nur annehmen, statt des Stenographen Berger wäre Hitler selbst gestorben, und zwar wie jener noch am Nachmittag des 20. Juli und ohne das Bewußtsein wiedererlangt zu haben. Im übrigen gehen wir vom wirklichen Fortgang aus: Stauffenberg verließ das Hauptquartier, flog nach Berlin zurück und traf gegen 16.30 Uhr in der Bendlerstraße ein, als gerade das erste Fernschreiben der Verschwörer hinausging, das mit den Worten begann: »Der Führer Adolf Hitler ist tot.« Unsere Annahme soll also nur sein, daß diese Behauptung richtig gewesen wäre. Zweifellos hätte dies den Staatsstreich erleichtert. Generaloberst Fromm, der Befehlshaber des Ersatzheeres und Stauffenbergs unmittelbarer Vorgesetzter, hatte schon kurz vor 16 Uhr von Keitel erfahren, Hitler sei nur unwesentlich verletzt. Fromm verweigerte daraufhin die Mitarbeit, die deswegen so wichtig war, weil seine Dienststelle von den Verschwörern für die Absendung der Befehle vorgesehen war. Wie Fromm sich verhalten hätte, wenn Hitler tot gewesen wäre, ist bereits wieder eine offene Frage. Aber sie ist nicht ausschlaggebend. Denn die Verschwörer setzten Fromm fest und räumten damit dieses Hindernis aus dem Wege. Die vorbereiteten Befehle gingen hinaus.

Bedeutender war schon, daß Major Remer vom Wachbataillon in Moabit, während er seine Befehle ausführte, zu Goebbels gebracht wurde und dort gegen 19 Uhr das berühmte Telephongespräch mit Hitler führte. Obwohl der Staatsstreich zu diesem Zeitpunkt schon gescheitert war, ist die Frage wichtig, wie Goebbels sich verhalten hätte, wenn er Remer nicht so leicht durch Hitlers Stimme hätte überzeugen können. Hier kommt eine weitere und diesmal fundamentale Unsicherheit in unsere Rechnung. Niemand kann sagen, welchen Schock die Nachricht vom Tode Hitlers bei den Führern des Dritten Reiches ausgelöst und wie

Ludwig Beck

Carl Friedrich Goerdeler

Wilhelm Canaris

Julius Leber

Helmuth James Graf von Moltke

Die Umsturz- und Attentatsplanung gegen Hitler, die man nach ihren zunächst führenden Köpfen Ludwig Beck und Carl Goerdeler (erste Portraits von links) »Beck-Goerdeler-Verschwörung« genannt hat, ist tragisch gescheitert. Daß sie aber in der mutigen Initiative Claus von Stauffenbergs überhaupt zum Handeln gelangte, kommt einer historischen Ehrenrettung gleich. Auf den folgenden Seiten Portraits der wichtigsten Männer des Widerstands.

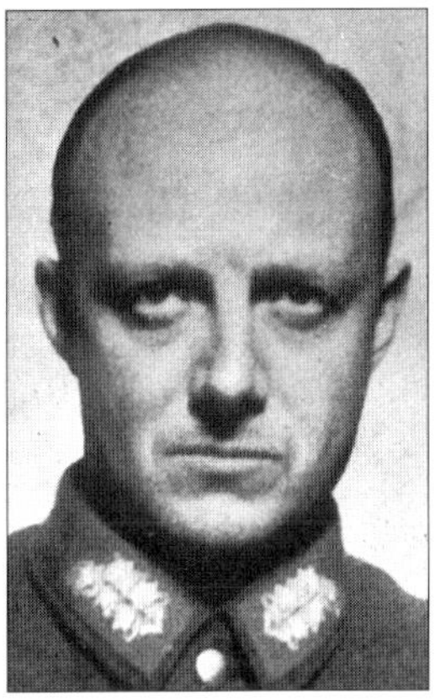

Henning von Tresckow

Adam von Trott zu Solz

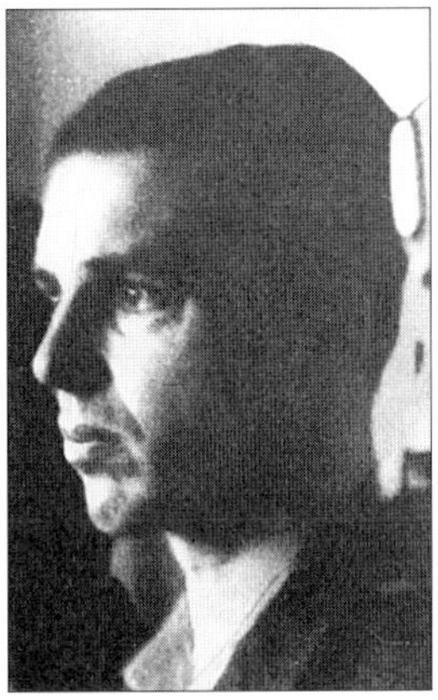

Berthold Schenk Graf von Stauffenberg

Hans Oster

Ulrich von Hassell

ihre Reaktion ausgesehen hätte. Gleichwohl ist die Annahme nicht grundlos, daß Goebbels den Major Remer auch in diesem Falle mit allen Mitteln von der weiteren Ausführung der Befehle abzuhalten versucht hätte und daß er damit durchaus Erfolg hätte haben können.

Das entscheidende Machtzentrum aber war in jedem Falle nicht Berlin, sondern das Führerhauptquartier bei Rastenburg. Göring, Himmler und Ribbentrop hatten an der mittäglichen Lagebesprechung nicht teilgenommen. Sie befanden sich jedoch in ihren eigenen Hauptquartieren in der Nähe. Man rief sie alsbald herbei, und es ist sehr wahrscheinlich, daß man sie auch gerade dann herbeigerufen hätte, wenn Hitler tot gewesen wäre. Immerhin wußte jeder, daß Hitler in seiner Reichstagsrede vom 1. September 1939 Göring zu seinem Nachfolger bestimmt hatte, und viele wußten, daß Hitler diese Bestimmung in einem Erlaß vom 29. Juni 1941 noch einmal bestätigt hatte. Nicht zuletzt deswegen hatte Stauffenberg das Attentat mehrfach verschoben, weil nach der festen Überzeugung einiger Verschwörer, mit Hitler zugleich auch Göring und Himmler beseitigt werden mußten. Dieser Plan war vernünftig, aber nicht ausführbar gewesen.

Unsere Annahme deckt sich also insofern mit der Wirklichkeit, als Göring, Himmler und Ribbentrop sowie Bormann, Keitel, Jodl und andere führende Personen kurz nach dem Attentat am selben Ort zusammentrafen; einige Stunden später kam auch Dönitz hinzu. Im Falle von Hitlers Tod wäre Göring der neue Führer gewesen, das hieß Reichspräsident, Reichskanzler, Parteivorsitzender, Oberster Befehlshaber der Wehrmacht, Oberbefehlshaber des Heeres – alles in einer Person und dazu noch Oberbefehlshaber der Luftwaffe sowie Inhaber aller seiner übrigen Ämter. Himmler war Reichsinnenminister und verfügte über SS und Polizei, großenteils auch über die Waffen-SS, Ribbentrop über das Auswärtige Amt, Bormann über die Parteiorganisation, Keitel über das OKW, Dönitz über die Marine. Man darf sagen, daß die Machthaber des Reiches dort versammelt waren.

Nun war ihr Verhältnis zueinander keineswegs harmonisch, sondern von Rivalitäten und Gegensätzen gekennzeichnet. Der Tod Hitlers mußte folglich nahezu zwangsläufig Diadochenkämpfe auslösen, und zumal Görings Stellung wäre aus persönlichen Gründen und wegen seiner ungeheuren Ämterhäufung gewiß nicht unumstritten geblieben. Kaum etwas rechtfertigt aber die Annahme, daß die Diadochenkämpfe schon an diesem Nachmittag oder in den folgenden Tagen ausgebrochen wären. Weit mehr spricht im Gegenteil dafür, daß die Erschütterung über den Tod Hitlers, die äußerst kritische Lage an den Fronten und gerade das wechselseitige Mißtrauen, das Eigenmächtigkeiten erschwerte, diesen Führungskreis zunächst geeint hätten. Mit großer Wahrscheinlichkeit hätte er sich zur Wehr gesetzt.

Über welche Macht verfügten demgegenüber die Verschwörer? Über ein paar umstrittene, zudem schlecht funktionierende Kommandozentralen in Berlin und an einigen anderen Plätzen. Es ist kaum vorstellbar, daß sie einen Kampf mit der Rastenburger Gruppe gewinnen oder auch nur einige Tage hätten aushalten können. Was ihnen entgegenstand, war der vom Führer bestimmte Nachfolger, war der ganz überwiegende Teil des eingefahrenen staatlichen Machtapparates und war nicht zuletzt – schrecklich, aber leider wahr – die Mehrheit der deutschen Bevölkerung.

Wir besitzen zu dieser Frage eine ziemlich genaue Untersuchung. Die Historikerin Marlis Steinert hat vor einigen Jahren unter dem Titel »Hitlers Krieg und die Deutschen« eine Studie über »Stimmung und Haltung der deutschen Bevölkerung im Zweiten Weltkrieg« veröffentlicht. Darin heißt es zum 20. Juli wörtlich: »Einhellig geht aus den Meldungen der ersten Tage hervor, daß die Mehrzahl der Deutschen, nicht nur die Nationalsozialisten und die Unentschiedenen, sondern auch viele ihrer Kritiker, den Tyrannenmord inmitten eines als Existenzkampf begriffenen Krieges ablehnten.«

Gewiß war Meinungsforschung damals nicht so entwickelt wie heute. Aber das Regime sammelte doch fortwährend ungeschminkte Stimmungsberichte, und es ist dieses Material, auf das Frau Steinert sich stützt. Daraus geht eindeutig hervor, daß die Verschwörer außer in Kreisen der früheren Eliten, aus denen sich das Gros der Widerstandsbewegung ohnehin rekrutierte, und außer bei der Intelligenz auf keinerlei Zustimmung oder Unterstützung rechnen konnten. Das Attentat führte im Gegenteil sogar zu einer vorübergehenden Stärkung des Regimes, und während auch hier niemand sagen kann, welche Auswirkung der Schock über den Tod Hitlers gehabt hätte, spricht doch viel dafür, daß die Unterstützung der Bevölkerung eher seinen Nachfolgern als seinen Gegnern zuteil geworden wäre.

Gerade unter den Bedingungen einer Diktatur spielt in diesem Zusammenhang die Verfügung über die Massenkommunikationsmittel, über Rundfunk und Presse, eine wichtige Rolle. Wenn wir davon ausgehen, daß die Rastenburger Gruppe zum Kampf gegen die Verschwörer angetreten wäre, dann müssen wir daraus folgern, daß sie sich auch auf diesem Felde durchgesetzt hätte. Ihre Vertreter saßen in allen Schlüsselpositionen, waren bekannt oder sogar populär und im Umgang mit Propaganda ebenso geübt wie skrupellos. Die Verschwörer hatten ihnen auch hier wenig entgegenzusetzen.

Wer also nicht Wunschvorstellungen, sondern begründeten Vermutungen folgen will, der kommt um die Schlußfolgerung nicht herum, daß der Anschlag des 20. Juli auch dann gescheitert sein dürfte, wenn das Attentat auf Hitler gelungen wäre. Vermutlich wäre es entgegen einer hier und da geäußerten Meinung nicht einmal zu einem Bürgerkrieg oder ähnlichen Auseinandersetzungen gekommen, und wenn doch derartiges an einigen Stellen geschehen wäre, zu einem eher raschen als langwierigen Sieg der bisherigen Machthaber. Das ist, auch über unser Gedankenspiel hinaus, eine wichtige Einsicht.

Eine andere Frage ist, wie die Nachfolger Hitlers den Krieg fortgeführt hätten oder wie dieser ohne ihn fortgegangen wäre. Ein aufschlußreicher Hinweis dazu ergibt sich aus den Vorfällen in Frankreich. Dort war in diesen Tagen nach der alliierten Invasion vom 6. Juni 1944 der deutsche Abwehrkampf auf dem Höhepunkt, und dort handelte einer der entschlossensten Widerstandskämpfer, der General Karl Heinrich von Stülpnagel, seines Zeichens Militärbefehlshaber in Frankreich. Er ließ am Abend des 20. Juli mit Hilfe ihm ergebener Truppen in Paris alle SS- und SD-Leute, zwölfhundert an der Zahl, festnehmen, und gleichzeitig appellierte er an den Oberbefehlshaber der an der Invasionsfront kämpfenden Armeen, den Generalfeldmarschall von Kluge, den Krieg im Westen sofort entweder durch Verhandlungen oder sogar eine Kapitulation zu be-

Hellmuth Stieff

Berndt von Kleist

Erich Fellgiebel

Ulrich Graf Schwerin von Schwanenfeld

Erwin von Witzleben

enden. Das entsprach den Plänen mehrerer Verschwörer. Man wollte den Kampf mit den Westmächten abbrechen, um die Ostfront um so wirkungsvoller verteidigen zu können, wo sich die Rote Armee den Reichsgrenzen näherte, so daß man in Ostpreußen schon das Donnern der sowjetischen Artillerie hören konnte.

Kluge, gleichfalls ein wenn auch unentschlossener Oppositioneller, lehnte das Ansinnen Stülpnagels ab, unter anderem wohl auch deswegen, weil er wußte, daß Hitler noch lebte. »Ja, wenn das Schwein tot wäre«, soll er ausgerufen haben. Damit ist aber noch nicht gesagt, daß er im Falle von Hitlers Tod anders gehandelt hätte, und selbst wenn er es getan hätte, wären die Folgen wohl nur gering gewesen. Von der Reaktion der Westmächte, von der noch die Rede sein muß, einmal ganz abgesehen, hätte die Rastenburger Gruppe den Marschall vermutlich unverzüglich abgesetzt und auch Offiziere gefunden, die ihn an der Ausführung seines Entschlusses gehindert hätten. Die eine oder andere Störung der Front hätte sich vielleicht nicht vermeiden lassen, aber diese Front stand ohnehin vor dem Zusammenbruch. Eine notdürftige Stabilisierung gelang erst Wochen später kurz vor den Reichsgrenzen, und sie dürfte auch Hitlers Nachfolgern gelungen sein, wenn sie sie gewollt hätten. Damit eröffnet sich ein neuer Aspekt unserer Mutmaßungen, wie sie überhaupt immer verwickelter und damit unsicherer werden, je mehr sie sich vom Tage des Attentats entfernen. Denn mit jedem Tage tritt eine bis ins Unendliche sich vermehrende Zahl von Variationsmöglichkeiten ins Bild. Jede gesetzte Annahme hätte, wäre sie eingetreten, die Wirklichkeit an zahllosen Stellen verändert, und jede weitere Annahme müßte alle diese Veränderungen einbeziehen. Es ergibt sich, mit anderen Worten, eine vollkommen grenzenlose Verästelung unserer Mußmaßungen, der wir nur durch eine starke Verallgemeinerung unserer Betrachtung begegnen können.

Albrecht Ritter Mertz von Quirnheim

Claus Schenk Graf von Stauffenberg

Werner von Haeften

Friedrich Olbricht

Am 20. Juli 1944 war der Krieg militärisch für Deutschland zweifellos bereits verloren, und nur Hitlers Hartnäckigkeit hat ihn noch um neuneinhalb weitere Monate verlängert. Es ist zum Beispiel kaum vorstellbar, daß irgendein anderer als er den Starrsinn für die aussichtslose Ardennenoffensive vom Dezember 1944 aufgebracht hätte. Wie sich Göring oder Himmler oder Ribbentrop ohne Hitler verhalten hätten, ist nur sehr schwer zu sagen. Alle drei haben später an Kapitulationsverhandlungen gedacht, und die Vermutung ist nicht unbegrün- det, daß sie im Falle von Hitlers Tode den Weg zu derartigen Verhandlungen schon früher beschritten hätten. Was sich daraus hätte ergeben können, wollen wir später untersuchen, weil diese Voraussetzung auch unter unserer zweiten Annahme gegeben gewesen wäre.

Sie lautet wie erinnerlich: Die Regierungsgewalt in Deutschland wäre auf die Widerstandsbewegung übergegangen. Wie wir gesehen haben, hat diese Annahme einen wesentlich geringeren Wahrscheinlichkeitsgrad als die erste. Hitler hätte von Stauffenbergs Bombe durchaus getötet werden können. Doch damit wären die Verschwörer, wie gesagt, noch keineswegs an der Macht gewesen. Wenn wir diesen Fall trotzdem setzen wollen, weil er der historisch viel belangreichere ist, dann müssen wir eine ganze Reihe von Unwahrscheinlichkeiten in unsere Rechnung einführen.

Noch einmal: gegen die Rastenburger hätten die Verschwörer sich vermutlich nicht durchsetzen können. Da aber die Geschichte stets mehr Phantasie hat als der menschliche Verstand, wollen wir den unwahrscheinlichen Fall setzen, die Nachfolger des toten Hitler hätten sich aus irgendwelchen Gründen veranlaßt gesehen, die Macht auf Beck und Goerdeler zu übertragen, ähnlich wie die italienischen Faschisten im Juli 1943 Marschall Badoglio beauftragt hatten, den Krieg zu beenden.

Bei dieser Annahme müssen wir von den Zielen der deutschen Widerstandsbewegung und von den Zielen der Alliierten sprechen und beide in einen mußmaßlichen Zusammenhang zueinander bringen. Dabei müssen wir von den Gegebenheiten zu etwa Ende Juli 1944 ausgehen. Der Stand der alliierten Kriegszielplanung läßt sich für diese wie für jede andere Zeit verhältnismäßig genau angeben, und es ist auch anzunehmen, daß er sich durch den Tod Hitlers und einen Machtwechsel in Deutschland nicht nennenswert geändert hätte.

Die Ziele der deutschen Widerstandsbewegung lassen sich dagegen nur mit ungleich größeren Schwierigkeiten festlegen. Das ergibt sich nicht nur aus den Existenzbedingungen einer Verschwörung in einem Polizeistaat. Es folgt auch aus der sehr großen Uneinheitlichkeit dieser Bewegung, in der ganz verschiedene Planungen nebeneinander bestanden.

Immerhin läßt sich feststellen, daß vor allem Goerdeler lange Zeit erstaunlich optimistische Vorstellungen gehabt hatte. Er war noch 1943 der Meinung gewesen, daß es einer Regierung unter seiner Führung gelingen werde, in diplomatischen Verhandlungen mit den Alliierten einen ehrenvollen Frieden ohne Besetzung und ohne Gebietsabtretungen abzuschließen. Das war vermutlich schon damals ganz unrealistisch gewesen, und im Juli 1944 hatte auch Goerdeler viel von seinem früheren Optimismus verloren. Nach der Invasion in Frankreich und nach den großen Erfolgen der sowjetischen Sommeroffensive begannen er und andere daran zu zweifeln, daß noch mehr erreichbar sei als eine bedingungslose Waffenstreckung. Beck meinte am 13. Juli, er mache sich nun keine Illusionen mehr, Deutschland sei besiegt, die totale Besetzung nicht zu verhindern, und ihm bliebe nur die undankbare Aufgabe, ein deutscher Badoglio zu werden.

Noch deutlicher hat der Generalmajor Henning von Tresckow diese Überzeugung ausgedrückt. Seine später vielzitierten Worte lauteten: »Das Attentat auf Hitler muß erfolgen, coûte que coûte. Sollte es nicht gelingen, so muß trotzdem in Berlin gehandelt werden. Denn es kommt nicht mehr auf den praktischen Zweck an, sondern darauf, daß die deutsche Widerstandsbewegung vor der Welt und vor der Geschichte unter Einsatz des Lebens den entscheidenen Wurf gewagt hat. Alles andere ist daneben gleichgültig.«

Das Ziel des Anschlags beschränkte sich demnach auf die sofortige Beendigung des Krieges und auf die mehr moralische Tatsache, daß Hitler von deutscher Hand gestürzt würde. Was immer andere noch geplant, gedacht oder gehofft haben mögen, unsere Kenntnis der alliierten Kriegszielplanung zwingt uns zu dem Schluß, daß diese äußerst resignierte Einschätzung der Lage richtig war. Vermutlich wäre sie schon viel früher geboten gewesen. Präsident Roosevelt hatte bereits im Januar 1943 die bedingungslose Kapitulation Deutschlands gefordert, und gerade in den Tagen nach dem Attentat, am 25. Juli 1944, wurde der erste

Peter Graf Yorck von Wartenburg

Friedrich Werner Graf von der Schulenburg

Fritz-Dietlof Graf von der Schulenburg

Hans von Dohnanyi

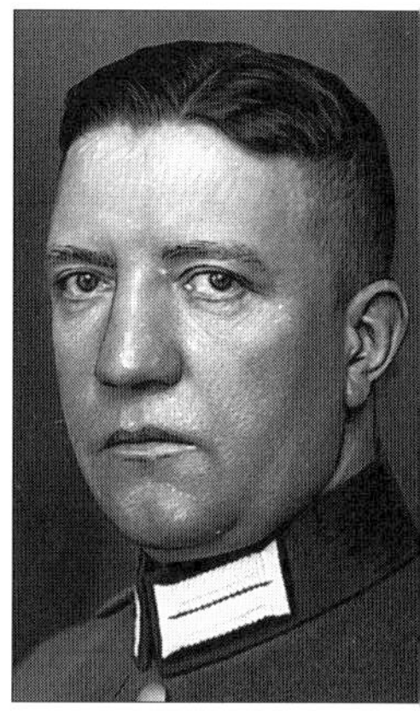

Friedrich Fromm

Entwurf einer entsprechenden Urkunde fertiggestellt. Darin beanspruchten die Alliierten die höchste Regierungsgewalt in Deutschland. Man muß annehmen, daß sie diese Ur- kunde auch einer Regierung Beck-Goerdeler unterbreitet hätten.

Die Alliierten hatten sich ferner auf der Konferenz von Teheran im November und Dezember 1943 sowie in weiteren Verhandlungen bereits auf die Grundzüge ihrer Nachkriegspolitik geeinigt. Deutschland sollte auf den Gebietsstand von Ende 1937 beschränkt, möglicherweise in verschiedene Teile zergliedert und jedenfalls zunächst vollständig besetzt werden. Ostpreußen und die Gebiete östlich der Oder sollten abgetrennt, die dort lebenden Deutschen ausgesiedelt werden. Auch wenn die späteren Konferenzen von Jalta und Potsdam dies und jenes noch ändern sollten, so lag das wirkliche Nachkriegsschicksal Deutschlands doch schon im Juli 1944 in deutlichen Umrissen fest.

Es gibt keinen vernünftigen Grund für die Annahme, daß die deutsche Widerstandsbewegung dieses Schicksal hätte abwenden oder auch nur mildern können. Die Haupthoffnung einiger Verschwörer, die Westmächte von der Sowjetunion zu trennen, hatte keine reale Grundlage. Amerika und England waren am Fortbestand der Allianz interessiert, weil sie die Sowjetunion bei der Begründung der Organisation der Vereinten Nationen und für die Niederringung Japans benötigten. Deutschland konnte demgegenüber keinen nennenswerten Vorteil anbieten.

> Die sichtbare Tat ist schließlich entscheidend für das historische Verständnis und die Wirkung der Bewegung. Alle Taten des Widerstandes gegen die Unrechtherrschaft erhielten durch die Tat Stauffenbergs die Legitimation des Manifesten.
>
> Peter Hoffmann in:
> Claus Schenk Graf von Stauffenberg und seine Brüder, 1992.

So bleibt nur der Schluß, daß auch eine Regierung Beck-Goerdeler bedingungslos hätte kapitulieren und alle Forderungen der Alliierten hätte erfüllen müssen. Vermutlich wäre sie nach einer Übergangszeit sogar ebenso beseitigt worden wie im Mai 1945 die Regierung Dönitz. Darauf deutet nicht nur eine entsprechende Bemerkung auf der späteren Konferenz von Jalta hin. Dafür spricht auch, daß sich diese Regierung weithin aus Angehörigen der besonders verhaßten preußischen Offizierskaste zusammensetzte. Mit ihrer Beseitigung wären auch nahezu alle innenpolitischen Planungen der Widerstandsbewegung gegenstandslos geworden.

Wer all dies nüchtern feststellt, darf gleichwohl nicht den Schluß daraus ziehen, es hätte zwischen einer angenommenen Kapitulation im Juli oder August 1944 und der wirklichen Kapitulation im Mai 1945 überhaupt keine Unterschiede gegeben. Die Folgen wären im Gegenteil doch sehr anders gewesen. Der Hauptunterschied hätte natürlich darin bestanden, daß der Krieg in Europa um etwa neun Monate eher zu Ende gewesen wäre. Wenn man sich vor Augen führt, welche ungeheuren Todesopfer und Zerstörungen gerade die letzten Kriegsmonate forderten, dann kann man diesen Vorteil gar nicht hoch genug einschätzen.

Vor dem Volksgerichtshof in Berlin bei der Urteilsverkündung: Friedrich Werner Graf von der Schulenburg, von 1934 bis 1941 deutscher Botschafter in Moskau. Er wird zum Tode verurteilt und am 10. November 1944 hingerichtet.

Der Präsident des Volksgerichtshofs in Berlin, Roland Freisler, eröffnet die Sitzung vom 8. August 1944.

Hier ist an vielerlei zu denken, nicht nur an die Kampfhandlungen und die Luftangriffe auf deutsche Städte; auch Warschau wäre das Schlimmste erspart geblieben, die Judenmorde hätten eher aufgehört, die Vertreibung der Ostdeutschen wäre im Sommer statt im Winter vor sich gegangen und so weiter.

Viele in der Widerstandsbewegung erblickten einen weiteren Vorteil des Anschlags darin, daß Deutschland sich auf diese Weise von seinem Tyrannen und seiner Schande selbst befreite, statt dies seinen Feinden zu überlassen. Wer eine solche Ansicht teilt, der muß natürlich sofort hinzufügen, daß eine Ermordung Hitlers am 20. Juli 1944 mit Sicherheit die Entstehung einer neuen Dolchstoßlegende begünstigt hätte. Sie hat in den ersten Nachkriegsjahren ohnehin bestanden und hätte in diesem Falle weit mehr Glauben gefunden, vielleicht die Wiederbegründung der Demokratie zutiefst erschwert und vergiftet. Sogar Goerdeler selbst hat diese Gefahr gesehen und sich gefragt, ob denn die Widerstandsbewegung in die Entwicklung noch eingreifen sollte, »anstatt die Verantwortung sich klar herausbilden zu lassen«.

Auf diesen und ähnlichen Gedankengängen kommen heutzutage viele zu dem Schluß, es sei für die deutsche Demokratie besser, daß der Anschlag gescheitert ist. Sie denken dabei auch an die konservativen, teils schlicht rückständigen, etwa ständestaatlichen Vorstellungen eines großen Teils der Widerstandsbewegung, die mitsamt ihren Trägern die Begründung der Bundesrepublik nur belastet hätten. Wahr ist ja immerhin, daß die ursprüngliche Opposition gegen Hitler 1944 längst beseitigt war und daß die Verschwörer des 20. Juli nur deswegen überhaupt noch handeln konnten, weil sie das Regime mittrugen oder doch anfänglich mitgetragen hatten. Aber es hat natürlich auch etwas in hohem Maße Anstößiges, wollten wir auf der einen Seite den Mut und die sittliche Kraft der Verschwörer rühmen und uns auf der anderen Seite dazu beglückwünschen, daß sie gescheitert sind.

Indessen ist dies nicht eine Fragestellung, bei der die Wissenschaft helfen könnte. Sie kann nicht entscheiden, ob der Anschlag des 20. Juli 1944 hätte gelingen sollen. Sie kann endgültig nicht einmal entscheiden, ob er hätte gelingen können. Ihre Hauptaufgabe ist, zu beschreiben, wie es dazu kam, und zu erklären, warum es so und nicht anders kam. Über dies hinaus kann sie bestenfalls hoffen, die Phantasie zu zügeln, die sich ausmalen möchte, was geworden wäre, wenn der Anschlag gelungen wäre. Erbaulich ist diese Mithilfe nicht, eher ernüchternd und insofern vielleicht doch nützlich.

Aus: Eberhard Jäckel, Umgang mit Vergangenheit. Beiträge zur Geschichte. 1989.

Stauffenberg, Mertz, Olbricht und Haeften [...] wurden in den Innenhof geführt und von einem Erschießungskommando einzeln nacheinander vor einem Sandhaufen an der Mauer des Gebäudes erschossen, an der der Flur und das Treppenhaus lagen. Als Stauffenberg vor dem Sandhaufen stand, rief er laut, ehe er erschossen wurde: »Es lebe das geheiligte Deutschland!«

Peter Hoffmann in:
Claus Schenk Graf von Stauffenberg und seine Brüder, 1992.

Die Hinrichtungsstätte im Gefängnis Berlin-Plötzensee (links).
Die Strafanstalt Berlin-Plötzensee nach dem Bombenangriff von 1944.

Der letzte Marsch

Millionen Soldaten hinter Stacheldraht

Gefangenschaft – ein Schicksal, das bis Kriegsende allein über elf Millionen deutsche Soldaten traf. Der jähe Absturz vom kämpfenden Soldaten zum rechtlosen und ausgelieferten Gefangenen blieb für die meisten eine traumatische Vorstellung, eine Situation, der man bis zuletzt zu entgehen suchte. So waren schließlich acht Millionen Wehrmachtsangehörige sogenannte »Kapitulationsgefangene« aus der Zeit von März bis Mai 1945.

Schon 1944 war jedoch Gefangenschaft ein deutsches Massenschicksal. An der Westfront begann am 6. Juni die Invasion der Alliierten und am 22. Juni an der Ostfront die Sommeroffensive der Roten Armee. Sie durchstieß im Mittelabschnitt die deutsche Front. Innerhalb weniger Wochen wurde die Heeresgruppe Mitte zerschlagen. 150 000 deutsche Soldaten gerieten in Gefangenschaft.

Im August 1944 traf die Heeresgruppe Südukraine die volle Wucht der sowjetischen Angriffe. Die deutsche 6. Armee erlitt zum zweitenmal nach Stalingrad das Schicksal eingeschlossen zu werden, und abermals wurde sie ganz vernichtend geschlagen.

Für das Jahr 1944 muß man insgesamt von etwa 500 000 bis 600 000 deutschen Kriegsgefangenen allein an der Ostfront ausgehen. Genaue Zahlen lassen sich nicht ermitteln, da verläßliche Unterlagen dazu nicht existieren, beziehungsweise von russischer Seite bisher nicht vorgelegt wurden. Die Angaben stammen in der Regel aus den Vermißtenmeldungen der Wehrmacht, sowie den Frontberichten der roten Armee und Heimkehreraussagen. In allen Zahlen stecken erhebliche Ungenauigkeiten. So handelt es sich bei den Vermißtenangaben lediglich um eine theoretische Obergrenze, da viele der Vermißten im Verlauf der Kämpfe getötet wurden. Bei den sowjetischen Frontberichten ist von groben Schätzungen auszugehen, zumal nicht immer die Nationalität der Gefangenen angegeben wird. Und neben Deutschen gerieten auch Rumänen, Ungarn, Kroaten und Soldaten anderer Nationalitäten in russische Gefangenschaft. Bei den Angaben von Heimkehrern handelt es sich ebenfalls nur um Schätzungen.

Die Statistik drückt jedoch nichts über die Schicksale der Millionen von Kriegsgefangenen aus. Von den Rückkehrern haben später einige über die Gefangenennahme und den folgenden Leidensweg berichtet. So erinnert sich ein deutscher Soldat aus dem Bereich der Heeresgruppe Mitte: »Trotz massierter Ausbruchsversuche war es uns nicht geglückt, den russischen Gürtel zu zersprengen. Die Einheiten wurden aufgelöst, das heißt, es wurde der Befehl erteilt, daß jeder machen kann, was er will – überlaufen oder die deutsche Front auf eigene Gefahr erreichen.... Wir konnten uns einige Tage durch verschiedene Wälder schlagen. Im Dickicht haben wir einander verloren. Von den Russen verfolgt wurden wir am 2. Juli 1944 gefangengenommen. Nach halbtägigem Marsch trafen wir eine Kolonne Gefangener. Dieser Kolonne mußte ich mich anschließen. Es ging nach mehrtägigem Fußmarsch bis zur nächsten Bahnstation, wo wir verladen wurden. Nach einigen Tagen Bahnfahrt wurden wir in Moskau ausgeladen und zum Stadion gebracht. Dort mußten wir mit etwa

Zu Tausenden sammeln sich deutsche Soldaten in Kolonnen, um den Weg in die russische Gefangenschaft anzutreten.

30 000 Mann zum ›Propagandamarsch‹ durch Moskau antreten.«

Freiwilliges Ergeben oder gar Überlaufen zur Roten Armee kam für die wenigsten in Frage. Zum einen berichtete die Propaganda ständig von sowjetischen Greueltaten an deutschen Gefangenen. Zum anderen waren sich die deutschen Soldaten bewußt, welche Zerstörung und Vernichtung sie in der Sowjetunion hinterlassen hatten. Als letzte Flucht vor der Gefangennahme wählten manche den Freitod. Andere forderten ihre Erschießung geradezu heraus. »Einige Schritte vor mir ging ein riesenlanger ›Feuerwerker‹. Plötzlich warf er seinen Rucksack in den Schnee, zog Mantel und Feldbluse aus mit der Ausrede, es sei ihm viel zu warm. Und das bei 30 Grad Kälte. Er war noch keine hundert Meter gegangen, als er auch Stiefel und Strümpfe auszog und behauptete, jetzt könne er viel besser marschieren. Schon nach einigen Schritten setzte er sich wieder in den Schnee. Eine russische Pistole knallte, der lange ›Feuerwerker‹ bekam einen Genickschuß und war nicht mehr.«

Während ihres Vormarsches in Frankreich fielen den westlichen Alliierten Hunderttausende deutscher Soldaten in die Hände.

Die Prophezeiung einer sowjetischen Karikatur wird zur Wirklichkeit: Der Vormarsch, den Hitler seinen Soldaten befohlen hat, endet in den russischen Schneewüsten; aus dem Hakenkreuz wird ein Grabkreuz.

In Moskaus Straßen werden deutsche Gefangene der empörten Bevölkerung vorgeführt.

Allein die Amerikaner zählten am 16. Dezember 207 796 Gefangene. Im Westen verlief die Gefangennahme meist unter besseren Begleitumständen als an der Ostfront. »Fair – mit kleinen Schikanen zwischendurch«, wie sich deutsche Soldaten erinnern. Für so manchen gab es sogar angenehme Überraschungen: »Während der Leibesvisitation wurde ich von einem perfekt deutsch sprechenden Soldaten untersucht. Er war sehr korrekt und erklärte, als er mir den Rosenkranz aus der Brusttasche zog: ›Du bist schon in Ordnung.‹ Bei seinem schwäbischen Akzent konnte ich nicht umhin, ihn nach seiner Heimat zu fragen und bekam als Antwort die Frage: ›Kennst du Donauwörth?‹«

Gefahr drohte den Soldaten mehr durch die Einheiten der Widerstandskämpfer – und manchmal auch durch die Zivilbevölkerung. Ein Soldat erinnert sich an den Abtransport: »Bei offenem Eisenbahnwagen gab es oft Schwerverletzte und Verletzte, da von der Zivilbevölkerung große Steine herabgeworfen wurden.«

Nun wurde Rache genommen für deutsche Übergriffe während der Besatzungszeit. Es entstand nicht selten die paradoxe Situation, daß die Briten und Amerikaner deutsche Kriegsgefangene vor Übergriffen ihrer Verbündeten schützten. Auch darüber gibt es Berichte deutscher Augenzeugen: »Begleitmannschaften waren amerikanische Neger; sie behandelten die Gefangenen menschlich, sogar freundlich und waren offensichtlich entschlossen, sie gegen Übergriffe der französischen Zivilbevölkerung zu verteidigen.« Das Verhalten der französischen Bevölkerung änderte sich von Stadt zu Stadt. Alles in allem waren die Bedingungen bei Gefangennahme, Transport und im Lager 1944 besser als im Osten. Die berüchtigten amerikanischen Todeslager am Rhein entstanden erst in der Kapitulationsphase 1945.

Auch an anderen Fronten, wie in Italien oder auf dem Balkan, erlitten deutsche Soldaten mitunter ein grausames Schicksal. Besonders die Berichte aus Jugoslawien zeugten von brutaler Gewalt. Folterungen, Verstümmelungen und Ermordung waren dort an der Tagesordnung. Die Gefangenschaft dauerte für jene, die sie überlebten, oft Jahre. Gestorben sind in den Lagern der Alliierten über 1 500 000 der insgesamt elf Millionen deutschen Kriegsgefangenen.

Wer dieser Toten gedenkt, sollte die drei Millionen sowjetischen Kriegsgefangenen nicht vergessen, die durch Hunger, Mißhandlung oder Massenexekutionen ums Leben kamen. (HH)

Die letzten Tage von Vichy

Frankreich zwischen Kollaboration und Résistance

Der Blick der jungen Mutter ist voller Angst und Scham. Ihr Kind fest an sich gedrückt, mit kahlgeschorenem Kopf, steht sie inmitten der johlenden Masse wie am Pranger. Während Chartres noch den Einmarsch der amerikanischen Truppen bejubelt, wird in den Straßen der Stadt die vermeintliche Denunziantin zum Opfer eines schmachvollen Ächtungsrituals. Die Invasion der Alliierten bringt nicht nur die ersehnte Befreiung für das besetzte Frankreich. Es ist der Auftakt für den vergeltungswütigen Rachefeldzug der wiedererstandenen Patrioten gegen Kollaborateure und Frauen, die sich mit deutschen Besatzungssoldaten eingelassen hatten. »Wir stehen nicht im Zeichen der Waage«, kommentierte ein hoher Vertreter des provisorischen Justizministeriums im August 1944 die Welle der Selbstjustiz, »sondern im Zeichen der Maschinenpistole.« Für Monate erlebte Frankreich im Machtvakuum zwischen Besatzungszeit und politischem Neubeginn einen Ausbruch von Rache und gnadenloser Willkür.

Die alliierte Invasion gab den verstreuten Kampfgruppen der französischen Résistance vielerorts das Signal zum Losschlagen. Ihre Widerstandsaktionen zielten vor allem darauf ab, die deutschen Besatzungstruppen voneinander zu isolieren, um die Kontrolle über ganze Regionen in die Hand zu bekommen. Partisanen und Angehörige der Heimatarmee »Forces Françaises Interieur« (FFI) kämpften an der Seite der Alliierten. »Sie haben den Krieg um zwei Monate verkürzt«, rühmte US-General Eisenhower die heimischen Waffenbrüder. Die Rückeroberung des Landes verlief dennoch zäher als erwartet. Der Vormarsch der Invasionstruppen wurde durch Stellungskämpfe gebremst. Ganze Landstriche gerieten erneut unter Kontrolle der deutschen Besatzer, die sich grausam an der Bevölkerung rächten. Dörfer wie Tulle, Mussidan und Argenton-sur-Creuse, deren Bewohner schon die endgültige Befreiung erwartet hatten, wurden von deutschen Truppen heimgesucht, die wie eine mordende Soldateska auftraten.

Am 9. Juni machte ein Bataillon der SS-Division »Das Reich« das Dorf Oradour-sur-Glane bei Limoges in einer beispiellosen Vergeltungsaktion für vermeintliche Anschläge der Résistance dem Erdboden gleich: Frauen und Kinder wurden ohne Ausnahme in die Dorfkirche getrieben und bei lebendigem Leib darin verbrannt; die Männer wurden an die Wand gestellt und erschossen. Von den 653 Einwohnern des Dorfes kamen 642 ums Leben.

Eine junge Französin, deren Kind einen deutschen Vater hat, und ihre Mutter werden zur Schande kahlgeschoren.

Doch trotz der Repressionen gelang es den französischen Widerstandskämpfern, den »Maquisards«, mit Guerilla-Methoden und britischer Waffenhilfe immer wieder, die zahlenmäßig weit überlegenen deutschen Truppen aufzuhalten oder gar zum Rückzug zu zwingen. Im Südosten von Paris leisteten 320 Maquisards 3000 kriegsmüden, deutschen Soldaten acht Stunden lang erbitterten Widerstand und zwangen sie schließlich zu einem verlustreichen Rückzug. Als im September der letzte deutsche Truppenverband in Südfrankreich vor der 83. US-Division kapitulierte, verebbten auch die Scharmützel und Partisanenkämpfe im ganzen Land. Frankreich war nun nahezu vollständig vom Besatzungsjoch befreit. Lediglich an der Ostseite der Vogesen und in einigen Hafenbefestigungen der Atlantik- und Kanalküste konnten sich noch vereinzelt deutsche Truppen halten.

Mit dem Rückzug der Wehrmacht war der Ausbruch der Gewalt jedoch noch keineswegs zu Ende. Bereits im August, als Paris schon die Heimkehr des Exilpräsidenten Charles de Gaulle feierte und die Kämpfe an vielen Orten noch anhielten, kam es zu ersten brutalen Racheakten gegen Deutsche und französische Kollaborateure. Bald entstanden im ganzen Land Sondergerichte, »Volkstribunale«, die ohne langes Federlesen Todesurteile fällten und sie oft sogleich vollstrecken ließen.

Die Angehörigen der Widerstandsgruppen bildeten ihre eigene Polizei, richteten Gefängnisse und Internierungslager ein, gegen die niemand etwas unternehmen konnte. Tödliche Irrtümer durch Namensverwechslungen waren durchaus an der Tagesordnung. Ohne funktionierende Rechtsprechung und Verwaltung wurde die Strafverfolgung zum Willkürakt: Notorische Kollaborateure und Mitglieder faschistischer Organisationen liefen ebenso Gefahr, aufgegriffen und von der Menge kurzerhand gelyncht zu werden, wie Staatsbeamte verschiedener Rangstufen. Frauen, denen man eine Liaison mit Besatzungssoldaten nachsagte, wurde »zur Strafe« öffentlich der Kopf kahlgeschoren, sie wurden mißhandelt, bespuckt oder unter wüsten Beschimpfungen durch die Straßen getrieben. Ob die Schuld auch tatsächlich nachweisbar und gravierend war, spielte nur eine untergeordnete Rolle. Das »gesunde Volksempfinden« ersetzte eine fundierte Anklageschrift.

Die Gesamtbilanz der »Épuration«, der politischen Säuberung, ist bis heute umstritten. Historiker schwanken bei ihren Angaben zwischen 10 000 und 100 000 Todesopfern. Zweifellos handelt es sich jedoch um eine der blutigsten Säuberungen der französischen Geschichte, die in ihrem Ausmaß nur mit dem 250 Jahre zurückliegenden nachrevolutionären »Terreur« Robespierres vergleichbar war. Mit einer neuen Rechtsprechung, so hatte de Gaulle 1944 verkündet, wolle er Frankreich vor einem »elementaren Impuls der Vergeltung« bewahren; die große Zahl der Hinrichtungen und willkürlichen Verhaftungen zeigt augenscheinlich, daß er sein Ziel nicht erreichte.

Französische Kollaborateure werden nach der Befreiung durch die Straßen von Paris geführt.

In dieser Atmosphäre des fanatischen Säuberungswillens erlebte Frankreich die Stunde Null einer neuen Republik: Am 23. September gaben die Alliierten der provisorischen Regierung, die aus dem Befreiungskomitee de Gaulles hervorgegangen war, ihren Segen. Der General hatte das »Gouvernement Provisoire« mit prominenten Résistance-Vertretern bestückt, die nun gemeinsam mit Kommunisten, Sozialisten und Christen den Grundstein für die IV. Republik legen sollten. Ein hoffnungsträchtiger Neubeginn, der am Ende dieses Krieges und der zwiespältigen Kollaborationspolitik der Vichy-Regierung zunächst noch beinahe unmöglich erschien.

Doch dem Brigadegeneral Charles de Gaulle gelang es durch die Einbeziehung der Résistance in die Regierungsverantwortung, das kollektive Gewissen der Nation zu beruhigen. Die Bedeutung des Widerstandskampfes wurde durch diese politische Geste allerdings unverhältnismäßig aufgewertet: Waren es in der Tat doch allenfalls ein paar Tausend Franzosen, die gegen die Besatzungsmacht aktiv zur Waffe gegriffen hatten. Die offiziell geförderte Legende, die bis in die achtziger Jahre nachwirkte, wob daraus bald ein 400 000 Mann starkes und einiges Résistance-Heer.

Nur nach langen Verhandlungen war es de Gaulles Abgesandtem Jean Moulin 1943 gelungen, die einzelnen Résistance-Bewegungen zu einem Nationalen Widerstandsrat zusammenzuschließen. Dennoch blieben sie weiterhin stets gespalten. Noch nach über vierzig Jahren, beim Prozeß gegen Gestapo-Chef Klaus Barbie, den berüchtigten »Schlächter von Lyon«, der Moulin zu Tode gefoltert hatte, vermochten die ehemaligen Résistancekämpfer nicht gemeinsam und einheitlich als Zeugen auszusagen.

Mit gezielten Sprengstoffanschlägen versuchte die Résistance, den deutschen Nachschub lahmzulegen.

Die bittere Erkenntnis über die allzu schwache Beteiligung am antifaschistischen Widerstand erklärt wohl zu einem gewissen Teil auch den wütenden Fanatismus, mit dem nach der Befreiung Jagd auf alle Komplizen der Besatzer gemacht wurde: Der Kollaborateur diente als Sündenbock. Dem Großreinemachen fielen Faschisten aus Überzeugung ebenso zum Opfer wie reine Opportunisten und Gefolgsleute des Vichy-Regierungschefs Henri Philippe Pétain.

Der hochdekorierte Verdun-Kämpfer hatte weithin als Bewahrer der traditionellen Werte gegolten und genoß hohes Ansehen in weiten Bevölkerungskreisen. Im Juli 1945 rechtfertigte der 89jährige Marschall vor Gericht rückblickend seinen Anpassungskurs: »Ich habe die Wege zur Befreiung geebnet. Ich habe ein gequältes, aber lebendiges Frankreich aufrechterhalten. Was hätte es genützt, Ruinen und Friedhöfe zu befreien?« Noch in der Nachkriegszeit wirkte das Ansehen des greisen Staatsmannes, der Hitler die Hand gereicht hatte, ungebrochen nach: Jahrzehntelang verneigte sich der französische Staatspräsident alljährlich vor Pétains Grab, um einen Ehrenkranz niederzulegen. Vergangenheitsbewältigung ist auch in Frankreich eine schwierige Vokabel geblieben. (KR)

Heile Welt im Bombenhagel

Der Film im Dienst der Propaganda

»Schändlich ist, die Verteidigung der Stadt aufzugeben, in der man geboren wurde. Es gibt die Pflicht zur Verteidigung und zum Sterben. Das Größte wird immer unter Schmerzen geboren.« Diese Worte stammen nicht aus einem Wochenschauappell zur aktuellen Kriegslage, sondern wurden dem Bürgermeister der 1806/07 belagerten Stadt Kolberg im gleichnamigen Kriegsepos in den Mund gelegt. Regisseur des aufwendigen Historienfilms war Veit Harlan, der sich bereits in den vergangenen Jahren durch brutale Leinwandhetze hervorgetan hatte. In »Kolberg« wird das siegreiche Standhalten der Pommern am Vorabend der deutschen Erhebung gegen die napoleonischen Truppen zu Beginn des 19. Jahrhunderts nachgezeichnet, besser: aufgebläht. Denn mit der historischen Wirklichkeit hatte das Machwerk wenig gemein.

Auftraggeber dieser filmischen Interpretation des »totalen Kriegs« war Propagandaminister Joseph Goebbels. Er hatte den »Großfilm Kolberg« angefordert, um aufzuzeigen, daß »ein in Heimat und Front geeintes Volk jeden Gegner überwindet«. Harlan sollte jede finanzielle und administrative Hilfe zur Verfügung stehen. Dafür erwartete der Minister jedoch den »größten Film aller Zeiten«. Zumindest quantitativ hat Goebbels bekommen, was er wollte: Nicht weniger als 187 000 Darsteller benötigte Harlan für die Massenszenen des 1944 abgedrehten Durchhalte-Epos. Das Riesenheer an Statisten lieferte die

Das Durchhalte-Epos »Kolberg« sollte den Durchhaltewillen der Bevölkerung stärken. Szenenfoto mit Heinrich George und Kristina Söderbaum.

Wehrmacht: Eigens für die Filmaufnahmen bereitgestellte Soldaten mimten ein historisches Schlachtengetümmel – und konnten dem gegenwärtigen Gemetzel dabei für eine Weile entkommen. Obwohl es 1944 in den Rückzugsschlachten der Deutschen an allen Fronten an Soldaten mangelte, erlaubte sich das Regime trotzdem den Luxus, solch gigantische Landser-Kontingente vom Kriegsdienst freizustellen – ausgerechnet, um einen Kinofilm zu produzieren. Auch an finanziellen Mitteln herrschte – in einer Zeit allgemeiner Sparappelle – kein Mangel: Acht Millionen Reichsmark ließ sich das Regime den braunen Propaganda-Streifen in Agfacolor kosten.

Goebbels war zufrieden: »Tief beeindruckt von der heldenhaften Haltung der Festung Kolberg und Ihrer künstlerisch unübertrefflichen Darstellung«, lobte Hitlers Meinungs-Macher in einem Brief an den Regisseur, »verbinden wir mit dem Dank für die Übersendung des Films erneut das Gelöbnis, es der heldenhaft kämpfenden Heimat gleichzutun und ihr an Ausdauer und Einsatzbereitschaft nicht nachzustehen.«

Unverhüllt kam so zum Vorschein, was das Regime tatsächlich von der verstaatlichten Filmindustrie erwartete: Die Deutschen, ob in der Etappe oder an der sogenannten »Heimatfront«, sollten nun restlos mobilisiert werden. Doch letztlich erreichte der Streifen kaum noch Zuschauer: Ende Januar 1945 gleichzeitig uraufgeführt in der belagerten Atlantikfeste La Rochelle und einem Berliner Kino vor ausgesuchtem Publikum, schwankte die Stimmung – ein Premierengast erinnert sich – »zwischen zynischem Lachen und dem Gefühl der Verlassenheit, Eiseskälte«. Das Kriegsspektakel aus Rauch und Zunder, Bedrohung und Parolen auf der Leinwand war im Leben längst zur grauenhaften Wirklichkeit geworden.

Dabei war stets nicht Wirklichkeitsbe-

Den Film »Große Freiheit Nr. 7« setzte die NS-Zensur sofort auf ihren Index. Die melancholische Liebesgeschichte paßte nicht zum propagierten Kriegsoptimismus (Filmszene mit Hans Albers und Hilde Hildebrand).

»Die Feuerzangenbowle« nach dem Roman von Heinrich Spoerl, eine heute noch erfolgreiche Schulkomödie mit Heinz Rühmann und Hans Leibelt, sollte 1944 vom Kriegsgeschehen ablenken.

zug, sondern Ablenkung das Hauptanliegen der Goebbelsschen Filmpolitik gewesen. Schon zu Kriegsbeginn hatte der Propagandaminister als Devise für das Kulturleben ausgegeben, daß »gerade in so schweren Zeiten« die Bevölkerung »Anspruch auf Entspannung und Erholung« habe.

Statistisch schlug sich diese Vorgabe in der Häufung von Filmkomödien und Tanzrevuen nieder. Kurzweilige Unterhaltungsfilme beherrschten die Leinwände der deutschen Kinos. »Das Volk bei Laune zu halten ist staatspolitisch wichtig«, notierte Goebbels bereits im Februar 1942 in seinem Tagebuch, »wenn nicht sogar kriegsentscheidend.« Je stärker die Belastungen durch Krieg und Verluste, desto stärker die Flucht ins Kostüm.

So durfte der populäre Schauspieler Heinz Rühmann in der Paukerkomödie »Die Feuerzangenbowle« als »Pfeiffer mit drei F, eins vor und zwei nach dem Ei«, seine Scherze treiben, Hans Albers brach die Herzen aller Frauen in der »Großen Freiheit Nr. 7« und Marika Rökk konnte als »Die Frau meiner Träume« dem Publikum singend den guten Rat mit nach Hause geben: »Schau nicht hin, schau nicht her: Schau nur gradeaus. Und was dann auch kommt, mach dir nichts daraus.« Den absoluten Publikumsrenner des Jahres aber lieferte Geza von Cziffra mit seinem Eissportfilm »Der weiße Traum«, dem erfolgreichsten Schwarz-Weiß-Film der braunen Ära.

Doch 1944 gab es auch Filmproduktionen, die ausdrücklich nicht für die breite Öffentlichkeit bestimmt waren. Der Pseudo-Dokumentarfilm »Der Führer schenkt den Juden eine Stadt« sollte Vertretern des Internationalen Roten Kreuzes das sorgenfreie Leben der Juden in Theresienstadt und anderen Konzentrationslagern vorgaukeln. Nach detaillierten Vorgaben mußte der in das Lager deportierte jüdische Regisseur Kurt Gerron den Propagandastreifen in Szene setzen, bevor er schließlich selbst in die Gaskammer geschickt wurde. Ebenso nichtöffentlich war der Dokumentationsfilm über den Prozeß gegen die Attentäter des 20. Juli. »Verräter vor dem Volksgericht« war allerdings so infam und durchsichtig, daß der Streifen nicht mal an die Gauleiter verliehen werden durfte – aus Furcht, das Publikum könne bei dortigen Vorführungen zu grundlegenden Diskussionen über den Prozeßverlauf animiert werden.

Selbst hinter scheinbar unpolitischen Spielfilmen, immerhin fast die Hälfte aller NS-Produktionen, verbarg sich stets die Absicht, vom aktuellen Zeitgeschehen abzulenken. »Heute spannt die Zeit«, notierte Goebbels 1942 in seinem Tagebuch, »und die Kunst hat die Aufgabe, die Zeit zu entspannen.« Selbst »unpolitische« Filme bekamen vor der Wirklichkeit hochpolitische Züge.

Alle Leinwandproduktionen, ohne Rücksicht auf die Gattung, mußten drei wesentliche NS-Programmpunkte widerspiegeln: »Führerprinzip«, »Rasseprinzip« und »Volksgemeinschaft«. Unter den etwa tausend Spielfilmen, die in der braunen Ära gedreht wurden, war nicht einer, der gegen diese Punkte verstoßen hätte – sonst wäre er sofort verboten worden.

Verbote und Zensur griffen auf verschiedenen Ebenen: Innerhalb des »Ministeriums für Volksaufklärung und Pro-

In »Opfergang«, einem Rührstück nach der Novelle von Rudolf G. Binding, spielten unter der Regie von Veit Harlan dessen Ehefrau Kristina Söderbaum und Carl Raddatz die Hauptrollen.

paganda« oblag es der Abteilung V unter Fritz Hippler, filmpolitische Vorgaben des Propagandaministeriums in konkrete Verordnungen und Gesetze zu fassen. Als Instrument zu ihrer Verwirklichung diente die Filmkammer. Sie war für alle Belange der filmischen Arbeit zuständig. Alle »Filmschaffenden« mußten ihr angehören und unterlagen somit der direkten Kontrolle. Dreh- und Angelpunkt des NS-Films war Propagandaminister Goebbels, der zugleich der Filmkammer vorstand. Die totale Kontrolle fiel den Machthabern auch deshalb leicht, weil die Filmindustrie spätestens seit Januar 1942 unter dem staatlichen Dach der »UFA-Film GmbH« zusammengefaßt war.

Die Spielfilme sollten auch als Zugpferd für die zuvor gezeigten Propagandastreifen der Deutschen Wochenschau dienen. Dies offenbarte sich nicht zuletzt durch Verordnungen, ganze Gruppen der »Hitlerjugend« und des »Bundes deutscher Mädel« geschlossen ins Kino zu schicken. Extra formierte »Propaganda-Kompanien« dienten allein dem Zweck, den Kriegsalltag an der Front ins rechte Licht zu setzen. Goebbels zensierte höchstpersönlich die Nachrichtenrolle für die kommende Woche. Montags ordnete Hitler letzte Änderungen an, übte Kritik oder gab Anregungen. Erst ab Spätherbst 1944 wich der physisch und psychisch verfallende »Führer« von dieser Gepflogenheit ab. Mit einer Ausnahme: Was das Volk über die »Wunderwaffen« erfahren sollte, unterlag auch weiterhin dem »Führerentscheid«.

Die täglichen Bombenangriffe zogen auch Produktionsstätten und Kinos schwer in Mitleidenschaft – mit einschneidenden Folgen für die Filmproduktion: Gerade das Babelsberger Filmgelände bei Berlin, oft als »Hollywood Europas« bezeichnet, war häufiges Ziel alliierter Fliegerangriffe: »Bereits in der ersten Hälfte des Terrorangriffs lagen die UFA-Gebäude im Zentrum eines Bomben-Teppichs«, meldete UFA-Vorstandsmitglied Kaelbert am 28. Juni 1944 dem Bürgermeister Winkler. Ein kleiner Trost blieb der UFA-Chefetage: »Der Werkluftschutz hat sich wieder einmal hervorragend bewährt.«

Große Erfolge feierte Marika Rökk als Revuestar im Film »Die Frau meiner Träume« von Regisseur Georg Jacoby.

In den verbliebenen Studios wurde allerdings konsequent weiter auf Hochtouren gearbeitet. So entstanden in Babelsberg 1944 immerhin 75 Spielfilme. Goebbels setzte bis zuletzt auf den Film als Mittel der Massenmanipulation. Der Theaterbetrieb wurde im September 1944 endgültig eingestellt, die Zahl der kinotauglichen Räume hingegen erhöhte sich ständig, selbst Theaterruinen wurden als »Freilichtkinos« genutzt. Das Publikum schien die Tücken des Kinovergnügens mit bitterem Humor zu nehmen. Filmunterbrechungen, weil Regen durch die lädierte Decke drang, oder Sirenen heulten, die zur Flucht in den Luftschutzbunker riefen, konnten Besucher wie Personal nicht aus der Ruhe bringen: »Heute mußten wir die Vorstellung zweimal unterbrechen«, wußte eine Filmvorführerin aus Worms zu erzählen. »Jedesmal sechshundert Menschen raus und wieder rein. Es hat noch nicht richtig abgeblasen, da stehen sie schon wieder vor der Tür.«

Trotzdem war das Interesse am Kino ungebrochen: Bei Eintrittspreisen um die 90 Pfennig konnte die UFA auch 1944 noch Millionenumsätze verbuchen. Auch die 100 000 weggefallenen Sitzplätze in allein neunzig konzerneigenen Kinos schienen die UFA-Spitze nicht zu erschüttern. Am Jahresende 1944 verkündete das Vorstandsmitglied Kaelbert unverdrossen: »Für den nächsten Sommer ist die Vermehrung der Freilichttheater vorgesehen.« Doch diesmal konnte selbst die Traumfabrik über die Wirklichkeit nicht mehr hinwegtäuschen. (KKS)

1 · Samstag

Auf einer internationalen Währungskonferenz in Bretton Woods (USA) beschließen Delegierte aus 44 Nationen die Errichtung eines Internationalen Währungsfonds und einer Bank für Wiederaufbau und Entwicklung.

In seiner Gedenkrede für den bei einem Flugzeugunglück ums Leben gekommenen General Eduard Dietl sagt Hitler u.a.: »Er ist für mich der erste Offizier der deutschen Wehrmacht, der in meine Gedankenwelt eingedrungen war und sich blind und ohne Kompromiß zu ihr bekannte.« 1964 wird eine Bundeswehrkaserne in Füssen nach Dietl benannt.

2 · Sonntag

Fürst Louis II. von Monaco ernennt seinen Enkel Prinz Rainier zum offiziellen Thronfolger des Fürstentums.

Ein geheimer Bericht des »Sicherheitsdienstes der SS« zur innenpolitischen Lage meldet wachsende »Ungeduld« der Bevölkerung über das »Ausbleiben eines kriegsentscheidenden Ereignisses«.

3 · Montag

In der weißrussischen Hauptstadt Minsk rücken Verbände der Roten Armee ein. Seit Beginn der sowjetischen Offensive sind drei Armeen der deutschen Heeresgruppe Mitte mit mehr als 300 000 Mann aufgerieben worden.

Deutsche Soldaten an der Ostfront.

Julius Leber vor dem Volksgerichtshof.

4 · Dienstag

Julius Leber und Adolf Reichwein, zwei führende Sozialdemokraten im Widerstand gegen Hitler und Mitglieder des aufgelösten »Kreisauer Kreises«, werden von der Gestapo verhaftet. Beide werden am 20. Oktober vom »Volksgerichtshof« zum Tode verurteilt.

5 · Mittwoch

Der britische Außenminister Anthony Eden informiert das Unterhaus über Massendeportationen ungarischer Juden nach Auschwitz.

6 · Donnerstag

Im größten Zirkuszelt der Welt bricht während einer Vorstellung in Hartford (USA) Feuer aus. 146 Besucher kommen in den Flammen ums Leben.

An der Kanalküste setzt die deutsche Marine die neuen Ein-Mann-Torpedos vom Typ »Neger« ein. Zwei alliierte Minensuchboote werden versenkt.

7 · Freitag

Bei Luftkämpfen über Leipzig gehen deutsche Abfangjäger erstmals zu »Rammstößen« gegen feindliche Bomber über.

8 · Samstag

Der »Reichsführer-SS« Heinrich Himmler führt Volkstumsabzeichen an der Kleidung der Zwangsarbeiter aus dem Osten ein. Künftig werden Ukrainer mit einem Dreizack, Weißrussen mit einem Zahnrad und Russen mit dem Andreaskreuz gekennzeichnet.

9 · Sonntag

Die sowjetische Regierung erläßt eine Verordnung zur Hebung der Geburtenrate. Abtreibung ist künftig in der UdSSR verboten, und Mütter von zehn oder mehr Kindern erhalten eine besondere Auszeichnung.

10 · Montag

Auf den Philippinen internieren die japanischen Behörden alle Missionare »feindlicher« Nationalität unter Spionageverdacht.

11 · Dienstag

Oberst Claus Schenk Graf von Stauffenberg bricht auf dem Berchtesgadener »Berghof« ein geplantes Sprengstoffattentat auf Hitler ab, weil Himmler und Göring, die ebenfalls ausgeschaltet werden sollen, nicht anwesend sind.

Die USA erkennen das französische »Nationale Befreiungskomitee« des Generals de Gaulle als vorläufige Regierung Frankreichs an und übertragen ihm die Zivilverwaltung der befreiten Gebiete.

General de Gaulle zieht in Paris ein.

12 · Mittwoch

Die Schweiz ändert ihre strenge Asylgesetzgebung und räumt erstmals auch europäischen Juden als »rassisch Verfolgten« Asylrecht ein.

13 · Donnerstag

Gemeinsam mit Einheiten der im Untergrund gebildeten polnischen »Heimatarmee« des Generals Bór-Komorowski erobern sowjetische Verbände die litauische Hauptstadt Wilna. Anschließend werden die polnischen Truppen entwaffnet und interniert.

Kämpfer der polnischen »Heimatarmee« werden vereidigt.

Auf dem Flugplatz von Woodbridge (Südengland) landet versehentlich ein deutscher Nachtjäger des Typs Junkers Ju 88 G-1. Der britischen Luftwaffe fallen die neuesten deutschen Radargeräte in die Hand.

14 · Freitag

200 Maschinen der US-Air Force werfen über genau gekennzeichneten Abwurfplätzen im französischen Zentralmassiv Munition und Waffen für die Widerstandskämpfer der Résistance ab.

15 · Samstag

Generalfeldmarschall Erwin Rommel erklärt in einem Fernschreiben an Hitler: »Die Truppe kämpft allerorts heldenmütig, jedoch der ungleiche Kampf neigt sich dem Ende entgegen. Ich muß Sie bitten, die Folgerungen aus dieser Lage unverzüglich zu ziehen.«

16 · Sonntag

Die Vereinigten Staaten verzeichnen die bisher größte Weizenernte ihrer Geschichte. Die Qualität des Weizens ist allerdings nur mäßig, der Eiweißgehalt zu gering.

17 · Montag

58 000 deutsche Kriegsgefangene werden in einer drei Kilometer langen Kolonne durch die Straßen Moskaus geführt. Tausende von begeisterten Sowjetbürgern und die internationale Presse wohnen dem Schauspiel bei.

Im Hafen von Chicago explodieren zwei mit Munition beladene Ozeandampfer. Mehr als 350 Menschen sterben.

18 · Dienstag

In Tokio zieht die japanische Regierung unter Ministerpräsident Hideki Todscho die Konsequenzen aus den jüngsten militärischen Niederlagen und tritt zurück. Am 22. Juli stellt der neue Regierungschef, General Kunaiki Koiso, sein Kabinett vor.

Die US-Luftwaffe setzt in der Normandie erstmals Napalmbomben ein.

19 · Mittwoch

Ein schwerer Sturm über dem Ärmelkanal zerstört die künstlichen Hafenanlagen vor dem »Omaha-Beach«. Der Nachschub der Alliierten wird dadurch kurzzeitig unterbrochen.

Hitler gibt Weisung, »Florenz aus den Kampfhandlungen herauszunehmen« und auch die Brücken der Stadt nicht zu zerstören, »da ihr künstlerischer und geschichtlicher Wert respektiert werden soll«.

20 · Donnerstag

Oberst Claus Schenk Graf von Stauffenberg verübt im »Führerhauptquartier Wolfsschanze« ein Bombenattentat. Vier Menschen sterben, doch Hitler überlebt die Explosion nur leichtverletzt. Noch am Abend werden Stauffenberg und drei Mitverschwörer in Berlin erschossen.

21 · Freitag

Der Generalstabschef der 2. Armee, Henning von Tresckow, nimmt sich in einem Waldstück nahe Bialystok in Polen das Leben. Tresckow war einer der führenden Köpfe des militärischen Widerstands und enger Vertrauter Stauffenbergs.

Die alliierte Presse wertet das mißglückte Attentat auf Hitler als Ausdruck eines Machtkampfes im Deutschen Reich. Der »Daily Express« kommentiert: »Wenn der Gegner taumelt, läßt kein Boxer nach, sondern schlägt um so erbarmungsloser zu.«

22 · Samstag

Mit Billigung der Roten Armee übernimmt das kommunistische »Lubliner Komitee« die Verwaltung in den befreiten Gebieten Polens.

Seit dem 23. November 1939 mußten die polnischen Juden diesen Stern tragen.

23 · Sonntag

Einheiten der Roten Armee finden im geräumten KZ Majdanek bei Lublin Hunderte Leichen und sieben Gaskammern vor. In Majdanek, dem ersten von alliierten Truppen erreichten Vernichtungslager, sind mehr als 1,5 Millionen Menschen ermordet worden.

Reichsmarschall Hermann Göring, Oberbefehlshaber der deutschen Luftwaffe, führt »als Zeichen unverbrüchlicher Treue zum Führer« den »Deutschen Gruß« in der Wehrmacht ein.

24 · Montag

In der Schweiz akkreditierte englische und amerikanische Journalisten protestieren gegen die Zensurmaßnahmen der schweizerischen Behörden.

25 · Dienstag

Die Sowjetunion veröffentlicht einen Aufruf von 16 gefangenen deutschen Generalen, die deutsche Soldaten zur Kapitulation auffordern.

Joseph Goebbels wird zum »Reichsbevollmächtigten für den totalen Kriegseinsatz« ernannt. Goebbels kündigt an: »Ich werde meine Vollmachten dazu benutzen, jeden, der irgend dazu in der Lage ist, zu einer kriegswichtigen Arbeit anzuhalten.«

26 · Mittwoch

Resa Pahlawi, der ehemalige Schah von Persien, stirbt in Johannesburg. Der große Reformer des Iran hatte auf Druck der Alliierten zugunsten seines Sohnes Mohammed Resa Pahlawi abdanken müssen.

27 · Donnerstag

Einheiten der Wehrmacht entdecken im Departement Vercors ein Höhlenlazarett der französischen Résistance und erschießen Verwundete, Ärzte und Pflegepersonal.

Die »Bank of England« feiert ihr 250jähriges Bestehen.

28 · Freitag

In München wird die letzte große Kunstausstellung des »Dritten Reiches« mit Exponaten von 540 Künstlern eröffnet.

29 · Samstag

Im Raum Baranow überquert die Rote Armee die Weichsel und bildet am Westufer des Flusses einen Brückenkopf.

30 · Sonntag

Vor Warschau bringt ein deutscher Gegenangriff den Vormarsch der »1. Weißrussischen Front« unter Marschall Rokossowski zum Stehen.

Die Kirchenzeitung »Das evangelische Deutschland« gratuliert Hitler im Namen der Kirchenleitung zum glimpflichen Ausgang des Attentats vom 20. Juli. Das Blatt berichtet weiter, daß »in Gottesdiensten fürbittend des Führers gedacht« worden sei.

31 · Montag

US-Panzerverbänden gelingt bei Avranches der entscheidende Durchbruch in der Normandie.

In Auschwitz werden 750 Zigeunerinnen ermordet, nachdem der SS-Arzt Josef Mengele erfahren hatte, daß in der Baracke der Frauen eine Läuseplage ausgebrochen war.

Der französische Schriftsteller und Pilot Antoine de Saint-Exupéry kehrt von einem Aufklärungsflug über Korsika nicht zurück. Vermutlich wurde er von deutschen Jagdflugzeugen abgeschossen.

Raketen für den »Endsieg«

Der Wahn von den Wunderwaffen

Der »Volksgenosse« des Spätjahres 1944 wußte genau, was die erhoffte Kriegswende bringen würde: ein Wunder – und dazu brauchte es »Wunderwaffen«. In der Gerüchteküche brodelte es. Man erzählte sich sogar, die Wehrmacht hätte die Alliierten nur deshalb nach Frankreich hereingelockt, um sie dann mit neuen, furchtbaren Waffen vernichtend zu schlagen. Die nationalsozialistische Propaganda nutzte die Stimmungslage geschickt aus. Seit der Katastrophe von Stalingrad hatte sie immer wieder nebulöse Andeutungen über neuartige Waffen verbreitet. Hitler persönlich kündigte bei seinem ersten Auftritt nach dem Untergang der 6. Armee Anfang 1943 vor einem gespannt wartenden Publikum den Einsatz »unbekannter, einzigartig dastehender Waffen« an.

Diese Prophezeiungen fielen auf fruchtbaren Boden. Sie trugen dazu bei, den Willen und die Hoffnung auf einen »Endsieg« zu festigen. Auch wenn kaum jemand Genaueres wußte, enthielten die Gerüchte doch einen wahren Kern.

Angesichts der sich ständig verschlechternden Kriegslage mühten sich die Ingenieure besonders eifrig um die Entwicklung neuer Waffen. Nirgends sonst waren so viele zukunftsweisende Projekte in Planung, Produktion oder im Einsatz wie in Deutschland. Und sicher hätte so manche dieser »Wunderwaffen« bei frühzeitigem Einsatz noch einen gewissen Einfluß auf das Kriegsgeschehen haben können. Zum Glück für die Alliierten und letztlich auch für die Deutschen wurde dies durch Kompetenzgerangel, Unentschlossenheit und Fehlentscheidungen verhindert.

Die Wende im Kriegsgeschehen 1944 sollten die »Wunderwaffen« bringen: eine V 2-Rakete beim Start.

Ihren psychologischen Zweck, nämlich den Durchhaltewillen der Deutschen anzuheizen, haben die erhofften »Wunderwaffen« dagegen erfüllt. Noch Ende März 1945, als die alliierten Armeen bereits den Rhein überschritten, glaubten nicht wenige Deutsche an ihren kriegsentscheidenden Einsatz. Albert Speer, Hitlers Rüstungsminister, erinnert sich an ein Gespräch mit Bergleuten: »Zu meinem Kummer stellte ich fest, daß ihr Vertrauen in die Zukunft und Ihre Überzeugung, daß es uns gelingen werde, den Feind aus unserem Land hinauszuwerfen, völlig unerschüttert war. Es war bedrückend für mich, wie vollständig die Leute von einer verlogenen Propaganda irregeführt worden waren.«

Mit solchen pathetischen Plakaten wollte das Propagandaministerium den Willen der Menschen zum Durchhalten stärken.

Auf andere Nationen hatten die Nationalsozialisten noch nie Rücksicht genommen, nun zählte auch das Überleben des eigenen Volkes nicht mehr viel. Ein eindrückliches Beispiel dafür lieferte der erste einsatzfähige Düsenjäger der Welt – die Messerschmitt 262. In Geschwindigkeit und Bewaffnung den gegnerischen Maschinen deutlich überlegen, hätte die Maschine ab 1943 als wirksame Waffe gegen die alliierten Bombenstaffeln dienen können. Auf Hitlers persönliche Weisung hin wurde die »Me 262« vom Jagdflugzeug zum taktischen Bomber umgerüstet, um für militärisch sinnlose Terror-Angriffe gegen England zu dienen. Deutlicher konnte sich der Geist der Machthaber nicht widerspiegeln: Es ging ihnen vor allem darum, Zerstörung und Terror unter der Bevölkerung zu verbreiten.

Die wenigen Maschinen vom Typ Me 262, die gegen Kriegsende dann doch noch als Jagdmaschinen zum Einsatz kamen, bewirkten bei den alliierten Piloten einen Schock. Das Flugzeug war in der Luft derart überlegen, daß die englischen und vor allem die amerikanischen Piloten alles daran setzten, die gegnerische Maschine bereits beim Start oder bei der späteren Landung abzuschießen. Die Flugplätze der deutschen Düsenjäger wurden daher von den alliierten Luftwaffen aufgespürt und gezielt angegriffen.

Ein Opfer dieser Jagd auf den Düsenjäger wurde Johannes Steinhoff. Der spätere General und Inspekteur der Bundesluftwaffe verunglückte beim Start mit seiner Maschine und erlitt schwerste Verbrennungen.

Schon im Spätsommer 1939, nur wenige Tage vor Kriegsausbruch, war die

Einer der ersten Messerschmitt-Düsenjäger, fotografiert beim Luftkampf von einem amerikanischen Piloten aus seiner Mustang-Maschine. Eine V 2-Rakete beim Auftanken auf der Abschußrampe (rechts).

»Heinkel 178« zu ihrem Jungfernflug aufgebrochen – und damit zum ersten erfolgreichen Flug eines düsengetriebenen Flugzeuges überhaupt. Aber angesichts der schnellen Erfolge der Wehrmacht und Luftwaffe nutzte man den rüstungstechnischen Vorsprung in der Folgezeit kaum aus. Bis es zu einer wesentlichen Förderung und Beschleunigung der Forschungsprojekte kam, vergingen noch Jahre.

Trotzdem hatte die Luftwaffe eine Vielzahl düsen- und raketengetriebener Waffen – nicht nur Flugzeuge – entwikkelt und erprobt: Die Messerschmitt 163, ein raketengetriebenes »Kraftei«, das als Abfangjäger konzipiert war; die Arado 234, ein Bombenflugzeug mit einer Höchstgeschwindigkeit, die jene propellergetriebener Jagdflugzeuge übertraf; die Henschel 293, eine ferngelenkte Anti-Schiffsflugbombe; Boden-Luft-Raketen wie die »Wasserfall«, die »Tornado«, »Rheintochter« und »Enzian«. Zum Einsatz kamen diese Waffensysteme – wenn überhaupt – meist in so geringer Zahl, daß sie kaum ins Gewicht fielen.

Bedeutung, vor allem propagandistischer Art, bekam dagegen die Flugbombe »Fieseler 103«. Die Bombe mit Tragflügeln wog über zwei Tonnen, erreichte eine Geschwindigkeit von knapp 650 Stundenkilometern und schleppte 830 Kilogramm tödliche Fracht ins Ziel. Die von einem Katapult abgeschossene Flugbombe, der »Fliegende Kirschkern«, wurde besser bekannt als »V 1« – »V« stand als Kürzel für »Vergeltungswaffe«. Vergeltung war das neue Zauberwort der Propaganda. Fernwaffen wie die V 1 sollten Rache und Terror nach England tragen.

An die Stelle der propagandistisch angekündigten »Wunderwaffen« waren nun endgültig die »Vergeltungswaffen« getreten. Angesichts der alliierten Bombenangriffe empfanden viele Deutsche den verheißenen Gegenschlag wie eine Genugtuung. Hitler traf den Nerv seiner Zuhörer, als er in seinem Neujahrsaufruf am 1. Januar 1944 den Neuaufbau der zerstörten deutschen Städte versprach, nicht ohne hinzuzufügen: »Im übrigen wird die Stunde der Vergeltung kommen!«

Der Glaube an die Überlegenheit der »Wunderwaffen« wurde von der Propaganda geschickt gesteigert: »Wir werden den letzten Preis, den wir noch zu zahlen haben, eben bezahlen«, schrieb der Kriegsberichterstatter Joachim Fernau am 30. August 1944 prophetisch im »Völ-

»Die besten Verbände, die besten Waffen ...«, hatte Hitler befohlen. Der Riesen-Panzer »Tiger Ferdinand« verdankt seinen Namen dem Konstrukteur Ferdinand Porsche.

Der deutsche Schnellbomber Arado 234 B-2 »Blitz«.

Albert Speer, Minister für Rüstung und Kriegsproduktion, besichtigt mit Generalfeldmarschall Erhard Milch, dem Generalinspekteur der Luftwaffe, ein neues Flugzeug.

kischen Beobachter«: »Mit allen Mitteln und mit allen Kräften. Der Sieg ist wirklich ganz nahe.« Vergeltung und »Wunderwaffen« waren jetzt gleichbedeutend mit Kriegswende und »Endsieg« – auch wenn sich der Einsatz der V 1 durch technische Schwierigkeiten und die obligatorischen Kompetenzstreitereien, ebenso wie durch alliierte Bombenangriffe bis zum Juni 1944 verzögerte. Am 16. Mai hatte Hitler den Abschuß der Terrorwaffen endgültig befohlen, am 12. Juni schlug die erste V 1 in London ein.

In der Zwischenzeit waren die Alliierten in Frankreich gelandet und rückten schnell gegen Deutschland vor. So gerieten auch Holland, Belgien und Luxemburg ins Visier der ersten Flugbomben. Von den knapp 33 000 produzierten »Fi 103« wurden fast 23 000 verschossen, mehr als 13 000 davon erreichten ihr Ziel. Die V 1, die Fernwaffe der Luftwaffe, wurde im Bekanntheitsgrad und in der Propagandawirkung von der V 2 noch übertroffen. Die Flüssigkeitsrakete, Urahn späterer Mondraketen, war eine Produktion des Heeres.

Andere »Wunderwaffen« gelangten dagegen kaum mehr ins Blickfeld der Öffentlichkeit, so der Riesenpanzer »Maus«, ein Gigant von 183 Tonnen, mit zwei Geschützen und mehr als 20 Zentimeter dicker Stahlpanzerung, oder der »Tausendfüßler«, ein Lieblingsvorhaben Hitlers. Die als »Hochdruckpumpe« bezeichnete Superkanone sollte aus 130 Meter langen, in Erdbunkern verlegten Rohren Geschosse bis zu 160 Kilometer weit feuern. Wieder sollte zunächst London das Ziel sein. Doch die Superkanone erwies sich als technischer Fehl-

Aus einem Bericht des Sicherheitsdiensts

vom 18. Oktober 1944:

»Seit dem Frühjahr spielt die ›Vergeltung‹ in den Gedanken und Gesprächen aller Volksgenossen eine große Rolle ... In den letzten Monaten hat der Vergeltungsgedanke hierin aber einen Bedeutungswandel erfahren. Unter dem Eindruck der ganzen Entwicklung des Krieges seit Stalingrad hat sich der Volksgenossen das Gefühl bemächtigt, daß der Ring der Feinde um Deutschland und die besetzten Gebiete immer enger werde und die Entwicklung unaufhaltsam einer Krise entgegentreibe, aus der ein Ausweg nur durch ein ›Wunder‹ möglich scheint. Und dieses Wunder, die entscheidende Wendung des Krieges, erwartet heute die Mehrzahl der Volksgenossen – in den vom Luftkrieg betroffenen Gebieten sogar nahezu die Gesamtheit – von der Vergeltung. Diese Hoffnungen gehen viel weiter als nur auf eine Unterbindung der Terrorangriffe. Dies ist das mindeste, was man von der Vergeltung erwartet. Viel mehr soll der Gegenschlag dazu führen, daß England binnen weniger Tage oder Wochen aus dem Krieg ›herausgeboxt‹ wird. Nach den allgemeinen Vorstellungen sollen durch die Vergeltungswaffen so verheerende Zerstörungen in allen großen Städten hervorgerufen werden, daß England nur mehr die Kapitulation bliebe. Amerika würde dann kein besonderes Interesse mehr an der Fortführung des Krieges haben, so daß die Wehrmacht ihre ganze Schlagkraft gegen Rußland zum alles entscheidenden Sieg würde richten können.... Entscheidend ist aber hierbei auch wieder, daß die ›Vergeltung‹ für die Volksgenossen eben mehr bedeutet als das Wort besagt, nämlich die entscheidende Siegeschance, ohne die man sich einen guten Ausgang des Krieges vielfach nicht mehr denken kann.«

schlag. Nachdem die Alliierten die vorgesehenen Abschußrampen in Frankreich überrannt hatten, kam diese Terrorwaffe gegen England ohnehin nicht mehr zum Einsatz.

Das Heer, und wiederum nicht die Luftwaffe, hatte noch eine weitere Rakete entwickelt, die den Namen »Rheinbote« erhielt. Sie wurde von einem vierstufigen Raketenmotor mit Festbrennstoff angetrieben und nicht gesteuert, sondern hatte eine rein ballistische Flugbahn – im Gegensatz zur V 2, die imposante, die Militärtechnik revolutionierende Einsatzmöglichkeiten bot. Die Flüssigkeitsrakete wurde senkrecht stehend abgefeuert. Der Düsenantrieb beschleunigte bei einer Brenndauer von 70 Sekunden auf eine Höchstgeschwindigkeit von fast 5500 Stundenkilometern und erreichte eine maximale Höhe von 97 Kilometern. Gesteuert wurde die Rakete von einem Kreiselkurssystem, das über die Heckflossen die Flugbahn beeinflußte. Bei einer durchschnittlichen Reichweite von rund 300 Kilometern trug dieses technische Wunderwerk des Todes nahezu eine Tonne Sprengstoff ins Ziel. Die angepeilten »Flächenziele«, wie es im Militärjargon hieß, waren Städte. Für Punktziele reichte die Genauigkeit der Steuerung nicht aus. Dies war auch der Hauptgrund dafür, daß ein Einsatz etwa an der Ostfront nie ernsthaft erwogen wurde. Die V 2 war als reine Terrorwaffe gegen die Bevölkerung vorgesehen. Ihr Einsatz, der im September 1944 begann, verbreitete in der Tat Angst und Schrecken. Gegen die niedrig und verhältnismäßig langsam fliegende V 1 hatte es noch Verteidigungsmöglichkeiten gegeben, den Angriffen der V 2 dagegen war die Bevölkerung beinahe schutzlos ausgeliefert. Eine militärische Abwehr der »Wunderwaffe« war damals unmöglich.

Eine V 1-Rakete wird von einer unterirdischen Rampe abgeschossen.

Auf furchtbare Weise mußte dies Antwerpen erfahren. Die Hafenstadt an der Schelde war für den Nachschub der Alliierten von größter Bedeutung. Das wußte auch die deutsche Heeresleitung – und so geriet die Stadt ins Fadenkreuz der V 2. Fast 600 Raketen schlugen im Stadtgebiet und über 660 im Umland ein. 4229 Tote, 6993 Schwerverletzte, fast 100 000 zerstörte oder beschädigte Häuser lautete die Schreckensbilanz.

Ende 1944 erlebte die Stadt zwei besonders tragische Angriffe: Am 27. November starben bei einem Einschlag auf einer belebten Kreuzung 128 Menschen, 196 wurden schwer verletzt. Am 19. Dezember tötete eine Rakete im vollbesetzten Rex-Kino 561 Besucher auf einen Schlag und verletzte 291 Menschen schwer. Den kriegswichtigen Hafen dagegen trafen von den nahezu 6000 Einschlägen der V 1 und V 2 in der Provinz Antwerpen nur 302. Und schon rückte das Projekt A9/A10 in technische Reichweite. Der zweistufige Nachfolger und »große Bruder« der V 2 hätte bei einer Reichweite von 5000 Kilometern sogar die USA angreifen können. New York als Ziel der Vergeltungswaffen, – schon früher hatte sich Hitler an diesem Gedanken berauscht: »Ein Bombenangriff, wie wir ihn auf London gemacht haben, auf New York, würde verheerend wirken, eine Katastrophe! Man könnte den Schutt nicht mehr wegräumen! Luftschutzkeller kann man da nicht bauen!«

Die Fernrakete A-4, die unter der Bezeichnung V 2 bekannt wurde, kam ab September 1944 zum Einsatz.

Bei diesen militärischen Möglichkeiten verwunderte es nicht, daß die Alliierten alles versuchten, in den Besitz dieser »Wunderwaffen« zu kommen. Noch vor Kriegsende setzte eine wahre Jagd der Amerikaner sowie der Russen auf das Geheimnis der V 2 ein. Es ging um die Rakete, um Fabriken, Labors, Versuchsanlagen, Dokumente und Berichte. In erster Linie aber waren die Wissenschaftler selbst die Jagdopfer. Sieger in diesem makabren Wettrennen blieben schließlich die Amerikaner. Viele der Forscher begaben sich ohnehin lieber in amerikanische als sowjetische Gefangenschaft. Später kursierte in der Sowjetunion ein Witz. »Wer wird wohl zuerst auf dem Mond landen – die Amerikaner oder wir?« Antwort: »Die Amerikaner.« Auf die Nachfrage: »Warum?« bekam man zu hören: »Weil sie die besseren Deutschen haben.« Auch in diesem Witz lag ein Körnchen Wahrheit. Denn der Vater des amerikanischen Apollo-Projektes hieß Wernher von Braun – eben jener Wissenschaftler, der in Hitlers Auftrag schon maßgeblich an der Entwicklung der »Wunderwaffe« V 2 beteiligt war. (HH)

Kampf um die Brücken

Arnheim: Tödliche Falle für die Alliierten

»Die deutsche Armee ist keine zusammenhängende Streitmacht mehr, sondern besteht nur noch aus versprengten, desorganisierten und sogar demoralisierten Truppen, denen es an Waffen und Gerät fehlt.«

Drei Monate nach Beginn ihres Sturms auf Hitlers »Festung Europa« waren die Westalliierten überzeugt, den Untergang des »Tausendjährigen Reichs« noch vor der Jahreswende herbeiführen zu können. An allen Fronten befanden sich die deutschen Armeen auf dem Rückzug. Mehr als eine Million Briten und Amerikaner hatten den Verteidigungsring um die Normandie gesprengt und Paris genommen. Die »Befreiung« Belgiens stand kurz vor ihrem Abschluß.

Der britische Oberbefehlshaber Feldmarschall Montgomery hatte sich in den Kopf gesetzt, die alliierten Truppen höchstpersönlich nach Berlin zu führen. Massive Panzer- und Infanterieverbände sollten nach Holland vorstoßen, bei Arnheim den Rhein überschreiten, in einer Zangenbewegung das Ruhrgebiet umfassen und anschließend in Richtung Reichshauptstadt marschieren. Dann konnte der britische Befehlshaber vielleicht noch vor Stalins Generalen durch das Brandenburger Tor paradieren, seine Devise jedenfalls lautete: »Bis Weihnachten ist der Krieg aus.«

Ein gigantisches Luftlandeunternehmen sollte den Weg zum Sieg ebnen. Montgomery plante, drei Divisionen und eine Brigade in den Räumen um Veghel, Grave, Nimwegen und Arnheim abspringen oder mit Lastenseglern absetzen zu lassen, damit die dortigen Rhein- und Maasbrücken möglichst unzerstört in die Hände der Alliierten fielen. Fünf strategisch bedeutende Übergänge waren als Absprungziele vorgesehen.

Mit großem Aufwand und unter strengster Geheimhaltung wurde die Operation vorbereitet. Unter dem Decknamen »Market Garden« begann das größte Luftlandeunternehmen der Geschichte. Rund 35000 Fallschirmjäger, 1500 Transporter und Lastensegler, 1000 Bomber und 1240 Jagdflugzeuge boten die alliierten Luftstreitkräfte auf.

Über die Frage der deutschen Truppenstärke kam es im Hauptquartier der Westmächte zu heftigen Auseinandersetzungen. Die »Feindaufklärung« ging nur schleppend voran. Die meisten Luftaufnahmen waren unbrauchbar; Angaben von Angehörigen des holländischen Widerstands und einiger britischer Agenten erwiesen sich als unvollständig. Im Stab des britischen XXX. Korps verbreitete sich vier Tage vor der Landung die Meldung, daß »die Deutschen nach neuesten Erkenntnissen in Holland bloß über ein paar Infanterie-Reserven und nicht mehr als 50 bis 100 Panzer verfügen«.

So herrschte im Lager der Westalliierten Zuversicht, als der Startschuß für das Unternehmen »Market Garden« fiel. Um die Mittagszeit des 17. September hob die gewaltigste Luftarmada der Geschichte vom Boden ab. Gegen 14 Uhr war der Himmel über Holland voll kleiner Punkte. Tausende von Fallschirmen öffneten sich binnen weniger Minuten. Der Angriff kam für die Deutschen unerwartet, doch der Überraschungscoup gelang nicht überall. Bei Arnheim begann der Widerstand von deutscher Seite schon in der Luft: »Plötzlich mahnten mich ein paar scharfe Pfiffe, daß dies *kein* Übungssprung war. Ein Kamerad – nur etwa 25 Meter neben mir – zuckte und senkte dann leblos seinen Kopf. Das

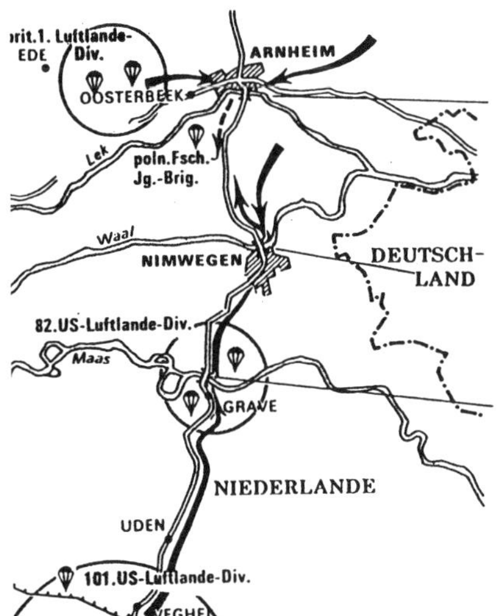

Das größte Luftlandeunternehmen mit rund 35 000 Fallschirmspringern begann am 17. September 1944 unter dem Codenamen »Market Garden« über Holland.

Blut rann über seine beiden Stiefel. Auch nach der Landung hörte das Rattern der deutschen Maschinengewehre nicht auf.«

Der englische Fallschirmspringer M.G. Sprider ahnte nicht, daß Arnheim seiner ganzen Division zum Schicksal werden sollte.

In den südlichen Landeabschnitten kamen die Operationen schnell voran. Die 82. US-Division brachte die Maasbrücke bei Grave unzerstört in ihre Gewalt. Gemeinsam mit den Panzer- und Bodentruppen des XXX. britischen Korps setzten die US-Verbände ihren Marsch in Richtung Norden fort. Am 20. September fiel die Brücke von Nimwegen. Der 101. US-Luftlandedivision gelang es – ebenfalls mit Unterstützung des britischen XXX. Korps –, alle wichtigen Brücken zwischen Veghel und Eindhoven unversehrt zu erobern.

Anders in Arnheim: Den Absprung der 1. britischen Luftlandedivision konnte der Oberkommandierende der deutschen Heeresgruppe B, Feldmarschall Model, sogar von seinem Befehlsstand aus beobachten. Zuerst glaubte er, die Briten wollten ihn entführen; doch der Kommandeur des II. SS-Panzerkorps, SS-Obergruppenführer Bittrich, überzeugte ihn, daß der Überfall der Straßenbrücke von Arnheim galt: Sofort ließ Bittrich Panzergrenadiere ausrükken, um den Übergang zu sichern. Es kam zum Wettlauf mit den Fallschirmspringern von Generalmajor Urquhardts 1. Luftlandedivision. Der Brite Urquhardt hatte Probleme, seine Männer zu sammeln. Die einheimische Bevölkerung stürmte den »Befreiern« in Scharen entgegen und lud ganze Einheiten zum Tee ein. Tatsächlich kam es dadurch zu erheblichen Verzögerungen.

Tausende von Fallschirmen öffnen sich über Arnheim (oben).
Die britischen Fallschirmspringer und Lastensegler werden bereits erwartet – freilich nicht nur von den Kameraden, sondern auch von der deutschen Luftabwehr.

Urquhardt befahl Bataillonskommandeur C.D. Frost, mit seinen Einheiten zur Brücke vorzustoßen. Doch 25 Minuten vor den Briten trafen die deutschen Grenadiere ein. Als Frosts Kompanien die Brücke besetzen wollten, gerieten sie ins Kreuzfeuer. Aus dem Bunker des Nordzugangs schoß eine Flak-Kanone, am Südende ratterte das MG eines Halbkettenfahrzeugs. Ohne Verstärkung konnte der britische Oberstleutnant die Brücke nicht nehmen. Er ahnte nicht, daß Bittrichs 2. Panzerdivision in seinem Rücken einen Sperriegel errichtete. Mit hervorragend ausgebildeten SS-Einheiten und der 1. Fallschirmjäger-Armee unter Generaloberst Student verfügte die deutsche Streitmacht über genügend Kräfte, Arnheim einzukesseln. Dichter Nebel über England machte es den Alliierten unmöglich, weiteren Nachschub aus der Luft heranzuführen. Urquhardts Division mußte sich einigeln. Während Frosts Männer mit Phosphorgranaten beschossen wurden, suchte sein kommandierender General zwischen den deutschen Linien Schutz auf einem Dachboden. Neun Tage lang tobte ein erbitterter Nahkampf, von Haus zu Haus, manchmal von Zimmer zu Zimmer. Zug um Zug wurde die 1. britische Luftlandedivision aufgerieben.

In diesen Tagen offenbarte sich das doppelte Gesicht der Waffen-SS. Während Männer der SS-Totenkopf-Verbände bei der Niederschlagung des Warschauer Aufstands ganze Stadtviertel dezimierten, kümmerten sich Sanitäter der Divisionen »Hohenstaufen« und »Frundsberg« um die etwa 2000 britischen Verwundeten im Kessel von Arnheim. So entgingen Hunderte alliierte Soldaten dem sicheren Tod. Als SS-Leute ihnen Schokolade, Zigaretten und Schnaps anboten, wurden einige mißtrauisch. Mancher Brite mußte erbittert feststellen, daß es sich um Beutegut aus alliierten Beständen handelte.

Acht Tage nach Beginn der Offensive befahl Urquhardt den Resten seiner völlig ausgebluteten Division, aus dem Kessel auszubrechen und sich über den Rhein abzusetzen. Die Vorausabteilungen des britischen XXX. Korps hatten endlich das Südufer des Stroms erreicht und gaben Feuerschutz. Dennoch geriet der Rückzug von Urquhardts Leuten zum Opfergang: »Noch immer lagen wir unter nicht enden wollenden Beschuß. Es gab keine sichere Ecke. Die Keller der umliegenden Villen waren voll von Verwundeten, auf dem Rasen lagen die Toten aufgereiht. Es gab keine Möglichkeit, sie zu begraben. Beinahe acht Nächte waren wir schon ohne Schlaf. Es fehlte an allem: Munition, Verbandszeug und Verpflegung. Sergeant Rees überlebte das Inferno von Arnheim. Nur knapp 2400 von über zehntausend Soldaten der 1. Luftlandedivision entkamen aus dem Kessel.

Feldmarschall Montgomery mußte seinen ehrgeizigen Plan, die Reichshauptstadt zu erobern, aufgeben. Stalin hätte ohnehin sein Veto gegen die »Operation Berlin« eingelegt. Winston Churchill vermochte dem mißglückten Unternehmen doch noch etwas Positives abzugewinnen. Am 9. Oktober notierte er zynisch: »Die Schlacht hat mit einem ausgesprochenen Sieg geendet, nur die führende Division, die berechtigterweise nach mehr strebte, ist zerzaust worden. Ich habe darob keine betrübliche Enttäuschung empfunden und freue mich über den Mut unserer Befehlshaber, derartige Risiken auf sich zu nehmen.«

»The gallant defeat«, die bravouröse Niederlage, wie das Debakel auf der Insel beschönigend genannt wurde, bescherte Hitler seinerseits das Gefühl, gesiegt zu haben. Er meinte nun, das Blatt an der Westfront doch noch wenden zu können. Unter größter Geheimhaltung ließ er die Ardennenoffensive vorbereiten. (SB)

Die Teilung der Beute

Der Streit um Deutschlands Zukunft

Josef Stalin, Franklin D. Roosevelt und Winston Churchill vereinbaren auf der Konferenz in Teheran am 28. November 1943 eine zweite Front in Westeuropa und erörtern die »Deutschlandfrage«.

In der sowjetischen Botschaft waren alle Vorbereitungen für einen harmonischen Abend getroffen worden. Der Tisch war reich gedeckt, Kerzenschein tauchte den Saal in ein warmes Licht. In Eintracht sollte der erste Tag der Konferenz von Teheran ausklingen. Erstmals saßen sich gleich drei alliierte Führer gegenüber: Winston Churchill, Franklin D. Roosevelt und Josef Stalin. Als »echte Freunde in Geist und Ziel« wollten sie ihre »Pläne zur Vernichtung der deutschen Truppen« aufeinander abstimmen, bis Stalin der vermeintlichen Harmonie ein jähes Ende bereitete. »Nach dem Krieg«, polterte er los, »sollte man etwa 50000 deutsche Offiziere liquidieren.« Der britische Premier reagierte mit Abscheu: »Das ist kaltblütiger Mord! Ich würde mich lieber auf der Stelle in den Garten hier abführen und erschießen lassen, als meine eigene Ehre und die Ehre meines Landes mit einer solchen schändlichen Gemeinheit zu beflecken.« Urplötzlich war die Stimmung in der Sowjet-Botschaft umgekippt. Nun lag Streit in der Luft.

War die Konferenz der Verbündeten im Kampf gegen Hitler damit schon am ersten Tag gescheitert? Stalin rettete die Situation und besänftigte Churchill, indem er ihm versicherte, er habe es nicht so gemeint. Wenig später saßen die »Großen Drei« wieder an einem Tisch. Das Gewitter war verzogen, doch das Mißtrauen zwischen den Alliierten blieb. Es wuchs sogar, je mehr sich die deutsche Niederlage abzeichnete. Zu groß waren die ideologischen Klüfte zwischen den Mächten, die ein reines Zweckbündnis eingegangen waren mit dem Ziel, Deutschland in die Knie zu zwingen.

In Casablanca hatten die Staatschefs im Januar 1943 die »bedingungslose Kapitulation« der Achsenmächte gefordert. Nun, in Teheran, ging es ein knappes Jahr später bereits darum, wie Deutschland aufgeteilt werden sollte. Es war die hohe Zeit der Planspiele, und an Ideen mangelte es nicht.

Monatelang hatten die Alliierten darüber debattiert, wo sie ihre erste Kriegskonferenz abhalten sollten. Die Entscheidung fiel auf Teheran, die Kapitale von Persien. Sowjetische, englische und amerikanische Truppen kontrollierten die Stadt am Fuße des Elbursgebirges. Der Schah war abgesetzt worden, sein Sohn auf den Pfauenthron nachgerückt. So begann am 28. November 1943 die Konferenz der Großen Drei. Am Morgen rollten die Staatskarossen von Churchill und Roosevelt durch die Stadt der Paläste und Moscheen. Stalin war schon drei Tage zuvor eingetroffen und hatte das umfangreiche Programm vorbereitet. Drei Plenarsitzungen und zahlreiche ausgedehnte Diskussionen in den Botschaftsgebäuden der Großmächte waren vorgesehen. Zunächst drehten sich die Gespräche um Fragen der militärischen Zusammenarbeit. Doch schon am ersten Tag kamen die Delegationen auch auf die »Deutschlandfrage« zu sprechen – ein Thema, das in Teheran für Zündstoff sorgte.

US-Präsident Roosevelt war der Meinung, »daß es sehr wichtig ist, den Begriff vom ›Reich‹ aus dem deutschen Bewußtsein zu tilgen.« Der Begriff müsse aus der deutschen Sprache gestrichen werden. Stalin griff den Gedanken auf und forderte unmißverständlich: »Deutschland muß vollständig zerstükkelt werden!« Nur Churchill schlug einen gemäßigteren Ton an und erklärte: »Ich sehe zwar auch die Verantwortung der drei hier in Teheran vertretenen Nationen, daß Deutschland sich nicht wieder erheben darf, betone aber, daß es möglich sein muß, etwas aus dem deutschen Volk zu machen, wenn sich dafür eine Generation aufopfern, schwer arbeiten und umerziehen lassen würde.«

Roosevelt wollte das Deutsche Reich in fünf Teile spalten. Sein »Aufteilungsprojekt Deutschland« sah vor: Preußen; Hannover mit Nordwestdeutschland, Sachsen mit dem Raum Leipzig, Hessen-Darmstadt, Hessen-Kassel mit dem Gebiet südlich des Rheins sowie Bayern, Baden und Württemberg jeweils mit einer unabhängigen Regierung auszustatten. Hamburg, Kiel, der Kieler Kanal, die Ruhr und die Saar sollten der »Kontrolle der Vereinten Nationen als Treuhänder« unterstellt werden.

Daß Preußen vom Reich abgetrennt werden müsse, forderte auch Churchill. Mit dem Rest des Landes hatte er aber

Am Ende des Krieges berieten die Alliierten über die Entwaffnung und Bestrafung der Deutschen. Besonders wichtig war ihnen die Umerziehung, die »Re-education«.

andere Pläne. »Ich möchte Sachsen, Bayern, die Pfalz, Baden und Württemberg vom Reich loslösen. Während ich mit Preußen streng verfahren würde, möchte ich die zweite Gruppe behutsamer anfassen. Diese würde ich am liebsten in einem Bund zusammenschließen, den ich als Donaubund bezeichnen möchte.« Was aber beabsichtigte der Dritte im Bunde? Stalin stimmte mit Roosevelts Vorschlägen überein. Churchills Überlegungen dagegen lehnte er ab. »Es ist unklug«, bemerkte er, »einen neuen Bund zu bilden.«

Wenn auch im Abschlußprotokoll von Teheran kein Wort darüber verloren wurde, so war doch klar: Die Alliierten wollten Deutschland zerstückeln. In welche Teile – das blieb vorerst offen.

Zwar hielten die Großmächte 1944 keine Gipfelkonferenzen mehr ab, einen Stillstand in den Planungen zur Zukunft Deutschlands bedeutete dies jedoch nicht. Über die deutsche Nachkriegsordnung zerbrachen sich auch die Mitglieder einer von den alliierten Außenministern eingesetzten Beratungskommission namens European Advisory Commission (EAC) die Köpfe. Die drei Bevollmächtigten der Alliierten tagten seit Januar 1944 in London. Sie arbeiteten die Kapitulationsurkunde aus, und sie faßten im September den weitreichenden Beschluß: Deutschland wird in drei Besatzungszonen, Berlin in drei Sektoren geteilt.

In den Monaten zuvor war in den USA allerdings eine heftige Diskussion um die Deutschlandplanungen entbrannt. Das State Departement schlug eine föderative Gliederung Deutschlands vor, eine gewaltsame Zergliederung lehnte es ab. Mehr den Vorstellungen Roosevelts, der Deutschland teilen und niederhalten wollte, entsprach der Plan seines Finanzministers Henry Morgenthau. Dessen Devise lautete: Deutschlands Industrie muß demontiert, das stark verkleinerte Land in einen Agrarstaat verwandelt werden. So wollte der Sohn eines aus Deutschland eingewanderten Juristen das »Erzübel der Weltgeschichte« in Ketten legen, damit es nie wieder Frieden und Wohlfahrt der übrigen Menschheit gefährden könne. Entsprechend hieß die Überschrift des Memorandums, das als Morgenthau-Plan bekannt wurde: »Programm zur Verhinderung der Auslösung des Dritten Weltkriegs durch Deutschland«.

Nach dem Morgenthau-Plan hätte Frankreich das Saargebiet und das Land zwischen Mosel und Rhein erhalten. Das Ruhrgebiet sollte unter internationale Kontrolle gestellt werden.

Im kanadischen Quebec präsentierte Roosevelt dem britischen Premier eine im wesentlichen kaum veränderte Fassung des Morgenthau-Papiers. Churchills erster Kommentar: »Bei der Verwirklichung dieses Plans ist Großbritannien an einen Leichnam gekettet:« Dennoch, Roosevelt setzte seine Unterschrift unter den Plan, und auch Churchill paraphierte. Nur kurze Zeit sollte verstreichen, bis beide ihre Unterschriften bereuten.

Ein Sturm der Kritik brach in Großbritannien und in den USA los. Vor allem in den Vereinigten Staaten herrschte keineswegs die Meinung vor, Deutschland müsse völlig zerstückelt werden. Längst nämlich hatten die Experten in den Regierungsstäben erkannt: Ein schwaches Deutschland würde einen dauerhaften Frieden in Europa nur gefährden. Der Präsident geriet in eine Zwickmühle. Wahlen standen vor der Tür, und so verabschiedete sich Roosevelt bereits Ende September zähneknirschend vom Morgenthau-Plan. Am 29. September 1944 formulierte er ein Memorandum für den Außenminister: »Niemand beabsichtigt, aus Deutschland ein völlig landwirtschaftliches Land zu machen. Niemand wünscht die vollständige Ausrottung der deutschen industriellen Produktionskapazität an Ruhr und Saar.« (HS)

Hermann Graml

Die Zeit der Zerstückelungspläne

Der früheste Vorschlag zur Aufteilung Deutschlands, den ein verantwortlicher Politiker eines alliierten Staates machte, stammte bezeichnenderweise von Stalin. Als erstmals seit Beginn des deutsch-sowjetischen Krieges – und wenige Tage nach dem japanischen Angriff auf die amerikanische Pazifikflotte in Pearl Harbor – eine britsiche Delegation nach Moskau reiste, um mit dem sowjetischen Diktator über die politischen Grundlagen der nun von Deutschland erzwungenen britisch-sowjetischen Allianz zu sprechen, suchte Stalin Außenminister Anthony Eden schon in ihrer ersten Unterredung, am 16. Dezember 1941, auseinanderzusetzen, daß zu den Grundlagen des Bündnisses und damit zu den Themen ihres Gesprächs natürlich auch eine Verständigung über die künftige Friedensregelung gehören müsse. Er teilte seinem Gast auch gleich mit, welche Forderungen die Sowjetunion stelle, nämlich daß es bei der im August 1939 mit Deutschland vereinbarten Teilung Polens, jedenfalls was das sowjetisch gewordene Ostpolen betreffe, zu bleiben habe und daß die UdSSR ferner die sonst noch aufgrund der deutsch-sowjetischen Abmachungen eingeheimste Beute (die baltischen Staaten, Teile Finnlands, Bessarabien) behalten wolle. [...]

Es liegt auf der Hand, daß der deutschen Frage in Roosevelts Konzept, so wichtig Deutschland während des Krieges als Gegner genommen werden mußte, überhaupt kein Eigengewicht, sondern lediglich funktionale Bedeutung zukam, nämlich als Kitt der Allianz der Weltmächte und damit gleichsam als Katalysator des künftigen globalen Gleichgewichtssystems wie der entstehenden Vereinten Nationen. Aus der Verständigung über Deuschland – und Verständigung hieß unweigerlich weitestgehende Berücksichtigung des sowjetischen Sicherheitsbedürfnisses und sonstiger sowjetischer Wünsche – konnte die Kooperation der Westmächte mit der Sowjetunion auch nach dem Wegfall der Notwendigkeit für eine Militärallianz ihre vielleicht sogar entscheidenden Startimpulse gewinnen.

Roosevelt war mitnichten ein Feind der Deutschen oder gar einer jener emotionalen Deutschenhasser, die während der NS-Zeit ihre Gefühle in Artikeln, Broschüren und Büchern entluden. Aber eine Nation, die sich einer so widerwärtigen Diktatur unterworfen hatte und sich für sie noch immer schlug wie die Teufel, mußte zwar nicht für alle Zeit verlorengegeben werden, hatte in seinen Augen jedoch einen harten Frieden verdient. Als er im Sommer 1944 von relativ maßvollen Deutschlandplänen des State Departement und des Kriegsministeriums unterrichtet wurde, mißfiel ihm das sehr. Wenig später, Anfang September, legte ihm sein Finanzminister Henry Morgenthau, durch jene Pläne äußerst gereizt, eine Denkschrift vor, die unter dem Titel »Programm zur Verhinderung der Auslösung des Dritten Weltkriegs durch Deutschland« einen stattlichen Katalog

Auf der Konferenz in Teheran wird der sowjetischen Delegation ein »Stalingrad-Schwert« überreicht.

drakonischer Maßnahmen zur Niederhaltung Deutschlands und zur Bestrafung der Deutschen empfahl. Eine revidierte Fassung des Plans, die aber noch den Satz enthielt, Deutschland habe »ein Land von im wesentlichen landwirtschaftlichem und Weidecharakter« zu werden, unterschrieb der Präsident am 15. September 1944 in Quebec, wo er mit Churchill zusammentraf; den britischen Premier veranlaßte er auch gleich zur Paraphierung. Nachdem Außenminister Hull, Kriegsminister Stimson und ein beträchtlicher Teil der Öffentlichkeit mit scharfer Kritik reagiert hatten, zog Roosevelt seine Unterschrift schon Ende September wieder zurück, und Churchill erklärte, mit seiner Paraphe habe er lediglich die Bereitschaft zum Studium des Plans ausdrücken wollen. Indes kann kein Zeifel bestehen, daß dem Präsidenten nicht nur einer der Hauptzwecke des Plans einleuchtete, nämlich Deutschland so zu schwächen, daß die Nachbarstaaten die Kontrolle übernehmen und die amerikanischen Besatzungstruppen so bald wie möglich wieder abgezogen werden konnten.

Nicht in jedem Detail, doch in der Grundtendenz hat der Plan sicherlich Roosevelts Neigung zu einem harten Frieden entsprochen. Jedenfalls stimmte er der Zerstückelung Deutschlands zu, ob sie nun von Stalin, von Morgenthau oder lautstark von Publizisten in den alliierten Staaten propagiert wurde. Angesichts der Rußland- und Europapolitik, die er 1942, 1943 und noch 1944 für richtig oder doch für unvermeidlich hielt, schien es ja auch gleichgültig zu sein, ob die Sowjetunion einen einzigen – verkleinerten – deutschen Staat oder mehrere deutsche Staaten in ihre Interessensphäre nahm. [...]

Die Westmächte kamen dem sowjetischen Konzept um so näher, als sie der ebenfalls bereits 1941 deutlich gewordenen sowjetischen Absicht, Deutschland aufzuteilen und so ein politisch schwaches Mitteleuropa zu schaffen, nun offiziell ihren Segen gaben und diese Absicht überdies zum wichtigsten Element ihrer eigenen Deutschlandpolitik erklärten. Am Abend des ersten Verhandlungstages von Teheran bemerkte Roosevelt während eines Festbanketts, der Begriff »Reich« müsse aus dem Bewußtsein der Deutschen und sogar aus der deutschen Sprache verschwinden. Stalin erwiderte sofort, damit sei es nicht getan; unter anderem hätten die Alliierten die Pflicht, zur Verhinderung künftiger deutscher Abenteuer an strategisch wichtigen Stellen in Deutschland Stützpunkte besetzt zu halten. Auf die Politik der Stützpunkte ließ sich der Präsident nicht ein. Nachdem aber im weiteren Verlauf der Gespräche die sowjetische Tendenz, das Reich zumindest zu zerstückeln, klar hervorgetreten war, machte Roosevelt seinerseits den Vorschlag, Deutschland in fünf selbständige Staaten aufzuteilen. Stalin akzeptierte dies prompt, wenn auch manche seiner Formulierungen den Eindruck erweckten, daß er eigentlich noch weiterzugehen wünschte; zum Beispiel behauptete er, es sei notwendig, »die deutschen Stämme zu zersplittern«. Churchill verriet dagegen zunächst die Neigung, deutsche Teilstaaten wenigstens als einigermaßen lebensfähige Gebilde zu schaffen; außerdem brachte er wieder seine Idee eines »Donaubunds« vor, als dessen Teile er neben Süddeutschland und Österreich jetzt auch Ungarn nannte. Stalin widersetzte sich solchen Gedankenspielen in einer Form und mit einer Härte, die unmißverständlich ankündigte, daß die Sowjetunion in Ost-, Mittel- und Südeuorpa überhaupt keine stärkeren Staaten oder Föderationen schwacher Staaten zu dulden gedachte – völlig unabhängig von der deutschen Frage und vom sowjetischen Interesse an Sicherheit vor Deutschland. Roosevelt hat auf derartige Signale, die von der amerikanischen Delegation sehr wohl registriert wurden, nicht reagiert, und angesichts der amerikanisch-sowjetischen Übereinstimmung hatten Churchills Pläne keine Chance. Churchill trieb die Dinge in der deutschen Frage freilich selbst ein gutes Stück weiter, indem er, um der Rolle Großbritanniens als Protektor Polens doch irgendwie gerecht zu werden, mit Stalin vereinbarte, den polnischen Staat für den Verlust Ostpolens mit Ostdeutschlands bis zur Oder und Neiße zu entschädigen. Die mündliche Abrede wurde – abermals unter stillschweigender Zustimmung Roosevelts – ebenfalls als bindende britisch-sowjetische Abmachung betrachtet; daß die Sowjetunion dabei Anspruch auf das Memelgebiet und einen Teil Ostpreußens mit Königsberg erhob, fand auf westlicher Seite jedenfalls keinen Widerspruch. Über Österreich hatten zuvor schon die Außenminister in Moskau entschieden, als sie in einer Deklaration konstatierten, der »Anschluß« von 1938 sei »null und nichtig«, Österreich solle wieder frei und unabhängig werden. [...]

Bereits 1941 plante Stalin eine Auflösung Deutschlands: Das Rheinland sollte von Preußen getrennt und – wie Bayern – selbständig werden. Österreich würde aus dem Deutschen Reich ausgegliedert, und das Sudetenland sollte wieder der Tschechoslowakei zufallen; Polen würde Ostpreußen erhalten.

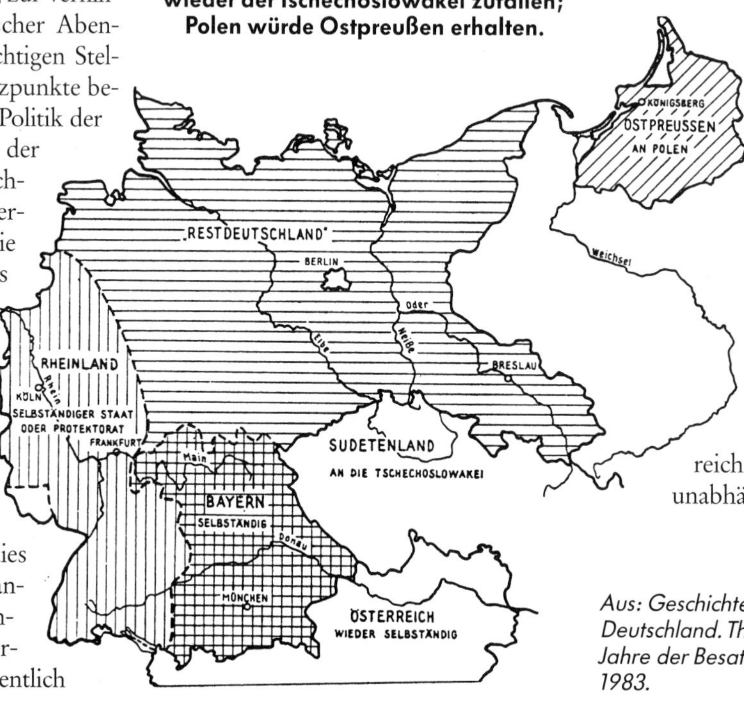

Aus: Geschichte der Bundesrepublik Deutschland. Theodor Eschenburg: Jahre der Besatzung 1945–1949. 1983.

Kreativität in Ketten

Kunst und Kultur

Die alte Kulturmetropole an der Seine erwachte wie aus einem Dornröschenschlaf. Nach dem Abzug der deutschen Besatzungstruppen im August 1944 erblühte das Kunstgeschehen in Paris zu neuer Vielfalt. Wenngleich die Käseglocke der NS-Kulturpolitik im besetzten Frankreich nie so undurchlässig war wie im Deutschen Reich, hatten auch hier fortschrittliche Künstler während des Krieges im Verborgenen überwintern müssen. Der Ansturm auf die neueröffneten Galerien und Ausstellungen zeugte nun vom Nachholbedarf der Kunstliebhaber.

Der große Pariser Herbstsalon im Palais des Beaux-Arts vom 6. Oktober bis zum 5. November knüpfte wieder an die internationale Kunstentwicklung an. Statt monotoner NS-Kunst zeigte er eine bunte Palette von Stilrichtungen: Surrealistische Traumbilder des belgischen Malers Paul Delvaux, abstrakte Farbcollagen des Exilrussen Nicolas de Staël, expressive Entwürfe von Marcel Gromaire, linear-kubistische Konstruktionen von Jacques Villon, rhythmische Formkompositionen von Fernand Léger und düstere Stilleben von Georges Braque verzierten die Stellflächen. Die größte Aufmerksamkeit allerdings galt Braques Freund und Kontrahenten aus den Pioniertagen des Kubismus: Pablo Picasso, für dessen 74 Gemälde und fünf Skulpturen eine eigene Galerie reserviert wurde.

Die erstmalige Teilnahme des legendären Altmeisters an der alljährlichen Kunstschau wurde auch als Signal verstanden. »Es ist gut, daß die Künstler von Paris, die zur Befreiung der Hauptstadt beigetragen haben, den Maler ehren wollen, der am treffendsten den Geist der Résistance verkörpert hat«, rühmte Louis Parrot in der Zeitschrift Lettres Françaises.

Aristide Maillol, »L'action enchainée«, um 1906 (Kunstmuseum Basel). Als Bildhauer Autodidakt, gestaltete der Maler und Grafiker Maillol vor allem weibliche Akte in klassischer Einfachheit der Körperbewegungen.

Seit »Guernica«, seinem monumentalen Manifest gegen denKrieg auf der Weltausstellung 1937, war Picassos Werk in Europa von der Bildfläche verschwunden. Aber der Künstler hatte während der Besatzungszeit in Paris ausgeharrt und insgeheim auch deutsche Besucher empfangen. Nun trat er flugs in die kommunistische Partei ein und ließ seine Rückkehr in die Öffentlichkeit als Stunde des Neubeginns feiern.

Die Malerei der Moderne erntete nicht nur euphorischen Zuspruch. Eine Wachgarde aus Malern und Studenten mußte Picassos facettenhafte Frauenbildnisse vor der Empörung aufgebrachter Zuschauer in Schutz nehmen. Die kulturelle Isolation der Kriegsjahre hatte sie von abstrakten Formen in der Kunst entwöhnt. Drohbriefe und Proteste waren auch das Echo auf eine Ausstellung der Galerie Drouin mit Zeichnungen Jean Dubuffets, der sich bewußt am schlichten Stil von Kindern und Geisteskranken orientierte.

Eine weitere Werkschau war dem gebürtigen Ungarn Victor Vasarely gewidmet. Auf faszinierende Weise setzte er in seinen grafischen Studien und Zeichnungen die Mittel der optischen Täuschung ein.

Abstrakte Malerei präsentierte die Pariser Galerie L'Equisse. Im Mittelpunkt stand das Werk eines Malers, der diese Kunstform wie kein anderer geprägt hatte: Wassily Kandinsky.

Es war seine letzte Ausstellung. Am 13. Dezember starb der 78jährige Künstler im Pariser Vorort Neuilly-sur-Seine, der Endstation eines bewegten Lebens.

Jean Dubuffet, »Das Landhaus«, 1944 (Privatbesitz).
Aufsehen erregten seine scheinbar infantilen gemalten, geritzten oder als Collagen zusammengestellten Bilder, die erstmals 1944 im gerade befreiten Paris gezeigt wurden.

Als »entarteten Künstler« hatte das NS-Regime den Bahnbrecher der abstrakten Kunst und Bauhaus-Dozent 1933 aus Deutschland vertrieben. Das Exil in Frankreich war für den gebürtigen Russen der dritte Neubeginn – und wohl der schwierigste. Sein spiritualistischer Stil fügte sich wenig in die rationale, an Descartes geschulte Gedankenwelt der spätkubistischen Kunstszene in Paris. Kandinskys metaphysische Betrachtungen zur Farbenlehre klangen wie düstere Prophetie: »Wie ein totes Nichts nach dem Erlöschen der Sonne, wie ein ewiges Schweigen ohne Zukunft und Hoffnung klingt innerlich das Schwarz.«

Der Tod von drei weiteren Wegbereitern der modernen Kunst markierte in diesem Jahr den Endpunkt einer künstlerischen Ära. In seinem New Yorker Exil starb am 1. Februar der niederländische Maler Piet Mondrian. Als Mitbegründer der Künstlerbewegung De Stijl entwarf er die Leitbilder des abstrakten Neoplastizismus. Streng geometrische und farbreine Gitterkonstruktionen zeigten seine Handschrift. Bei einem Autounfall kam der Bildhauer Aristide Maillol am 27. September in Banyuls-sur-Mer ums Leben. Seine unvollendet gebliebene Skulptur, die er *Harmonie* nannte, war typisch für sein Lebenswerk: Sinnlich-kraftvolle Frauenakte in Eintracht mit der Natur, ganz in der naturalistischen Tradition seines Vorbildes Auguste Rodin. In seinem Landhaus bei Oslo starb am 23. April der norwegische Maler Edvard Munch – verbittert über die deutsche Fremdherrschaft in seinem Land. Einsamkeit, Eifersucht, Liebe und Tod hatten sein Werk zeitlebens beherrscht, wie Ausrufe-Zeichen einer Weltangst wirken seine expressionistischen Gemälde.

Im Deutschen Reich regierte das vermeintlich »gesunde Volksempfinden« den staatlichen Kunstbetrieb. »Diejenigen seiner Bilder,« zog etwa der Direktor des Folkwang-Museums, Klaus Graf Baudissin, über Kandinskys abstrakte Kompositionen her, »die er selber ›reine Improvisationen‹ benennt, haben ihre ›Analogien‹ höchstens in einem chaotischen Reich des Plasmas, Spermas, der Kokken und Spinoteren‹ [...]. Wir können es nicht Zufall heißen, daß ein Entwurzelter, ein seiner eigenen Nation Entfremdeter diesen Einfall startete, der hinausläuft auf ein allen Sinnes entkleidetes Spiel des sich für absolut setzenden Intellekts, eines halbgebildeten, zuchtlosen und daher gegen das Leben gerichteten, selbstmörderischen Intellekts.«

Während moderne Kunst dadaistischer, kubistischer, surrealistischer oder abstrakter Stilart aus dem Blickfeld der gleichgeschalteten Gesellschaft völlig verbannt war, vermittelte die Jahresausstellung im Haus der Deutschen Kunst in München einen anschaulichen Überblick über die Früchte des »völkischen Schaffens«: »Frontkunst«, die das Schlachtfeld zur Walstatt verklärte, kitschige Bauernromantik, unpolitische Landschaftsmalerei und überdimensionale Heldenskulpturen beherrschten die heiligen Hallen.

Der Schöpfer solcher ebenso monumentalen wie nichtssagenden Standbilder, Arno Breker, verfügte über eine Atelierhalle mit eigenem Gleisanschluß und Kanalhafen, wo französische Kriegsgefangene unter seiner Anleitung die Riesenstatuen montierten. Oberstes Kriterium für den Aufstieg in den Kunstolymp war der Geschmack des »Führers«, dem in jungen Jahren selbst der Zugang zur Wiener Kunstakademie verwehrt geblieben war. So hatte es der Präsident der Reichskunstkammer Adolf Ziegler – im Volksmund: »Meister des deutschen Schamhaares« genannt – ausschließlich Hitlers Protektion zu verdanken, daß seine unsäglichen Aktgemälde öffentlichen Ruhm erlangten. »Kunstwerke tragen das Gesicht ihrer Zeit«: Diese Hymne des »Völkischen Beobachters« auf die Ausstellung »Deutsche Künstler und die SS« 1944 in Salzburg barg also durchaus einen tieferen Wahrheitsgehalt.

Vom 20. August 1944 an herrschte im gesamten Kulturbetrieb Friedhofsruhe. Im Zeichen des »totalen Kriegs« ließ Propagandaminister Goebbels neben

Karl Hofer, »Gefangene am Rad«, (Nachlaß Karl Hofer, Köln). Unter dem Eindruck des Zweiten Weltkriegs – 1943 verlor der Künstler sein Atelier durch einen Bombenangriff auf Berlin – entstanden trotz Mal- und Ausstellungsverbot eine Reihe eindrucksvoller zeitkritischer Ölgemälde.

Theatern, Kabaretts, Schauspielschulen, Konservatorien und Zirkuszelten auch sämtliche Ausstellungsräume und Kunstakademien schließen. Den verfemten Malern, die im Land geblieben waren, unter ihnen Willi Baumeister, Otto Dix, Karl Hofer, Ernst Wilhelm Nay, Emil Nolde, Erich Heckel, Karl Schmidt-Rottluff, Max Pechstein, Fritz Winter und Käthe Kollwitz war mit Ausstellungs- und Malverboten ohnehin längst die Grundlage ihrer Arbeit entzogen worden. Sie zogen sich in die »innere Emigration« zurück und versuchten, die Zeit der Barbarei in der Abgeschiedenheit zu überstehen.

»Ungemalte Bilder« nannte Emil Nolde die Zeichnungen, die er in seinem abgelegenen Domizil nahe der dänischen Grenze zu Papier brachte – in Aquaralltechnik, um sich bei einer unerwarteten Inspektion nicht durch den Geruch der Ölfarbe zu verraten. Auf schreibmaschinengroßen Blättern schuf der Bauhaus-Absolvent Fritz Winter während eines Genesungsurlaubs von

Lyonel Feininger, »Manhattan«, 1944 (Privatbesitz).
Seine vom Kubismus beeinflußten Architektur- und Meeresbilder bestechen durch die prismatisch gebrochenen Formen in zarten Farbtönen.

Wassily Kandinsky bei der Arbeit im Jahre 1936.
Wassily Kandinsky, »Himmelsblau«, 1940 (Musée national d'Art moderne).
Der letzten Schaffensperiode entstammt dieses Bild mit verspielten, figurativen und biomorphen Formen (oben).

»Der Rächer«. Relief von Arno Breker.

»Göttin der Kunst«, Gemälde von Adolf Ziegler (rechts). Dieses Bild war für die Empfangshalle des Künstlerhauses in München bestimmt.

der Front 1944 die Bildfolge »Triebkräfte«, die eine Synthese seines Gesamtwerks darstellte. Andere Maler wie Karl Hofer mußten ohnmächtig miterleben, wie ihr gesamtes Atelier mitsamt den Bildern nach Bombenangriffen ein Raub der Flammen wurde. Lyonel Feininger, von 1919 bis 1933 Lehrer am Bauhaus, emigrierte 1937 in die USA. Nach mehreren Gruppenausstellungen hatte er 1944 mit einer Ausstellung im New Yorker Museum of Modern Art – zusammen mit dem amerikanischen Maler Marsden Hartley – seinen ersten großen Erfolg.

Als einer der wenigen verfolgten Künstler gelang es dem Stuttgater Maler Willi Baumeister, der zurückgezogen in Urach bei Reutlingen lebte, auch im Ausland noch Beachtung zu finden. Seine von afrikanischen und urzeitlichen Felsmalereien inspirierten Gemälde waren Teil der Ausstellung »Konkrete Kunst«, die Max Bill vom 18. März bis zum 16. April in Basel organisierte. »Konkret« bezeichnete dabei eine Formen- und Farbenwelt, die von Gegenständen oder der Natur völlig losgelöst, eine unabhängige Realität konstituierte. Neben internationalen Größen wie Calder, Mondrian und Moore bot die Kunstschau auch Wassily Kandinsky, Hans Arp, László Moholy-Nagy und dem 1940 verstorbenen Maler Paul Klee ein Forum. Inmitten der besetzten und umkämpften »Festung Europa« erschien die Ausstellung in Basel wie eine letzte Kulturoase der Moderne. (PH)

September 1944

1 · Freitag

In Nordfrankreich erobern alliierte Einheiten die V-1-Stellungen für den Beschuß von London.

Im Deutschen Reich werden alle Kriegsgefangenen mit Ausnahme von Briten und Amerikanern der SS unterstellt.

2 · Samstag

US-Finanzminister Henry Morgenthau legt einen später nach ihm benannten Plan zur Behandlung des besiegten Deutschlands vor. Morgenthaus Stufenplan sieht den Abbau von Industrieanlagen und die Aufteilung des Reichsgebiets in zwei Staaten vor.

Henry Morgenthau.

In Belgien und den Niederlanden sprengt die Wehrmacht Deiche und Dämme, um den Vormarsch der Alliierten aufzuhalten.

3 · Sonntag

Britische Panzer rücken, ohne auf deutschen Widerstand zu stoßen, in Brüssel ein.

4 · Montag

In einem Telegramm an Stalin kritisiert der britische Premier Winston Churchill die sowjetische Weigerung, die Warschauer Aufständischen zu unterstützen, als »Verstoß gegen den Geist der alliierten Zusammenarbeit«.

Die finnischen Streitkräfte stellen alle Kampfhandlungen gegen die Sowjetunion ein.

5 · Dienstag

Die Sowjetunion erklärt Bulgarien den Krieg. Als die Rote Armee noch am selben Tag die bulgarische Grenze überschreitet, bittet die Regierung in Sofia um einen Waffenstillstand.

In Stockholm erklärt die schwedische Regierung, sie werde »Kriegsverbrechern« kein Asyl gewähren.

6 · Mittwoch

Auf ihrem Rückzug aus Norwegen und Dänemark zerstören die deutschen Truppen in großem Umfang Industrieanlagen und Verkehrsknotenpunkte.

In der Philippinen-See versenkt ein amerikanisches U-Boot den japanischen Frachter »Shinyo Maru«, der US-Kriegsgefangene nach Japan bringen sollte. Mehr als 600 GIs kommen ums Leben.

7 · Donnerstag

Joseph Goebbels verfügt in seiner Eigenschaft als »Reichsbevollmächtigter« den Arbeitseinsatz von Oberschülerinnen der 7. und 8. Klasse.

Im schwedischen Göteborg übernimmt das Internationale Rote Kreuz 2,4 Millionen von der US-Marine gelieferte Hilfspakete für alliierte Kriegsgefangene in Deutschland. Gleichzeitig tauschen die Kriegsgegner mehr als 1500 schwerverwundete Gefangene aus.

8 · Freitag

Von einer Startrampe nahe Den Haag wird die erste V-2-Rakete in Richtung London abgeschossen. Mehr als 5000 Exemplare des technologischen Stammvaters aller Weltraumraketen kommen bis Kriegsende zum Einsatz.

9 · Samstag

In Bombay enden Gespräche zwischen Mahatma Gandhi und dem Sprecher der indischen Moslem-Liga, Mohammed Ali Dschinnah, ergebnislos. Dschinnahs Forderung nach einem eigenen Moslemstaat (Pakistan) wird von der Mehrheit der Hindus abgelehnt.

12 · Dienstag

Auf Druck der Alliierten hin erkennt der jugoslawische König Peter II. den Kroaten Tito als alleinigen Führer des Widerstands in Jugoslawien an. Er befiehlt den königstreuen Tschetnik-Partisanen, sich den Guerillakämpfern Titos anzuschließen.

General de Gaulle wird von der französischen Bevölkerung bejubelt.

In Paris nimmt Charles de Gaulle Vertreter aller namhaften politischen Kräfte in sein Kabinett der »Provisorischen Regierung« auf.

10 · Sonntag

Igor Strawinskis klassisches Ballett »Danses Concertantes« wird in New York uraufgeführt.

11 · Montag

Nördlich von Trier überschreiten US-Verbände die deutsche Reichsgrenze.

Der britische Premierminister Churchill und US-Präsident Roosevelt akzeptieren während einer sechstägigen Konferenz im kanadischen Quebec eine revidierte Fassung des sogenannten »Morgenthau-Plans«.

Bei einem schweren Luftangriff der britischen Royal Air Force auf Darmstadt kommen 12000 Einwohner ums Leben.

In Moskau unterzeichnen Vertreter der rumänischen Regierung einen Waffenstillstandsvertrag.

13 · Mittwoch

Die Rote Armee erobert die Warschauer Vorstadt Praga und rückt bis zum Weichselufer vor, ohne den Aufständischen der »Heimatarmee« zu Hilfe zu kommen.

Die berühmte Satirezeitschrift »Simplicissimus« stellt wegen Papiermangels ihr Erscheinen ein. Seit 1933 war das einst bissige Streitblatt zum Organ der NS-Propaganda degeneriert.

SIMPLICISSIMUS

14 · Donnerstag

Im Deutschen Reich wird das Steuerwesen vereinfacht. Für den Großteil der Bevölkerung wird die Einkommensteuer wie im Vorjahr veranschlagt.

15 · Freitag

Die Rote Armee marschiert in die bulgarische Hauptstadt Sofia ein.

Die französische »Provisorische Regierung« unter Charles de Gaulle erläßt einen Haftbefehl gegen Marschall Pétain, den Chef der Vichy-Regierung. Pétain befindet sich in deutscher Internierungshaft.

16 · Samstag

In Dänemark legt ein Generalstreik gegen die deutsche Besatzungsmacht das gesamte öffentliche Leben lahm.

Deutsche Kampfschwimmer sprengen die Antwerpener Hauptschleuse. Damit fällt der leistungsfähigste Hafen Westeuropas sechs Wochen für den Nachschub der Alliierten aus.

Britische Fallschirmspringer über Arnheim.

17 · Sonntag

Im Raum Arnheim starten die Alliierten mit dem Einsatz von 35 000 Fallschirmspringern das größte Luftlandeunternehmen des Krieges. Ziel der Operation ist die Besetzung der Arnheimer Rheinbrücke, deren Einnahme jedoch an unerwartet starkem deutschen Widerstand scheitert.

18 · Montag

Großbritannien und die USA stellen ihre Versorgungsflüge für die »Heimatarmee« in Warschau ein, weil das von den Aufständischen noch kontrollierte Gebiet zu klein für Fallschirmabwürfe ist.

19 · Dienstag

Finnland, bisher mit dem Deutschen Reich verbündet, schließt einen Waffenstillstand mit der UdSSR. Die finnische Regierung verpflichtet sich, alle deutschen Truppenteile, die sich noch im Land befinden, zu entwaffnen und an die Sowjetunion auszuliefern.

Nach mehr als fünfwöchiger Belagerung kapituliert die deutsche Besatzung der »Atlantikfestung Brest«.

20 · Mittwoch

Seit dem 27. Mai sind mehr als 20 000 sowjetische Kinder und Jugendliche als Zwangsarbeiter für deutsche Rüstungsbetriebe verschleppt worden.

21 · Donnerstag

Einer der letzten Flugpläne der Deutschen Lufthansa bietet als Zielorte Tromsö, Königsberg, Athen und Lissabon an, obwohl die Luftherrschaft über Europa weitgehend an die Alliierten übergegangen ist.

22 · Freitag

Nach überwiegend negativen öffentlichen Reaktionen auf den »Morgenthau-Plan« zieht US-Präsident Franklin D. Roosevelt – sieben Wochen vor den amerikanischen Präsidentschaftswahlen – seine Zustimmung zu dem »Straffrieden« zurück.

Mit der Eroberung der estnischen Hauptstadt Reval durch sowjetische Verbände verliert die deutsche Wehrmacht den letzten Hafen am Finnischen Meerbusen.

Großadmiral Karl Dönitz.

23 · Samstag

Großadmiral Karl Dönitz, der Oberbefehlshaber der deutschen Kriegsmarine, erklärt in einem Appell: »Eine Truppe, die zu sterben weiß, ist unsterblich, und aus ihr wachsen immer wieder neue Kräfte und neue Helden heran.«

In den USA wird die Filmkomödie »Arsen und Spitzenhäubchen« mit Cary Grant in der Hauptrolle uraufgeführt.

24 · Sonntag

Hitler unterzeichnet mit dem »Gesetz zur Änderung und Ergänzung des Wehrgesetzes« das letzte Gesetz als Reichskanzler.

25 · Montag

»Zur Verteidigung des deutschen Heimatbodens« ordnet Hitler die Aufstellung des »Volkssturms« an. Ingesamt werden bis Kriegsende eine Million »waffenfähige« Männer zwischen 16 und 60 Jahren zum »Volkssturm« eingezogen und notdürftig bewaffnet an die Front geschickt.

26 · Dienstag

Die bei Arnheim eingeschlossenen britischen Luftlandeverbände kapitulieren. 8 000 Fallschirmjäger sind gefallen oder geraten in Gefangenschaft.

27 · Mittwoch

Zum vierten Jahrestag des Abschlusses des Dreimächtepakts erklärt Reichsaußenminister Ribbentrop im Rundfunk: »Es geht um das höchste Ideal, das es für uns gibt: um die Freiheit und Zukunft unserer Länder und Völker.«

28 · Donnerstag

Martin Bormann, der »Sekretär des Führers«, legt dem »Reichsstatthalter« im Saarland Josef Bürckel wegen dessen ausschweifendem Lebensstil und selbstherrlicher Amtsführung den Selbstmord nahe.

Gauleiter Josef Bürckel (rechts).

29 · Freitag

US-Außenminister Cordell Hull warnt alle neutralen Staaten davor, Kriegsverbrechern Asyl zu gewähren.

30 · Samstag

Im September sinkt die Produktion synthetischen Flugbenzins im Deutschen Reich auf 7 000 Tonnen. Der Monatsbedarf beträgt 150 000 Tonnen.

Hitlers letztes Aufgebot

Kinder und Greise für den »Volkssturm«

Im Schutz der Dunkelheit huschten Schatten durch die Nacht. Sie klebten Plakate an Bäume, Häuserruinen und Bretterzäune. In jeder deutschen Stadt, im ganzen Reich. Am nächsten Morgen, dem 20. Oktober 1944, lasen Zigtausende Deutsche auf den Plakaten: »Erlaß des Führers über die Bildung des Deutschen Volkssturms« vom 25. September. Darin werden alle waffenfähigen Männer im Alter von 16 bis 60 Jahren zur Verteidigung der Reichsgrenzen aufgerufen – ein letztes Aufbäumen mit allen militärischen Mitteln. »Dem uns bekannten totalen Vernichtungswillen unserer jüdisch-internationalen Feinde setzen wir den totalen Einsatz aller deutschen Menschen entgegen«, hieß es als Begründung dieser Maßnahme.

Anläßlich des 131. Jahrestages der Leipziger Völkerschlacht wollten die Machthaber noch einmal versuchen, die letzten Reserven zu mobilisieren. »Wie damals im Freiheitskrieg«, erklärte Heinrich Himmler, der militärisch Verantwortliche für die Zivilisten-Reserve, »hat heute der Volkssturm die Aufgabe, überall dort, wo der Feind unseren Heimatboden betritt, ihn fanatisch festzuhalten und womöglich aufzureiben.« Doch an wen konnte sich der Erlaß eigentlich noch richten? Die Schergen des »totalen Kriegs« hatten die Bevölkerung schon mehrfach nach letzten Reserven durchkämmt. Alle kriegstauglichen und im Reich entbehrlichen Männer kämpften längst an der Front. So konnten mit dem Aufruf nur jene gemeint sein, die aus gutem Grund bisher noch nicht an die Front geschickt worden waren: Kinder, Alte, Verwundete und Frauen. Den meisten war sofort klar, daß der Aufruf einem militärischen Offenbarungseid gleichkam. Sollte das etwas die große »Vergeltung« sein, die von der Nazi-Propaganda vollmundig angekündigt worden war? Und wo blieb der vielbeschworene Erfolg durch die sogenannten »Wunderwaffen«? Dieses »letzte Aufgebot der Lahmen und Krüppel, der Kinder und der Greise« konnte unmöglich den vorrückenden alliierten Truppen ernsthaften Widerstand entgegensetzen. Heimlich wurden Witze kolportiert über den Volkssturmmann als »letzte Metallquelle des Deutschen Reiches: Gold im Mund, Silber im Haar und Blei in den Gliedern«.

Unbeeindruckt vom wachsenden Unmut in der Bevölkerung betrieb das Regime einen enormen Propagandaaufwand, um den Volkssturm als kollektiven Widerstand gegen »die Feinde des Reichs« darzustellen. Der reichsweiten Plakataktion – Spötter erinnerte die Aufmachung der Plakate an Bekanntmachungen für öffentliche Hinrichtungen – folgte die staatsgelenkte Kommentierung in allen Tageszeitungen der kommenden Wochen: Nach Anweisung des Reichspressechefs wurde die Aufstellung des Volkssturms als geniale Antwort auf alliierte Nachkriegsplanungen (»Deutschland ein Kartoffelacker«) bejubelt. Der »Völkische Beobachter« pries den Entschluß hymnisch als »größte, stolzeste, erhe-

Als letztes Aufgebot wurden mit dem Erlaß vom 25. September auch Schüler in Uniformen gesteckt.

Werbeplakat für den »Volkssturm«, in dem Großväter und Enkel gemeinsam kämpfen sollten.

bendste Ruhmestat, zu der Deutschland je fähig war«.

Die Verfechter des »heiligen Volkskriegs« duldeten keine Kritik. Zweifler am militärischen Erfolg bezeichneten die Propaganda als »Verräter, Kreaturen, die unseren Lebenskampf unterwühlen, Todfeinde des Volkes«. Für »solche

Zur Betonung des Durchhaltewillens erschien diese Briefmarke als eine der letzten des »Großdeutschen Reiches«.

Judenknechte« hatte man nur eines übrig: »Sie gehören erschossen oder an den Galgen. Wer glaubt, sich dem nationalen Gebot widersetzen zu können, der fällt.«

Dermaßen eingeschüchtert, sammelte sich in den folgenden Tagen und Wochen eine seltsame Parade bei den Meldestellen: weißhaarige Männer und milchgesichtige Jugendliche – Kriegsversehrte, Schüler und Studenten. Die Rekrutierungsbüros waren durch Fahnen über dem Portal weithin erkennbar. Davor prangten großflächige Spruchbänder: »Volk ans Gewehr« oder »Der Führer hat gerufen«.

In den Melderäumen, geschmückt mit Büsten und Bildern Hitlers, wurden die Volkssturmpflichtigen in die Kartei aufgenommen und dabei in eine von vier Kategorien eingruppiert.

Das erste Aufgebot umfaßte »alle zum Kampfeinsatz tauglichen« Männer der Jahrgänge 1884 bis 1924, die »keine lebenswichtigen Funktionen in der Heimat« wahrnahmen. In dieser Abteilung fanden sich sämtliche Politischen Leiter und Führer einer NS-Gliederung, alle NSDAP-Mitglieder sowie Vertreter von Polizei und Hilfsorganisationen wieder. Sie sollten im Volkssturm die Funktion einnehmen, die »ihren soldatischen Fähigkeiten entspricht«.

Im zweiten Aufgebot dienten Angehörige derselben Jahrgänge, »die in kriegswichtigen Betrieben, im Nachrichten- und Transportwesen oder in anderen lebenswichtigen Funktionen in der Heimat tätig« waren: Beschäftigte der Rüstungsindustrie, des Ernährungssektors, des Nachrichten- und Transportwesens sowie Angehörige von Partei und Verwaltung. In das zweite Aufgebot kam nur, wer sich die »Z-Karte« (Zuweisungskarte) von der Parteidienststelle oder vom Arbeitgeber besorgen konnte. Dieses einheitliche Formular gab Auskunft über persönliche und berufliche Daten sowie über die Parteigliederung. Mit williger Unterstützung der Arbeitgeber konnte fast jeder »Zurückstellungskarten«, wie Z-Karten bald genannt wurden, vorweisen. Und da die Zugehörigkeit zur ersten Gruppe auch kasernierten Einsatz außerhalb der Heimatgemeinde bedeutete, strömte alles in die zweite Abteilung, um wenigstens zu Hause bleiben zu können. Diese Schieflage steigerte sich noch, als bekanntgegeben wurde, daß aus dem ersten Aufgebot Lehrbataillone für die Wehrmacht an der Front rekrutiert wurden.

Das dritte Aufgebot bestand aus Jugendlichen der Jahrgänge 1925 bis 1928, also den Sechzehn- bis Neunzehnjährigen. Nach Einziehung des Jahrgangs 1927 in die Wehrmacht ab Oktober 1944, geriet die dritte Abteilung zum Sammelbecken sechzehnjähriger Hitlerjungen. Die Halbwüchsigen waren oft hochmotiviert, die jahrelange »Wehrertüchtigung« zeigte ihre fatale Wirkung: »Die Jungen«, erinnerte sich ein später Ausbilder, »waren begeistert, als ›Soldaten‹ für den Endsieg zu kämpfen.«

Das vierte Aufgebot schließlich war für alle diejenigen gedacht, die zwar kampfuntauglich, für Wach- und Sicherungsaufgaben aber noch verwendbar waren.

Frauen wurden im bisherigen Kriegsverlauf aus ideologischen Gründen nur zu Fabrikarbeit sowie Näh- und Aushilfsaufgaben herangezogen. Ab Jahresende 1944 wurden sie auch als Meldegänger (»Blitzmädel«) und Flakhelfer eingesetzt.

Alte Männer werden als Angehörige des »Volkssturms« in der Handhabung der Panzerfaust unterwiesen.

Fronterfahrene bilden Jugendliche im Schnellverfahren zu Soldaten im »Volkssturm« aus.

Sobald die Rekruten die gelbe Armbinde mit der Aufschrift »Deutscher Volkssturm – Wehrmacht« und ein Soldbuch ausgehändigt bekommen hatten, waren sie »Soldaten im Sinne des Wehrgesetzes«. Damit standen sie unter dem Schutz der Haager Landkriegsordnung von 1907. Als Kombattanten waren sie, im Falle ihrer Gefangennahme, vor willkürlicher Erschießung – wie etwa Partisanen – formal geschützt. Die Westalliierten erkannten den Soldatenstatus des Volkssturms im Oktober 1944 an. Im Osten sollte er den Gefangenen kaum etwas nützen. Schilderungen brutalster Gewalt oder standrechtlicher Erschießung von Volkssturmmännern durch die Rote Armee verbreiteten sich im Reich wie ein Lauffeuer. Aus Angst davor entschloß sich mancher Volkssturmmann, doch lieber dem regulären Heer beizutreten.

Von einer ausreichenden Bewaffnung des Volkssturms konnte keine Rede sein: Der Regierung wurde schnell klar, daß sie nicht mehr über die Kapazitäten verfügte, das neue Millionenheer kampftauglich auszustatten. Großangelegte Schwarzmarktkäufe von Waffen und Munition in Italien wurden erwogen, doch bis dahin sollten sich die Volkssturmleute mit Beutewaffen eindecken. Diese aber wurden argwöhnisch von der regulären Truppe gehortet, das gleiche galt für Uniformen und anderes notwendige Gerät: Man verwies dabei gerne auf eine Regierungsanweisung vom Oktober 1944, wonach »durch die Aufstellung des Volkssturms der aktiven Wehrmacht weder Waffen, Bekleidungsstücke, noch Ausrüstungsgegenstände entzogen werden dürfen«. Überhaupt mußte der Eindruck entstehen, als schätzte das Militär die zivile Schützenhilfe nicht sonderlich: Die allenfalls schlechtbewaffneten Volkssturmmänner im zerlumpten Räuberzivil waren schließlich keine vollwertigen »Waffenbrüder«. Man übergab dem »letzten Aufgebot« oft nur restlos veraltete Waf-

Der Volkssturm

Spottverse aus dem literarischen Untergrund.

Leg weg das Strickzeug, liebe Olga,
und hör auch du her, Klaus, mein Sohn;
wir kämpfen nicht mehr an der Wolga,
wir fechten an der Neiße schon.

Vom Nil zum Rhein, vom Don zur Planke
mit Sack und Pack und Flak und Pferd,
welch niederschmetternder Gedanke:
der Krieg ist heim ins Reich gekehrt.

Wie anders kam es, als ich dachte,
Schatz, reich mir deine weiße Hand,
wir fahren in den Abgrund sachte
und nicht mehr gegen Engeland.

Nach Rache und Vergeltung lechz' ich,
drum auf zum Volkssturm, lieber Klaus!
Du bist erst zwölf, ich sechsundsechzig,
doch sehn wir fast wie Männer aus.

Und du mein Weib – als Ehrengabe
sei dir der Spaten anvertraut.
O Olga, schippe, schanze, grabe,
ganz Deutschland ist auf Sand gebaut.

Gebiete, Teure, deinen Tränen,
wenn du auf deinen Garten schaust.
Ich knirsch' mit meinen letzten Zähnen
und ball' vor Wut die Panzerfaust.

Laßt uns die Gartentür verriegeln,
dann werfe ich mich in den Schmutz.
Ich bin bereit, mich einzuigeln,
Gemeinnutz geht vor Eigennutz.

So wollen wir den Feind erwarten,
Des Führers letztes Aufgebot,
durch Panzerschreck im Schrebergarten
zum Reichsfamilienheldentod.

Wir hissen die zerfetzten Segel
und wandern froh an Hitlers Stab
Mit Mann und Maus und Kind und Kegel
ins Massengrab, ins Massengrab.

fen, teilweise noch aus dem letzten Jahrhundert.

Mit Karabinern und einer Handvoll Patronen ausgestattet bezogen die Männer ihre Posten. Viele von ihnen waren mangels militärischer Ausbildung völlig ungeübt. Der großspurig angekündigte

VÖLKISCHER BEOBACHTER

Der Deutsche Volkssturm tritt an

Kampf mit allen Waffen und Mitteln

Ein Erlaß des Führers

Jeder Mann wehrt sich

Noch einmal Mobilmachung

Um letzten Widerstandsgeist anzuspornen, wurde dieses Flugblatt als Sonderausgabe des »Völkischen Beobachters« über bereits vom Feind besetzten deutschen Gebieten abgeworfen.

»Kampf bis zum letzen Blutstropfen« bestand aus dem Dienst im Nachschub und Transportwesen, in Bau- und Schanzarbeiten, bei der Sicherung von Grenz- und Festungsbereichen sowie im Schutz von Städten, Dörfern und Einzelobjekten. Auch zum Bau von Panzersperren und in Minenräum- und Begleitkommandos wurde die »letzte Reserve« eingesetzt. Bei Kampfhandlungen standen die Volkssturmmänner jedoch auf verlorenem Posten. Wenn sie mit der »Panzerfaust« heranrückende Panzer abschießen sollten, kam dies meist einem Todesurteil gleich: Die Rückstoßflamme verriet die im Hinterhalt liegenden Deutschen sofort. Dadurch konnten sie vom Feind gezielt beschossen werden.

»Defaitismus« und »Wehrkraftzersetzung« wurden von eigens gebildeten Volkssturmgerichten mit unnachsichtiger Härte bestraft. Todesurteile ergingen auch für Flucht oder Desertion (»Feigheit vor dem Feind«), Kameradendiebstahl oder Plünderung deutschen Eigentums. Zumindest Offiziere wären für solche Vergehen hingerichtet worden. Der gewöhnliche Volkssturmmann konnte damit rechnen, daß sein Fall im Kompetenzwirrwarr von Gerichten und NSDAP-Kreisleitung verzögert wurde – wenn er von seinem Kommandanten nicht spontan an die Wand gestellt wurde.

Wie so oft prägten Streitereien und Eitelkeiten einzelner Behörden von Anfang an den Volkssturmbetrieb: Konzipiert als Kampfreserve der Partei, war der Volkssturm keine Gliederung der Wehrmacht. »Die Aufstellung und Führung des Deutschen Volkssturms übernehmen in ihren Gauen die Gauleiter«, hieß es dazu im »Führererlaß«. Somit wurden die Gauleiter zu örtlichen »Reichsverteidigungskommissaren«: Die Paladine Hitlers waren dadurch weitgehend unabhängig von Taktik und Strategien der Wehrmachtführung und handelten nach eigenem Gutdünken.

Politisch und organisatorisch verantwortlich für den Volkssturm waren reichsweit der Leiter der Parteikanzlei Bormann und sein Stabsführer Friedrichs. Militärisch unterstanden die »Volksbataillone« dem neuen Befehlshaber des Ersatzheeres Himmler und seinem Adlatus Berger. Diese Zwitterstellung – halb Partei, halb Militär – war Ursache mancher Konflikte vor Ort.

Der Deutsche Volkssturm als ideologisch begründetes Kanonenfutter-Reservoir war von Anfang an zum Scheitern verurteilt. Doch schuld daran waren nicht allein die Gemengelage der Kompetenzen, sondern ebenso die logistischen Defizite des »letzten Aufgebots«: Oft konnte, wegen der heillos überlasteten Telefonleitungen, kein Alarm gegeben werden. Die Bewaffnung war hochgradig lückenhaft. Die Auswahl der Volkssturmführer vollzog sich nach ideologischen, nicht nach militärischen Kriterien. Doch scheitern mußte das »Volksheer«-Unternehmen auch wegen seiner Kämpfer: Je länger die alten Männer im Einsatz waren, desto größer wurden ihre Ausfälle. Kein Wunder: die meisten waren über fünfzig Jahre alt, belastet durch verschiedene gesundheitliche Schwächen, dazu großen Strapazen bei Wind und Wetter ausgesetzt – wer erwartete da noch heldenhafte Krieger?

Demotivierend war natürlich auch die erkennbare Aussichtslosigkeit des Auftrags. Die Bevorzugung der »Goldfasane« kam hinzu: Viele Hoheitsträger der Partei ließen sich nach dem Erfassungsappell nicht mehr sehen. Und letztlich entmutigten ebenso die allerorts zurückflutenden Wehrmachtseinheiten.

Trotzdem wurde die Propaganda nicht müde, die »revolutionäre Volksbewegung« in den höchsten Tönen zu loben. Begriffe wie »fanatisch« und »Treue« wurden Modeworte, der »Heldenmut« tausendfach beschworen.

Defizite, Fehler oder Erfolglosigkeit waren für die gleichgeschaltete Presse kein Thema: Zensoren unterdrückten Schilderungen über den realen Volkssturm-Alltag, die Veröffentlichung militärischer Fakten und Statistiken war verboten. Doch je größer der Propaganda-Aufwand, desto geringer die Wirkung. Angesichts persönlicher Erfahrungen wirkten Sprüche solcherart nur noch grotesk: »Der Feind soll es sich merken: Hinter jedem Volkssturmgewehr und hinter jeder Volkssturmfaust steht Deutschland.« Doch dieses Deutschland schreckte keinen mehr. Die katastrophale Verfassung des Volkssturms 1944 war ein getreues Abbild des »Tausendjährigen Reichs«. (KKS)

Im Schützengraben vereint: ahnungslose Hitlerjungen und Veteranen.

Jochen v. Lang

Der Volkssturm

Was Hitler im Herbst 1944 dringend brauchte, waren Divisionen. Himmler und Goebbels holten seit Ende Juli aus den Betrieben alle Männer heraus, die noch halbwegs tauglich waren. Sie stellten »Volks-Divisionen« zusammen, die kampferprobten eigenen Truppen mehr Angst einjagten als dem Feind, weil sie an der Front immer ein Unsicherheitsfaktor blieben. Wenn Bormann im Endspurt um des Führers Gunst mit den Konkurrenten Schritt halten wollte, mußte auch er noch Soldaten auftreiben. Da er nie eigene Ideen hatte, entlieh er sie sich auch jetzt dafür.

Als im August der Russeneinfall in Ostpreußen drohte, riet General Heusinger, Chef der Operationsabteilung des Generalstabs, alle Männer zu den Waffen zu rufen. Generaloberst Guderian unterstützte den Plan, doch Gauleiter Koch griff ihn noch schneller auf und schuf sich damit eine eigene Streitmacht, die er nicht dem Heer unterstellte und über deren Einsatz er allein verfügte. Guderian schlug Hitler vor, eine solche Reserve in allen Grenzgauen zu organisieren, wobei die SA Aufstellung und Ausbildung übernehmen könnte. Mit dem Hinweis auf die Röhm-Affäre und auf die von den Gauleitern nie gebrochene Treue gelang es Bormann, sich in die Pläne einzuschalten.

Martin Bormann, Hitlers Sekretär, organisierte den »Volkssturm«.

Zwar hatte Hitler 1937 vor Kreisleitern auf der Ordensburg Vogelsang ein Miliz-Heer als »einen gänzlich wertlosen Haufen« bezeichnet und ebenso eine Volkserhebung nach dem Muster der Großen Französischen Revolution, weil man »durch die Mobilisierung von Begeisterung« keine Soldaten herbeizaubere. Doch der Volkssturm war wahrhaft das letzte Aufgebot.

Am 26. September 1944 schrieb Bormann an seine Frau: »Heute stimmte der Führer nach einigen Geburtswehen dem Befehl für den Volkssturm zu. Ich fühle mich wie eine junge Mutter, erschöpft, aber glücklich.« Himmler als Befehlshaber des Ersatzheeres konnte er bei dem Projekt nicht ganz ausschalten, aber dessen Ämterhäufung erlaubte gewiß kein großes Engagement. Der immer mißtrauische Hitler wollte ohnehin den Reichsführer SS nicht noch stärker machen. Der auf den Vortag datierte Führer-Erlaß bestimmte, daß »die Aufstellung und Führung ... in ihren Gauen die Gauleiter« übernehmen sollten. Himmler bekam die Verantwortung »für die militärische Organisation, die Ausbildung, Bewaffnung und Ausrüstung«. Bormanns Name tauchte erst im vorletzten Absatz des Erlasses auf; er wurde beauftragt, die »politischen und organisatorischen« Ausführungsbestimmungen zu erlassen.

Daß Bormann seine Rolle nicht so bescheiden auffaßte, zeigte sich schon in seinen ersten Fernschreiben. Drei Tage nach der »Geburt« hatten seine Leute schon einen Arbeitsstab aus Vertretern der verschiedenen Organisationen zusammengetrommelt, die Parteispitzen wurden aufgefordert, alle »bisher auf diesem Gebiet gemachten« Erfahrungen an die Berliner Dependance der Partei-Kanzlei zu schicken. Seiner Frau Gerda gegenüber sprach Bormann von »meinem« Volkssturm.

Für ihn und die Gauleiter ging es nun auch darum, wer am Ende des Krieges im Inneren die Macht haben würde. Der Führer? Daß dessen Gesundheit schlechter wurde, sah er besser als jeder andere; zwei Tage später legte sich der

Eine »Volkssturm«-Einheit rückt zur Ausbildung an der Panzerfaust aus. Da die Truppe über keine schweren Waffen verfügt, ist der Kampfwert gering.

von chronischem Gliederzittern geplagte Hitler mit Magenkrämpfen für eine Woche ins Bett. Wenn nicht schon die Nachfolge, so mußte jetzt doch wenigstens die Stellvertretung angesteuert werden. Erster Anwärter für die Staatsführung war noch immer unwiderrufen Göring, dieser hatte aber beim Volk völlig abgewirtschaftet. Goebbels war im letzten Jahr weit nach vorn gekommen, hatte aber keine Gefolgschaft, weder in der Partei noch in den Organisationen, noch bei den Ministern, noch bei der Wehrmacht. Aussichtsreichster Kandidat war Himmler durch seine Machtfülle, aber einem kleinen Kreis von Eingeweihten galt Bormann als Geheimtip.

Das Heer, das er durch die Gauleiter aufbauen ließ, wurde am Jahrestag der Völkerschlacht von Leipzig, am 18. Oktober 1944, offiziell aufgestellt, aber es konnte von kriegserfahrenen Soldaten nur bemitleidet werden. Mit

Junge und alte »wehrfähige« Männer bei einer Kundgebung des »Volkssturm«.

weit über einer Million Marschierern war es nur zahlenmäßig imponierend. Was hier ins Glied trat, war der vielmals gesiebte Ausschuß der männlichen Deutschen zwischen 16 und 60 Jahren – viele Kränkelnde und Schwache, die ganz Alten und die ganz Jungen, die meisten ohne soldatische Ausbildung und verständlicherweise ohne Begeisterung und ohne den Glauben, ausgerechnet sie könnten noch mit dem Einsatz ihres Lebens Deutschland retten. Zwangsläufig war es eine Feierabendarmee; da die Produktion nicht absinken durfte und die Abendstunden wegen der verlängerten Arbeitszeit für den Volkssturmdienst selten in Frage kamen, blieb für den militärischen Drill nur der Sonntag. Geübt wurde meist mit Attrappen, denn Waffen waren rar. Für den Ernstfall standen fast nur Beutegewehre und wenig passende Munition zur Verfügung. Bekleidung war so große Mangelware, daß Gauleiter ihre Kämpfer mit Fliegergeschädigten-Ausweisen zum Einkauf von Textilien und Stiefeln in Nachbargaue schickten oder in Norditalien den Schwarzmarkt abgrasten. Als sich das Reichswirtschaftsministerium darüber bei Lammers beschwerte und dieser die Klage an Bormann weitergab, reagierte der Schöpfer des Volkssturms grob. »Die Armee der größten Idealisten«, schrieb er, sei Parteisache und ginge Lammers nichts an.

Von der Wehrmacht ließ sich Bormann schon gar nicht dreinreden. Keitel sagte im Nürnberger Prozeß rückblickend aus, »daß der Reichsleiter Bormann jede Beratung, jede Mitarbeit und jede Information … gegenüber militärischen Dienststellen abgelehnt hat«. Da sich die Bataillone nur im weiteren Umkreis ihrer Heimatorte einsetzen ließen, fiel es der Wehrmacht meist leicht, auf diese Kräfte zu verzichten. Wenn es ernst wurde, verkrümelten sich ohnehin die meisten Volkssturmmänner älterer Jahrgänge unauffällig. Doch die zum Fanatismus erzogenen Hitlerjungen wurden häufig zum Kanonenfutter. So finden sich denn auch in Bormanns Briefen an seine Frau keine Bemerkungen mehr über seine mit soviel Vorschußruhm gestartete Armee. Nur ein militärischer Laie wie er, der erst kurz vor seinem Tod ins erste Gefecht zog, konnte erwarten, daß der Volkssturm etwas zu einer Schicksalswende beitragen würde. Im Herbst 1944 glaubte er noch fest daran. In einem Brief an Himmler Ende Oktober 1944 – trotz wachsender Rivalität noch immer der »liebe Heinrich« – rüffelte er dessen Nachlässigkeit als Mitverantwortlicher für den Volkssturm. Himmlers Beauftrager, der schlitzohrige SS-Obergruppenführer Gottlob Berger, befasse sich »hauptsächlich mit organisatorischen Angelegenheiten, für die ich verantwortlich bin, während Weisungen über die militärische Ausbildung nicht ergingen«. Wenn dies nicht bald geschehe, drohte Bormann, träfen die Gauleiter »die notwendigen Vereinbarungen« mit Generaloberst Guderian, also mit der Wehrmacht, und dann »nehmen die Dinge aber zwangsläufig eine völlig falsche Richtung«. Der ultimative Ton zeigt, daß der Sekretär des Führers sich nach seinem Sieg über die Generäle auch dem Reichsführer SS gewachsen fühlte.

Aus: Der Sekretär. Martin Bormann: Der Mann, der Hitler beherrschte. 1977.

Werbekampagnen und eine Flut von Parolen sollten die Kampfkraft des »Volkssturm« stärken.

Die Russen kommen

Die Rote Armee in Ostpreußen

»Rache für Nemmersdorf!« Dieser Schlachtruf der NS-Propaganda sollte die letzten Reserven mobilisieren für einen längst verlorenen Krieg. Hitlerjungen und Volkssturmmänner pinselten die Parole an deutsche Hauswände und Mauern. Flugblätter trugen sie zu den erschöpften Soldaten an die Front. Lange hatte Goebbels detaillierte Schilderungen des Leids und des Grauens in den Frontberichten bewußt vermieden. Jetzt traten er und seine Propagandaexperten die Flucht nach vorn an. Am 27. Oktober 1944 drohten die deutschen Zeitungen gleichlautend: »Die bestialische Bluttat von Nemmersdorf wird die Bolschewisten teuer zu stehen kommen.«

Die Rote Armee hatte den Krieg nach Deutschland getragen, das war nicht mehr zu verheimlichen. Mitte August, als Rotarmisten erstmals auf ostpreußischen Boden vorgedrungen waren, hatten dies die Wehrmachtsberichte noch stillschweigend unterschlagen.

Jetzt aber hatte der Großangriff in Richtung Königsberg begonnen. Am 16. Oktober durchbrachen sowjetische Panzerverbände der 11. Garde-Armee die deutsche Frontlinie nördlich von Goldap. Fünf Tage später erreichten sie Nemmersdorf.

Als deutsche Truppen einen Tag darauf den Ort zurückeroberten, bot sich ihnen ein Bild des Grauens. Ein Augenzeuge erinnerte sich später: »An dem ersten Gehöft, links von dieser Straße, stand ein Leiterwagen. An diesem waren vier nackte Frauen in gekreuzigter Stellung durch die Hände genagelt. Weiter fanden wir in den Wohnungen insgesamt 72 Frauen einschließlich Kindern und einen alten Mann von 74 Jahren, die sämtlich tot waren, fast ausschließlich bestialisch ermordet. Unter den Toten befanden sich auch Kinder im Windelalter, denen mit einem harten Gegenstand der Schädel eingeschlagen war.«

In zwei Massengräbern wurden die Opfer des Massakers von Nemmersdorf beigesetzt. Einen Tag später führten NS-Funktionäre eine eilends eingeladene internationale Kommission durch den Ort und ließen die Leichen noch einmal exhumieren und aufbahren. Ärzte stellten fest, daß alle Frauen vor ihrer Ermordung brutal vergewaltigt worden waren. Grauenhafte Verbrechen hatten sowjetische Einheiten auch in anderen ostpreußischen Dörfern verübt, wie etwa im benachbarten Schulzenwalde, wo Panzer einen Flüchtlingstreck überrollt hatten und die Überlebenden anschließend mit Maschinengewehren niedergemetzelt worden waren. Doch Nemmersdorf sollte vor den Augen der ganzen Welt zum Symbol der russischen Greueltaten werden. Journalisten aus neutralen Staaten wurden eingeladen, die Greuel der Sowjetarmee zu untersuchen. Ein Schweizer Blatt berichtete: »Die Lage wird nicht nur durch die erbitterten Kämpfe der regulären Truppen gekennzeichnet, sondern leider auch durch Verstümmelung und Hinrichtung der Gefangenen und die fast vollständige Ausrottung der deutschen bäuerlichen Bevölkerung.«

Die Rote Armee erreicht im August 1944 Ostpreußen. Nach ersten Berichten über Greueltaten an Zivilisten entschließen sich die meisten Bewohner zur Flucht.

Obwohl der sowjetische Großangriff erwartet worden war, hatten die deutschen Behörden keine Maßnahmen zur Evakuierung der Zivilbevölkerung getroffen und eigenmächtige Fluchtversuche gen Westen unter Androhung der Todesstrafe verboten. Gauleiter Erich Koch erklärte: »Jede Räumung wird die Moral der Truppe und der Zivilbevölkerung schwächen.« Die Einwohner Ostpreußens vertrauten dem angekündigten Gegenschlag der Wehrmacht. Immer wieder hatte ihnen die Propaganda die Unbezwingbarkeit des »Ostwalls« an der alten Reichsgrenze eingehämmert. Außerdem erinnerten sich noch viele an den russischen Einmarsch 1914, als sich die Furcht vor Gewaltakten der zaristischen Soldaten weitgehend als unbegründet erwiesen hatte. Damals hatte ein russischer Soldat über das Portal einer ostpreußische Kirche in kyrillischen Lettern geschrieben: »Dieses Heiligtum darf nicht zerstört werden.«

Welches Schicksal ihnen im Zweiten Weltkrieg drohte, machten den Ostpreußen erst die Greuel von Nemmersdorf klar. Der Schreckensruf »Die Russen kommen« löste eine panische Massenflucht aus. Jetzt erteilten auch die Behörden die nötigen Räumungsbefehle. Vielerorts war es jedoch zu spät: Flüchtlingstrecks gerieten mitten in die Kampfzonen oder verknäulten sich mit Wehrmachtskolonnen zu einem heillosen Durcheinander. Die zu späte Flucht vor der Roten Armee bezahlten Tausende mit ihrem Leben. Im Winter 1944 machten Temperaturen von bis zu zwanzig Grad unter Null den Weg nach Westen zu einer unmenschlichen Qual. Ein Augenzeuge berichtet: »Einer Mutter waren auf ihrem Pferdefuhrwerk bereits zwei ihrer Kinder erfroren, die sie einfach liegen lassen mußte. Mit den anderen beiden Kindern zog sie weiter.«

Ein Angriff der Roten Armee im Oktober 1944: Deutsche Truppen müssen bei Tilsit vor der Übermacht der sowjetischen Armee zurückweichen.

»Rotarmist: Du stehst jetzt auf deutschem Boden – die Stunde der Rache hat geschlagen!«

Sowjetische Kriegspropaganda

Die Bevölkerung Ostpreußens erntete als erste den Haß, den Hitlers Vernichtungsfeldzug im Osten gesät hatte. Die Rotarmisten, die in Nemmersdorf und anderen Orten so barbarisch wüteten, waren tausend Kilometer über »verbrannte Erde« marschiert. In fast jeder russischen Familie waren Tote zu beklagen. Von der Wolga bis an die Reichsgrenzen hatten die Deutschen zerstörte Dörfer und Städte hinterlassen. Die Verbrechen, die im deutschen Namen in Rußland begangen worden waren, richteten sich jetzt gegen die Deutschen selbst. Der russische Schriftsteller Lew Kopelew, selbst als junger Major in Ostpreußen dabei, erklärt: »Es waren die Folgen des Leids und der Rache. Es waren aber auch die Folgen einer Hetzpropaganda, die diese Rachgefühle schürte.«

Die sowjetische Kriegspropaganda hatte zwischen »deutsch« und »faschistisch« keinen Unterschied gemacht. Flugblätter wie »Töte den Deutschen« sollten bei der kämpfenden Truppe für größere Einsatzfreude sorgen. In Ostpreußen und später auch im übrigen Ostdeutschland entlud sich der aufgestaute Haß. Stalins Soldaten hinterließen eine breite Spur von Vergewaltigungen, Morden und Plünderungen. Nach drei Jahren erbitterter Kämpfe unter schrecklichen Entbehrungen wirkte der Wohlstand in den eroberten deutschen Gebieten besonders provozierend: »Endlich sind wir in ein reiches Land gekommen«, notierte ein Rotarmist in seinem Tagebuch, »wir vernichten alles, was uns in die Hände kommt.«

Doch anders als beim deutschen Einmarsch in die Sowjetunion folgt die Gewalt gegen die Zivilbevölkerung keinem ideologischen Plan. Im Gegenteil: Das Oberkommando der Roten Armee ging bald mit drakonischen Maßnahmen gegen die oft unter starkem Alkoholeinfluß verübten Exzesse vor. Die betrunkenen marodierenden Einheiten gefährdeten den Vormarsch nach Berlin. Sondereinheiten der gefürchteten Geheimpolizei NKWD wurden an die Front geschickt, um die Disziplin der Truppe wiederherzustellen. An alle Einheiten erging ein Befehl Stalins: »Für Mißhandlungen und Vergewaltigungen werden die Schuldigen erschossen.« Doch auch vereinzelt vollstreckte Todesurteile konnten den lange geschürten Rachedurst der Rotarmisten nur eindämmen, zumal die unteren Offiziersränge häufig selbst an Brandschatzungen, Plünderungen und Mißhandlungen teilnahmen.

Ein junger Leutnant der 4. Garde-Artillerie-Division brachte wenig Verständnis für das harte Vorgehen seines Oberkommandos auf: »Die Deutschen haben diese Greueltaten verdient, mit denen sie angefangen haben. Man braucht nur an das KZ in Majdanek zu denken. Gewiß, es ist unwahrscheinlich grausam, Kinder zu töten, aber die deutsche Kaltblütigkeit in Majdanek ist hundertmal schlimmer gewesen.« Der Krieg der Diktatoren Hitler und Stalin hatte auf beiden Seiten längst alle Kategorien der Moral außer Kraft gesetzt. Das Verhältnis der beiden Völker blieb noch Jahrzehnte vergiftet. Lew Kopelew, damals Kamerad des verblendeten jungen Leutnants, wies den Weg zur Versöhnung: »Mord darf man nicht aufrechnen.« (CD)

Frontwechsel auf dem Balkan

Verbündete werden zu Gegnern

Moskau, 9. Oktober 1944, abends 10 Uhr Ortszeit im Kreml. Draußen herrschte Dunkelheit. Eine streng geheime Konferenz wird eröffnet. Ein gedrungener, kräftiger Engländer ergreift das Wort: »Lassen Sie uns unsere Angelegenheiten auf dem Balkan regeln. Soweit es Großbritannien und Rußland angeht, wie wäre es, wenn Sie in Rumänien zu 90 Prozent das Übergewicht hätten und wir zu 90 Prozent in Griechenland, während wir uns in Jugoslawien auf halb und halb einigen?« Gleichzeitig schreibt er die Zahlen auf ein Stück Papier, schiebt es seinem Gegenüber zu.

Der Engländer heißt Winston Churchill und ist der wortgewaltige Premierminister von Großbritannien. In seinen Memoiren findet sich diese kleine, unscheinbare Szene. Sein Gegenüber ist der sowjetische Staats- und Parteichef Josef Stalin, Herr über 180 Millionen Untertanen. Beide Staatsmänner waren in Moskau zusammengekommen, um über künftige Einflußgebiete auf dem Balkan zu beraten. Später wird der Londoner Regierungschef einmal behaupten, daß er die Vereinbarung nur aufgrund von strategischen Zwängen eingegangen sei. Der sowjetische Diktator nahm die Notiz nachdenklich entgegen. Nach kurzer Überlegung machte er einen schwungvollen Haken auf dem Blatt. Er stimmte dem britischen Kriegspremier zu. Die Mächtigen hatten entschieden.

Zu dieser Zeit war die militärische Lage auf dem Balkan völlig undurchsichtig. Sie änderte sich fast täglich. Rumänien, Bulgarien und Ungarn waren mit

Josef Stalin und Winston Churchill treffen sich am 9. Oktober 1944 in Moskau, um ihre jeweiligen Einflußgebiete auf dem Balkan nach dem Abzug der deutschen Verbände festzulegen.

Hitler-Deutschland verbündet. Die Hoffnung auf Eroberung und die Angst vor dem übermächtigen Koalitionspartner hatte sie an das »Dritte Reich« gebunden. Doch die drohende Niederlage der »Achsenmächte« änderte auch hier die Lage.

Den Adriastaat Jugoslawien hatte der Krieg am härtesten getroffen. Er war im Zuge der deutschen Eroberungen völlig aufgeteilt worden. Beobachter sprachen von einem »Flickenteppich«. Deutsches Reich, Bulgarien und Ungarn hießen die neuen Herren. Teile Kroatiens und Bosniens bildeten unter einer deutschen Marionettenregierung den »Unabhängigen Staat Kroatien«. Die Besatzung hatte unübersehbare Spuren hinterlassen. Im ganzen Land tobten blutige Gefechte zwischen Invasoren und Kollaborateuren einerseits und einheimischen Partisanenverbänden andererseits. Weite Landstriche wurden durch die Kämpfe verwüstet, beschreibt Vladimir Dedijer, ein Zeuge der Gewalttaten: »Alle Häuser waren dem Erdboden gleichgemacht; nichts als rostige Nägel, Gras und Unkraut, überall reifte Obst, aber es gab keine Spur menschlichen Lebens.« Ähnlich sah es in Griechenland aus. Partisanen machten den deutschen Eindringlingen schwer zu schaffen.

Noch beherrschte die Wehrmacht den Balkan. Doch nicht nur in den besetzten Gebieten verloren die Deutschen mit rasender Geschwindigkeit den Boden unter den Füßen. Auch Hitlers Bündnissystem fiel wie ein Kartenhaus zusammen. Die Angst vor der anrückenden Roten Armee ließ die Verbündeten die Fronten wechseln. Als erster Staat verließ im August 1944 Rumänien das Bündnis mit den Deutschen. Die sowjetischen Armeen standen zu dieser Zeit schon mitten im Land. »Hier vollzieht sich eine Katastrophe, wie sie auch die grausigste Phantasie nicht auszudenken vermag... die Katastrophe in Rumänien ist der von Stalingrad gleichzusetzen«, beschrieb ein angsterfüllter Augenzeuge den Zusammenbruch der deutschen Heeresgruppe Südukraine. Stalins Truppen stürmten vor. Doch noch immer rief Marschall Ion Antonescu, der rumänische Regierungschef und Bundesgenosse Hitlers, zum »fanatischen Widerstand« auf. Da ließ König Michael, ein

Hohenzoller auf dem rumänischen Königsthron, den Marschall zu sich rufen. Der überraschte Marschall wurde abgesetzt und verhaftet; Unteroffiziere führten ihn ab. Am selben Abend, dem 23. August 1944, verkündete der König die Einstellung aller Kämpfe. Rumänien scherte aus der Hitler-Koalition aus. Einen solchen Fall vor Augen, hatte noch wenige Tage zuvor General Gerstenberg, der Chef der deutschen Luftwaffe in Rumänien, geprahlt: »Es wird eine deutsche Flakbatterie genügen, um jeden Putsch in Bukarest niederzuschlagen.« Doch das war ein fataler Irrtum: Gerstenbergs zusammengewürfelte Truppen wurden rasch geschlagen, er selbst

In Rumänien werden Soldaten der Roten Armee von der Bevölkerung stürmisch als Befreier begrüßt.

gefangengenommen. Am 25. August erklärte die neue rumänische Führung dem Deutschen Reich den Krieg. Doch der Frontwechsel in letzter Minute hat nichts mehr genutzt. Mitgegangen, mitgehangen: Ganz Rumänien wurde von der Roten Armee besetzt. Die deutsche Verteidigungslinie auf dem Balkan hatte ihren wichtigsten Baustein verloren. Die bulgarische Regierung reagierte auf den Seitenwechsel seines nördlichen Nachbarn unverzüglich: Sie erklärte ihr Land für neutral und kündigte die Verträge mit Hitler. Doch die Alliierten ließen Sofia keine Chance. Am 5. September 1944 funkte Moskau: »Von nun an befindet sich die Sowjetunion im Kriegszustand mit Bulgarien.« Die bulgarische Regierung bemühte sich hektisch, ihre Position zwischen allen Stühlen zu verbessern: Sie erklärte dem NS-Staat am 8. September den Krieg. Doch alles war vergebens. Warum auch sollte die siegreiche Sowjetarmee verhandeln? Sofia konnte nur noch kapitulieren. Von der deutschen Balkanherrschaft war bald nichts mehr übrig. Wie ein Dominostein begann nun auch der ungarische Achsenpartner zu wackeln. Budapest entschloß sich zu einem eigenen Waffenstillstand mit Moskau. Doch die ungarische Regierung hatte die Rechnung ohne den Wirt gemacht. Die seit März 1944 im Land stehenden deutschen Besatzungstruppen verhinderten einen Frontwechsel mit Waffengewalt. Ungarns Armeen mußten weiterhin an Hitlers Seite fechten. Anders in Griechenland: Im Morgengrauen landete dort am 1. Oktober 1944 die britische Befreiungsarmee. Geführt von ortskundigen griechischen Partisanen, stieß sie ins Landesinnere vor. Zur glorreichen Befreiung Athens kam das Landungskorps aller-

Kommunistische Partisanen in Bulgarien verbünden sich mit den Rotarmisten.

dings zu spät. In einem waghalsigen Unternehmen hatte bereits ein Stoßtrupp von zehn geflüchteten britischen Kriegsgefangenen unter Oberstleutnant Frank Macaskie die griechische Hauptstadt dem Feind entrissen. Die Soldaten lebten schon seit längerer Zeit in den unwirtlichen Bergen Griechenlands. Am 12. Oktober schlug ihre große Stunde. Macaskie und Erzbischof Damaskinos von Athen fuhren im offenen Wagen durch die Stadt. Alle Glocken läuteten. Die Menschen strömten auf die Straße. Sie jubelten Macaskie zu. An ein Durchkommen war für die britischen Soldaten nicht mehr zu denken. »Ich habe niemals Menschen in einem solchen Taumel der Freude und Begeisterung gesehen«, erinnerte sich ein Beteiligter. Derweil verließen die letzten deutschen Soldaten still und leise ihre Stellungen und flüchteten. Athen war befreit. Ein weiteres wichtiges Zeichen für den Niedergang der NS-Herrschaft war gesetzt.

Es blieb nur noch Jugoslawien. Hier war der Widerstand gegen die deutsche Besatzung am besten organisiert. Die wichtigste Partisanenorganiation, eine 800 000 starke Truppe, stand unter dem Befehl des legendären Kroaten Josip Broz, genannt Tito, eines Kommunisten alter Schule. Selbst Hitler sprach anerkennend von ihm als dem »Mann, der mit nichts eine ganze feindliche Kriegsmacht dauernd in Atem hält und sich immer wieder erholt«.

Im Oktober 1944 war Tito unumstrittener Kopf des jugoslawischen Widerstandes. Ost und West, Stalin und Churchill erkannten ihn, da ohne Alternative, als den Vertreter Jugoslawiens an. Nach langem Ringen stand seine Partisanenarmee. In den Abendstunden des 18. Oktober 1944 sammelte sie sich zum Sturm auf Belgrad, das letzte Bollwerk der deutschen Verteidigung.

In der besetzten Stadt schaute zur gleichen Zeit ein alter Lehrer aus seinem Fenster. Was er sah, verschlug ihm die Sprache. Deutsche Soldaten befestigten Sprengladungen an der einzigen Brücke über die Save. Dann zogen die Militärs ab. Der betagte Pädagoge schlich die Treppe hinunter, pirschte sich vorsichtig an den Flußübergang heran – und unterbrach die Zündschnüre. Am nächsten Tag zog die Partisanenarmee über diese Brücke in die Metropole ein.

Jugoslawien war somit zum größten Teil zurückerobert, die deutsche Herrschaft auf dem südlichen Balkan beendet. (JES)

Das Ende des Wüstenfuchses

Hitler zwingt Rommel zum Selbstmord

»Mit uns steht nicht nur die deutsche Wehrmacht, sondern das ganze deutsche Volk in tiefem Schmerz an der Bahre des toten Helden. Ein hartes Schicksal riß ihn in dem Augenblick von uns, da der Kampf sich dem Höhepunkt näherte.«

Generalfeldmarschall von Rundstedt,

der ranghöchste Offizier des deutschen Heeres, hielt die Trauerrede auf der Totenfeier im Rathaus von Ulm. Erwin Rommel, der unerschrockene »Wüstenfuchs«, gefeierter Held des Zweiten Weltkrieges, war tot. »Der Führer und Oberste Befehlshaber der Wehrmacht hat uns hierher berufen, um Abschied zu nehmen von seinem auf dem Felde der Ehre gebliebenen Generalfeldmarschall.« Der Festsaal war mit goldenen Adlern, Lorbeer und Hakenkreuzfahnen ausgekleidet, das Orchester spielte den Trauermarsch aus Wagners Götterdämmerung. Rommels Stahlhelm und sein Marschallstab lagen auf dem Sarg, seine Orden auf einem Samtkissen davor. Vier Generale hielten die Ehrenwache. Tausende von Trauergästen hatten sich versammelt, darunter die höchsten

Staatsbegräbnis für Erwin Rommel am 18. Oktober 1944 in Ulm: Der Sarg wird nach der Trauerfeier im Rathaus auf die Lafette getragen (oben).

Unten: Der erzwungene Selbstmord des Generalfeldmarschalls rettet Frau Rommel und ihren Sohn Manfred (hinter ihr) vor »Sippenhaft« und Verfolgung.

Offiziere und führenden Männer des Staates. Auf dem Platz vor dem Rathaus standen feierlich mehrere Ehrenkompanien. Stumm traten die Angehörigen an den Sarg.

Ulm, am 18. Oktober 1944: Der Staatsakt anläßlich des Todes von Generalfeldmarschall Rommel wurde mit großer Sorgfalt inszeniert. Hitler hatte die Nationaltrauer angeordnet.

Jahre später, am Grabe Rommels auf dem stillen Friedhof im schwäbischen Herrlingen, fiel es der Witwe des Toten noch immer schwer, über diese Szenen der Beerdigung zu sprechen. »Ich war versucht«, erinnerte sich Lucie Rommel, »in aller Öffentlichkeit beim Staatsakt die Mörder anzuklagen. Als Feldmarschall von Rundstedt im Rathaus sprach, wollte ich aufschreien: Das ist ja alles

Lüge, Lüge, was hier gespielt wird. Aber was für einen Sinn hätte es schon gehabt? Mein Mann war tot . . . und ich mußte nun an unseren Sohn Manfred denken. Was haben sie nicht selbst mit den entferntesten Angehörigen der Männer getan, die nach dem 20. Juli hingerichtet wurden? Sie hätten auch Manfred getötet. Sie wußten, daß ich schweigen mußte.«

Den Regisseuren des Staatsbegräbnisses vom 18. Oktober 1944 ging es weniger um einen würdevollen Abschied von Erwin Rommel – ihre Trauerfeier im Ulmer Rathaus war vielmehr ein makabres Schauspiel der NS-Propaganda.

Erwin Rommel, geboren am 15. November 1891 im schwäbischen Heidenheim, war Hitler schon 1934 als Autor der Militärschrift »Infanterie greift an« aufgefallen. Von nun an war sein Aufstieg in der Wehrmacht nicht mehr aufzuhalten: 1938 Kommandant des Führerhauptquartiers, 1939 Generalmajor im Westfeldzug, 1941 Kommandierender General des Deutschen Afrika-Korps, 1942 schließlich Generalfeldmarschall.

Am 1. Dezember 1943 wurde Rommel zur Abwehr der erwarteten Invasion der Alliierten nach Frankreich geschickt. Er übernahm den Befehl über die Heeresgruppe B.

Ein solcher General eignete sich natürlich hervorragend für die Absichten des Propagandaministeriums. Joseph Goebbels erkor den Namen Rommel zu einem Synonym für die »Unbesiegbarkeit der deutschen Wehrmacht«. Ungeachtet der Tatsache, daß der schwäbische General von seinen Soldaten stets den härtesten Einsatz forderte, wurde Erwin Rommel zum Volkshelden. Im Februar 1942 notierte Goebbels zufrieden in sein Tagebuch: »Rommel ist weiterhin das erklärte Lieblingsobjekt selbst der feindlichsten Nachrichtendienste. Er hat es zu einem wirklichen Geistergeneral gebracht. Er ist heute in den USA genauso populär wie in London oder Berlin, eine der wenigen Figuren aus dem deutschen Heer, die Weltruf genießen.«

Goebbels' Helden-Konzeption war also aufgegangen. Ließ sich doch mit dem Erfolg Rommels so hervorragend von der grauenvollen Situation an der russischen Front ablenken. Je auswegloser dieser Krieg wurde, desto strahlender erschien sein Held. Damit entfernte sich das künstlich erzeugte Bild immer mehr von der Wirklichkeit. Schon im April 1941 hatte der General aus Afrika an seine Frau geschrieben: »Die Presse der ganzen Welt spricht von meinem Erfolg, während sich die Schlacht allmählich zum Desaster ausweitet, weil die Kräfte des Deutschen Afrika-Korps für derartige weiträumige Operationen nicht ausreichen.«

Aber Goebbels und Hitler verhinderten mit aller Macht, daß der Name Rommel mit Niederlagen in Verbindung gebracht wurde. So mußte er, als das Fiasko bei El Alamein bekanntzuwerden drohte, Nordafrika verlassen. Rommel war nicht mehr allein der unbesiegbare »Wüstenfuchs«, der geniale Kriegsstratege, seinen Ruhm verdankte er auch der NS-Propaganda. Die Ironie des Schicksals wollte es, daß eben diese Propaganda Erwin Rommel für einen Personenkreis im Reich interessant machte, der gerade das Attentat auf Hitler zu planen begann.

Die Verschwörer des 20. Juli wollten den angesehenen Generalfeldmarschall für den Widerstand gewinnen. Wäre Rommel am Staatsstreich beteiligt, so glaubten sie, würden Wehrmacht und Bevölkerung die Notwendigkeit des Attentats leichter einsehen. Niemand werde seine Rechtschaffenheit in Frage stellen. Zudem achteten ihn die Engländer, was die Verhandlungen über einen Waffenstillstand an der Westfront erheblich erleichtern würde.

Im Herbst 1943 müssen dem Generalfeldmarschall Rommel erste Zweifel an Hitler gekommen sein. »Hitlers Befehle sind Unsinn, der Mann muß wahnsinnig sein. Jeder Tag kostet unnötige Opfer an Menschenleben, jeder Tag kostet uns eine unserer Städte. Und was kommt dabei heraus? Man ebnet dem Kommunismus den Weg nach Europa. Sofortiger Friedensschluß ist geboten.« Wiederholt wandte er sich an Hitler persönlich. Im Sommer 1944 warnte er ihn vor dem drohenden Zusammenbruch der Fronten und forderte, die politischen Konsequenzen zu ziehen.

In der Zwischenzeit hatte die militärische Widerstandsbewegung über Generalstabschef Speidel Kontakt zu Rommel aufgenommen. In langen Gesprächen erörterten sie, wie der Krieg schnell beendet werden könne. Rommel teilte die Ansicht der Verschwörer, daß Hitler keinen Tag länger an der Macht bleiben dürfe. Ein Attentat lehnte er trotzdem grundsätzlich ab. Das Töten des Oberbefehlshabers widersprach nicht nur seinem soldatischen Selbstverständnis. Er fürchtete auch, daß damit eine neue Legende entstehen könnte. So steckte Rommel im Frühjahr 1944 in einer zwiespältigen Lage: In einer verlustreichen Schlacht sollte er die Invasion

Der »Wüstenfuchs«: Generalfeldmarschall Erwin Rommel als Befehlshaber des Afrika-Korps.

Rommel, der populärste deutsche Heerführer des Zweiten Weltkriegs, war in die Attentatspläne gegen Hitler zwar eingeweiht, jedoch nicht aktiv am Widerstand beteiligt.

der Alliierten abwehren und gleichzeitig die Verhandlungsgrundlage für einen Waffenstillstand entwerfen.

Am 17. Juli 1944 wurde der Generalfeldmarschall an der Front von einem Angriff der alliierten Tiefflieger überrascht. Lebensgefährlich verwundet brachte man ihn nach Herrlingen zu seiner Familie. Während er sich hier langsam erholte, fand am 20. Juli Stauffenbergs Attentat auf Adolf Hitler im Führerhauptquartier »Wolfsschanze« statt. Zu Vizeadmiral Ruge meinte Rommel später: »Hitler ist der Teufel in Person. Aber warum versucht man einen Helden, einen Märtyrer aus ihm zu machen? Die Armee hätte ihn verhaften und dann vor Gericht stellen sollen. Ehe nicht das deutsche Volk die volle Wahrheit erfährt, wird die Hitler-Legende nicht auszurotten sein.«

Am 14. Oktober meldete das Wehrkreiskommando Stuttgart den Besuch der Generäle Burgdorf und Maisel in Herrlingen an. Von diesem Vormittag berichtete Frau Rommel später: »Auf meine Frage, was geschehen sei, antwortete er geistesabwesend: ›Ich bin gekommen, Dir Lebewohl zu sagen ... In einer Viertelstunde bin ich tot ... Sie verdächtigen mich der Teilnahme am Anschlag auf Hitler. Der Führer hat mich vor die Wahl gestellt, mich entweder vergiften zu lassen, oder vor das Volksgericht zu kommen. Sie haben das Gift mitgebracht. Es wirkt nach drei Sekunden tödlich.‹ Ich bat meinen Mann, vor ein Volksgericht zu gehen. Er sei doch niemals an einem Anschlag auf Hitler beteiligt gewesen. ›Nein‹, sagte er, ›ich kann alle meine Handlungen in voller Öffentlichkeit verantworten. Aber ich weiß, daß ich niemals nach Berlin kommen werde. Man wird mich vorher beseitigen.‹«

Sein Adjutant Aldinger schilderte daran anschließend: »Aus dem Nebenzimmer hörte ich das Schluchzen Frau Rommels. Ich sagte zu ihm, er müsse doch wenigstens versuchen zu entkommen. Aber er erwiderte: ›Nein, an Flucht ist nicht zu denken. Alle Straßen sind durch SS-Wagen versperrt. Das Haus ist umstellt. Meiner Familie wird nichts passieren, falls ich mich für den Gifttod entscheide. Ich lasse mich nicht durch einen Mann wie Hitler hängen. Ich habe keinen Mord geplant. Ich habe nur versucht, meinem Vaterland zu dienen, wie ich es mein ganzes Leben tat. Ich habe jetzt keine andere Wahl. In einer halben Stunde wird man Sie aus Ulm anrufen. Man wird Ihnen mitteilen, daß ich einen Unfall hatte und tot bin.«

Und so geschah es. Doch die Wahrheit über den Tod des »Wüstenfuchses« blieb nicht lange verborgen. Seine Legende hat Jahrzehnte überdauert. (NL)

Als Inspekteur des Atlantikwalls und Befehlshaber der Heeresgruppe B beobachtet Rommel eine Abwehrübung an der Atlantikküste.

1 · Sonntag

Auf Druck der Alliierten stellt die Schweiz den Rüstungsexport an alle kriegführenden Länder ein.

Die deutsche Kriegsmarine verliert ihr letztes U-Boot im Mittelmeer.

2 · Montag

In Warschau ergeben sich die Reste der polnischen »Heimatarmee« unter General Tadeusz Bór-Komorowski dem SS-Obergruppenführer Bach-Zelewski. Der 63tägige Aufstand hat 16 000 polnischen Freiheitskämpfern und mindestens 150 000 Zivilisten das Leben gekostet.

Der verzweifelte Warschauer Aufstand ist zusammengebrochen.

Der indische Freiheitskämpfer Mahatma Gandhi erhält anläßlich seines 75. Geburtstages eine Spende des indischen Volkes in Höhe von mehr als 600 000 Pfund Sterling. Gandhi will mit dem Geld die Schulbildung der indischen Landbevölkerung fördern.

3 · Dienstag

Hitler befiehlt den Rückzug aller deutschen Verbände aus Griechenland.

Beim ersten Einsatz des deutschen Düsenjägers »Me 262« werden vier der neuen Maschinen von kanadischen Jagdflugzeugen abgeschossen.

Nach dem Abzug der deutschen Verbände aus Griechenland rücken britische Truppen nach.

4 · Mittwoch

Britische Truppen landen an der Küste des Peloponnes und rücken in die griechische Hafenstadt Patras ein.

US-Kriegsschiffe kapern vor Grönland das deutsche Wetterschiff »Externsteine«. Meteorologische Daten aus dem Nordatlantik sind für die Wettervorhersagen der Wehrmacht unverzichtbar.

5 · Donnerstag

Wegen der Rohstoffknappheit wird im Deutschen Reich die Verleihung von Orden und Ehrenzeichen an Zivilisten eingeschränkt.

6 · Freitag

Die Rote Armee dringt in Ungarn ein.

In Paris wird eine Ausstellung mit Gemälden von Pablo Picasso, Max Ernst, Paul Klee u.a. eröffnet.

Pablo Picasso: Guernica (Detail), 1937.

7 · Samstag

SS-Wachmannschaften schlagen im KZ Auschwitz einen Aufstand jüdischer Häftlinge blutig nieder, die zuvor eine Gaskammer in die Luft gesprengt hatten.

Beim bisher schwersten Tagesangriff auf verschiedene Ziele im Reichsgebiet setzen die alliierten Luftwaffen mehr als 3 000 Kampfflugzeuge ein.

8 · Sonntag

»Reichsjugendführer« Arthur Axmann meldet, daß sich bislang 70 Prozent des Jahrgangs 1928 »freiwillig« zu den Waffen gemeldet haben.

9 · Montag

In Moskau trifft der britische Premierminister Winston Churchill zu mehrtägigen Beratungen mit dem sowjetischen Staats- und Parteichef Stalin über Einflußzonen in Südosteuropa ein. Die beiden Politiker einigen sich bereits am ersten Tag der Gespräche: Bulgarien und Rumänien fallen in die Einflußzone der UdSSR, Griechenland gehört zum britischen Bereich.

Die sowjetische Zeitung »Krieg und Arbeiterklasse« greift den Vatikan wegen dessen angeblich profaschistischer Haltung an.

10 · Dienstag

Die 5. sowjetische Gardearmee stößt an die Ostseeküste vor und schneidet damit die in Lettland stehenden 35 Divisionen der deutschen Heeresgruppe Nord von der restlichen Ostfront ab.

Österreichische Industrielle und Offiziere fordern die Erklärung Wiens zur »offenen Stadt« und den Abzug der deutschen Truppen aus der österreichischen Hauptstadt.

11 · Mittwoch

Hitler befiehlt, Warschau »noch während des Krieges dem Erdboden gleichzumachen«.

12 · Donnerstag

Bei Salzburg wird die deutsche Schriftstellerin Luise Rinser, deren Romane vom NS-Regime verboten worden sind, wegen »Hochverrats und Wehrkraftzersetzung« verhaftet.

Jean-Paul Sartres »Die Fliegen« wird im Züricher Schauspielhaus erstmals in deutscher Sprache aufgeführt.

13 · Freitag

Die Heeresgruppe Nord muß die lettische Hauptstadt Riga räumen und zieht sich nach Kurland zurück.

14 · Samstag

Der »Wüstenfuchs« Erwin Rommel begeht Selbstmord. Hitler hatte ihn wegen seiner Kontakte zu den Verschwörern des 20. Juli vor die Alternative gestellt, entweder Gift zu nehmen und dadurch die »Sippenhaft« für seine Familie zu vermeiden oder vor den »Volksgerichtshof« gestellt zu werden.

Aachen wird von US-Truppen vollständig eingeschlossen.

15 · Sonntag

Der ungarische »Reichsverweser« Miklós Horthy läßt im Rundfunk den geheimen, am 11. Oktober abgeschlossenen Waffenstillstand mit der Sowjetunion verkünden. Daraufhin besetzen ungarische Faschisten und deutsche Truppen Budapest.

Anläßlich des 100. Geburtstags von Friedrich Nietzsche bezeichnet Alfred Rosenberg, »Reichsleiter« der NSDAP, den Philosophen als »gestrigen Bruder im Kampf um die Wiedergeburt einer großen deutschen Geistigkeit«.

16 · Montag

Sowjetische Truppen dringen in Ostpreußen ein.

17 · Dienstag

Im Deutschen Reich wird für alle männlichen Jugendlichen unter 18 Jahren ein »soldatischer Haarschnitt« vorgeschrieben. Friseure, die die neue Vorschrift nicht beachten, riskieren den Entzug von Arbeitskräften.

18 · Mittwoch

Der deutschen Öffentlichkeit wird der »Volkssturm-Erlaß« Hitlers bekanntgegeben, in dem es eingangs heißt: »Nach fünfjährigem schwersten Kampf steht infolge des Versagens aller unserer europäischen Verbündeten der Feind an einigen Fronten in der Nähe oder an den deutschen Grenzen.«

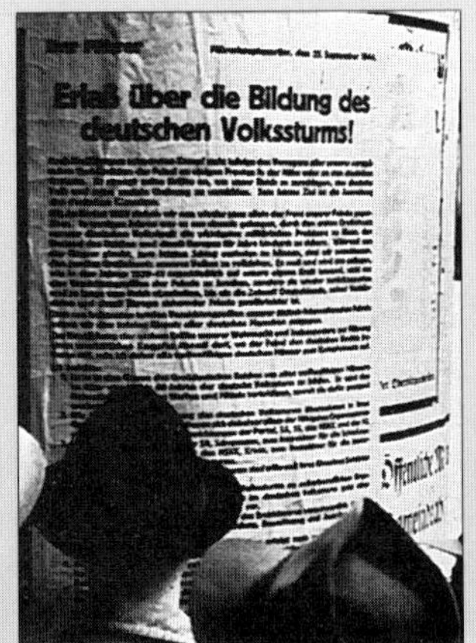

19 · Donnerstag

Dwight D. Eisenhower, der Oberkommandierende der alliierten Streitkräfte in Europa, gibt Verwaltungsvorschriften für die besetzten deutschen Gebiete bekannt. Unter anderem sollen alle Zeitungen verboten und jeglicher ziviler Reiseverkehr unterbunden werden.

20 · Freitag

Im ostpreußischen Nemmersdorf richten Rotarmisten ein Blutbad unter der Zivilbevölkerung an. Die Greueltaten veranlassen Tausende Einwohner Ostpreußens zur panikartigen Flucht in Richtung Westen.

Die japanische Marineluftwaffe stellt das Sonderangriffskorps »Kamikaze« (Götterwind) auf, dessen Piloten sich mitsamt ihren Maschinen auf feindliche Ziele stürzen sollen. Bis Kriegsende opfern sich insgesamt 2314 Kamikaze-Flieger.

Deutsche Soldaten ergeben sich Kämpfern der jugoslawischen »Nationalen Befreiungsarmee«.

In Belgrad rücken nach Abzug der Wehrmacht sowjetische Truppen und jugoslawische Partisanenverbände ein.

21 · Samstag

US-Truppen besetzen als erste deutsche Großstadt Aachen.

22 · Sonntag

Im philippinischen Golf von Leyte entbrennt zwischen der japanischen und der US-Flotte die größte Seeschlacht der Geschichte. Nach viertägigen Gefechten haben die Japaner 26 Schiffe und damit das Rückgrat ihrer Flotte eingebüßt (US-Verluste: sieben Schiffe).

23 · Montag

Großbritannien, die USA und die Sowjetunion erkennen die französische »Provisorische Regierung« unter General Charles de Gaulle an.

24 · Dienstag

Ein alliierter Bombenangriff legt in Böhmen ein 3500 Jahre altes frühgeschichtliches Grab frei.

Werner Seelenbinder, mehrmaliger deutscher Ringermeister im Halbschwergewicht, wird wegen seiner Zugehörigkeit zur verbotenen KPD hingerichtet. Seelenbinder hatte seine Teilnahme an internationalen Wettkämpfen zu Kurierdiensten für seine Partei genutzt.

25 · Mittwoch

Heinrich Himmler, der »Reichsführer SS«, fordert ein schärferes Vorgehen gegen nicht linientreue »Jugend-Cliquen« wie z. B. die »Edelweißpiraten«.

26 · Donnerstag

Die Slowakei und Deutschland verständigen sich auf ein neues Handelsabkommen.

28 · Samstag

In Moskau unterzeichnen Vertreter der bulgarischen Regierung einen Waffenstillstandsvertrag und unterstellen die bulgarische Armee dem sowjetischen Oberkommando.

Die alliierten Luftflotten beginnen mit massiven Flächenbombardements auf Köln. Bis zum 1. November fallen 9000 Tonnen Bomben auf die Domstadt.

29 · Sonntag

Die französische Regierung ordnet die Entwaffnung der Résistance an. Zuvor hatten Widerstandskämpfer eigenmächtig Jagd auf Kollaborateure gemacht.

30 · Montag

In Teheran erklärt die iranische Regierung, bis Kriegsende keine Erdölkonzessionen mehr zu vergeben.

Eine deutsche Untersuchungskommission bei den Opfern der Greueltaten in Nemmersdorf.

27 · Freitag

Die nationalsozialistische Presse berichtet in großer Aufmachung von Greueltaten der Roten Armee im ostpreußischen Nemmersdorf.

31 · Dienstag

Im Oktober haben deutsche U-Boote mit der Versenkung eines einzigen alliierten Handelsschiffes die schlechteste Bilanz des gesamten Krieges erzielt. Demgegenüber verliert die deutsche Kriegsmarine im selben Zeitraum 14 U-Boote.

Pimpfe, Helden und Rebellen

Kindheit im »totalen Krieg«

»Diese Jugend lernt ja nichts anderes als deutsch denken und deutsch handeln«, verkündete Hitler prahlerisch. »Hart wie Krupp-Stahl, schnell wie Windhunde und zäh wie Leder« sollten die Heranwachsenden werden. Daher war allen Sprößlingen der Beitritt zu den Jugendorganisationen des Dritten Reichs erste Kinder-Pflicht: Jungen mußten mit zehn Jahren ins »Deutsche Jungvolk« und mit vierzehn zur »Hitlerjugend« (HJ); zehnjährige Mädchen wurden zuerst »Jungmädel« und gingen später zum »Bund Deutscher Mädel« (BDM). Schon Kinder waren also aggressiver Kriegspropaganda ausgesetzt. Doch HJ und BDM waren erst der Beginn einer NS-Laufbahn: Es folgten Partei, SA, SS, Arbeitsdienst, Wehrmacht, »... und sie werden nicht mehr frei ihr ganzes Leben«, wie Hitler vor Vertrauten frohlockte. Indoktrination war der Sinn, Kontrolle der Zweck, die Jugend unterm Hakenkreuz frühzeitig organisatorisch einzubinden.

Aus ideologischen Gründen wurden Jungen und Mädchen unterschiedlich erzogen, dabei jedem Geschlecht klar definierte Aufgaben und Pflichten zugewiesen: Jungen wurden als künftige Kämpfer im Krieg und als Herren der Familie betrachtet, Mädchen wurden darauf reduziert, »schön zu sein und Kinder zu kriegen«, wie Propagandaminister Joseph Goebbels erklärte. Der braunen Gesinnungsschulung waren zwar alle Jugendlichen gleichermaßen ausgesetzt – doch während bei den Jungen der Hauptakzent auf der körperlichen »Wehrertüchtigung« lag, wollte man die Mädchen auf ihre kommenden Mutter- und Familienpflichten vorbereiten.

»Jugend führt Jugend« war das Schlagwort staatlicher Erziehung. Schon die Jüngsten sollten Verantwortung übernehmen: Ob Hitlerjunge, Mädel oder Pimpf – von allen wurde erwartet, das Wohl des NS-Staates zu ihrem persönlichen Anliegen zu machen. Gerade 1944 stand die vormilitärische Ausbildung im Vordergrund. Die HJ hatte spezielle Gliederungen, um die Jungen als zukünftige Kradmelder, Piloten, Gebirgsjäger, Funker oder Kadetten auf den baldigen Kriegseinsatz vorzubereiten. Neben regelmäßigen Zeltlagern dienten ein Jahr vor dem Kriegsende dazu auch die Heime der »Erweiterten Kinderlandverschickung«: In den über zwölftausend HJ-Heimen, die vorgeblich zum Schutz der Jugend vor alliierten Bombenangriffen eingerichtet wurden, konnte der Nachwuchs, fern von den Eltern, in Kriegshandwerk und Staatsideologie geschult werden. »In unserer Freizeit spielten wir Krieg, hoben Schützengräben aus und übten den Nahkampf«, beschrieb nach Kriegsende ein Junge seine

Die Erziehung zu nationalsozialistischem Geist begann absurd früh: ein Vierjähriger in SA-Uniform auf dem Reichsjugendtag in Potsdam.

Für HJ und BDM wurde auch durch spezielle Jugendliteratur geworben.

Gymnastik als Teil weiblicher Erziehung stand unter dem Motto »Glaube und Schönheit«.

Heimerlebnisse, »und wir hatten viel Spaß dabei. Das Komische dieser Situation wurde mir erst nach und nach bewußt.« Durch dieses Militärtraining konnte die Staatsführung 1944 auf ein gut ausgebildetes und meist hochmotiviertes Kinderheer zählen.

Daß Hitler diese Halbwüchsigen sofort ins Sperrfeuer der Front schickte, lag in der Logik des »totalen Kriegs« – zumal in dem von Goebbels propagierten »Jahr der Kriegsfreiwilligen«. Anders als die alten Männer und Frauen, die seit Herbst 1944 im »Volkssturm« dienten, verstanden sich die meisten Hitlerjungen durchaus nicht als »letzte Reserve«: Diese »Jungen Adler« (Titel eines Jugend-Propagandafilms von 1944) wollten dem »Führer« als gleichwertige Soldaten dienen und das spielerisch erlernte Kriegshandwerk endlich in die Tat umsetzen. Anfangs oft noch als abenteuerliche Mutprobe empfunden, erkannten die Jungen schnell den bitteren Ernst: Erste persönliche Erfahrungen mit Schmerz, Verwundung und Tod konfrontierten sie brutal mit der Wirklichkeit des Krieges. Doch viele dieser Milchgesichter machte es auch stolz, nun zur Welt der Erwachsenen zu gehören: Sie entfernten ihre HJ-Armbinden, denn wer Tag und Nacht das Flakgeschütz bedient, wer unter Lebensgefahr Bergungs- und Räumarbeiten versieht und mit der »Panzerfaust« feindliche »Tanks« abschießt, der wollte auch als richtiger Soldat und nicht als Pimpf angesehen werden. Fast nichts unterschied die Jugendlichen von den erwachsenen Kämpfern: »Zwischen dem Frontdienst der Soldaten draußen und dem Dienst der Pimpfe drinnen«, stellte ein Fronturlauber gegen Kriegsende verwundert fest, »gibt es keine Gegensätze, nur der Altersunterschied trennt die jüngeren von den älteren Soldaten.«

Wir sind geboren, um für Deutschland zu sterben

Wandspruch in einem Heim der Hitlerjugend.

Während die Kriegsherren Jugendliche in den Tod hetzten, hielten sie noch immer an der Schulpflicht für diese Jahrgänge fest. Doch selbst das halbe Pensum der eigentlich vorgesehenen 36 Wochenstunden konnte in Kampfgebieten kaum eingehalten werden: Der tägliche Dienstplan ließ kaum Zeit für den schulischen Stundenplan. Die Kindersoldaten waren neben ihrem Kampfeinsatz schon mit der Ausbildung an »Flak« und »Panzerfaust« sowie der peniblen Reinigung von Waffen und Uniformen ausreichend beschäftigt. Doch zivile Aufgaben kamen noch hinzu: das Kohlenschleppen für Soldatenfrauen, die Bewachung öffentlicher Gebäude sowie diverse Führungsdienste innerhalb der HJ. Als Hitlers Propaganda-Paladine selbst nicht mehr von ihren propagierten Siegesparolen überzeugt waren, planten sie, Kinder aus HJ und BDM als »Werwölfe« gezielt Sabotageakte verüben zu lassen. Flugblätter von Ende 1944 forderten von den Halbwüchsigen, »auf ihrem Platz zu stehen in der Abwehrfront. Es gilt den Feind zu schlagen, wo man ihn trifft. Das Wichtigste ... nicht dabei erwischen lassen. Dumm stellen.« Also militärische Untergrundarbeit getarnt als dummer Jungenstreich.

Wurden die Mädchen im BDM bisher auf das Leben am heimischen Herd hin erzogen, so gebot der Kriegsalltag des Jahres 1944, von dieser Geschlechterideologie abzurücken. Denn die desolate »Heimatfront« brauchte auch weibliche Einsatzkräfte: »Arbeitsmaiden« wurden als Helferinnen bei kinderreichen Familien und in der Landwirtschaft, aber auch bei der Wehrmacht, im Luftschutz und bei der Nachrichtenübermittlung eingesetzt: Ohne »Blitzmädel« wäre der Fernsprechsektor im Reich und den besetzten Gebieten zusammengebrochen. Seit Frühjahr 1944 wurden Mädchen auch als Flakhelferinnen herangezogen, wobei sie zwar nicht selbst schießen, wohl aber an Scheinwerfern und Ortungsgeräten den Männern assistieren mußten. Auch in der Rüstungsproduktion – sie erreichte 1944 ihren absoluten Höchststand – waren junge Mädchen unentbehrliche Arbeitskräfte.

Daneben hatten die Mädchen des BDM »hauswirtschaftliche und soziale Hilfsdienste« zu versehen: Näh- und Kochaufgaben, Kinderbetreuung und die Ausrichtung »kultureller Darbietungen«; darunter fielen Volkstänze, Theater- und Gesellschaftsspiele sowie »bunte Nachmittage« in Lazaretten und Kliniken. Die Landser reagierten wie erwartet: »Bei BDM-Veranstaltungen geht es nur um die Mädel«, brachte es ein kriegsverletzter Leutnant auf den Punkt, »die HJ-Veranstaltungen, die nimmt man dann eben in Kauf.«

Waren die oft erst vierzehnjährigen Jungen im Kampf erfolgreich, lockten militärische Auszeichnungen wie für Erwachsene: Der Anblick hochdekorierter Kinder war 1944 keine Seltenheit. So galt Hitlers letzter öffentlicher Auftritt kurz vor Kriegsende verdienten Hitlerjungen. Wer jedoch den Einsatz verweigerte, riskierte sein junges Leben: Ein 15jähriger HJ-Jungzugführer aus dem Rheinland, der das Abschlachten nicht mehr mitmachen wollte, wurde von der SS kurzerhand an einer Straßenlaterne erhängt.

Doch Jugendliche, die fast ständig im Einsatz waren und wie Erwachsene be-

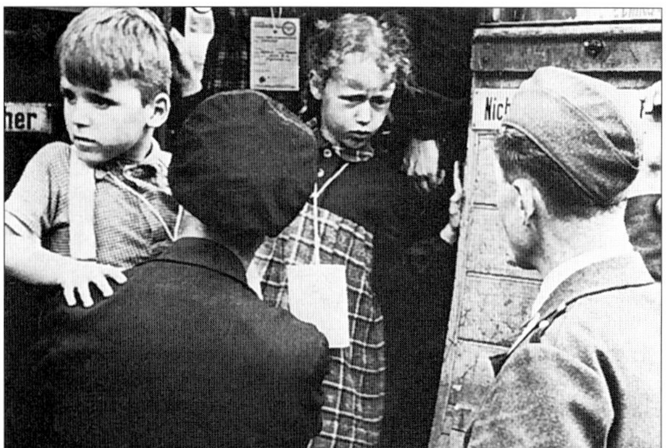

Hunderttausende von Stadtkindern werden im letzten Kriegsjahr aufs Land »verschickt«, damit sie nicht Luftangriffen ausgesetzt sind.

Hitlerjungen bei Schießübungen: Nach Hitlers Erlaß wurden auch wehrfähige Jugendliche ab 16 Jahren einberufen (oben).

Der Propagandafilm »Junge Adler« sollte Hitlerjungen zu »Kriegsheldentum« motivieren.

Jugendliche der HJ werden von Hitler mit dem EK II ausgezeichnet.

handelt wurden, schlugen schon mal über die Stränge. Zur besseren Überwachung und um Unzufriedene abzuschrecken, machten »zuverlässige« Hitlerjungen Streifengänge und kontrollierten ihre Altersgenossen auf offener Straße. Das war nicht ungefährlich: Mitunter wurde diese »Polizei für Gleichaltrige« im Schutz der Nacht oder aus dem Hinterhalt überfallen und zusammengeschlagen. Die Angreifer waren Mitglieder von Jugendbanden, die sich neben Gestapo und Polizei nicht auch noch von ihresgleichen kontrollieren lassen wollten. Die Anmaßung polizeilicher Befugnisse durch die HJ-Streifen provozierte Opposition: »Aus Trotz gegen die HJ und hauptsächlich den Streifendienst« stieß ein Junge aus Viersen zu einer Jugendbande, »weil ich von denen wiederholt zur Anzeige gebracht worden bin«.

Und solche jugendlichen Opponenten gab es gar nicht wenige: Die Einschätzung, daß die Jugend geschlossen hinter dem »Führer« stehe, taugte vor allem für die Propaganda.

Heranwachsende, die über den HJ-Drill verbittert oder gegen das Regime eingestellt waren, bildeten vorwiegend in größeren Städten sogenannte »Cliquen«. Man traf sich in Parks, Wäldern oder Schuppen und versuchte so, der Allgegenwart des Staates zu entkommen. Die Gruppe bot den nötigen Freiraum zum ungestörten Rauchen, Trinken oder auch für erste Liebesabenteuer. Die Hamburger »Swing-Jugend« verstand ihren jugendlichen Widerstand als politische Geste: Sie wollte verbotene Jazz-Platten hören und sich in Haartracht sowie Kleidung vom Pfadfinderstil der Hitlerjugend abheben. »Das Reizvolle war, etwas anderes zu tun, als die HJ wollte«, so ein damaliger Dissident. »In der Gruppe fand man Gleichgesinnte, das war kein Massenverein. Da wurde nichts von oben geplant und vorgeschrieben.« Andere Gruppen pflegten bewußt bündische oder proletarische Traditionen – einig waren sie sich in ihrer Gegnerschaft zum NS-Staat: Sie sangen die verbotenen Lieder der

Gesetz über die Hitlerjugend

vom 1. Dezember 1936

»Von der Jugend hängt die Zukunft des deutschen Volkes ab. Die gesamte deutsche Jugend muß deshalb auf ihre künftigen Pflichten vorbereitet werden. Die Reichsregierung hat daher das folgende Gesetz beschlossen, das hiermit verkündet wird:

§ 1.
Die gesamte deutsche Jugend innerhalb des Reichsgebietes ist in der Hitlerjugend zusammengefaßt.

§ 2.
Die gesamte deutsche Jugend ist außer in Elternhaus und Schule in der Hitlerjugend körperlich, geistig und sittlich im Geiste des Nationalsozialismus zum Dienst am Volk und zur Volksgemeinschaft zu erziehen.

§ 3.
Die Aufgabe der Erziehung der gesamten deutschen Jugend in der Hitlerjugend wird dem Reichsjugendführer der NSDAP übertragen. Er ist damit ›Jugendführer des Deutschen Reichs‹. Er hat die Stellung einer Obersten Reichsbehörde mit dem Sitz in Berlin und ist dem Führer und Reichskanzler unmittelbar unterstellt.

§ 4.
Die zur Durchführung und Ergänzung dieses Gesetzes erforderlichen Rechtsverordnungen erläßt der Führer und Reichskanzler.«

In der zweiten Durchführungsverordnung zu diesem Gesetz hieß es über die Dauer der Dienstpflicht: »Alle Jugendlichen vom 10. bis zum vollendeten 18. Lebensjahr sind verpflichtet, in der Hitlerjugend Dienst zu tun, und zwar:
1. die Jungen im Alter von 10 bis 14 Jahren im ›Deutschen Jungvolk‹ (DJ);
2. die Jungen im Alter von 14 bis 18 Jahren in der ›Hitler-Jugend‹ (HJ);
3. die Mädchen im Alter von 10 bis 14 Jahren im ›Jungmädelbund‹ (JM);
4. die Mädchen im Alter von 14 bis 18 Jahren im ›Bund Deutscher Mädel‹ (BDM).«

Arbeiterjugend, gingen gemeinsam wandern oder organisierten den politischen Widerstand. Selbst nannten sie sich »Kittelbachpiraten« oder »Navajos«, »Edelweißpiraten« oder »Pack«, im offiziellen Sprachgebrauch der Strafverfolger hießen sie schlicht »Cliquen« oder »Banden«.

Arbeitsdienst für die weibliche Jugend ist Mütterdienst.

Lange vermutete die Gestapo hinter diesen Gruppen zentrale Strukturen und Steuerung. Erst im Verlaufe des Jahres 1944 erkannte die Staatsführung, daß die lokalen Gruppen autonom handelten: In Wanne-Eickel beispielsweise verteilten Mitglieder alliierte Propagandaflugblätter in den örtlichen Briefkästen; in Essen organisierten Jugendliche Hilfe für untergetauchte Juden; in Köln wurden entflohene »Fremdarbeiter« versteckt. Das Vorbild der »Weißen Rose«, deren Mitglieder im vorangegangenen Jahr gefaßt und hingerichtet worden waren, stand den Jung-Oppositionellen 1944 noch sehr deutlich vor Augen. Andere Gruppen trieb oft nur kleinkriminelle Energie, die sich in Ladendiebstählen und Einbrüchen entlud. Solche »Kaperfahrten« unternahmen auch Jugendliche in Köln unter der Führung ihres Bandenchefs Hans Steinhoff. Nach verschiedenen Coups wurden sie gefaßt und dann am 10. November 1944 in Köln-Ehrenfeld vor einer johlenden Menschenmenge erhängt.

Eine eigens gebildete Abteilung im Berliner Reichssicherheitshauptamt war für die strafrechtliche Verfolgung von »Banden« und »Cliquen« verantwortlich. Für »Zusammenschlüsse Jugendlicher mit zum Teil kriminell-asozialen oder politisch-oppositionellen Bestrebungen« kündigten die Jugend-Fahnder im Oktober 1944 in einem Rundschreiben an Polizei, Justiz und Ministerium »verstärkte Überwachung« an: Das totalitäre Regime versuchte so, alle jugendlichen Gruppen, die sich der Kontrolle des Staates entziehen wollten, von Anfang an zu kriminalisieren. Und wo neue »Cliquen« entstanden, griff die Gestapo brutal zu: Gruppenmitglieder wurden hingerichtet, verschwanden spurlos oder kamen in spezielle Jugend-Konzentrationslager: Oppositionelle Jungen wurden nach Moringen im Solling sowie seit April 1944 ins KZ Neuwied gebracht, die Mädchen mußten ins mecklenburgische Lager Uckermark. Dort sollten sie, nach Himmlers Willen, mindestens ein Jahr lang umerzogen werden. Anschließende Himmelfahrtskommandos an die Front ersetzten meist den Scharfrichter.

»Arbeitsmaiden« leisteten ihren Dienst hauptsächlich in kinderreichen Familien und in der Landwirtschaft.

Jugend 1944 – ihre Überlebenschancen standen schlecht. Neben den alliierten Bomben, die jung und alt gleichermaßen bedrohten, sprach das fanatische Regime zehntausendfach das Todesurteil: Entweder waren sie staatskonform und wurden als »Kanonenfutter« an der Front verheizt, oder sie wagten politische Opposition und standen so mit einem Bein unterm Galgen. Das Regime warb 1944 auf Propagandaplakaten mit der Parole »Deutsche Jugend – arbeitet und kämpft.« Zur vollen Wahrheit fehlt nur noch der Zusatz: »und stirbt«. (KKS)

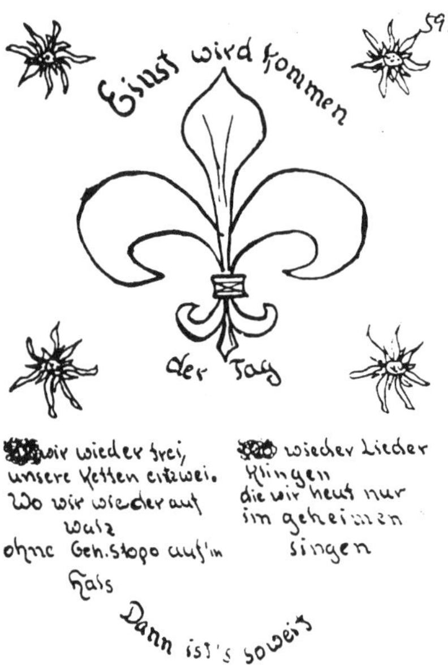

Flugblatt der »Edelweißpiraten« aus Wuppertal.

> »Nach Vortrag des Reichsorganisationsleiters der NSDAP und des Jugendführers des Deutschen Reiches genehmige ich, daß die neu zu errichtenden nationalsozialistischen Schulen, die gleichzeitig als Vorschulen für die nationalsozialistischen Ordensburgen gelten sollen, meinen Namen tragen.
>
> Berlin, den 15. Januar 1937
> Adolf Hitler.«

Vom Jäger zum Gejagten

Der Untergang der deutschen Kriegsmarine

Am Morgen des 12. November 1944 blickte Wing-Commander Tait aus seinem Lancaster-Bomber in die Tiefe und sah den norwegischen Lynen-Fjord im Rauch von Detonationen verschwinden. An diesem Tag versuchte die britische Luftwaffe zum zwölften Mal innerhalb eines Jahres die »Tirpitz«, das letzte Schlachtschiff der deutschen Kriegsmarine, zu versenken. An jenem Novembertag erreichte die tödliche Fracht der Bomber treffsicher ihr Ziel. Mehrere 5,4 Tonnen schwere, litfaßsäulengroße »Tallboy«-Bomben durchschlugen den Rumpf des legendären Schwesterschiffes der »Bismarck«. Die »einsame Königin des Nordens« kenterte.

Die unvorstellbare Detonationsgewalt hatte einen mehrere 100 Tonnen schweren Geschützturm aus der Verankerung gerissen und ins Wasser geschleudert. Die zentnerschweren Kugellager wurden später fast einen Kilometer entfernt gefunden. Mehr als 900 Besatzungsmitglieder starben bei dem Angriff, 880 konnten auf abenteuerliche Weise aus dem Schiffsrumpf gerettet werden.

Mit der Vernichtung der »Tirpitz« war das Schicksal der deutschen Kriegsmarine besiegelt. Der Untergang kam in Etappen: Ihre Offensivkraft hatte die deutsche Flotte schon im Vorjahr eingebüßt, die Versenkung der »Scharnhorst« kurz vor der Jahreswende 1943/44 geriet zum Menetekel.

Was der Marine blieb, waren die Sicherung des Küstenverkehrs und Einsätze zur Ausbildung. Auch bei den Schnell- und U-Booten waren hohe Verluste zu verzeichnen – die Jäger wurden zu Gejagten. Allein die zahlenmäßige Überlegenheit der Alliierten verhinderte, daß

Bei einem britischen Luftangriff wurde das größte deutsche Schlachtschiff, die »Tirpitz«, bei Tromsö (Norwegen) versenkt. 902 Seeleute fanden dabei den Tod.

Werbeplakat für den Eintritt in die deutsche Kriegsmarine.

deutsche Schnellboote in der Nordsee und im Kanal zum Zuge kommen konnten, die ausgefeiltere britische Radartechnik trug ihren Teil dazu bei. Die deutsche U-Boot-Waffe hatte einen schweren Stand. Hitler versprach Abhilfe: Schnellere U-Boot-Typen sollten das Blatt noch einmal wenden. Bis dahin hieß die Devise:

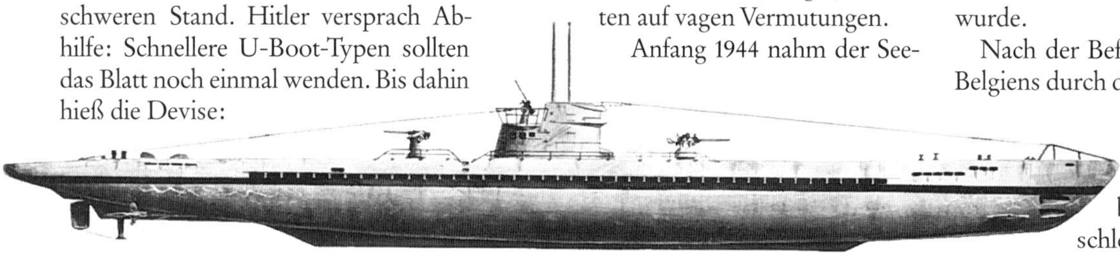

Das deutsche U-Boot vom Typ IX B fuhr mit einer Besatzung von 48 Mann.

»Durchhalten!« Auf den Werften von Bremen, Hamburg, Kiel und Danzig wurde deshalb fieberhaft gearbeitet.

Eine kritische Analyse der Lage hätte der Seekriegsleitung jedoch vor Augen führen müssen, daß die sogenannten »Wunderwaffen« – ob über oder unter Wasser – die materielle und technische Überlegenheit des Gegners nicht mehr aufwiegen konnten. Die strategischen Eingebungen Hitlers aber waren unberechenbar, sein chaotischer Führungsstil machte auch der Marine schwer zu schaffen. Seine Entscheidungen beruhten auf vagen Vermutungen.

Die Einsätze mit dem Einmann-U-Boot »Biber«, das zwei Torpedos abschießen konnte, endeten meist mit dem Tod des Piloten.

Anfang 1944 nahm der Seekrieg auf deutscher Seite dramatische Formen an: kleine Kampfverbände, bemannte Torpedos und Sprengboote, sollten die alliierten Landungsflotten aufhalten. Viele der blutjungen »Piloten« starben bei den Selbstmordkommandos – im Januar 1944 bei Anzio und Nettuno an der italienischen Küste und in der Normandie fünf Monate später. Im Mittelmeer konnten sich die verbliebenen deutschen U-Boote und Sicherungsfahrzeuge wegen der Luftüberlegenheit der Alliierten nur nachts bewegen.

Die ganze deutsche Kriegsmarine war 1944 kein ernstzunehmender Gegner mehr. Das wurde in keinem Moment so deutlich wie am Morgen des 6. Juni, dem D-Day, als sich vor der nordfranzösischen Küste die größte Flotte der Weltgeschichte formierte. Der Armada der Alliierten mit 7 Schlachtschiffen, 23 Kreuzern, 105 Zerstörern, 1073 kleineren Kriegsschiffen und 4126 Landungsbooten standen 3 Zerstörer, 5 Torpedoboote, 34 Schnellboote und 37 U-Boote der deutschen Marine gegenüber; diese trat beim »Unternehmen Overlord« praktisch nicht in Erscheinung.

Die Evakuierung deutscher und rumänischer Truppen von der Halbinsel Krim forderte die Kriegsmarine im Schwarzen Meer heraus. Immerhin konnten fast 130 000 Mann aus Sewastopol über See nach Rumänien gebracht werden; fast 80 000 blieben zurück, weil der Befehl zum Absetzen zu spät erteilt wurde.

Nach der Befreiung Frankreichs und Belgiens durch die Alliierten blieben den Resten der deutschen Seestreitkräfte nur noch wenige Aufgaben, die sie mehr schlecht als recht erfüllen konnten: das Heer über die Ostsee zu unterstützen, die Versorgungswege der Alliierten zu stören und britische Küstengewässer durch U-Boote zu

Ein mit TNT beladenes kleines Boot wird als »Sprengboot« auf ein feindliches Ziel gelenkt.

verunsichern. Die Einführung des »Schnorchels« ermöglichte den U-Booten, bis zu siebzig Tagen unter Wasser zu bleiben. Das half die Verluste zu vermindern, denn die britische Abwehr war auf diese neue Taktik nicht eingestellt. Für die U-Boot-Besatzungen allerdings bedeuteten die langen Fahrten unter Wasser ungeahnte Strapazen.

Im Dezember 1944 versenkten deutsche U-Boote im Atlantik, im Nordmeer und Indischen Ozean insgesamt 12 Handelsschiffe; die Zahl der eigenen Verluste war weitaus höher. Das langsame Sterben der deutschen Kriegsmarine nahm seinen Lauf. (SN)

Steckrüben und Zichorienkaffee

Der Kampf gegen den Hunger

»Was der deutsche Boden bringt, muß heute mehr denn je bis ins letzte verwertet und ausgenutzt werden. Wir haben einen Reichtum an unseren Wildpflanzen, an dem wir nicht vorübergehen sollten. Wildpflanzen beanspruchen kein Ackerland, sie brauchen nicht gesät und gepflegt zu werden, wir brauchen sie nur zu ernten. Wildgemüse, Wildfrüchte, Wildkräuter und deutsche Teepflanzen bieten uns eine gesunde zusätzliche Ernährung, die wir nicht außer acht lassen wollen.« So hieß es im Vorwort einer Broschüre, die 1944 vom »Reichsausschuß für Volkswirtschaftliche Aufklärung« herausgegeben wurde. Auch in der Lebensmittelversorgung wurden die letzten Reserven mobilisiert – die »totale Kriegsführung« sollte nun auch in den Küchen beginnen, getreu dem 1939 proklamierten Motto: »Am Kochtopf wird der Krieg gewonnen.«

Mit Kriegsbeginn schien die Ernährung der deutschen Bevölkerung relativ gesichert: Bei Getreide, Kartoffeln, Zukker und Fleisch war ein Selbstversorgungsgrad von 100 Prozent erreicht, im Querschnitt aller Agrarprodukte betrug er 83 Prozent. Die guten Ernten von 1938 und 1939 hatten die Vorratslager gefüllt. Bei Fett und Futtermitteln war das Deutsche Reich jedoch von Importen abhängig. Die Wirtschafts- und Ernährungsämter erhielten den Auftrag, den lebensnotwendigen Bedarf der Bevölkerung zu sichern. Schon einige Tage vor Kriegsbeginn wurden Lebensmittelkarten ausgegeben, die im Zuge der Kriegsvorbereitungen bereits 1937 gedruckt worden waren. Fleisch, Fett, Butter, Käse, Vollmilch, Zucker und Marmelade gab es vom 1. September, Brot und Eier vom 25. September 1939 an nur noch auf Lebensmittelmarken. Die Rationierung bedeutete eine empfindliche Verringerung der Versorgung. So erhielt der »normale« Konsument, im NS-Amtsdeutsch »Normalversorgungsberechtigter«, kürzer Normalverbraucher genannt, der weder besonders schwer arbeitete noch Nachtdienst zu verrichten hatte, nur die halbe Menge der Friedensrationen. Schwer- und Schwerstarbeiter, Jugendliche, Kinder und werdende Mütter bekamen Sonderzulagen, doch auch diese waren knapp bemessen. Es galt von nun an die Präambel der Kriegswirtschaftsversorgung vom 4. September 1939, »daß jeder Volksgenosse sich die notwendigen Einschränkungen in der Lebensführung und Lebenshaltung auferlegt«. »Schnallt den Gürtel enger«, empfahlen die NS-Blockwarte, die die Lebensmittelkarten verteilten, ihren Mitbürgern. Sehr bald wurden dann auch Tabakwaren, Bier, Branntweinerzeugnisse und Schaumwein mit einer Kriegssondersteuer belegt, die allein bei Bier und Tabakwaren 20 Prozent des Preises betrug. Der Schwerpunkt der Ernährung verlagerte sich auf den Konsum von Kartoffeln, Hülsenfrüchten, Mehl und Zucker. Der »Eintopf-Sonntag« erlangte neue Bedeutung. 1933 eingeführt, verpflichtete er das ganze Volk an bestimmten Sonntagen zum Eintopf-Essen. Der Differenzbetrag zum höheren Preis einer normalen Sonntagsmahlzeit sollte dem Winterhilfswerk gespendet werden. Mit Propagandasprüchen wie »Der Eintopf-Sonntag bringt allen immer wieder zum Bewußtsein, daß sie Glieder eines Volkes sind«, versuchte Goebbels den Volksgenossen die frugale Mahlzeit schmackhaft zu machen.

Die staatlich verordnete gemeinsame Mahlzeit am »Eintopf-Sonntag« ersetzte das Mittagessen im Familienkreis.

November 1944

Die Versorgung der deutschen Bevölkerung wurde im großen und ganzen durch den Abtransport von Nahrungsmitteln aus den besetzten Ländern gesichert. Während die Menschen in Polen, Griechenland, Frankreich, Belgien oder in den Niederlanden regelrechte Hungerphasen zu überstehen hatten, kamen die Deutschen noch ganz gut zurecht, auch wenn sich im Reich die Ernährungslage zunehmend verschlechterte. Vor dem Zusammenbruch war, nach einem ungewöhnlich harten Winter, 1942 das kritischste Versorgungsjahr. Die im April vollzogene erste spürbare Kürzung der Rationen seit Beginn des Krieges sah in konkreten Zahlen so aus: Zwischen September 1939 und Oktober 1942 fiel die wöchentliche Brotration von 2400 auf 2000 Gramm, die Fleischzuteilung sank von 700 auf 300 Gramm, bei Fett wurde die Zuteilung von 340 auf durchschnittlich 206 Gramm zurückgesetzt.

»Das Gefühl, sich nicht mehr sattessen zu können, weil einfach nicht genügend Lebensmittel beigeschafft werden können«, so registrierten V-Männer des Sicherheitsdienstes im März 1942, »bedrückt vor allem die arbeitenden Volksgenossen, von denen in den Betrieben hohe Leistungen abverlangt werden; es bedrückt aber auch die Hausfrauen, auf denen die Last der Versorgung ihrer Familien ruht und die sich täglich aufs neue stundenlang – noch dazu sehr oft vergeblich – auf Märkten und in Läden bemühen müssen, einige wenige, teilweise schlechte Kartoffeln oder einige Kohlrüben oder angefrorenen Weißkohl zu beschaffen.« Doch die neue Ernte und vor allem die durch den Vormarsch in Rußland verstärkte Ausbeutung der besetzten Gebiete ermöglichten es den Ernährungsämtern, die Rationen für Fleisch und Brot im Oktober wieder zu erhöhen. Gewitzte Zeitgenossen des Ersten Weltkriegs begannen Anfang 1942 Rasenflächen und Blumenbeete in Gemüsebeete umzuwandeln, Kartoffeln, Kohl und Salat anzupflanzen, Ziersträucher durch Beerensträucher zu ersetzen, auf Veranden und Terrassen Kaninchenställe einzurichten und, wenn möglich, sich noch Hühner, Gänse und Enten anzuschaffen. Neue Kochrezepte machten die Runde. Da gab es unter anderem Gemüsegulasch (ohne Fleisch), Möhrenmarmelade, Mohrrüben-Napfkuchen, Kartoffelpudding, Kartoffelwaffeln, Kartoffeltorten, Kartoffelaufstrich, gebackene Schweineschwänze, gebackene Kuheuter, Hagebuttenbonbons, Herings- und Gemüseaufstrich, Falschen Harzer Käse (ohne Käse), Falsches Gänsefett, Kohlrabi-Schnitzel, Sauerampfer-Koteletts und Kartoffelmilchbrötchen.

Trotz Androhung hoher Strafen – auf »Schwarzschlachten« stand die Todesstrafe – wurde die Korruption von Jahr zu Jahr größer, immer »ungenierter« wurden Schwarz- und Tauschgeschäfte abgewickelt. So konstatierte Anfang 1944 ein Berichterstatter des Sicherheitsdienstes entrüstet: »Die lange Dauer des Krieges hat zu einer allgemeinen Lockerung der strengen Auffassungen über die Verwerflichkeit der zusätzlichen Versorgung der Volksgenossen geführt. Während in den ersten Kriegsjahren noch der Tausch- und Schleichhandel in jeder Form bei den meisten Volksgenossen verpönt war und häufig als Sabotage an der Versorgung des deutschen Volkes abgelehnt wurde, ist die Bevölkerung allmählich immer mehr dazu übergegangen, alle nur erdenklichen Mittel und Wege zur Umgehung der Kriegswirtschaftsbestimmungen im kleinen zu benutzen, ohne sich dabei in den meisten Fällen einer Strafwürdigkeit bewußt zu werden. Tabakwaren gelten als ›neues Geld‹, für das auf dem Lande, aber auch in der Stadt viel zu bekommen ist. Nach einer Meldung aus einem Alpen- und Donaugau wird dort auf dem Lande für ein Paket Pfeifentabak ein halbes Kilo Speck oder ein halbes Kilo Butter, für eine Zigarette ein Ei gegeben.«

Nur mit der Lebensmittelkarte erhielt der »Normalverbraucher« den knapp bemessenen Bedarf für seine Ernährung.

Eine unheilvolle Folge der Lebensmittelknappheit war die Verschärfung des Gegensatzes zwischen Stadt und Land, zwischen den Bewohnern der Städte, die schlecht und recht mit ihren zugeteilten Lebensmittelmengen auskommen mußten, und den Bauern, die sich für Fleisch, Butter und Geflügel, Gemüse und Kartoffeln alle Dinge eintauschten, die ihr Herz begehrte. »Denen fehlt nur noch der Teppich im Kuhstall«, erklärten ergrimmte Städter, die »Hamstertouren« auf die Bauernhöfe machen mußten, um gegen Geld, Textilien und Haushaltsartikel Nahrungsmittel einzutauschen.

Nach den Bombardierungen der Jahre 1943 und 1944, die Versorgung und Transportwege zeitweise durcheinanderbrachten, wurden in den betroffenen Städten Nahrungsmittel knapp. Die Vitaminspender Obst und Gemüse gab es nur noch in geringen Mengen, eine großangekündigte »Vitamin-C-Aktion für die Bergleute im Ruhrgebiet« Anfang 1944 entpuppte sich als eine Rolle Vitamin-Drops mit Zitronengeschmack für jeden Kumpel. Meistens kamen langweilige Mehl- und Kartoffelgerichte auf den Tisch. Die Qualität der Ernährung nahm immer mehr ab. Vor allem fehlte es an Beilagen, die eine Mahlzeit schmackhaft gemacht hätten. Zwiebeln oder Knoblauch waren seltene Delikatessen. Eine andere Konsequenz der schlechten Versorgungslage war, daß führende Funktionäre begannen, ihre Positionen zu nutzen, um die Lebensmittellage ihrer Familien zu verbessern. (UN)

Das System des Terrors

Zwangsherrschaft im »Dritten Reich«

Das Gebäude der Geheimen Staatspolizei in der Berliner Prinz-Albrecht-Straße 8.

Die ehemalige Kunstgewerbeschule in der Berliner Prinz-Albrecht-Straße 8 war ein monumentaler Prachtbau. Wer durch das neobarocke Portal trat, fand sich in einem lichtdurchfluteten Foyer wieder, das sich zu einem Gesamtkunstwerk aus Treppen und Fenstern, Balkons und Bögen fügte.

Hinter dieser glanzvollen Fassade wurden Menschen tausendfach ihrer Würde beraubt, hinter den Türen wurden Befehle für Festnahmen, für Folter und Mord bürokratisch abgezeichnet, hinter den Mauern verhallten Schreie aus Schmerz und Verzweiflung. Prinz-Albrecht-Straße 8 klang für die, die den Ort kannten, wie ein Fluch. Es war die Zentrale des Terrors, das Hauptquartier der Geheimen Staatspolizei. Im Souterrain, wo einst Bildhauer ihre Plastiken modellierten, befanden sich die eineinhalb Meter breiten Verliese des Hausgefängnisses. Zu den ungezählten Regimegegnern, für die der Aufenthalt in diesen Gemäuern zum Martyrium wurde, gehörte Fabian von Schlabrendorff. Seit seiner Einlieferung am 18. August 1944 blieb er Tag und Nacht an Händen und Füßen gefesselt. Seine Verhöre beschränkten sich zunächst auf Schmähungen, plumpe Überredungsversuche und Drohungen. »Meistens hatte man drei Beamte vor sich. Der eine bedrohte und überschüttete den Gefangenen mit Schimpfworten, der zweite sprach in ruhigem Tone auf ihn ein und erklärte, er möge sich doch erst einmal beruhigen und eine Zigarette rauchen. Der dritte Beamte versuchte es mit der Hervorkehrung des Ehrenstandpunktes. So war für jedes Naturell gesorgt, bis der Häftling entweder einer Methode oder der Abwechslung der verschiedenen Methoden erlag.«

Der 37jährige Offizier hielt stand. Er gab nicht preis, welche Funktion er in der Verschwörung gegen Hitler innegehabt hatte, und auch seine Freunde verriet er nicht. Daher gingen die Gestapobeamten zur »verschärften Vernehmung« über, wie das Behördendeutsch den Rückfall in mittelalterliche Barbarei lakonisch betitelte.

»Die erste Stufe bestand darin, daß meine Hände auf dem Rücken gefesselt wurden. Dann wurde über beide Hände eine Vorrichtung geschoben, die alle zehn Finger einzeln umfaßte. An der Innenseite dieser Vorrichtung waren eiserne Dornen angebracht, die auf die Fingerwurzeln einwirkten. Mittels einer Schraube wurde die ganze Maschinerie zusammengepreßt, so daß sich die Dornen in die Finger einbohrten. [...] Während der Prozedur gefielen sich alle Beteiligten in höhnenden Zurufen.«

Unter den beteiligten Beamten waren Kriminalkommissare, die über die Karriereleiter zur politischen Polizei befördert worden waren. Auf der Straße verwandelten sie sich wieder in Biedermänner, die zum heimischen Küchentisch strebten. Viele von ihnen versteckten sich hinter der Annahme, nur ihre »Pflicht« zu tun. Im Dritten Reich war das Verbrechen verstaatlicht. »Führers Wille« war den Schergen Befehl.

Noch in der Nacht nach dem gescheiterten Attentat des 20. Juli hatte Hitler im Rundfunk die gnadenlose Verfolgung seiner Gegner verlangt. Seine Drohung war deutlich genug: »Diesmal wird nun so abgerechnet, wie wir das als Nationalsozialisten gewohnt sind.«

In der Prinz-Albrecht-Straße wurde

diese Weisung unverzüglich in die Tat umgesetzt. Mit Skrupellosigkeit und Tücke trieb Himmlers Erfüllungsgehilfe Ernst Kaltenbrunner, der den mächtigen Repressionsapparat des Reichssicherheitshauptamtes der SS befehligte, die Ermittlungen voran. Die Sonderkommission »20. Juli« brachte eine solch umfassende Verfolgungswelle in Gang, daß zeitweise die weitere Kriegführung gefährdet schien.

Wer, wie geringfügig auch immer, zum Umfeld der Verschwörer zählte, mußte mit seiner sofortigen Verhaftung rechnen. Wer von den Plänen gewußt hatte, ohne sie zu verraten, war dem Tod geweiht. Ob Gutsherr, Geistlicher oder General, ohne Ausnahme und Gnade erlitten nun bürgerliche oder adlige Befürworter des Umsturzes die Repressalien, mit denen das NS-Regime seine Feinde aus dem Arbeitermilieu schon seit Jahren verfolgte. Ehefrauen, hochbetagte Eltern, Geschwister, Vettern, angeheiratete Verwandte der Verschwörer des 20. Juli wurden in »Sippenhaft« genommen und von einem Konzentrationslager zum anderen verschleppt. Ihren Kindern nahm man die »ruchlosen« Nachnamen und lieferte sie in ein Heim der NS-Volkswohlfahrt ein. Unter dem Tarnnamen »Aktion Gewitter« wurden im August 1944 pauschal mehrere tausend ehemalige Politiker und Funktionäre der Weimarer Republik, viele schon hochbetagt, festgenommen und in Konzentrationslager eingeliefert.

Insgesamt erfaßte die Verhaftungswelle nach dem 20. Juli etwa 7000 Personen. Um weitere Namen von ihnen zu erfahren, schreckten die Gestapobeamten vor keiner Repressalie zurück. Einem Verhafteten wurden die Schreie von Gefolterten auf Schallplatten vorgespielt, ein anderer wurde mit Fäusten und gespickten Stöcken bis zur Bewußtlosigkeit geschlagen. Nicht wenige wählten den Freitod, um der Marter ein Ende zu machen und der Gefahr zu entgehen, Freunde zu verraten.

Geheim!
Im Namen des Deutschen Volkes

Fabian von Schlabrendorff mußte im Konzentrationslager Sachsenhausen eine makabre Gegenüberstellung erdulden. Vor seinen Augen wurde ein exhumierter Sarg geöffnet, und er sah darin die Leiche seines ehemaligen Vorgesetzten Henning von Tresckow, der zu den führenden Köpfen des Widerstands gehört hatte. »Angesichts der Leiche, die schon mehrere Monate in der Erde gelegen hatte, wurde ich mit halb drohender, halb beschwörender Stimme gefragt, ob ich nicht nunmehr ein umfassendes und endgültiges Geständnis ablegen wollte.«

Mit dem wilden Haß, mit dem er seinen Rassen- und Eroberungskrieg vorantrieb, setzte Hitler alles daran, seine »treulosen« Verbündeten, die gegen ihn aufgestanden waren, nun öffentlich zu entwürdigen. Dabei ging es nicht um Strafe oder gar um Recht. Die Offiziere und Politiker, die gewagt hatten, sich gegen den Alleinherrscher zu erheben, sollten an den Pranger gestellt und erniedrigt werden.

Die Verdammung der Attentäter fand durchaus Rückhalt in großen Teilen der Bevölkerung. Noch bis weit in die fünfziger Jahre haftete den Widerstandskämpfern um Claus von Stauffenberg der Ruch des heimtückischen Verrats an. Was der NSDAP-Kreisleiter von Augsburg Land nach Berlin meldete, war weder Einzelfall noch Erfindung: »Das Vertrauen und die Liebe zum Führer wurden besonders durch dieses Attentat gestärkt.« Und das »Kirchliche Amtsblatt für die Evangelisch-Lutherische Landeskirche Hannover« wies die Pastoren an, Gott dafür zu preisen, »... daß Du unserm Führer bei dem verbrecherischen Anschlag Leben und Gesundheit bewahrt und ihn unserem Volke in einer Stunde höchster Gefahr

Fabian von Schlabrendorff, Rechtsanwalt und Oberleutnant der Reserve, war Ordonnanzoffizier von Oberstleutnant i. G. Henning von Tresckow und in die Attentatspläne gegen Hitler eingeweiht.

erhalten hast.« Und dann: »In Deine Hände befehlen wir ihn ...«

Hitler befahl seine Gegner in die Fänge eines demagogischen Vollstreckers: Roland Freisler, fanatisch tobender »Blutrichter« im roten Talar, hatte den 1934 für Landes- und Hochverratsfälle gegründeten Volksgerichtshof endgültig zur Bühne spektakulärer Schauprozesse umfunktioniert. In der Regel stand die Strafe schon von Beginn an fest; bis Ende 1944 fällte der Volksgerichtshof über 5000 Todesurteile. Wahrheitsfindung war nicht erwünscht, eine Verteidigung, die diese Bezeichnung verdiente, war nicht vorgesehen. Die amtlich bestellten »Verteidiger« betätigten sich gewöhnlich als Hilfsankläger.

Vom 7. August 1944 an wurden Aktive, Unterstützer und Mitwisser der Verschwörung des 20. Juli Woche für Woche wie am Fließband abgeurteilt. Die Verhandlungen führte Freisler über weite Strecken im Monolog; die Angeklagten ließ er lediglich zu Wort kommen, um neuen Stoff für Wut und Häme zu schöpfen. Hinter den Hakenkreuzfahnen am Kopfende des Saales waren Filmkameras verborgen, die Freisler durch Klopfzeichen in Gang setzte. Wenn die Kamera lief, überschüttete er die Angeklagten mit unflätigem Gebrüll, um sie vor aller Öffentlichkeit abzuqualifizieren.

Doch die Propagandaabsicht mißlang, der Film wanderte später in den Giftschrank. Denn selbst eine sorgfältige Auslese der Aufnahmen verkehrte die beabsichtigte Wirkung in das Gegenteil: Gegenüber dem berserkerhaften Gebaren des Richters hob sich die aufrechte Würde seiner Opfer um so deutlicher ab. Nur wenige allerdings fanden Gelegenheit und Mut zum offenen Widerspruch – so der katholische Rechtsanwalt Josef Wirmer. »Wenn ich hänge, habe nicht ich die Angst, sondern Sie«, schleuderte er Freisler entgegen, der wütend zurückfauchte: »Bald werden Sie in der Hölle sein!« Darauf Wirmer: »Es wird mir ein Vergnügen sein, wenn Sie bald nachkommen, Herr Präsident!«

Auf den Ausgang der Verfahren hatten die Verhandlungen keinen Einfluß. Kaum einer der Verurteilten entging dem Tod. Selbst ihre Bitten um Erschießung fanden kein Gehör: Hitler persönlich hatte den qualvollen Erstickungstod am Drahtseil verfügt. Es war der letzte Akt einer entwürdigenden Prozedur. Später kam auch das Fallbeil zum Einsatz. Insgesamt fanden über 200 Menschen aus dem Umfeld der Verschwörer den Tod. Doch der Verfolgungswahn zog noch weitere Kreise. Selbst Unbeteiligte fielen dem Rachefeldzug zum Opfer. Schon eine bedauernde Bemerkung über den Ausgang des Attentats konnte tödlich enden.

Im Zeichen des »totalen Krieges« kehrte sich die Zerstörungswut der Nationalsozialisten, mit der sie ganz Europa überzogen hatten, nun auch gegen das eigene Volk. Dies entsprach Hitlers eigener Vorstellungswelt, die er in einer Rede am 8. November 1943 unverblümt offengelegt hatte: »Es ist eine naturgegebene Notwendigkeit, daß in der Auslese nur die Stärkeren übrigbleiben. Und ich möchte es hier ruhig aussprechen: wenn mein eigenes Volk an einer solchen Prüfung zerbrechen würde, könnte ich dann darüber keine Träne weinen. Es hätte nichts anderes verdient, es würde sein eigenes Schicksal sein, das es sich selbst zuzuschreiben hätte.«

Von diesem Ungeist bestimmt, demaskierte sich der propagierte »Überlebenskampf des deutschen Volkes« für die Betroffenen als verhängnisvolles Spiel mit dem Tod. »Sondergerichte«, gegen deren Urteil kein Einspruch möglich war, ahndeten selbst harmlose Vergehen mit drakonischen Strafen. Schon wer abfällige Bemerkungen verbreitete, heimlich »Feindsender« hörte oder sich unbefugt Lebensmittel aneignete, riskierte, als »Volksschädling« verdammt zu werden.

Doch nicht einmal, wer am Ende eines Gerichtsverfahrens vom Henker verschont blieb, durfte sich in Sicherheit wähnen. Oft genug nahmen Gestapobeamte Freigesprochene oder zu Freiheitsstrafen Verurteilte noch am Gerichtsportal fest. »Schutzhaft« lautete das zynische Etikett für einen ohnmächtigen Leidensweg durch Kerker und Konzentrationslager, der nicht selten tödlich endete.

Instrument dieser Gewaltherrschaft war ein beinahe schrankenloser Einschüchterungs- und Mordapparat, der in der Hand eines Mannes mit ausgeprägtem Machtinstinkt lag: Heinrich Himmler hatte als Reichsführer SS, oberster Polizeichef, Reichsinnenminister, Reichskommissar für die Festigung des deutschen Volkssturms und nun, nach dem 20. Juli, zugleich Oberbefehlshaber des Ersatzheeres eine gewaltige Ämterfülle angehäuft. Verbissen und zielstrebig hatte Hitlers Weggefährte seine schwarze Elitetruppe von einer Leibgarde zu einem eigenen Staat im Staate aufgebaut. Die Schutzstaffel (SS) war nicht nur das Vollstreckungsorgan zur Verfolgung politischer Gegner, Andersdenkender und der Opfer des Rassenwahns, ihre Einsatzgruppen organisierten den Massenmord an der jüdischen Bevölkerung hinter der Front, ihre Totenkopfverbände kontrollierten die Schreckens- und Vernichtungsmaschinerie der Konzentrationslager, ihr Sicherheitsdienst (SD) überzog die Gesellschaft mit einem umfassenden Überwachungs- und Spitzelsystem. Die »politischen Soldaten« der Waffen-SS entwikkelten sich zu einer Kerntruppe des totalen Eroberungskrieges, das SS-Wirtschaftsverwaltungshauptamt dirigierte ein verzweigtes Imperium von Unternehmen, das auf Raub und Knechtschaft gründete.

Roland Freisler, Präsident des Volksgerichtshofs, war für seine rechtswidrige Prozeßführung berüchtigt.

Zentrale der bürokratischen Repression war das Reichssicherheitshauptamt, in dem Himmler 1939 den gesamten Polizei- und Nachrichtenapparat des NS-Staates unter dem Signum der SS-Runen zusammengefaßt hatte. Nach der Entmachtung von Abwehrchef Wilhelm Canaris im Februar 1944 kamen auch noch die Befugnisse des militärischen Nachrichtendienstes hinzu. Himmler und seine Erfüllungsgehilfen konnten nun unumschränkt walten. Der gut geschulte und eingespielte Polizeiapparat führte sein Handwerk ohne Bedenken und Skrupel aus und erstickte oppositionelle Regungen.

Anweisung und Ansporn für sein Mordwerk kam von höchster Stelle, wie eine Ansprache Himmlers an Gruppenführer der SS am 4. Oktober 1943 in Posen illustriert: »›Das jüdische Volk wird ausgerottet‹, sagt ein jeder Parteigenosse«, höhnte Himmler vor versammelter Mannschaft, um dann in schonungsloser Offenheit hinzuzufügen: »Von allen, die so reden, hat keiner zugesehen, keiner hat es durchgestanden. Von euch werden die meisten wissen, was es heißt, wenn 100 Leichen beisammen liegen, wenn 500 daliegen oder wenn 1000 daliegen. Dies durchgehalten zu haben und dabei – abgesehen von Ausnahmen menschlicher Schwächen – anständig geblieben zu sein, das hat uns hart gemacht. Dies ist ein niemals geschriebenes und niemals zu schreibendes Ruhmesblatt unserer Geschichte.« Deutlicher hätte Himmler das verbrecherische Wesen des NS-Staates nicht bloßlegen können. Keiner der Anwesenden widersprach. (PH)

Joseph Drexel
Die Reise nach Mauthausen

Immer noch und ununterbrochen fallen die Schläge auf meinen Rücken. Auch andere drängen hinzu und verlangen mit erregten Worten nach Beteiligung. Aber der Oberscharführer Müller ist nicht gewillt, sich um den ganzen Genuß bringen zu lassen. Auch bemerke ich, daß ich die Worte der Sprechenden kaum mehr und nur noch aus großer Ferne vernehme.

Noch singe ich – aber ich höre meine eigene Stimme immer leiser werden. Auch setze ich die Worte des Textes wohl schon lange nicht mehr in sinnvoller Reihenfolge, sondern willkürlich. Sie gehen in ein ausdrucksloses vokalisches Stammeln und Lallen über. In meiner Kehle würgt es widerlich und der Geschmack von Galle kommt mir auf die Zunge. Ich fürchte, mich erbrechen zu müssen. Es wird dunkel und dunkler um mich, wie sehr ich mich auch dagegen wehre. Feurige Räder kommen kreisend aus weiter Ferne auf mich zu, werden kleiner und kleiner und dringen als violette Kreise in meine Augen.

Das Erlebnis hat sehr viel Ähnlichkeit mit einem um viele Jahre zurückliegenden. In einem letzten wachen Augenblick erlebe ich nochmals den Absturz mit dem Flugzeug im Jahre 1917, nahe einem kleinen Orte an der Front, südlich Arras. Noch erinnere ich mich der brausenden Kreise, vielfarbig flammend, die mich aus der Tiefe anzusaugen schienen, wie Räder von Blumen, die von unsichtbaren Händen heftig gegen meine Augen gestoßen wurden. Auch diesmal war es der in tiefem Orange flammende Mund einer riesigen Margerite, die langsam um sich selbst kreiste, was meine Netzhaut aufzeichnete, ehe das gnädige Dunkel der Bewußtlosigkeit wie eine kühle Dämmerung über mich sank. Ich erwachte erst wieder im Baderaum des Zellenbaues unter der Dusche. Aus nachfolgenden, gleichartigen Vorkommnissen weiß ich, daß es üblich war, den Mißhandelten von rasch herbeigerufenen Häftlingen losbinden und in den Zellenbau zurücktragen zu lassen, wo er kurzerhand unter die Dusche gelegt wurde, bis er wieder zu sich kam.

In dem erhitzten und fiebernden Zustand war eine solche Kaltwasserbehandlung häufig der Anlaß zu heftigen Erkältungen, die in schweren Lungenentzündungen kulminierten und meist den raschen Exitus des Häftlings herbeiführten. Das gewünschte Ergebnis war, wenn auch mit umständlichen Mitteln, erreicht.

Oft hatte der Häftling zahlreiche solcher Exekutionen überstanden und eine Art gelassenes Zutrauen in seine Widerstandskraft erreicht, bis eines Tages ein geringes Mehr von augenblicklicher Anfälligkeit ihn in ein heftiges, aber kurzes Siechtum warf, von dem er sich trotz verzweifelter Gegenwehr nicht mehr erhob, sondern elend verendete. Niemand krähte nach ihm. Ein paar Nächte lang war das stöhnende Atmen des Sterbenden aus seiner Zelle zu vernehmen, dann wurde es still. Am Morgen bei Zellenöffnung wurde der Tote auf den Steinboden des Korridors gelegt, von der Kalfaktern ausgezogen und nackt in einer Zeltbahn, oder, wenn es gut ging, auf einer Bahre aus dem Hause getragen, im Laufschritt entlang unseres Zellengebäudes geschleppt und durch ein breites Kellerfenster in den Vorraum des Krematoriums geworfen, das neben unserem Gefängnis erbaut war. Dort nahm Poldi die Leiche mit wildem Fluchen in hemmungsloser Ordinärität in Empfang. Poldi war der Capo der Krematoriumsmannschaft, aber von ihm erzähle ich an anderer Stelle.

Ich war kaum wieder zu mir gekommen, als im Türrahmen des Duschraums eine Zivilperson erschien, ein widerlicher, blutjunger Bursche mit Schakalaugen. Über dem weißen Pullover hatte er eine Pistole wie ein Räuberhauptmann umgeschnallt. Er befahl mir aufzustehen. Ich wurde ziemlich heftig in meine alte Dunkelzelle gestoßen, meine Kleider wurden mir nachgeworfen.

Ich war tropfnaß am ganzen Körper und fror erbärmlich, obwohl es ein warmer, sonniger Tag draußen war. Handtuch bekam ich natürlich keines. Ich schlüpfte naß in mein Hemd und meine Kleider und befand mich in einem Zustand völliger Erschöpfung. Ich vermochte kaum zu stehen, so taumelig war ich. Jede Bewegung schmerzte. Sitzen war selbstverständlich völlig unmöglich, ebenso Liegen auf dem Rücken.

Umständlich ließ ich mich auf die Knie nieder und vermochte mich auf diese Weise längs auf den Bauch zu legen. Ich verschränkte meine Arme über dem Kopf und preßte mein Gesicht an den schmutzigen, aber kühlen Boden. Hunger hatte ich keinen. An Schlaf war nicht zu denken, nur an ein durch heftige Schmerzanfälle von kurzer Dauer unterbrochenes Delirieren.

Am zweiten Tag vermochte ich mich wenigstens auf die Seite zu le-

Daumenschrauben wurden von der Gestapo angewandt, um Geständnisse zu erpressen.

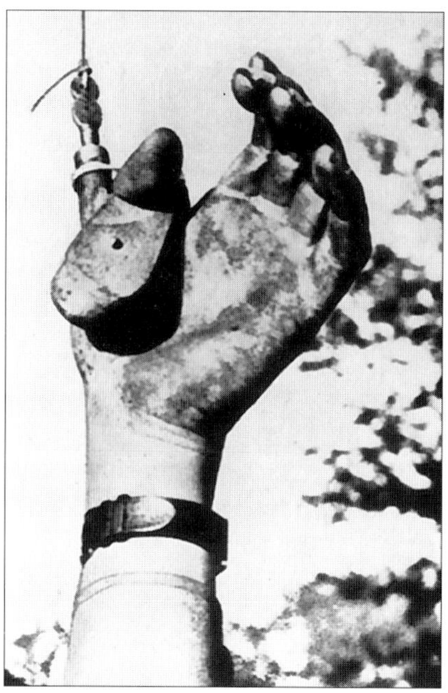

gen, aber am vierten war es damit wieder vorbei, denn die Exekution wiederholte sich nahezu in der gleichen Weise. Sie wiederholte sich in der Folge an mir und vielen anderen Zellenhäftlingen in Abständen von drei bis vier Tagen, manchmal auch einer Woche, und erst nach vielen Wochen wurden die Zwischenräume größer. Dazwischen aber konnte es geschehen, daß die betrunkene und sich langweilende Wache unseres Zellenbaues sich nachts den einen oder anderen aus der Zelle holte, unbefragt und unbefugt ein völlig sinnloses Verhör mit ihm anstellte und ihn unter wüsten Verhöhnungen auspeitschte. Dieser Vorgang wiederholte sich wöchentlich mehrmals und es sind nur wenige Nächte, in welchen wir nicht beim Geräusch der klatschenden Peitschen und der stöhnenden Schreie der Mißhandelten aus unserem Schlafe aufschreckten.

Der politischen Abteilung wurde ich noch oft und in kurzen Abständen zur Vernehmung vorgeführt. Diese Vernehmungen lieferten lediglich den Vorwand zu Mißhandlungen. Niemals ging es ohne Schläge ab. Nicht immer war die Exekution so umfänglich und wohlvorbereitet wie die erste, manchmal dauerte sie nur kurz, zweimal allerdings übertraf sie die erste an Gewalttätigkeit.

[...]

Wieder einmal wurde ich der politischen Abteilung vorgeführt. Ein wenig Vertrauen erweckender SS-Oberscharführer, den ich bisher niemals gesehen hatte, hieß mich, mich zu entkleiden. Wie üblich wurde ich über den Tisch geschnallt. Eine Aufforderung zum Singen erfolgte nicht. Ich erhielt einige wenige Schläge, die nur deshalb schmerzten, weil die alten noch nicht verheilt waren, und wurde dann wieder losgebunden. Der Oberscharführer trat an seinen Schreibtisch, nahm dort einen Wisch auf, den ich sofort als jenen Brief wiedererkannte, der statt eines Schutzhaftbefehls mich begleitete und die persönlichen Empfehlungen des Leiters der Staatspolizei Nürnberg an das Lager erhielt. (Eine davon bestand in dem unmißverständlichen Stempel: R.U. = Rückkehr unerwünscht.) Er hatte schon mehrmals in meinen Vernehmungen eine Rolle gespielt. Der Oberscharführer klopfte wie zur Bestätigung mit einem Bleistift auf das Dokument und erklärte: »Ich will Ihnen nur sagen, daß ich gar kein Interesse daran habe, Sie zu schlagen, das ist alles von Nürnberg angeordnet.« Das Rezept war also von oben her geliefert. Die Eröffnung gab mir einen willkomenen Einblick in die Verteilung der Verantwortlichkeiten. Es war zudem das erste und einzige Mal, daß ich im Konzentrationslager mit »Sie« angeredet wurde.

Derselbe Oberscharführer kam übrigens auch einige Wochen später, sei es absichtlich oder unabsichtlich, in meine Zelle. Wir waren gerade zwei Häftlinge an diesem Tage. Er versprach uns einen Strohsack – und er hielt Wort. Wir erhielten noch am gleichen Tag einen Strohsack ausgehändigt. Es war aber eine kurze Hafterleichterung, denn zwei Tage später wurde er uns ohne Begründung wieder entzogen.

Lagerbaracke eines Konzentrationslagers.

Die Tage der Dunkelzelle mit Kostentzug lagen hinter mir. Das Wort Dunkelzelle hat einen schlimmen Klang, ich weiß es, und unter normalen Umständen ist sie eine gediegene Folter. Und dennoch vermag sie auch ein großer, ja liebenswerter Trost zu sein. Es gibt Lebenslagen, in denen der Tod nicht um des Todes willen ersehnt wird, sondern um der Ruhe und Abgeschiedenheit des Grabes willen, die ihn verlockend machen. Das Licht des Tages verletzt die geschundene Kreatur, das kühle Dunkel der Gruft verspricht Dir Trost und Linderung. Unabweisbar ist das Bedürfnis, Dich vor der Welt, ja vor Dir selbst zu verbergen, gleich einem getroffenen Tier, das in das dunkelste Dickicht des Waldes kriecht, seine Gebrechlichkeit zu verhüllen.

Aus: Wilhelm Raimund Beyer (Hrsg.), Rückkehr unerwünscht. 1978.

1 · Mittwoch

Auf Befehl Heinrich Himmlers beginnen die SS-Lagerkommandos in Auschwitz mit der Beseitigung der Spuren des Massenmords. Gaskammern werden gesprengt, die Lagerakten verbrannt.

Die »Todesfabrik«, das KZ Auschwitz, war hermetisch von der Außenwelt abgeriegelt.

Britische Einheiten landen nach schweren Gefechten auf der niederländischen Insel Walcheren in der Scheldemündung. Ziel der Aktion ist die Kontrolle der Hafenzufahrt von Antwerpen.

2 · Donnerstag

Die britische Regierung erklärt, sie könne keine Garantie für die Unabhängigkeit Polens aussprechen, da die polnische Exilregierung ihr Einverständnis zur geplanten Westverschiebung des Landes verweigert habe.

Nach systematischen Zerstörungen von Industrieanlagen und Verkehrsverbindungen verlassen die letzten deutschen Truppen Griechenland. Die Eisenbahnen des Landes verfügen nur noch über 10 einsatzbereite Lokomotiven und 40 Güterwagen.

3 · Freitag

Reichspropagandaminister Joseph Goebbels teilt mit, die ersten »Volkssturm«-Verbände hätten sich an der Front »bestens bewährt«.

4 · Samstag

In London erklären Sprecher Frankreichs, Belgiens und der Niederlande, daß die Versorgungslage der Zivilbevölkerung nach dem Abzug der deutschen Besatzer als »katastrophal« bezeichnet werden muß.

5 · Sonntag

Der britische Premierminister Winston Churchill informiert den sowjetischen Staatschef Stalin telegrafisch über das Stocken des alliierten Vormarsches in Italien, der durch »ungeheure Wolkenbrüche« behindert werde.

6 · Montag

In Frankreich werden alle unter deutscher Besatzung erlassenen Judengesetze außer Kraft gesetzt. Die Rückgabe jüdischen Eigentums und die Rückkehr französischer Juden auf ihre ehemaligen Arbeitsplätze stoßen jedoch auf erhebliche Probleme.

Die sowjetische Regierung lehnt das Angebot der Schweiz ab, die diplomatischen Beziehungen zwischen beiden Ländern wiederaufzunehmen.

Gemeente 's-Gravenhage

AANMELDINGSPLICHT
van personen van geheel of gedeeltelijk Joodschen bloede.

Alle Juden haben sich am 19 April d. J. um 8 Uhr morgens bei der Städtischen Schutzpolizei (im Feuerwehrkomando am Taš-Majdan) zu melden.

Juden die dieser Meldepflicht nicht nachkommen, werden erschossen.

ETAT FRANCAIS
Ville de VICHY
ARRETE MUNICIPAL
RECENSEMENT des ISRAELITES

Alle Juden in deutsch besetzten Gebieten mußten sich bei den Behörden melden.

7 · Dienstag

Der Demokrat Franklin D. Roosevelt wird mit knapper Mehrheit zum vierten Mal in Folge zum Präsidenten der Vereinigten Staaten gewählt. Roosevelt ist der erste Präsident, der länger als acht Jahre die Staatsgeschäfte der USA führt.

In Tokio wird der deutsche Journalist Richard Sorge, der seit 1933 für die Sowjetunion in höchsten japanischen Regierungskreisen spioniert hatte, hingerichtet. Im Juni 1941 hatte Sorge den genauen Termin des deutschen Angriffs an die UdSSR übermittelt.

Richard Sorge.

8 · Mittwoch

Der belgische Ministerpräsident Hubert Pierlot teilt mit, daß sich 60 000 der Kollaboration mit den Deutschen Verdächtigte in Haft befinden.

9 · Donnerstag

Als Kriegsentschädigung erhebt die Regierung der Niederlande Ansprüche auf deutsche Gebiete.

10 · Freitag

In Köln werden dreizehn Angehörige der Widerstandsgruppe »Edelweißpiraten« ohne Gerichtsverfahren von der Gestapo hingerichtet. Die Jugendlichen hatten Sabotageakte und bewaffnete Angriffe auf Parteidienststellen verübt.

11 · Samstag

Reichsaußenminister Ribbentrop empfängt den »Führer der Befreiungsbewegung Rußlands« General Andrej Wlassow, der am Tag zuvor mit der Aufstellung einer Armee aus russischen Kriegsgefangenen begonnen hatte.

12 · Sonntag

Die »Tirpitz«, das im norwegischen Tromsö-Fjord liegende letzte große Schlachtschiff der deutschen Kriegsmarine, wird von britischen »Lancaster«-Maschinen mit überschweren »Tallboy«-Bomben (6 000 kg) angegriffen und versenkt. 874 Matrosen kommen ums Leben.

13 · Montag

In Paris enden viertägige Gespräche zwischen dem britischen Premier Winston Churchill und dem französischen Regierungschef Charles de Gaulle, der eine eigene französische Besatzungszone in Deutschland fordert.

Die britische Presse spekuliert über einen Machtwechsel an der Spitze des NS-Regimes, weil die Festrede zum 21. Jahrestag des Marsches auf die Münchner Feldherrnhalle nicht Hitler, sondern SS-Chef Himmler gehalten hatte.

14 · Dienstag

Der schweizerische Bundesrat erklärt, daß nicht allen Flüchtlingen »ohne Prüfung« Asyl gewährt werden könne.

Landwirtschaftliche Tierhalter im Deutschen Reich werden aufgefordert, Pferden die Schweife zu stutzen, da die gewonnenen Haare dringend in der Rüstungsproduktion benötigt werden.

15 · Mittwoch

Die griechische Regierung beschließt eine Sondersteuer für die tausend vermögendsten Bürger des Landes.

16 · Donnerstag

Herbert Backe, Reichsminister für Ernährung und Landwirtschaft, kündigt weitere Kürzungen der Lebensmittelrationen an. Die zunehmenden Engpässe in der Nahrungsmittelversorgung seien auf die »Räumung großer Anbaugebiete in der Ukraine und in Frankreich« zurückzuführen.

BDM hilft beim Einbringen der Gemüseernte.

17 · Freitag

In Washington erklärt US-Präsident Roosevelt, die USA könnten keine Garantien für die Grenzen Polens übernehmen.

18 · Samstag

Britische Kampfflugzeuge versenken in der Adria das deutsche Lazarettschiff »Tübingen«, obwohl das Schiff vorschriftsmäßig gekennzeichnet war. Der Völkerrechtsbruch wird mit »fehlender Beleuchtung« der »Tübingen« entschuldigt.

19 · Sonntag

Die britische Admiralität teilt mit, daß ein deutsches U-Boot in Diensten der Royal Navy steht. »U 570« war im August 1941 zur Übergabe gezwungen worden und kämpft seither als »HMS Graph« gegen die deutsche Kriegsmarine.

Hitler mit Martin Bormann in der Reichskanzlei.

20 · Montag

Hitler verläßt endgültig sein durch den raschen Vormarsch der Roten Armee bedrohtes Hauptquartier »Wolfsschanze« in Ostpreußen und zieht mit seinem Stab in den »Führerbunker« im Garten der Berliner Reichskanzlei um.

An der Spitze seiner Truppen zieht der albanische Partisanenführer Enver Hodscha in der albanischen Hauptstadt Tirana ein. Am 10. November hatten die Alliierten Hodscha als rechtmäßigen albanischen Regierungschef anerkannt.

21 · Dienstag

Ein schwerer Taifun, der über die Philippinen rast, zwingt die japanischen und US-amerikanischen Truppen zu einer Kampfpause.

In die Kämpfe um die estnische Ostseeinsel Ösel greifen deutsche Seestreitkräfte mit dem schweren Kreuzer »Prinz Eugen« ein.

22 · Mittwoch Buß- und Bettag

Die Gewerkschaften der Vereinigten Staaten verpflichten sich, während des Krieges auf Streiks zu verzichten.

Der »Völkische Beobachter« veröffentlicht geplante japanische Großprojekte in China, die nach dem »Endsieg« verwirklicht werden sollen.

23 · Donnerstag

Die 7. US-Armee erobert Straßburg.

Im US-Bundesstaat Montana entdecken spielende Kinder die Überreste eines japanischen Fesselballons. Der Versuch der japanischen Luftwaffe, mit unbemannten Ballons die Vereinigten Staaten zu bombardieren, bleibt ohne militärische Bedeutung.

24 · Freitag

Stanislaw Mikołajczyk, der Ministerpräsident der polnischen Exilregierung in London, tritt zurück. Er hatte nach langem Zögern der Westverschiebung Polens zugestimmt und dadurch die Unterstützung aller polnischen Exil-Parteien verloren.

US-Langstreckenbomber vom Typ »Superfortress« fliegen zum erstenmal nach mehr als zwei Jahren wieder einen Angriff auf die japanische Hauptstadt Tokio.

25 · Samstag

Hitler befiehlt allen Kommandeuren der Wehrmacht »todesmutige Tapferkeit«.

In London erscheint die 50 000. Ausgabe der Tageszeitung »The Times«.

26 · Sonntag

Angehörige einer Widerstandsgruppe erschießen den Kölner Gestapo-Chef Hoffmann.

27 · Montag

Frankreich erhält als vierter Staat Sitz und Stimme in der »European Advisory Commission« (Europäische Beratende Kommission).

Fast 600 Angehörige der SS-Wachmannschaften in Auschwitz werden für ihre »Tapferkeit« mit dem Eisernen Kreuz ausgezeichnet.

Edward Reilly Stettinius löst den bisherigen Außenminister der Vereinigten Staaten Cordell Hull ab, der aus Gesundheitsgründen zurücktritt.

28 · Dienstag

Zwei Monate vor der Befreiung des KZ Auschwitz durch sowjetische Truppen ordnet SS-Chef Himmler die Einstellung der Vergasungen in dem Vernichtungslager an.

29 · Mittwoch

In den USA herrscht wegen des hohen Bedarfs der Truppe Zigarettenmangel.

30 · Donnerstag

In London feiert der britische Premierminister Winston Churchill seinen 70. Geburtstag. Die Tageszeitung »News Chronicle« schreibt: »Wir sind stolz auf unseren Winston Churchill. Er verkörpert die besten englischen Eigenschaften.«

Winston Churchill 1944.

Hitlers letzte Schlacht

Die Ardennen-Offensive

Die verschneiten Hügel der Ardennen waren in dichten Morgennebel gehüllt. Stille lag über dem Camp, das die 99. US-Infanteriedivision in einer Talmulde bei Monschau aufgeschlagen hatte. Im Kantinenzelt bereitete der Feldkoch gerade das Frühstück vor, pancakes mit maple sirup standen auf dem Speiseplan. Plötzlich schreckte ein ohrenbetäubendes Krachen die Soldaten aus dem Schlaf. Artilleriegranaten schlugen in der Nähe des Lagers ein. Ein GI freute sich: »Heizt ihnen nur tüchtig ein, Jungs!« Wenige Augenblicke später zerfetzten Granatsplitter die Wand seines Zeltes.

Diesmal griffen deutsche Armeen an – zum erstenmal seit der Landung der Westalliierten in der Normandie. Hitlers »Festung Europa« hatte dem Ansturm der Invasionsarmeen nicht standgehalten. Feldmarschall Gerd von Rundstedts Heeresgruppe West befand sich seit dem 6. Juni 1944 ununterbrochen auf dem Rückzug. Der Gegenschlag am Morgen des 16. Dezember 1944 kam für die Alliierten um so überraschender. Er traf die westliche Streitmacht an ihrer empfindlichsten Stelle, an der Ardennenfront. Nur rund 75000 US-Soldaten hielten den etwa hundert Kilometer breiten Abschnitt an der belgisch-deutschen Grenze, ein vergleichsweise winziges Kontingent angesichts der riesigen alliierten Invasionsarmee. Der Oberkommandierende der Westmächte, General Dwight D. Eisenhower, hatte den Marsch auf das »Reich« vorerst stoppen lassen, um Nachschub und Verstärkung heranzuführen.

Die Kanonade aus tausend Rohren warf die Alliierten um Wochen zurück. Zu Bruch ging auch die Illusion, daß Hitlers Wehrmacht nach den Niederlagen der letzten Monate am Ende ihrer Kräfte sei. Die deutsche Gegenoffensive stürzte die Alliierten in ihre schwerste Krise seit der Landung auf dem europäischen Festland.

Offenkundig war das Oberkommando der Westmächte so sehr in seine Pläne für den Vorstoß auf den Rhein vertieft, daß es keinem der führenden Generale in den Sinn kam, die Deutschen könnten ihrerseits zum Angriff übergehen. Im Gegenteil: General Eisenhower wettete mit dem Befehlshaber der britischen Truppen, Feldmarschall Montgomery, um fünf englische Pfund, daß die deutschen Armeen spätestens an Weihnachten kapitulieren würden. Er verlor die Wette. Doch nicht Montgomery, sondern das deutsche Oberkommando schlug Kapital aus diesem Irrtum.

Anfangserfolg der deutschen Seite: Amerikanische Soldaten geraten in Gefangenschaft.

Während der letzten deutschen Offensive an der Westfront in den Ardennen: Angreifende deutsche Soldaten vor einem brennenden amerikanischen Militärfahrzeug.

Die Atempause an der Westfront kam Hitler wie gerufen. »Der unfruchtbaren Defensive satt«, bedrängte er seine Generale, im Winter nachzuholen, was sie im Sommer längst hätten erreichen sollen: den angloamerikanischen Truppen ein »Dünkirchen« zu bereiten, wie es eine Viertelmillion Briten 1940 erlebten. Sechs Monate nach der Landung der Allierten in der Normandie verkündete Hitler, daß sich »das Schicksal des deutschen Volkes« nunmehr in den Ardennen entscheide.

Feldmarschall von Rundstedt gelang es, seine lädierte Westfront im Laufe des Novembers zu stabilisieren, der »Westwall« sollte der Ardennen-Streitmacht als Basis dienen. Jeder Schritt der Offensive wurde vom Oberkommando des Heeres (OKH) unter strenger Aufsicht Hitlers minuziös vorbereitet. Die Operation erhielt den Decknamen: »Wacht am Rhein«. Der Name benannte zwar den Ausgangspunkt, nicht aber das Ziel der Offensive, das wagte nur der »Oberste Kriegsherr« selbst auszusprechen. Er glaubte daran, den »längsten Tag« wieder rückgängig machen zu können: Die alliierten Streitkräfte an den Atlantik zurückwerfen, einkesseln und vernichten, lautete die Order. Sobald der Winternebel es dem Gegner nicht mehr erlaubte, seine Luftwaffe einzusetzen, sollte der Sturm losbrechen.

Generalfeldmarschall Walter Model leitete die Ardennen-Offensive. An einen Sieg glaubte er nicht.

Der deutsche Aufmarsch wurde getarnt wie keine andere Angriffsoperation zuvor. Der militärische Schlag konnte nur gelingen, wenn die Alliierten auch im »Geheimkrieg« unterlagen. Fast unbemerkt brachte das deutsche Oberkommando 250000 Soldaten, eine Streitmacht mit Tausenden von Panzern und Geschützen, am Rand der Eifel in Stellung. Die deutsche »Abwehr« hatte aus den alliierten Täuschungsmanövern während der Invasion gelernt; nun schien die Stunde ihrer Bewährung gekommen. Fingierte Funksprüche gaukelten den westlichen Verbündeten Truppenbewegungen und Aufmärsche nördlich der Ardennen vor. »Geisterarmeen« spukten in den Köpfen der alliierten Befehlshaber. Inzwischen bahnten sich geheimnisvolle Kolonnen ihren Weg durch die hügelige Ardennenlandschaft. Schweres Kriegsgerät, Artillerie und Munition wurde mit Pferden herangeschafft, um laute Motorengeräusche zu vermeiden. Panzer rollten auf strohbedeckten Wegen an. Die deutschen Soldaten durften nur Holzkohlefeuer abbrennen, damit nicht Rauch den Standort ihrer Stellungen verriet.

Seine höchsten Militärs nahm Hitler besonders streng in die Pflicht. Von ihnen ließ er sich die Geheimhaltung der Pläne schriftlich garantieren. Generalfeldmarschall Gerd von Rundstedt, Oberbefehlshaber der Westarmee, und Generalfeldmarschall Walter Model, der die Ardennenoffensive ausführen sollte, mußten Reverse unterschreiben, die den Eingeweihten bei Androhung der Todesstrafe verboten, über das geplante Unternehmen zu sprechen.

Für die Schlacht in den Ardennen ließ Hitler die letzten Reserven der deutschen Wehrmacht mobilisieren. Rundstedt und Model traten mit zwei Dutzend Infanterie- und zehn Panzerdivisionen und fast tausend Panzern an. Die Luftflotte West bot unter größter Anstrengung 1400 Jäger und Jagdbomber auf. Sie hatten bei der Invasion gefehlt.

Im OKH aber lösten Hitlers Truppenverschiebungen hitzige Debatten aus. Abwehr-Chef Reinhard Gehlen meldete, daß die Rote Armee für Januar 1945 eine Großoffensive plane und daß die Kräfte dringend an der Ostfront benötigt würden. General Guderian legte neueste Berechnungen über die Stärke der Roten Armee auf den Tisch: Elffache Überlegenheit bei der Infanterie, das Siebenfache an Panzern, das Zwanzigfache an Artillerie, abgesehen von der Übermacht der sowjetischen Luftwaffe. »Sie brauchen mich nicht zu belehren«, brauste Hitler auf.

Obwohl die sowjetischen Truppen schon an der Weichsel standen, berief Hitler kampfstarke Divisionen von der Ostfront ab und schickte sie in die Ardennen. Im Reich wurden Greise und Knaben in den »Volkssturm« kommandiert, um die Lücken im deutschen Heer zu füllen.

Hitlers Plan sah vor, die alliierte Ardennen-Front auf der gesamten Breite zwischen Echternach und Monschau zu durchbrechen und mit einem raschen Durchstoß über die Maas Briten und Amerikaner auseinanderzutreiben. Wichtigste Etappenziele waren die Eroberung der belgischen Hauptstadt Brüssel und die Einnahme der Hafenstadt Antwerpen. Die deutschen Divisionen sollten den für die Versorung der Alliierten lebensnotwendigen Hafen in ihre Gewalt bringen, weiter vorstoßen und mit einer Zangenbewegung nach Süden die feindlichen Verbände einschließen. Voraussetzung für die Durchführung des Plans aber war, daß die Treibstofflager der Alliierten den Deutschen unversehrt in die Hände fielen. Feldmarschall Model wußte, wovon er sprach, als er Rundstedt anvertraute: »Mir scheint die ganze Sache auf verdammt hölzernen Füßen zu stehen.« Selbst Hitler räumte ein, daß es ein »Wagnis« war, doch der selbsternannte »Oberste Kriegsherr« des Deutschen Reiches hatte längst den Beschluß gefaßt, alles auf eine Karte zu setzen.

Dreimal wurde die Offensive verschoben, doch am Morgen des 16. Dezember herrschte ein Wetter, wie es sich das deutsche Oberkommando für den Angriff gewünscht hatte: »Führer-Wetter«, Nebel, der es den alliierten Luftstreitkräften unmöglich machte, ihre Jäger und Bomber loszuschicken.

Um 6.30 Uhr eröffneten 3400 Geschütze auf einer Breite von 120 Kilometern ein mörderisches Trommelfeuer. Deutsche Nebelwerfer jagten ihre heulenden Raketen mitten in die Nachtlager der fünf Divisionen von General Hodges Armee. Granaten schwerer 60cm-Eisenbahnmörser zerstampften alliierte Nachschubwege und Nachrichtenverbindungen. Im nördlichen Abschnitt setzten die Angriffsspitzen von Waffen-SS-General Sepp Dietrichs 6. Panzerarmee zum Sturm an. Die Scheinwerfer der Panzer verwandelten die Waldränder in eine gespenstische Kulisse. Schlaftrunkene GIs taumelten geradewegs in die Bajonette der Angreifer. Mit Schneehemden getarnte Waffen-SS-Trupps erschienen den aufgeschreckten US-Soldaten wie »böse Geister«, die Tod und Verderben brachten.

Generalfeldmarschall Gerd von Rundstedt, der Oberbefehlshaber West, sammelte die deutschen Kräfte hinter dem Westwall zur Offensive in den Ardennen.

Im mittleren Abschnitt erfolgte der Hauptschlag der Offensive. General Manteuffels 5. Panzerarmee verzichtete auf Artillerievorbereitung. Auf Anhieb durchstieß sie die dünne Front von General Middletons VIII. Korps und vernichtete fast zwei US-Divisionen.

General Brandenbergers 7. Armee hatte den Auftrag, die Südflanke der deutschen Offensive zu decken. Doch hier blieb der Angriff schon nach wenigen Stunden im Feuer der 4. US-Infanteriedivision und der 9. Panzerdivision stecken.

Die Nachrichten vom ersten Kampftag an der Ardennenfront griff der Reichsrundfunk dankbar auf, um in gewohnt vollmundiger Manier den »raschen Zusammenbruch des alliierten Widerstandes« zu vermelden. Doch die Anfangserfolge waren in erster Linie darauf zurückzuführen, daß der Angriff die Westmächte völlig überraschend traf. Im Oberkommando der alliierten Streitkräfte herrschte Panikstimmung. »Wo zum Teufel nimmt dieser Hundesohn nur die Soldaten her?« platzte es dem Chef der US-Invasionstruppen, General Bradley, heraus. General Eisenhower gestand ein: »Dem Feind ist es einwandfrei gelungen, uns zu überraschen.«

Ein deutsches Sonderkommando stiftete hinter den amerikanischen Linien Verwirrung. Eine Gruppe englischsprechender SS-Soldaten unter dem Kommando des »Mussolini-Befreiers« Obersturmbannführer Skorzeny erhielt den Auftrag, im Rükken des Gegners Sabotageakte zu verüben. Ausgerüstet mit erbeuteten US-Uniformen, -Waffen und -Panzern gelang dem SS-Kommando der Marsch durch die feindlichen Linien. Skorzenys Gruppe stieß zunächst in Richtung Maas vor, kappte unterwegs Nachrichtenverbindungen und schickte Nachschubkolonnen der US-Streitkräfte ins Niemandsland. Störsender ließen auf allen amerikanischen Wellenlängen deutsche Marschmusik ertönen.

Die Meldung von den verkleideten SS-Männern löste in einigen US-Einheiten Hysterie aus. Verunsicherte GIs stellten einander Fangfragen: »Wie heißt die größte Stadt von Colorado?«, »Wie heißt der neueste Kinohit?« US-General Bruce Clark befand sich mehrere Stunden im Gewahrsam der US-Militärpolizei, ehe seine Identität geklärt werden konnte.

Die meisten von Skorzenys Leuten aber wurden erkannt und sofort standrechtlich erschossen. Der Anführer selbst kam vor ein amerikanisches Kriegsgericht. Er wurde später freigesprochen und überraschend schnell aus der Gefangenschaft entlassen.

Das Sonder-»Unternehmen ›Greif‹« konnte jedoch nicht darüber hinwegtäuschen, daß die strategischen Ziele der ersten Tage nicht erreicht wurden. Die not-

Der Führer

Hauptquartier, den 25.11.44

Der Krieg entscheidet über Sein oder Nichtsein des deutschen Volkes. Er fordert rücksichtslosen Einsatz jedes Einzelnen. Todesmutige Tapferkeit der Truppen, standhaftes Ausharren aller Dienstgrade und unbeugsame überlegene Führung haben auch aussichtslos erscheinende Lagen gemeistert.

Führer deutscher Soldaten kann nur sein, wer mit allen Kräften des Geistes, der Seele und des Körpers seinen Männern täglich die Forderungen vorlebt, die er an sie stellen muß. Tatkraft und Entschlußfreudigkeit, Charakterfestigkeit und Glaubensstärke und harte unbedingte Einsatzbereitschaft sind seine unerläßlichen Eigenschaften für den Kampf. Wer sie nicht oder nicht mehr besitzt, kann nicht Führer sein und hat abzutreten.

Ich befehle daher:

Glaubt ein Truppenführer, der auf sich selbst gestellt ist, den Kampf aufgeben zu müssen, so hat er erst seine Offiziere, dann Unteroffiziere, danach die Mannschaft zu befragen, ob einer von ihnen den Auftrag erfüllen und den Kampf fortführen will. Ist dies der Fall, übergibt er diesem – ohne Rücksicht auf den Dienstgrad – die Befehlsgewalt und tritt selbst mit ein. Der neue Führer übernimmt das Kommando mit allen Rechten und Pflichten.

(gez.) Adolf Hitler
F.d.R.
(Unterschrift unleserlich)
Oberst d.G.

Quelle: Original-Ausfertigung in den Akten Marine-Archiv.

Ein deutscher Tiger-Panzer im verschneiten Gelände.

wendigen Brückenköpfe über die Maas kamen nicht zustande. Zwar drang die 6. SS-Panzerarmee und die 5. Panzerarmee bis Clervaux und Malmedy vor, doch die 7. Armee gewann kaum an Boden. Die Ardennen-Attacke geriet ins Stocken.

Entscheiden sollte sich die Offensive jedoch bei Bastogne. Von der Eroberung des wichtigen Straßenknotenpunkts und seiner großen Treibstofflager hing die Fortsetzung des deutschen Vormarschs ab. Bis auf zwanzig Kilometer

Mit Schneehemden getarnt, operierten Spähtrupps der Wehrmacht zwischen den Linien der alliierten Verbände.

rückte General Manteuffels 5. Panzerarmee an die Stadt heran. Nur der Führungsstab eines US–Infanteriekorps hielt dort die Stellung.

Die 101. US-Luftlandedivision, die in der Nähe von Reims stationiert war, bekam den Befehl, als »Feuerwehr« einzuspringen. Da eine Luftlandung wegen schlechten Wetters unmöglich war, mußten die Fallschirmjäger mit Lastwagen als Transportmittel Vorlieb nehmen. Mit weit aufgeblendeten Scheinwerfern raste der Konvoi durch die Nacht. Die Amerikaner gewannen das Wettrennen; kurz vor Manteuffels Panzern traf die US-Kolonne in Bastogne ein. Der Kampf um die strategisch wichtige Stadt wurde mit großer Verbissenheit geführt. Manteuffels Truppen versuchten mehrmals vergeblich, sie im Sturm zu nehmen. Die Aufforderung zur Übergabe Bastognes beantwortete Brigadegeneral McAuliffe mit dem berühmt gewordenen Wort »nuts«, was soviel heißen sollte wie »Geht zum Teufel!«. Um keine Zeit zu verlieren, beschloß Manteuffel, die Stadt zu umgehen. Der Verkehrsknotenpunkt blieb unter alliierter Kontrolle; Bastogne geriet zum »Stachel« im Fleisch der vorrückenden deutschen Armee.

Nach wenigen Tagen zeichnete sich ab, daß die deutschen Verbände schon wegen zunehmender Nachschubprobleme weder Brüssel noch Antwerpen erreichen konnten. Das hinderte Hitler nicht daran, die beiden Städte bombardieren zu lassen. Das Flakregiment 155 in Mittelholland erhielt den Befehl, die neuen »Vergeltungswaffen«, V 1 und V 2, einzusetzen. Am Tag vor Heiligabend erreichten die Terrorangriffe ihren Höhepunkt. Allein in Antwerpen detonierten mehr als 25 Raketen. Fast sechshundert Menschen kamen ums Leben, als eine V 2 in ein vollbesetztes Kino einschlug. Die »Vergeltungswaffen« waren sinnfälliger Ausdruck dafür, daß Hitlers Zerstörungswillen reiner Selbstzweck geworden war. Auf den Verlauf der Ardennenschlacht hatte der Einsatz der V-Waffen keinen Einfluß.

Ein Gemetzel anderer Art beging eine deutsche SS-Einheit südlich von Malmedy, nachdem sie rund siebzig amerikanische Soldaten gefangengenommen hatte. Die GIs wurden auf ein Feld geführt, in Reih und Glied aufgestellt und mit MG-Salven niedergemäht. Auch mehr als hundert Zivilisten wurden ermordet. Die Nachricht von dem Massaker verbreitete sich rasch im gesamten Frontgebiet. Die Kämpfe wurden im Zeichen des Schlachtrufs »Rache für Malmedy« um so erbitterter geführt.

Knapp eine Woche nach Beginn der Offensive verlor die deutsche Armee ihren wichtigsten »Verbündeten«: das Wetter. Der Nebel über den Ardennen löste sich allmählich auf. Sofort griffen mehr als dreitausend Jäger und Jagdbomber der alliierten Luftstreitkräfte in die Kämpfe ein. Sie nahmen die strategisch wichtigen Nachschubwege unter Dauerfeuer; ein Teil der deutschen Panzerstreitmacht wurde im Bombenhagel regelrecht zerrieben. Allein an Heiligabend flogen britische und amerikanische Flugzeuge mehr als 6000 Einsätze.

Generalfeldmarschall von Rundstedt gelangte am Weihnachtstag 1944 zu der Überzeugung, daß die Offensive gescheitert war. Doch vergeblich riet er Hitler, den Angriff einzustellen und so schnell wie möglich den Rückzug zu befehlen.

Die Alliierten hatten noch vor der Jahreswende genügend Kräfte gesammelt, um ihrerseits die Initiative zu ergreifen. Sie schickten vier Divisionen nach Bastogne, um die eingeschlossene 101. Luftlandedivision aus ihrer Umklammerung zu befreien. Die erbittertste Schlacht der Ardennen-Offensive ging ihrem Ende entgegen. US-General Patton gelang am 9. Januar der Durchbruch. Die Divisionen General Models liefen nun selbst Gefahr, eingekesselt zu werden. Widerwillig erteilte Hitler die Erlaubnis für ein begrenztes Zurückweichen. Schon wenige Tage später hatte er keine andere Wahl mehr. Da die deutsche Front völlig zu zersplittern drohte, genehmigte er am 13. Januar 1945 den Rückzug.

Es war ein Rückzug in verlustreichen Etappen. Die deutschen Panzer hatten kaum noch Treibstoff, die Munition war knapp; alliierte Jagdbomber nahmen die Marschwege pausenlos unter Beschuß.

Der zweite Rückzug aus den Ardennen binnen weniger Monate offenbarte die Absurdität des von Hitler geführten Krieges noch einmal besonders eindringlich. Die deutschen Armeen zogen sich in ihre alten Stellungen zurück, und es blieb ihnen nichts anderes übrig, als den nächsten Angriff der Alliierten abzuwarten. Alle Reserven waren aufgebraucht, verheizt. Hitler hatte alles auf eine Karte gesetzt – und verloren. Mehr als sechzigtausend deutsche und alliierte Soldaten ließen dafür in den Ardennen ihr Leben. (SB)

Alte Meister für das Reich

Der Kunstraub im Krieg

»Wir befinden uns nun in der Adolf-Hitler-Magistrale, einer Prachtstraße, die direkt auf das vor Ihnen liegende, gigantische Kernstück des Linzer Nationalmuseums zuführt.« So ähnlich könnte sich Hitler eine Stadtbesichtigung von Linz in der Nachkriegszeit vorgestellt haben. »Unter der weltgrößten Kuppel können die vom Führer besonders geschätzten Maler Makart, Böcklin und Waldmüller bewundert werden. Auf Ihrer rechten Seite sehen Sie die Gebäude der Waffensammlung, das Münzkabinett sowie eine neuerrichtete Stiftskirche mit den wertvollsten und prächtigsten Altären. Links von Ihnen reihen sich die Gemäldesammlungen der italienischen wie der großdeutschen Renaissance-Meister, zu denen natürlich auch die Niederländer gehören. Diese Anlage des Reichsbaumeisters Speer ist ein Geschenk des Führers an sein Volk.«

So sollte nach den Wünschen Hitlers das deutsche Nationalmuseum in Linz ausgebaut werden. Noch 1944 hing Hitler dem Traum nach, die größte Kunstsammlung der Welt in monumentalen Musentempeln und gigantischen Gotteshäusern auszustellen. Er ließ sich Baupläne zeigen und das Projekt mit ungeheurem Kostenaufwand vorantreiben. Die kunsthistorische Aufwertung von Linz war der unverhohlene Seitenhieb auf die Metropole Wien, deren Kunstakademie dem unbekannten Aquarellisten Hitler vor dem Ersten Weltkrieg die Aufnahme verweigert hatte. Gemälde und Plastiken, Altäre und Reichsinsignien, Zeichnungen und Handschriften, Waffen und Münzen: Kostbarkeiten diverser Genres von der Antike bis zum 19. Jahrhundert sollten das Museumsvorhaben bereichern. Moderne Kunstwerke wurden gleich mitgehortet – als spätere Tauschmasse gegen klassische Meister; in den Linzer Sammlungen sollten sie jedoch keinesfalls vertreten sein. Neben wenigen legalen Einkäufen garantierte der größte Kunstraub der Geschichte eine museale Zusammenschau von Kunst und Kultur des gesamten Abendlandes. Vom »Führer« eigens ausgesuchte Kunstkenner durchkämmten die Beutesammlungen, um auch sicher nur die feinsten Stücke für das Reich auszusuchen.

Hitlers Museumspläne wurden geheimgehalten. Trotzdem mußten verschiedene Einsatzkommandos eingeweiht werden. Doch die Leiter der verschiedenen Stäbe lagen im permanenten Widerstreit zueinander. Dadurch verliefen die Beutezüge höchst unkoordiniert: Der »Kunstschatz« der Wehrmacht operierte gegen den »Einsatzstab Reichsleitung Rosenberg«, der vor allem jüdische Sammlungen requirieren sollte. Konkurrent beider Beutekolonnen war Hermann Göring, Reichsmarschall und Luftwaffenchef, der auf seinem brandenburgischen Gut Karinhall eine gesonderte Beutesammlung zusammenstellte. Auch Reichsaußenminister Joachim von Ribbentrop hatte seine Räuber: Das »Sonderkommando Künsberg« entriß Zarenschlössern und zu Museen umgestalteten Herrschaftssitzen alles, was kunsthistorisch bedeutsam und nicht niet- und nagelfest war. Dabei wurde auch das weltberühmte »Bernstein-Zimmer« aus der UdSSR abtransportiert, das 1945 in den Kämpfen um Königsberg verlorenging. Neben materiellem und ideellem Gewinn sollte damit vor allem das geschichtliche Erbe der »Ostvölker« radikal zerstört werden.

Im Westen gingen die Kunstdiebe behutsamer vor, hier richtete sich die Beutegier anfangs vor allem gegen jüdischen Besitz. Die »Operation M«, das systematische Durchkämmen etwa 70 000 jüdischer Wohnungen (1942–1944), ergab fast 27 000 Güterwaggons, gefüllt mit Möbeln und Teppichen, Bildern und Skulpturen. Diese rollten nach München ins Zentrallager im »Führerbau«, wo die feinsten Stücke für Linz aussortiert, der Rest auf andere Museen verteilt sowie an »Kriegshelden« oder ausgebombte Familien vergeben wurde. Hinzu kam der Abtransport von Zehntausenden französischer Kirchenglocken und Bronzemonu-

Nach Hitlers Ideen sollte für die erbeuteteten Kunstgegenstände in Linz ein Deutsches Nationalmuseum entstehen.

mente nach Hamburg. Dort wurden sie eingeschmolzen und zu Bomben und Geschützen gegossen.

Selbst für die geplante Invasion in Großbritannien – nach dem Sieg über Stalin – lagen schon Wunschlisten bereit. Anhand dieses Leitfadens sollten die Eroberer dann systematisch Schlösser und Burgen, Kirchen und Museen, vor allem aber jüdischen Besitz plündern.

In Italien war der organisierte Kunstraub komplizierter. Beim Verbündeten konnten Museumsschätze meist nur auf legalem Weg erworben werden, obwohl sich deutsche Epressungsversuche zur Herausgabe von Kunstwerken mit nachlassendem Kriegsglück der Italiener deutlich steigerten. Als die Wehrmacht ab September 1943 Süditalien besetzte und die Front der Alliierten immer näher rückte, fielen bei den Deutschen sämtliche Hemmschwellen: Kurz nach dem Fall von Rom am 4. Juni 1944 befahl SS-Chef Himmler den deutschen Amtsträgern, die noch erreichbaren Kunstwerke umgehend ins Reichsgebiet zu schaffen. So gingen bis Ende August über 150 Kisten mit Skulpturen, darunter Werke Donatellos und Michelangelos, auf den Weg gen Norden.

Nach Landung der Alliierten in der Normandie wurden auch in Frankreich letzte Vorbehalte gegen die unrechtmäßige Aneignung von Kunstschätzen torschlußpanisch der Beutegier geopfert: Im Westen und Süden raffte die SS zusammen, was sie bekommen und abtransportieren konnte. Obwohl der »Endsieg« nur noch eine Schimäre war, wuchsen die Bestände für den vorgesehenen Musentempel in Linz unvermindert weiter.

Doch gelegentlich waren es auch deutsche Akquisiteure selbst, die Abtransporte ins Reich befehlswidrig verhinderten: So wurde der berühmte Teppich von Bayeux so lange zurückgehalten, bis Paris befreit war, und der siebzig Meter lange Wandbehang wieder von den Franzosen übernommen wurde.

Angesichts zunehmender alliierter Bombenangriffe wurden im Reich die

Das berühmte Bernsteinzimmer: Von einem Sonderkommando für den Kunstdiebstahl 1941 beim Rußlandfeldzug aus dem Zarenschloß Puschkin bei Leningrad geraubt, verschwand die Kostbarkeit bei den Kämpfen um Königsberg 1945 spurlos.

Schätze in Minen und Stollen eingelagert. Hauptsächlich in den Salzbergwerken Mitteldeutschlands und der Alpen fanden sie ihre vorläufig letzte Verwahrung. Bis dahin waren neben dem Hauptlager »Führerbau« in München auch Klöster, Burgen oder Kellereianlagen als Interimsdepots genutzt worden. Seit Januar 1944 brachten die staatlichen Kunstdiebe ihre Pretiosen in das Zentrallager von Bad Aussee nahe Salzburg. Das Salzbergwerk erschien ideal: Die bombensicheren Stollen des »Depot Dora« blieben gleichmäßig trocken und warm, boten in zwei Kilometer Tiefe auf 40 000 Quadratmetern Raum für bis zu 14 000 Beutestücke, und der einzige Zugang war leicht zu verbergen. Tag für Tag brachten Lastkraftwagen allein von Mai bis November über 1550 Gemälde nach Bad Aussee: Darunter waren 13 Bilder von Tintoretto, 19 von Rubens, 8 von Frans Hals, 18 von Ruisdael, 10 von Rembrandt und 7 von van Dyck. So lagerten im August 1944 bereits über zehntausend Kunstwerke in den Stollen. »Man öffnet irgendwo eine Tür«, erinnerte sich Dr. Pöchmöller, der technisch Verantwortliche für das Bergwerk, »und steht plötzlich Angesicht zu Angesicht dem Allerheiligen-Altar Dürers gegenüber, den man immer nur in der unpersönlichen Atmosphäre eines Museums auf Distanz sehen durfte. Oder man nimmt die Tafeln des Genter Altars, sonst dem Normalsterblichen immer weit entrückt, selbst zur Hand, um sie im Einzelnen zu betrachten. Wo immer man sich hinwendet, stehen schöne Gegenstände des Kunsthandwerks, Leuchter, Krüge und edle Möbel, oder blicken herrliche Plastiken von den Regalen herab. Es war eine eigenartige, zauberhafte Atmosphäre, der sich niemand entziehen konnte, der den Schatz im Berg jemals sah.«

Doch diese Wertschätzung war nicht ungeteilt. Gauleiter August Eigruber, ein ungebrochener fanatischer Nazi und Verantwortlicher für den Bereich Oberdonau inklusive Bad Aussee, hätte eher den ganzen Berg gesprengt, als ihn den Alliierten zu überlassen.

In den letzten Tagen des ohnehin verlorenen Krieges mußte eine Verschwörergruppe aus Kunstverständigen, Offizieren und Gestapobeamten den zu allem entschlossenen Gauleiter davon abhalten, das »Depot Dora« – sogar entgegen dem »Führerbefehl« – zu zerstören.

So fiel bei Kriegsende zu guter Letzt das Beutelager unversehrt den Amerikanern in die Hände. Doch auch unter den neuen Herren gab es schwarze Schafe: Bei weitem nicht alles wurde inventarisiert und den ursprünglichen Besitzern zurückerstattet. Einiges ging nach Übersee und verschwand spurlos. (KKS)

Am Boden zerstört

Das Ende der Luftwaffe

Die jungen Piloten träumten von der weiten Jagd am blauen Himmel. Sie träumten von ihren großen hochdekorierten Vorbildern, die damals so populär waren wie Filmstars. Diesen Traum bezahlten Hunderte deutscher Nachwuchspiloten mit ihrem Leben, denn die Chancen, auch nur die ersten Einsätze zu überleben, waren gering. Nach kurzer, unzureichender Ausbildung wurden sie losgeschickt und in einem aussichtslosen Kampf verheizt. Allein im ersten Halbjahr 1944 starben über 2000 deutsche Piloten oder wurden verwundet.

Die alliierte Airforce beherrschte den Himmel über dem Kriegsgebiet Tag und Nacht. Besonders gefürchtet war dabei das US-Jagdflugzeug P 51 »Mustang«.

Die alliierte Luftwaffe war zahlenmäßig um ein Mehrfaches überlegen. Sie beherrschte den Luftraum über Westeuropa nahezu uneingeschränkt. Schon 1944 hatte die deutsche Luftwaffe ihre Offensivkraft verloren. »Baby-Blitz« nannten die Briten spöttisch die Ende Januar 1944 geflogenen Angriffswellen gegen London; das sogenannte Unternehmen »Steinbock« geriet zum Debakel.

Auch an der Ostfront wurde die Luftwaffe nur noch zur Unterstützung des Heeres eingesetzt. Ob über der Front oder auf ihrem wichtigsten und bedeutendsten Kampfschauplatz, über der Heimat bei der »Reichsverteidigung«, überall bot sich das gleiche Bild: Die Luftwaffe wurde von den alliierten Geschwadern vom Himmel gefegt. Vor allem die Scharen amerikanischer Langstreckenjäger vom Typ P 51 »Mustang« machten der deutschen Luftwaffe zu schaffen. Hinzu kam, daß die Alliierten ihre Flugzeuge Tag und Nacht in den Einsatz schickten. Pausenlos flogen die Bomber der britischen und amerikanischen Airforces Terrorangriffe gegen deutsche Städte, begleitet von starken

Als eine der »Wunderwaffen« wurde der deutsche Düsenjäger Me 163 »Komet« gepriesen; doch konnte auch er das Kriegsgeschehen nicht mehr wesentlich beeinflussen.

Jagdfliegerverbänden. Deutschland und seine Armeen waren ohne »Dach«.

Im Westen geriet der Angriff auf Hitlers »Festung Europa«, die Invasion der Westmächte in der Normandie, zum Menetekel der deutschen Luftkriegsführung; die Operation »Overlord« begann in der Nacht zum 6. Juni 1944 als Luftlandeunternehmen. Im Frühjahr waren massive Bombenangriffe auf Nordfrankreich und den Raum Paris vorausgegangen. Die alliierte Luftwaffe zerbombte die Flughäfen und verwickelte deutsche

Jagdflugzeuge meist kurz nach dem Start in Luftkämpfe. Auch die Bodentruppen hatten den Tieffliegern nichts mehr entgegenzusetzen. Die Abwehr

Ein Düsenjäger Me 262 V 3 wird zum Start vorbereitet (oben).
Die zweistrahlige Me 262 im Anflug. Der »Turbojäger« war das erste einsatzfähige Düsenjagdflugzeug der Welt (unten).

der alliierten Landung war zwar minuziös vorbereitet worden, doch wie viele Schlachten wurde auch der Kampf in der Normandie aus der Luft entschieden: Zug um Zug wurde das deutsche Heer aus Frankreich hinausgebombt. Wie in keiner Phase des Krieges zuvor spielten die Alliierten während der Befreiung Frankreichs ihre Luftherrschaft aus.

In der Sowjetunion erging es der Luftwaffe nicht anders. Bei der Zerschlagung der Heeresgruppe Mitte im Sommer 1944 setzte die Rote Armee über 5300 Flugzeuge ein; der deutschen Luftwaffe waren im Hauptkampfabschnitt nur 40 Jagdbomber geblieben. Der Ruhm aus vergangenen Tagen verblaßte, es fehlte an allem, an Flugzeugen, an Treibstoff, an qualifiziertem Nachwuchs. Schon als im Mai über 900 Bomber der US-Airforce die Raffinerien für synthetisches Benzin bei Merseburg, Tröglitz, Böhlau und in der Nähe von Prag zerstört hatten, mußte Rüstungsminister Speer eingestehen: »An diesem Tag wurde der technische Krieg entschieden.«

Die Situation war aussichtslos, aber die Parole hieß weiterhin »Durchhalten!«. Eine Wende sollten – wie auch im Seekrieg – die oft beschworenen »Wunderwaffen« bringen. Alles konzentrierte sich nun auf den Bau von strahlengetriebenen Jagdflugzeugen. Im Sommer 1944 stellte die Luftwaffenführung den Bau von Bombern ein, die meisten Verbände schulten auf Jagdflugzeuge um. Die größten Hoffnungen setzte man dabei auf die neuen Düsenjäger vom Typ Me 262 und Me 163, die zum erstenmal zum Einsatz kamen. Auch nach dem Krieg wurden beide Typen oft noch als »Wunderwaffe« verherrlicht. Ohne Zweifel stellten sie tatsächlich einen großen Schritt in der Flugzeugentwicklung dar, 1944 waren sie jedoch technisch noch längst nicht ausgereift. Dies galt vor allem für die neuen Triebwerke. Die deutsche Flugzeugindustrie wurde im alliierten Bombenhagel nach und nach in die Knie gezwungen. Seit der Luftoffensive »Big Week« im Februar 1944 standen notwendige Materialien wie zum Beispiel hitzefeste Legierungen nicht mehr zur Verfügung. Zudem fehlte es an notwendigen Edelmetallen, Verluste durch Flugunfälle stiegen. So blieben Erfolge der sogenannten »Wunderwaffen« unbedeutend. Sie konnten die Bomber, die nun täglich Ziele in Deutschland anflogen, nicht abfangen, denn die Alliierten hatten sich rasch auf die neue Gefahr eingestellt. Ihre Jäger überwachten die Flugplätze der Düsenjäger, die wegen ihrer Betonstartbahn leicht auszumachen waren, und schossen viele Maschinen schon während des Starts oder bei der Landung ab.

Adolf Galland, General der Luftwaffe, war einer der erfolgreichsten deutschen Piloten.

Doch die deutschen Piloten flogen weiter Einsätze gegen ihre übermächtigen Gegner. Hieß die Losung zunächst noch, die »Festung Europa« zu verteidigen, so ging es ab dem zweiten Halbjahr 1944 nur noch ums nackte Überleben; galt es doch zu verhindern, daß Deutschland restlos in Schutt und Asche gelegt wird.

Immer öfter kam es zu regelrechten Selbstmordaktionen: Einzelne Jäger stürzten sich in riesige Formationen feindlicher Bomber und Begleitjäger. Wer dabei mit dem Leben davonkam, flog oft allein zum Landeplatz zurück. Die Besatzungen der Fliegerhorste wußten, daß die Tage gezählt waren, an denen man noch starten konnte.

Am Neujahrsmorgen 1945 bot die deutsche Luftwaffe zum letztenmal alle verfügbaren Kräfte auf. Göring glaubte in der Tat, das Blatt noch einmal wenden zu können. 900 Maschinen starteten zum Unternehmen »Bodenplatte« und griffen alliierte Flugplätze in Frankreich, Belgien und den Niederlanden an. Auch wenn sie 439 Maschinen der Alliierten vernichten konnten, es war ein Pyrrhussieg. Die zurückkehrenden Flugzeuge fielen den eigenen Flaksperren zum Opfer. Im Glauben, feindliche Maschinen vor sich zu haben, eröffnete die Luftabwehr das Feuer. 277 Flugzeuge kehrten vom Einsatz »Bodenplatte« nicht mehr zurück. Die meisten davon hatte die eigene Flak abgeschossen. Die Alliierten konnten ihre Verluste binnen weniger Tage ersetzen, die deutsche Luftwaffe aber hatte sich selbst den Todesstoß versetzt. (SN)

Kein Fest des Friedens

Die letzte Kriegsweihnacht

»Christbäume« gab es zuhauf, doch schmückten sie nicht festliche Stuben: Die im Volksmund so genannten Lichtmarkierungen der Alliierten zeigten den Bomberpiloten die Abwurfziele ihrer tödlichen Fracht. Der letzten Kriegsweihnacht fehlte jede festliche Besinnung, die stille Nacht war in vielen Gegenden des »Großdeutschen Reiches« erfüllt vom Dröhnen der Maschinen, vom Einschlag der Bomben, von den Schmerzensschreien brennender Opfer. Die Luftwarnsirenen tönten an diesem Weihnachtsfest lauter als der Friedensruf von Bethlehem.

Der Krieg kannte keinen Feiertag: An allen Fronten kämpfte die Wehrmacht gegen die unaufhaltsam vorrükkenden Truppen der Anti-Hitler-Koalition. Mitte Dezember hatten die Deutschen mit ihrer Ardennenoffensive versucht, aus der immer enger werdenden Einkreisung doch noch auszubrechen. Aber schon nach Wochenfrist war allen Beteiligten klar, daß dieses letzte Aufbäumen von Hitlers Wehrmacht vergeblich war. Der Vormarsch der Alliierten konnte nicht mehr aufgehalten werden.

Trotzdem wurde die Propaganda des NS-Regimes nicht müde, mit hohlen Phrasen den Endsieg herbeizureden: »Wir haben ein Jahr hinter uns gebracht, wie es einzigartig ist in der deutschen Geschichte«, erklärte Reichsminister Joseph Goebbels in seiner Weihnachtsansprache. »Das deutsche Volk zeigt in diesem Kriege eine Höhe seiner moralischen Widerstandskraft, die nur Bewunderung verdient. Sie ist das Unterpfand unseres schließlich kommenden Sieges.« Zum Lob der nationalsozialistischen Regierung kam ihr Weihnachtsgeschenk: Zwei Eier als Sonderration für jeden Erwachsenen, für die Kleinen 125 Gramm Schokolade und Drops – eine bescheidene Bescherung vor dem Hintergrund der vollmundigen Versprechungen von ehedem.

Krater- und Ruinenlandschaften prägten inzwischen das Bild deutscher Orte überall im Reich. Am Vortag des Christfests hatten über vierhundert amerikanische Bomber wichtige Städte in Westdeutschland angegriffen. Wegen der schlechten Sicht trafen die »himmlischen Heerscharen« auch ein Kriegsgefangenenlager nahe dem hessischen Limburg an der Lahn – unabsichtlich, aber gründlich: 55 amerikanische Offiziere und 20 Soldaten mußten dabei ihr Leben lassen. Deutsche Propagandastellen nahmen diesen Zwischenfall prompt zum Anlaß, die Exekution eigener Kameraden durch die US-Airforce als »Luftgangsterakt« zu brandmarken – und verschwiegen dabei die eigene Praxis, solche Straflager, die abgekürzt »Stalag« hießen, mutwillig in luftkriegsgefährdete Gebiete zu legen.

Getrennt mußten viele Familien das Weihnachtsfest 1944 feiern. Die Väter und Söhne als Soldaten an der Front, die Mütter mit den Kindern in den durch Luftangriffe bedrohten deutschen Städten.

Weihnachten 1944 – ein trauriges Fest. Die Rundfunkanstalten, die Zeitschriften und die Zeitungen waren freilich angehalten worden, der allgemeinen Mißstimmung des Volkes entgegenzuwirken. In der Weihnachtsausgabe des »Völkischen Beobachters« las man das markige Gedicht:

Kriegsweihnacht

Leuchten auch keine Kerzen
An unserem Weihnachtsbaum.
Leuchtet doch in den Herzen
Uns allen ein sehnender Traum.

Einmal müssen auf Erden
Die Bäume im Lichterglanz stehen!
Und alle Tapferen werden
Das deutsche Weihnachtsfest sehen.

Das »deutscheste aller deutschen Feste«, wie Goebbels Weihnachten in der Parteipostille beschrieb, wollten die braunen Ideologen bewußt unchristlich gestalten. Evakuierten Kindern in den Lagern der Hitlerjugend wurde auch im letzten Kriegswinter der nationalsozialistische Festkult verordnet: »Weihnachten wurde völlig germanisch mit heidnischen Bräuchen gefeiert«, erinnert sich ein Jugendlicher von damals. »Das ganze Lager marschierte am Heiligen Abend gegen Mitternacht in die Berge bis zu einer Waldlichtung, in deren Mitte eine große Tanne mit blauen Kerzen aufgerichtet war. Sprüche, Gedichte, Lieder zur Sonnenwende. Nicht ein einziges Weihnachtslied.« Ein Mädchen, das wegen der Bomben aufs Land »verschickt« worden war, erlebte die Christnacht ähnlich: »Sonnwendfeier ist vorgeschrieben. Wir steigen auf einen Berg, nicht ganz hinauf, nur bis wir eine herrliche Aussicht auf Land und Himmel haben. ›Hohe Nacht der klaren Sterne‹ wird mit Gefühl gesungen. Auf ein Feuer wird wegen des Krieges und möglicher feindlicher Flieger verzichtet.«

Glückliche Städter, die noch ein intaktes Dach über dem Kopf hatten: Weihnachtsdekoration oder Festtagsschmaus waren für die Menschen, die bisher dem Bombentod entronnen waren, allenfalls ein Wunschtraum. Die Familien waren auseinandergerissen. Männer und Söhne kämpften an der Front oder setzten im Volkssturm ihr Leben aufs Spiel. Mädchen, Frauen und ältere Menschen gedachten in oft bitterkalten Stuben ihrer Männer im Felde. Der gefährliche Laufmarsch in die wenigen noch unzerstörten Kirchen war das weihnachtliche Opfer, das die Menschen ihrer Friedenssehnsucht brachten. In den Gotteshäusern aller Konfessionen herrschte drangvolle Enge.

Auf dem Lande war die Christnacht normaler, hier veränderte der Krieg das Fest nicht in so starkem Maße. »Ich erinnere mich noch sehr gut«, wußte später ein Kind aus dem Wartheland zu erzählen, »daß Weihnachten 1944 in Landsberg eigentlich ein friedliches Fest

Von der Propaganda zur Beschwichtigung inszeniert: »Eine deutsche Einheit bereitet das Weihnachtsfest vor.« Doch die erwartete Post aus der Heimat erreichte wohl im letzten Kriegsjahr immer seltener den Empfänger.

Am heidnisch-germanischen Julfest orientierten sich die neuen Weihnachtsbräuche, die nach der NS-Ideologie das christliche Fest ablösen sollten.

war. Da ist nie eine Bombe gefallen. Gut, es war Verdunkelung, aber die Lebensmittelversorgung auf Karten klappte gut.«

Den Soldaten an der Front waren derweil keine Stunden der Ruhe vergönnt. »Die feindliche Artillerie schießt mit allen Kalibern«, schrieb ein Soldat in sein Tagebuch. »Wir haben uns den Tod selbst bestellt. Ich liege abseits der Straße im Dreck und versuche mich mit Spaten, Seitengewehr und den blanken Händen einzuscharren. Die Angst gibt mir ungeahnte Kräfte. Ich bin in Schweiß gebadet, denn der Boden ist steinhart gefroren. Überall höre ich die Aufschreie der Getroffenen.« Da gedieh die Sehnsucht nach religiöser Erlösung. »Es sei«, schrieb ein Landser kurz vor seinem Tod nach Hause, »eine Weihnacht der Anbetung, der Andacht, des Denkens an den Frieden Gottes.«

Die letzte Kriegsweihnacht in Deutschland – kaum eine Besinnungspause, eher nur ein weiterer Abend im »totalen Krieg«: »Stille Nacht« im Bombenhagel. (KKS)

Vater und Sohn erhalten Weihnachts-Sonderurlaub. Die Familie postiert sich zum Erinnerungsfoto mit dem Christbaum.

Trotz Christmas – eine US-Einheit auf dem Vormarsch im winterlichen Belgien.

Dezember 1944

1 · Freitag

In Boston wird Béla Bartóks im amerikanischen Exil entstandenes »Konzert für Orchester« uraufgeführt.

2 · Samstag

An der Westfront übernimmt der »Reichsführer SS« Heinrich Himmler den Oberbefehl über die »Heeresgruppe Oberrhein«.

3 · Sonntag

In Griechenland bricht ein Aufstand der kommunistischen Widerstandsbewegung ELAS gegen die Regierung des Ministerpräsidenten Georgios Papandreu aus. Britische Truppen greifen auf seiten der Regierung in die Kämpfe ein.

4 · Montag

Carl Jacob Burckhardt tritt als Nachfolger von Max Huber das Amt des Präsidenten des Internationalen Roten Kreuzes an.

Kollaborateure werden durch die Straßen von Vichy geführt.

Das Auswärtige Amt protestiert bei der französischen Regierung gegen das »terroristische« Vorgehen der französischen Behörden gegenüber Franzosen und gefangenen Deutschen, »die sich für die deutsch-französische Verständigung eingesetzt haben«.

Ein schwerer britischer Luftangriff auf Heilbronn fordert mehr als 7000 Opfer unter der Zivilbevölkerung.

5 · Dienstag

NS-Frauenführerin Gertrud Scholtz-Klink und der »Bund Deutscher Mädel« (BDM) rufen die deutschen Frauen zum freiwilligen Dienst als Wehrmachthelferinnen auf.

Mit sowjetischer Billigung bildet General Béla Dálnoki-Miklós in Ungarn eine Gegenregierung.

6 · Mittwoch

In Wien startet der deutsche Düsenjäger »Heinkel He 162 Salamander« zum ersten Probeflug. Mehr als 100 Maschinen des materialsparenden »Volksjägers« werden bis Kriegsende fertiggestellt, kommen aber meist wegen Treibstoffmangels nicht mehr zum Einsatz.

7 · Donnerstag

Ergebnislos endet in Chicago (USA) eine internationale Luftverkehrskonferenz, auf der grundsätzliche Fragen des zivilen Flugverkehrs debattiert werden.

8 · Freitag

Fünfzig in der Sowjetunion gefangene deutsche Generale unterzeichnen einen Appell des 1943 in Moskau gegründeten »Nationalkomitees Freies Deutschland«, der mit den Worten endet: »Deutsches Volk, steh auf zur rettenden Tat! Befreie dich selbst! Beende den Krieg«.

9 · Samstag

Das Auswärtige Amt veröffentlicht eine Aufstellung alliierter Verstöße gegen die »Genfer Konvention«. Die Mehrzahl der Völkerrechtsverletzungen sind Luftangriffe auf Einrichtungen des Roten Kreuzes.

10 · Sonntag

Zum Abschluß eines neuntägigen Staatsbesuches in Moskau unterzeichnen de Gaulle und Stalin einen französisch-sowjetischen Bündnisvertrag.

Der Deutsche Otto Hahn wird mit dem Nobelpreis für Chemie ausgezeichnet. Hahns Forschungen zur Kernspaltung bilden die Grundlage für den Bau der Atombombe. Der Chemiker erfährt erst in britischer Haft am 15. November 1945 von der Ehrung.

Adolf Hitler verlegt sein Hauptquartier für die Leitung der geplanten Offensive im Westen ins »Führerhauptquartier Adlerhorst« bei Bad Nauheim.

11 · Montag

In Paris eröffnet ein eigens zur Strafverfolgung von Ministern und Beamten der Vichy-Regierung eingerichteter Gerichtshof seine Tätigkeit.

Raketentechniker der Versuchsanstalt in Peenemünde beginnen mit der Entwicklung von schwimmenden Abschußrampen für V-2-Raketen. Das Projekt soll einen Raketeneinsatz gegen die amerikanische Ostküste ermöglichen.

Versuchsgelände in Peenemünde.

12 · Dienstag

Hitler setzt den Termin für den Beginn der Ardennenoffensive auf den 16. Dezember fest. Er erklärt, daß die Allianz der »ultrakapitalistischen« Westmächte mit der »ultramarxistischen« Sowjetunion bald auseinanderfallen werde.

13 · Mittwoch

In Paris stirbt 78jährig der russische Maler und Graphiker Wassily Kandinsky. Seine abstrakte Kunst galt im NS-Deutschland als »entartet«.

W. Kandinsky: Das große Tor von Kiew, 1928 (Musée national d'art moderne, Paris).

14 · Donnerstag

Nachfolger von Walter Stampfli als Bundespräsident der Schweiz wird Bundesrat Eduard von Steiger.

Auf der Philippineninsel Palawan ermorden japanische Soldaten 145 US-Kriegsgefangene.

15 · Freitag

In Prag wird Helmut Käutners »Große Freiheit Nr. 7« mit Hans Albers in der Hauptrolle uraufgeführt. Goebbels hatte die Aufführung des Films im Deutschen Reich verboten.

Vor dem Unterhaus in London verteidigt Churchill die geplante Westverschiebung Polens. Über die Zukunft der Bevölkerung in den deutschen Ostgebieten erklärt er: »Die Deutschen werden umgesiedelt werden ... Man wünscht keine Vermischung der Bevölkerung.«

16 · Samstag

In den Ardennen südlich von Aachen eröffnet die deutsche Wehrmacht ihre letzte große Offensive. Nach Anfangserfolgen gegen völlig überraschte amerikanische Verbände gerät der deutsche Angriff bald ins Stocken.

Bei einem Flugzeugunglück über dem Ärmelkanal kommt der Leiter der US-Luftwaffen-Big-Band, Glenn Miller, ums Leben. Den populären Swingmusiker hatten Stücke wie »In the Mood« oder »Moonlight Serenade« berühmt gemacht.

Eine deutsche V-2-Rakete trifft ein vollbesetztes Kino in Antwerpen und tötet 271 Menschen.

17 · Sonntag

Nahe der belgischen Kleinstadt Malmedy erschießen an der »Ardennen-Offensive« beteiligte Angehörige einer SS-Panzerdivision 71 US-amerikanische Gefangene.

Im US-Bundesstaat Utah beginnt die 509. Bombergruppe der US-Air Force mit Tests zur Vorbereitung eines Atombombenabwurfs.

18 · Montag

Für Wehrmachtsoldaten, die an der Niederschlagung des Warschauer Aufstands »ehrenvoll beteiligt waren«, stiftet Hitler eine neue militärische Auszeichnung, das »Warschau-Schild«.

In Großbritannien demonstrieren mehr als 150 000 Arbeiter gegen den Einsatz britischer Truppen im griechischen Bürgerkrieg.

19 · Dienstag

Bei einem britischen Luftangriff auf den deutschen Marinestützpunkt in Gdingen (Gotenhafen) wird das Linienschiff »Schleswig Holstein«, das die ersten Schüsse des Zweiten Weltkriegs abgegeben hatte, versenkt.

20 · Mittwoch

Nach der Evakuierung von Trier befinden sich von den ursprünglich 85 000 Einwohnern nur noch 3 000 in der Stadt.

21 · Donnerstag

Die deutsche Presse meldet, daß vier »von den Feinden zu Bürgermeistern ernannte Landesverräter aus der Aachener Gegend von Rächern deutscher Ehre« hinter den amerikanischen Linien »zur Rechenschaft gezogen« worden seien.

22 · Freitag

Im Untergrund wird die vietnamesische Volksarmee gegründet, die sich die Befreiung des Landes von japanischer und französischer Besatzung zum Ziel setzt.

Amerikanische Langstreckenjäger »Mustang« im Anflug.

23 · Samstag

Eine Wetterbesserung über der Westfront ermöglicht erstmals den Einsatz der alliierten Luftwaffe gegen die deutschen Angriffsspitzen der Ardennen-Offensive. Am Heiligen Abend fliegen Briten und Amerikaner mehr als 6 000 Einsätze.

24 · Sonntag

In seiner Weihnachtsansprache erklärt der britische König George VI.: »Die Lichter, die die Deutschen in ganz Europa ausgelöscht haben, zuerst im Jahre 1914, dann 1939, werden langsam wieder angezündet werden.«

Die Rote Armee schließt ihren Belagerungsring um Budapest.

Panzerhindernisse am Westwall.

25 · Montag 1. Weihnachtsfeiertag

Hitler lehnt den Vorschlag des Oberbefehlshabers West Rundstedt ab, die deutschen Truppen nach dem verlustreichen Mißerfolg der Ardennen-Offensive wieder in die Stellungen des »Westwalls« zurückzuziehen.

US-Wissenschaftlern gelingt erstmals die Herstellung waffenfähigen Plutoniums.

26 · Dienstag 2. Weihnachtsfeiertag

In Athen handelt der britische Premier Winston Churchill einen Kompromiß im Streit um die Monarchie aus – die Regentschaftsübernahme durch den Athener Erzbischof Damaskinos.

Im Civic Theatre von Chicago wird »Die Glasmenagerie« von Tennessee Williams uraufgeführt.

27 · Mittwoch

Fulda ist Ziel eines Bombenangriffs der US-Air Force. Insgesamt werfen die alliierten Flugzeuge 1944 1,1 Millionen Tonnen Bomben auf deutsche Ziele in Europa. Im gleichen Zeitraum wirft die deutsche Luftwaffe 9 000 Tonnen auf England, die »V-Waffen« mitgerechnet.

28 · Donnerstag

Hitler kündigt seinen Generalen im Hauptquartier »Adlerhorst« einen »dritten Schlag im Westen« an.

29 · Freitag

Als höchste militärische Auszeichnung stiftet Hitler das »Goldene Eichenlaub mit Schwertern und Brillanten zum Ritterkreuz des Eisernen Kreuzes«.

30 · Samstag

Der Leiter des amerikanischen Atombombenprojekts, General Groves, kündigt die erste einsatzfähige Bombe für den August 1945 an.

Joseph Goebbels.

31 · Sonntag

In seiner Rundfunkansprache zum Jahresende erklärt Reichspropagandaminister Joseph Goebbels: »Nach dem Krieg wird eine neue Blütezeit des Deutschtums anbrechen, wie sie die Geschichte noch nicht gesehen hat.«

Die vorgestellten Bücher sind nach Kriterien der Lesergunst und ihrer literarischen Bedeutung ausgewählt worden.

Jorge Luis Borges

Fiktionen

Ficciones
Erzählungen

Mit diesem Sammelband legte der argentinische Psychologie-Professor sein bis dahin bedeutendstes Werk vor. Die insgesamt siebzehn Erzählungen entspringen einer bunten Palette literarischer Gattungen: Vom Kriminalroman über Kurzgeschichten, psychologische Erzählungen bis zum Lexikonartikel. Auch die Grenzen zwischen Dichtung und Wahrheit sind fließend: Einerseits werden reale Personen oder Begebenheiten so weit verfremdet, daß sie fiktionalen Charakter bekommen; andererseits werden frei erfundene Details mit der Präzision absoluter Wahrheit präsentiert. Borges, erklärter Anhänger von Edgar Allen Poe und E. T. A. Hoffmann, wollte den Leser in Zweifel und Irritationen verstricken, ihm keine Fluchtmöglichkeit bieten aus der Fiktion – ganz im Stile Kafkas, dessen Werk er ins Spanische übersetzte. Die deutsche Übersetzung erschien 1959.

Dale Carnegie

Sorge dich nicht – lebe!

How to Stop Worrying and Start Living
Sachbuch

Auch seelisches Wohlbefinden kann man lernen – meinte jedenfalls der Erfolgsautor. Eine weltweit in die Millionen gehende Fangemeinde belegt den Erfolg seiner These. 1944 in den USA erschienen, seit 1950 auch in deutscher Übersetzung erhältlich, verspricht das Buch, den Menschen die Angst vor dem Alltag zu nehmen. Zugleich versteht sich der Ratgeber auch als ein Gesundheitsleitfaden: Da sich viele Zeitgenossen dieser schnellebigen Zeit »krank sorgen« würden, soll die Lektüre von Carnegies Buch den Leser in erster Linie die ruhige Gelassenheit vermitteln: *Don't worry – be happy!*

Joyce Cary

Des Pudels Kern

The Horse's Mouth
Roman

Mit diesem Roman legte der irische Schriftsteller Joyce Cary den letzten Teil einer Romantrilogie vor – und zugleich sein bekanntestes Werk. Er beschreibt darin das Leben des Malers Gulley Jimson, indem er sich in dessen Rolle versetzt. Als Siebenundsechzigjähriger blickt der Maler Ende der dreißiger Jahre noch einmal auf sein Leben zurück und zieht Bilanz. Im Mittelpunkt seiner Rückschau steht die Liebesaffäre mit Sara Monday, die auch im Zentrum der ersten beiden Bände gestanden hatte. In »Frau Mondays Verwandlung« (1941; dt. 1948) kramt Sara selbst in ihren Lebenserinnerungen. Der Band »Im Schatten des Lebens« (1942; dt. 1949) läßt Saras zeitweiligen Liebhaber und Jimsons Nachfolger, den Anwalt Thomas Wilcher, zu Wort kommen. Durch Gegenüberstellung dieser unterschiedlichen Blickwinkel entsteht ein facettenreiches Panorama der britischen Geschichte dieses Jahrhunderts bis zum Vorabend des Zweiten Weltkriegs. Die deutsche Ausgabe erschien 1949.

Sidonie-Gabrielle Colette

Gigi

Gigi
Roman

Der dialogisch aufgebaute Kurzroman erzählt mit liebenswürdiger Ironie die Geschichte der jungen Gilberte, genannt Gigi. Als Tochter einer ehemaligen Kurtisane, wächst sie bei ihrer Großmutter und deren Schwester auf. Die alten Damen versuchen, den quirligen Teenager auf ein Dasein als Lebedame vorzubereiten, sie waren früher ebenfalls in diesem Metier tätig. Ihr ganzes Bestreben besteht darin, das Mädchen vor Erfahrungen mit anderen Männern zu schützen, die diesem Plan zuwiderlaufen könnten. Doch die sonst stets folgsame Gigi macht den beiden Frauen einen Strich durch die Rechnung: Sie läßt sich vom ausgesuchten Verehrer nicht einfach aushalten, sondern nimmt seinen Heiratsantrag an – zur vollen Zufriedenheit der beiden Kupplerinnen. Die Autorin Colette hatte in der jungen Audrey Hepburn die Idealbesetzung ihrer Romanfigur Gigi gesehen. Später nahm sich Hollywood des literarischen Stoffs an; der Film wurde 1958 ein enormer Kinoerfolg. Der Roman wurde ins Deutsche übersetzt von S. Neumann (1953).

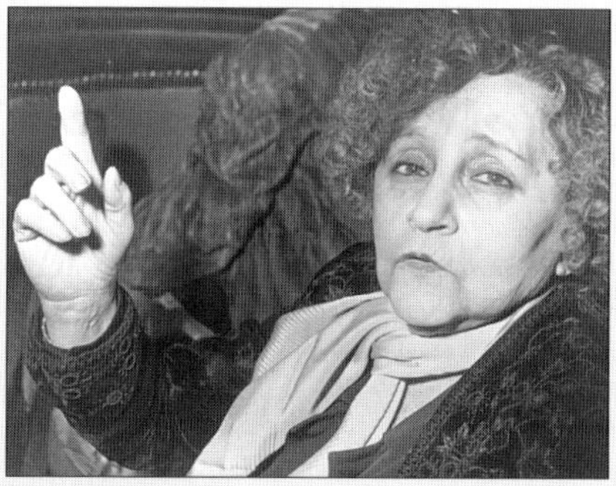

Sidonie-Gabrielle Colette, 1973.

Pär Lagerkvist

Der Zwerg

Dvärgen
Erzählung

Ein Zwerg, der am Hofe eines Renaissancefürsten lebt, neidet allen Menschen seines Umfeldes die Fähigkeit zu lieben sowie jede Regung des Herzens. Einzig die skrupellose Gewaltausübung eines Mächtigen kann ihm noch Bewunderung entlocken. Sein intrigantes Spiel gipfelt schließlich in einem Mord. Doch dies ist nur der Auftakt einer Mordserie: Weil der Zwerg die amourösen Affären seiner Fürstin und ihrer Tochter nicht ertragen kann, tötet er weiter. Die Fürstin gerät nun in ein mysteriöses Abhängigkeitsverhältnis zu dem Zwerg und wird von ihm zielsicher in den Wahnsinn getrieben. Als seine heimlichen Treffen mit der Fürstin allmählich ruchbar werden, wird der Gift-Zwerg schließlich verhaftet. Doch selbst unter der Folter verrät er die Liebesabenteuer seiner Fürstin nicht. Hat er sich etwa doch noch einen Rest mitmenschlichen Gefühls bewahrt? Der schwedische Schriftsteller und spätere Literaturnobelpreisträger (1951) erlebte die deutsche Barbarei aus der Perspektive seines politisch neutralen Heimatlandes. In dem symbolischen Drama »Der Zwerg« wollte er der nazistischen Gewalt seine humanistischen Ideale gegenüberstellen. Ins Deutsche übersetzt 1946 von V. Arpe.

William Somerset Maugham

Auf Messers Schneide

The Razor's Edge
Roman

Im Mittelpunkt des Romans steht der Chicagoer Geschäftsmann Larry Darell. Unter dem Eindruck des Ersten Weltkriegs stellt er die christliche Religionsauffassung und die Existenz Gottes in Frage. Die innere Suche korrespondiert mit seiner ziellosen Reise quer durch Europa, die ihn schließlich bis nach Indien führt. Dort findet Larry in der Religion des Subkontinents endlich seinen inneren Frieden und Antworten auf die Fragen nach dem Sinn des ewigen Lebenskreislaufs. »Gelassen, nachsichtig, mitleidend, selbstlos und maßvoll« kehrt er in seine Heimat zurück.

gebot, die deutschen Truppen zurückzuziehen, blieb er weisungsgemäß auf dem verlorenen Posten. Erst als von Kluge am 17. Oktober 1944 wegen des Verdachts der Mitwisserschaft als Oberbefehlshaber West abgelöst und nach Berlin zum Rapport beordert wurde, erkannte er seine fatale Situation: Auch ohne direkt am Staatsstreich beteiligt gewesen zu sein, war sein Name als Eingeweihter in den sichergestellten Papieren aufgetaucht. Als Konsequenz aus dieser Erkenntnis zog er den Selbstmord dem unabwendbaren Ehrverlust und der Hinrichtung vor. Aber noch in seinem Testament versicherte er Hitler seine »unwandelbare Treue«.

Glenn Miller, 1944.

Glenn Miller

amerikanischer Jazzmusiker
geboren am 1. März 1904
in Clarinda/Iowa
gest. am 15. Dezember 1944
bei einem Flugzeugabsturz
über dem Ärmelkanal

Er machte den Bigband-Swing weltberühmt. Den typischen Glenn-Miller-Sound prägte das Zusammenspiel von vier Saxophonen und einer Klarinette. Millers Orchester wurde über die Grenzen der Vereinigten Staaten hinaus zum unbestrittenen Vorbild dieser Jazz-Spielart. Nach dem amerikanischen Kriegseintritt leitete er die Bigband der Luftwaffe: Während einer Tournee stürzte sein Transportflugzeug 1944 vor der englischen Küste ab. Neun Jahre später wurde das Leben des weltberühmten Swing-Musikers mit James Stewart in der Hauptrolle verfilmt.

E. O. Plauen

(eigentlich: Erich Ohser)
deutscher Zeichner und
Karikaturist
geboren am 18. März 1903
in Untergettengrün/Vogtland
gestorben am 6. April 1944
in Berlin

Ohsers Illustrationen erschienen u. a. in der »Neuen Leipziger Zeitung« und den »Lustigen Blättern«; er gehörte zu den profilierten Zeichnern seiner Zeit. Seine Buchillustrationen, darunter Werke von Erich Kästner, und Karikaturen im sozialdemokratischen »Vorwärts« machten Ohser in der Weimarer Republik berühmt – und bei den Nationalsozialisten verdächtig. Um nach der Machtergreifung weiter publizieren zu können, nahm der Zeichner das Pseudonym E. O. Plauen an. Bis heute bekannt blieben seine Cartoon-Reihen »Vater und Sohn«, deren politische Aussagen er geschickt kaschierte: Der dicke, glatzköpfige Vater konterkarierte den ideologisch geforderten Helden-Typus, der Sohn war Partner statt Befehlsempfänger – das widersprach allen Regeln der Nazikunst. »Vater und Sohn« erschien von 1934 bis 1937 in der »Berliner Illustrirten Zeitung«. »Sie wurden geliebt«, rühmte später ein Plauen-Biograph, »für ihre Idylle einer aus der Mode gekommenen Liebe in einer kriminellen Welt.« Während des Krieges bekannte sich der Cartoonist offen zu seiner regimefeindlichen Haltung, wurde deshalb festgenommen und beging in der Haft Selbstmord.

»Hoffnungsloser Fall«, 1935. Mit seiner Cartoon-Reihe »Vater und Sohn« wurde E. O. Plauen berühmt.

Romain Rolland

französischer Schriftsteller
geboren am 29. Januar 1866
in Clamecy
gest. am 30. Dezember 1944
in Vézelay

Der Professor für Musikgeschichte veröffentlichte 1897 seinen Dramenzyklus »Tragédies de la foi«, dem nur ein mäßiger Erfolg beschieden war. Größeren Widerhall fanden seine Biographien. 1915 erhielt er den Literatur-Nobelpreis.

Seine Werke wurden getragen von pazifistischen und sozialistischen Idealen, die Völkerverständigung war sein Hauptanliegen. So stellte er das Leben authentischer Figuren der Geschichte (Beethoven, Michelangelo, Tolstoi, Gandhi) als moralische Vorbilder dar. Als Hauptwerk des Autors gilt »Jean-Christoph« (1905-1912), die fiktive Biographie eines Musikers im 19. Jahrhundert. Diese Figur trägt Züge Beethovens und Wagners, angereichert mit Rollands persönlichen Lebenserfahrungen.

Erwin Rommel

deutscher Generalfeldmarschall
geboren am 15. November 1891 in Heidenheim an der Brenz
Freitod am 14. Oktober 1944 bei Ulm

Der »Wüstenfuchs« war der populärste deutsche Heerführer des Zweiten Weltkriegs. Seinen Ruhm begründete er als Oberbefehlshaber des Deutschen Afrikakorps (1941–1943): In Nordafrika gelangen ihm

Erwin Rommel, 1941.

durch flexible, schnelle Operationen große Geländegewinne und Siege gegen die Alliierten, wie etwa bei Tobruk. Zum Generalfeldmarschall befördert, organisierte Rommel von 1944 an die Verteidigung der französischen Kanalküste. Nach der Invasion in der Normandie drängte er Hitler vergeblich zu einem Separatfrieden mit den Westmächten. Im Februar 1944 weihten Vertreter des Widerstandes Rommel in ihre Attentatspläne gegen Hitler ein. Doch drei Tage vor dem geplanten Attentat wurde Rommel schwer verwundet. Im Oktober 1944, noch während seines Genesungsurlaubs, stellten Emissäre Hitlers ihn vor eine grausame Wahl: Selbstmord und Staatsbegräbnis oder Volksgerichtshof und Sippenhaft. Rommel entschied sich für die Giftkapsel, um so der Familie wenigstens seine Ehren- und Versorgungsansprüche zu erhalten. Mit einem pompösen Staatsakt verschleierte die Regierung heuchlerisch die wahren Umstände seines Todes.

Erich Salomon

deutscher Fotograf
geboren am 28. April 1886 in Berlin
ermordet am 7. Juli 1944 im KZ Auschwitz

Der berühmte Gesellschaftsfotograf gilt als einer der Väter des Bildjournalismus. Salomon fotografierte auf fast allen großen Konferenzen der dreißiger Jahre, im Genfer Völkerbundspalast sowie im Berliner Reichstag. Der Pionier der »indiskreten Kamera« hatte ein untrügliches Gespür für den Augenblick. Er porträtierte vor allem Politiker und andere berühmte Zeitgenossen – oft ohne deren Wissen: So plazierte Salomon seine Kleinbildkamera mit lichtstarken Objektiven an einer unbeachteten Stelle im Raum, um seine »Opfer« im passenden Moment mittels eines selbstkonstruierten Auslösekabels abzulichten. Nach dem Machtantritt der Nationalsozialisten emigrierte Salomon nach Holland. Dort geriet er nach dem deutschen Einmarsch in die Fänge der Gestapo. 1943 nach Auschwitz deportiert, endete sein Leben ein Jahr darauf in der Gaskammer des Vernichtungslagers.

Richard Sorge

deutsch-russischer Spion
geboren am 4. Oktober 1895 in Adschikend bei Baku
hingerichtet am 7. Juli 1944 in Tokio

Als dreijähriger Junge kam Sorge mit seinen Eltern vom Schwarzen Meer nach Deutschland. 1917, im Jahr der Oktoberrevolution, trat Sorge der USPD und 1919 der KPD bei. Nach seiner Rückkehr in die Sowjetunion engagierte er sich seit Mitte der zwanziger Jahre in der KPdSU. Als deutscher Journalist getarnt, baute Sorge Ende der zwanziger Jahre in Tokio einen Spionagering auf. Er spionierte im Auftrag des sowjetischen Militärgeheimdienstes in China und Japan und lieferte hochbrisantes Material über die japanisch-deutsche Spitzendiplomatie: Seine Warnungen vor dem deutschen Überfall auf die Sowjetunion und dem japanischen Angriff auf Pearl Harbor (1941) blieben von Stalin unbeachtet. Kurz darauf wurde der Top-Spion von der japanischen Abwehr verhaftet und 1943 zum Tode verurteilt.

Ernst Thälmann

deutscher Politiker
geboren am 16. April 1886 in Hamburg
ermordet am 18. August 1944 im KZ Buchenwald

Der Vollblut-Kommunist war leidenschaftlicher Anhänger Stalins. Als Vorsitzender der Partei (seit 1925) organisierte »Teddy« Thälmann die KPD der

Ernst Thälmann.

Weimarer Republik nach stalinistischen Prinzipien. Der Führer des Rotfrontkämpfer-Bundes war einer der populärsten Politiker seiner Zeit, zweimal, 1925 und 1932, kandidierte er für das Amt des Reichspräsidenten. Von 1924 bis 1933 war er Mitglied des Reichstags. Nach der Machtübernahme durch die Nationalsozialisten wurde Thälmann sofort verhaftet: Während der gesamten NS-Zeit blieb er interniert, viele Jahre in Einzelhaft, zuletzt im KZ Buchenwald, wo er im August 1944 von SS-Schergen hinterrücks erschossen wurde.

Jakob Johann Baron von Uexküll

baltischer Biologe
geboren am 8. September 1864 auf dem Gut Keblas/Estland
gestorben am 25. Juli 1944 auf Capri

Nach dem Studium der Zoologie arbeitete Uexküll am Physiologischen Institut in Heidelberg und an der Zoologischen Station in Neapel. Der »Vater der Verhaltensforschung« schuf eine neue Sichtweise der Biologie. Er untersuchte die Zusammenhänge zwischen Umweltbedingungen und artspezifischem anatomischen Körperbau der Lebewesen. Sein Credo: Jedes Tier hat genau die körperliche Ausprägung, die sein spezieller Lebensraum erfordert. Wird es in einen artfremden Raum verpflanzt, führt dies zum Tod oder zu einer neuerlichen Anpassung an die veränderten Verhältnisse. Uexküll war erster Direktor des von ihm gegründeten Hamburger »Instituts für Umweltforschung« (1926–1940). Er legte 1934 die »Bedeutungslehre« vor, die seine Forschungsergebnisse umfassend dokumentierte. Damit prägte Uexküll nachhaltig die moderne Verhaltensforschung.

»Wir haben diese Tat auf uns genommen, um Deutschland vor einem namenlosen Elend zu bewahren.«
Fritz-Dietlof Graf von der Schulenburg

Ludwig Beck

deutscher Generaloberst
geboren am 29. Juni 1880
in Biebrich (Wiesbaden)
hingerichtet am 20. Juli 1944
in Berlin
Der ehemalige Major im kaiserlichen Generalstab wollte den Versailler Vertrag nie akzeptieren. Daher betrachtete Beck die Machtübernahme Hitlers zunächst als »ersten großen Lichtblick seit 1918«. Im Oktober 1933 wurde er zum Chef des Heeres befördert. Seine innere Abkehr vom Nationalsozialismus begann nach dem »Röhm-Putsch«.

Ludwig Beck.

Nach Wiedereinführung der allgemeinen Wehrpflicht (1935) avancierte Beck zum Chef des Generalstabes. Er mißbilligte Hitlers Expansionsgelüste: Ihr vorhersehbarer Mißerfolg würde den Untergang des Reichs heraufbeschwören – »Finis Germaniae«. Daher kritisierte er in zahlreichen Denkschriften die leichtfertigen Kriegspläne Hitlers. Doch mit diesen Bedenken konnte sich Beck nicht durchsetzen; er reichte deshalb im August 1938 seinen Rücktritt ein – ein Schritt, den Hitler »erwartet« hatte. Als Pensionär unterhielt Beck enge Kontakte zu bürgerlichen und militärischen Widerstandsgruppen. Obwohl er sich »zutiefst von der Unruhe seines Gewissens getrieben« fühlte, organisierte er das Hitler-Attentat »in voller Ruhe« mit: Ihm ging es bei dem Anschlag primär darum, daß sichtbarer Widerstand gegen den Diktator geleistet wurde, aus dem eigenen Volk heraus. Der tatsächliche Erfolg des Anschlags erschien Beck dabei nebensächlich. Noch am Abend des 20. Juli wurde er standrechtlich erschossen.

Ulrich von Hassell

deutscher Diplomat
geboren am 12. November 1881
in Anklam/Pommern
hinger. am 8. September 1944
in Berlin-Plötzensee
Den ehemaligen Botschafter in Italien (1932–1938) bewegten moralische, konservativ-christliche Motive zur Mitarbeit im Widerstand. So schloß er sich dem Verschwörerkreis des 20. Juli an. Von Hassell hatte erkannt, daß Hitlers Kriegspolitik »alle vorhandenen Werte zerstört«, wie er seinem Tagebuch anvertraute. Bei Hitlers »Griff nach Prag« (1939) war ihm bewußt geworden, daß dieser einen neuen Weltkrieg provozierte. »Daß diese Sache anders als unheilvoll enden kann«, glaubte er nicht mehr. Zwar begrüßte der Diplomat die militärischen Siege der Wehrmacht in den ersten Jahren. Trotzdem plädierte er für ein schnelles Kriegsende, »weil die Gefahr immer größer wird, daß Europa vollkommen zerstört und vor allem bolschewisiert wird«. Daher nahm Hassell Verhandlungen mit den Westalliierten auf. Doch deren strikte Forderung nach »bedingungsloser Kapitulation« (1943) engte seinen Verhandlungsspielraum zu sehr ein. Nach einem erfolgreichen Staatsstreich war von Hassell als möglicher Außenminister vorgesehen: Dabei schwebte ihm ein konservativ-autoritärer Rechtsstaat vor, selbst die zeitweilige Rückkehr zur Monarchie erschien ihm denkbar. Hassell – von Freisler als »ehrgeizzerfressener, ehrloser, feiger Verräter« geschmäht – wurde noch am Tag seiner Volksgerichtsverhandlung hingerichtet.

Wilhelm Leuschner

deutscher Gewerkschafter und Politiker
geboren am 15. Juni 1890
in Bayreuth
hinger. am 29. September 1944
in Berlin-Plötzensee
Der Sozialdemokrat hatte sich während der Weimarer Republik leidenschaftlich für die Bildung einer Einheitsgewerkschaft eingesetzt. Darin wollte er auch die nicht-sozialistischen Arbeitervertretungen einbeziehen. Von 1928 bis 1933 war Leuschner hessischer Innenminister. Als gewerkschaftlicher Oppositioneller wurde er 1933 von den Nationalsozialisten verhaftet, aber nach einjähriger KZ-Haft wieder entlassen. Ab 1935 leitete er eine kleine Fabrik, was ihm die Möglichkeit gab, Gesinnungsfreunde zu beschäftigen. Dabei hielt er stets Kontakt zu Widerstandskreisen. Nach Kriegsausbruch wurde Leuschner in »Schutzhaft« genommen. Die Erfahrungen der KZ-Haft sind in seinem Tagebuch überliefert. Nach seiner Entlassung nahm er Verbindung zum »Kreisauer Kreis« auf. Von den Verschwörern des 20. Juli war Leuschner als künftiger Vizekanzler einer Regierung nach Hitler vorgesehen. Nach dem Scheitern des Anschlags wurde Leuschner vom Volksgerichtshof zum Tode verurteilt und in Plötzensee erhängt.

Friedrich Olbricht

deutscher General
geboren am 4. Oktober 1888
in Leisnig/Sachsen
hingerichtet am 20. Juli 1944
in Berlin
Den General – als einer der ersten im Polenfeldzug mit dem neugeschaffenen Ritterkreuz ausgezeichnet – quälten Gewissensbisse: Die Entscheidung für ein Attentat auf seinen Dienstherrn machte er sich nicht leicht. Daß Olbricht trotzdem zum Befürworter des Hitler-Attentats wurde, hatte verschiedene Gründe: Er machte kaum einen Hehl aus seiner persönlichen Abneigung

Friedrich Olbricht.

gegen Hitler – »diesen hergelaufenen Österreicher«, den er haßte »seit er in meinen Gesichtskreis trat«. In ihm sah Olbricht den Hauptverantwortlichen für das Terrorsystem, das die Nazis im Reich und an der Front errichtet hatten. Als Vorgesetzter des Hitler-Attentäters gab er Stauffenberg weitestgehende Rückendeckung. Außerdem koordinierte er den politischen Widerstand – von Sozialdemokraten, wie Leber und Leuschner, über Militärs, wie Beck und Tresckow, bis hin zu Abwehrchef Canaris und dem Berliner Polizeipräsidenten von Helldorff. Durch seine integrativen Fähigkeiten schuf Olbricht die Voraussetzungen für das

Die Toten des 20. Juli

Attentat. Ihm ging es bei der Aktion nicht bloß um ein symbolisches Zeichen, er wollte den Erfolg. Doch als dieser ausblieb, reagierte der designierte Kriegsminister soldatisch: »Ich sterbe für eine gute Sache, davon bin ich felsenfest überzeugt«, erklärte er am Abend des 20. Juli. »Ich tue nicht mehr als unendlich viele Offiziere und Generale in diesem Krieg schon getan haben. Ich sterbe für Deutschland.«

Friedrich Werner Graf von der Schulenburg

deutscher Diplomat
geboren am 20. November 1875 in Kemberg
hinger. am 10. November 1944 in Berlin-Plötzensee

Der Außenpolitiker und langjährige Botschafter in Moskau war am Zustandekommen des »Hitler-Stalin-Paktes« maßgeblich beteiligt. Ein Ausgleich mit der Sowjetunion schien ihm die Grundvoraussetzung erfolgreicher deutscher Politik zu sein. Als das »Unternehmen Barbarossa« dieses politische Glaubensbekenntnis zerschlug, stellte er sich dem deutschen Widerstand als Vermittler mit

Friedrich Werner Graf von der Schulenburg.

Moskau zur Verfügung: Er bot an, sich durch die Front schleusen zu lassen, um die Friedensmöglichkeiten nach der Beseitigung Hitlers auszuloten. Er war als möglicher Außenminister in einer künftigen Reichsregierung im Gespräch.

Fritz-Dietlof Graf von der Schulenburg

deutscher Jurist
geboren am 5. September 1902 in London
hingerichtet am 10. August 1944 in Berlin-Plötzensee

»Schurke Schulenburg« schleuderte er Freisler sarkastisch entgegen, als ihn der Volksgerichtspräsident im Attentats-Prozeß nach einer Flut von Beschimpfungen versehentlich mit Graf angesprochen hatte. Bis zuletzt hatte er nur Mißachtung für das NS-System und seine Schergen übrig. Daher beteiligte sich der »rote Graf«, wie er aufgrund früherer Sympathiebezeugungen für die Arbeiterbewegung genannt wurde, an den Putschvorbereitungen im inneren Führungskreis des Widerstands. Dort arbeitete er den konservativen Verfassungsentwurf der Opposition mit aus. Auch nach dem Mißerfolg des Hitler-Attentats bereute er sein Engagement nicht. Denn er war sich sicher: »Was wir getan«, schrieb er im Abschiedsbrief an seine Frau, »war unzulänglich, aber am Ende wird die Geschichte richten und uns freisprechen. Du weißt, daß mich die Liebe zum Vaterland trieb.«

Berthold Schenk Graf von Stauffenberg

deutscher Jurist
geboren am 15. März 1905 in Stuttgart
hingerichtet am 10. August 1944 in Berlin

Der Bruder des Hitler-Attentäters war schon bei Kriegsbeginn mit der Widerstandsgruppe des »Kreisauer Kreises« in Kontakt getreten. Obwohl an den Vorbereitungen des Attentats am 20. Juli aktiv beteiligt, glaubte er nicht mehr an den Erfolg. Trotzdem hielt er am gemeinsamen Ziel der Verschwörer fest: »Das Furcht-

Berthold Schenk Graf von Stauffenberg, um 1940.

barste ist«, bekannte er offen, »daß wir wissen, daß es nicht gelingen kann, aber doch getan werden muß.« Nach einem entwürdigenden Prozeßtag am Volksgericht wurde Berthold von Stauffenberg am selben Abend erhängt.

Claus Schenk Graf von Stauffenberg

deutscher Offizier
geboren am 15. November 1907 in Jettingen/Württemberg
hingerichtet am 20. Juli 1944 in Berlin

Schon vor dem schicksalhaften 20. Juli hatte er zweimal versucht, Hitler zu ermorden: Doch am 11. Juli 1944 waren Göring und Himmler, die mit Hitler zusammen ausgeschaltet werden sollten, auf dem Obersalzberg nicht anwesend. Vier Tage später kam die nächste Gelegenheit: Doch Hitler verließ den Besprechungsraum im Führerhauptquartier früher als erwartet. Bereits zwei Jahre vorher war in Stauffenberg die Überzeugung gereift, daß nur ein Attentat das sinnlose Morden an der Front beenden könne. Die Zeit der Nachsicht war für ihn abgelaufen: »Es kommt nicht darauf an, Hitler die Wahrheit zu sagen«, erklärte Stauffenberg im Herbst 1942 vor Offizieren, »sondern es kommt darauf an, ihn umzubringen, und ich bin dazu bereit.«
Doch es bot sich einfach keine passende Gelegenheit. Seit Juli 1944 war der schwer kriegsversehrte Oberst Stabschef beim Befehlshaber des Ersatzheeres. Dadurch hatte er beste Chancen, ganz dicht an den verhaßten Diktator heranzukommen. So war der Verschwörergruppe klar, daß Stauffenberg den Befreiungsschlag auslösen müßte. Noch am Abend des gescheiterten Anschlags wurde Stauffenberg in Berlin verhaftet und standrechtlich erschossen.

Karl Heinrich von Stülpnagel

deutscher General
geboren am 2. Januar 1886 in Darmstadt
hingerichtet am 30. August 1944 in Berlin-Plötzensee

In der Annahme, »Operation Walküre«, die Machtübernahme in Berlin, sei planmäßig

Karl Heinrich von Stülpnagel.

verlaufen, ließ der Befehlshaber in Paris am 20. Juli alle SS- und SD-Angehörige verhaften. Nachdem sich abzeichnete, daß das Attentat gescheitert war, versuchte er die Aktion nachträglich als »Probealarm« zu verschleiern. Doch umsonst: Als er am Tag darauf nach Berlin »zur Berichterstattung« abberufen wurde, ahnte er wohl, was ihn dort erwarten würde. Um Freislers Volksgerichtshof und der sicheren Hinrichtung zu entgehen, versuchte er sich auf der Fahrt zur Reichshauptstadt zu erschießen. Doch der Selbstmord mißlang. Dem nun halb erblindeten und kaum vernehmungsfähigen Stülpnagel blieben Gestapo-Haft, Verhöre und Hochverratsprozeß nicht erspart. Sechs Wochen nach dem gescheiterten Attentat wurde er in Plötzensee erhängt.

Henning von Tresckow

deutscher General
geboren am 10. Januar 1901 in Magdeburg
gestorben am 21. Juli 1944 bei Bialystok
Wie viele seiner Standesgenossen im preußischen Adel war Tresckow begeistert von Hitlers Machtantritt. Schon vor 1933 hatte er im Offizierskorps seines Regiments für den Nationalsozialismus geworben. Um so größer die Ernüchterung, als Tresckow die verbrecherische Praxis des Nazi-Regimes mehr und mehr bewußt wurde. Allmählich reifte in ihm der feste Entschluß, Hitler zu beseitigen. Schon zu Kriegsbeginn hatte er erwogen, gegen die Regierung zu putschen. Doch die anfänglichen Blitzkriegerfolge verringerten die Aussichten auf breite Solidarisierung innerhalb der Wehrmacht. Überdies wirkte die »Vorsehung«, das unglaubliche Glück des Diktators bei allen bisherigen Versuchen, auch entmutigend. Doch Tresckow ließ nicht lokker: »Das Attentat muß erfolgen, coûte que coûte«, ließ er Zweifler wissen. »Sollte es nicht gelingen, muß trotzdem gehandelt werden. Es kommt nicht mehr auf den praktischen Zweck an, sondern darauf, daß die deutsche Widerstandsbewegung vor der Welt und vor der Geschichte unter Einsatz des Lebens den entscheidenden Wurf gewagt hat. Alles andere ist daneben gleichgültig.« Tresckow entwikkelte sich während des Kriegs zu einem der Köpfe des militärischen Widerstands und trieb die Pläne für das Attentat entscheidend voran. Als Tresckow vom Scheitern der Aktion erfuhr, täuschte der Frontoffizier einen Partisanenangriff vor und beging Selbstmord.

Henning von Tresckow gehörte zum engeren Kreis der Verschwörer.

Erwin von Witzleben

deutscher Generalfeldmarschall
geboren am 4. Dezember 1881 in Breslau
hingerichtet am 8. August 1944 in Berlin-Plötzensee
Unter den Männern des 20. Juli war Generalfeldmarschall Witzleben der ranghöchste Offizier. Das empfahl ihn als künftigen Oberbefehlshaber der Wehrmacht. Schon während der Sudetenkrise (1938) plante Witzleben, gegen den Kriegstreiber Hitler zu putschen. Alles war vorbereitet, nur das überraschende Einlenken der Westmächte auf der Münchner Konferenz verhinderte den Staatsstreich. Doch der vorerst verhinderte Putschist blieb von der Gefährlichkeit Hitlers überzeugt: »Witzleben war der erste und blieb der entschlossenste General«, so der Ex-Reichsbankchef Hjalmar Schacht, »der die Beseitigung Hitlers als notwendig erkannte und dieses Ziel entschlossen anpackte.« Zusammen mit Ludwig Beck stand Witzleben seit Kriegsbeginn im Zentrum des militärischen Widerstands. Mit den Worten: »Schöne Schweinerei, das«, kommentierte er den gescheiterten Anschlag. Da seine Unterschrift auf allen militärischen Befehlen des Umsturzversuchs zu finden war, erkannte die NS-Regierung in ihm einen der Köpfe der Verschwörung. Nach demütigendem Prozeß an Freislers Volksgerichtshof wurde er am Abend des 8. August 1944 in Plötzensee erhängt.

Generalfeldmarschall Erwin von Witzleben vor dem Volksgerichtshof.

Peter Graf Yorck von Wartenburg

deutscher Jurist
geboren am 13. November 1904 in Klein Oels/Schlesien
hingerichtet am 8. August 1944 in Berlin-Plötzensee
Schon sein Ur-Urgroßvater war durch militärischen Ungehorsam berühmt geworden: 1812 hatte General Ludwig von Yorck – ohne Billigung seines Königs – das Abkommen von Tauroggen geschlossen und die preußische Erhebung gegen Napoleon eingeleitet. Auch der Nachkomme Peter Graf Yorck von Wartenburg stellte moralische Erwägungen höher als unreflektierten Kadavergehorsam. Bei seinem Volksgerichtsverfahren von Freislers Gebrüll übertönt, konnte er das persönliche Motiv für seine Beteiligung an der Verschwörung nur mit Mühe darstellen: Sein Kampf galt dem »Totalitätsanspruch des Staates gegenüber dem Staatsbürger«. Er verurteilte die »Ausschaltung der religiösen und sittlichen Verpflichtung Gott gegenüber«, die er in Nazi-Deutschland erleben mußte. Obwohl er sich aus christlichen Grundsätzen gegen einen »Tyrannenmord« ausgesprochen hatte, ließ er sich schließlich aus Pflichtbewußtsein doch überzeugen. Noch im Juni 1944 mußte ihn die Verschwörergruppe überreden, sich im Falle eines geglückten Staatsstreichs als Staatssekretär in der Reichskanzlei zur Verfügung zu stellen. »Dich darf ich versichern«, schrieb er im Abschiedsbrief an die Mutter, »daß kein ehrgeiziger Gedanke, keine Lust an der Macht mein Handeln bestimmte. Es waren lediglich meine vaterländischen Gefühle, die Sorge um Deutschland, das Bemühen um seine innere und äußere Entwicklung.« Am Tag seines Prozesses wurde Peter Graf Yorck von Wartenburg in Plötzensee erhängt. (KKS)

Zahlen des Jahres

Den folgenden Angaben für das Deutsche Reich (einschließlich Österreichs) und die Schweiz liegen die Angaben der amtlichen Statistiken zugrunde. Wo 1944 keine Angaben erhoben wurden, fanden jeweils die neuesten Zahlen Verwendung (mit entsprechenden Hinweisen).

Deutsches Reich

Fläche (in km²) **und Wohnbevölkerung** (in 1000)

Reichsteile	Fläche	Einw. je km² [1]	Einw. insges.[2]	männlich[2]	weiblich[2]	Haushalte[1]	Ausländer[1]
Deutsches Reich[1]	583370	136	79375	38762	40614	23439	1020
Deutsches Reich[2]	680872	132	89940	43818	46122		
Deutsches Reich mit Protektorat Böhmen/Mähren	729774	133	97425	–	–		
Preußen	321789	141	45328	22171	23157	12289	507
Bayern	77785	106	8223	4035	4188	2195	33
Sachsen	14995	349	5232	2473	2759	1762	35
Württemberg	19507	148	2897	1411	1486	795	16
Baden	15069	166	2502	1212	1290	691	14
Thüringen	11760	148	1744	860	884	519	9
Hamburg	747	2239	1712	820	892	581	17
Hessen	7691	191	1469	718	751	431	5
Mecklenburg	15722	57	900	458	443	256	24
Braunschweig	3571	169	603	310	293	174	15
Oldenburg	5396	107	578	301	277	145	4
Bremen	324	1388	450	227	223	137	5
Anhalt	2315	186	431	220	211	131	4
Lippe	1215	154	187	92	95	52	0,8
Schaumburg-Lippe	340	156	53	26	27	16	0,4
Saarland	1925	438	842	419	423	235	6
Reichsgau Wien	1215	1588	1930	873	1057	743	65
Reichsgau Niederdonau	23502	72	1698	842	855	479	52
Reichsgau Oberdonau	14216	73	1035	515	520	270	9
Reichsgau Steiermark	17383	64	1116	553	563	296	29
Reichsgau Kärnten	11554	39	450	226	224	108	9
Reichsgau Salzburg	7153	36	257	128	129	68	2
Reichsgau Tirol/Vorarlberg	13126	37	486	241	245	112	12
Reichsgau Sudetenland	22608	130	2943	1403	1541	941	145
Reichsgau Danzig-Westpreußen	26057	88	2289	1117	1171	–	–
Reichsgau Wartheland	43905	104	4584	2166	2418	–	–

[1] Stand 1. 5. 1939
[2] Nach dem Gebietsstand vom 1. 8. 1941

Familienstand (in 1000)

	insgesamt	männlich	weiblich
Ledige[1]	36733	18800	17933
Verheiratete[1]	36764	18431	18334
Verwitwete[1]	5069	1218	3851
Geschiedene[1]	809	313	496
Lebendgeborene[1]	1639	846	793
Gestorbene[1]	1010	519	419
Eheschließungen[1]	774		
Scheidungen[1]	72		

[1] Stand Mitte 1939

Altersgruppen (in 1000; Reichsgebiet Mitte 1939 o. Memelland)

	insgesamt	männlich	weiblich
Unter 6	7737	3949	3788
6 – 9 Jahre	4408	2242	2166
10 – 19 Jahre	1383	6645	6438
20 – 29 Jahre	11488	5806	5682
30 – 39 Jahre	13858	6933	6924
40 – 49 Jahre	10518	4730	5788
50 – 59 Jahre	8399	3877	4522
Ab 60 Jahre	9884	4579	5305

Religionszugehörigkeit (nach dem Geb.-Stand 1941)

	evangelisch	katholisch	sonstige
Deutsches Reich	43 817 000	40 998 000	5 077 000
Deutsches Reich einschl. Protektorat Böhmen/Mähren	44 154 000	46 544 000	6 727 000
Preußen	25 433 000	16 412 000	2 779 000
Bayern	2 266 638	5 619 576	164 259
Sachsen	4 474 590	253 026	475 713
Württemberg	1 814 533	920 687	116 165
Baden	936 152	1 431 642	89 529
Thüringen	1 501 853	64 325	147 671
Hamburg	1 346 113	99 759	252 516
Hessen	926 388	447 582	71 963
Mecklenburg	786 106	53 745	36 565
Braunschweig	467 378	63 319	57 003
Oldenburg	382 029	141 231	32 656
Bremen	373 821	40 596	30 650
Anhalt	367 916	27 487	25 203
Lippe	166 827	11 813	5 073
Schaumburg-Lippe	49 258	1 712	1 083
Saarland	211 816	589 526	22 636
Reichsgau Wien	136 698	1 498 060	277 850
Reichsgau Niederdonau	51 890	1 591 054	28 514
Reichsgau Oberdonau	34 775	964 070	19 876
Reichsgau Steiermark	71 926	972 884	62 229
Reichsgau Kärnten	35 778	390 183	13 760
Reichsgau Salzburg	7 996	234 161	11 461
Reichsgau Tirol/Vorarlberg	10 313	459 703	8 276
Reichsgau Sudetenland	158 340	2 582 176	179 132
Reichsgau Danzig-Westpreußen	638 000	1 600 000	42 000
Reichsgau Wartheland	437 000	4 020 000	127 000

Bildung

	Schüler	Hauptamtl. Lehrkräfte
Volksschulen[1]	8 240 319	199 261
Mittelschulen[1]	285 464	11 540
Höhere Schulen[1]	209 265	12 934
Sonderschulen[2]	28 499	1 748
Studenten[3]	77 056	
Studenten[4]	55 660	

[1] Stand 25. 5. 1940 nach dem Gebietsstand Mitte 1939
[2] Stand 25. 5. 1939
[3] Stand 1941; alle Hochschulen einschließlich beurlaubter Studenten und Gasthörer
[4] Stand 1941; alle Hochschulen (nur Vorlesungen besuchende Studenten)

Erwerbstätigkeit (Stand 1939, Personen in 1000)

	insgesamt	männlich	weiblich
Berufstätige	39 792	24 866	14 926
Selbständige	5 678	4 681	997
Mithelf. Fam.angehörige	6 746	1 238	5 508
Beamte	2 089	1 940	149
Angestellte	5 270	3 170	2 100
Arbeiter	20 007	13 837	6 170
Arbeitslose[1]	113 286	72 386	40 900

Berufstätige nach ausgewählten Wirtschaftsbereichen

Land- und Forstwirtschaft	10 847	4 906	5 941
Industrie und Handwerk	16 504	12 668	3 836
Handel und Verkehr	6 850	4 459	2 391
Öffentlicher Dienst und priv. Dienstleistungen	4 068	2 818	1 250
Häusliche Dienste	1 522	15	1 507

[1] Jahresmittel 1940

Betriebe (Stand 1939)

	Zahl	Beschäftigte (in 1000)
Landwirtschaft	3 915 031	10 779
Industrie	394 407	10 969
Handwerk	1 567 472	5 198
Handel und Verkehr	1 756 729	7 193

Außenhandel (Stand 1940; in Mio. RM)

Einfuhr	5 012
Ausfuhr	4 868

Gesundheitswesen (Stand 1939)

	insgesamt	auf 10 000 Einwohner
Ärzte	47 832	7,0
davon Fachärzte	13 122	
Zahnärzte	15 006	2,2
Krankenpflegepersonen	135 450	19,7
Apotheker	7 511	2,4
Krankenanstalten	4 861	

Sozialleistungen (Stand 1939)

Mitglieder der gesetzlichen Krankenkassen	27 100 535
Bezieher von Renten der Angestelltenversicherung	492 349
Bezieher von Renten der Invalidenversicherung	3 855 311
Bezieher von Renten der knappschaftl. Pensionsvers.	483 771
Ausgaben der Sozialversicherung (in Mio. RM)	4 935,2

Zahlen des Jahres

Öffentliche Finanzen (Rechnungsjahr 1937/38)

Ausgaben (in Mio. RM)	
Reich	–
Länder	2707,4
Gemeinden	5595,2
Gemeindeverbände	1242,4
Hansestädte	462,8
Einnahmen (in Mio. RM)	
Reich	–
Länder	2200,0
Gemeinden	3905,7
Gemeindeverbände	772,9
Hansestädte	361,5

Steuereinnahmen (in Mio. RM)	
Reich	
Reichsüberweisungssteuern	7090,2
Andere Reichssteuern und Zölle	4779,4
Ausgleichsstock	11663,5
Länder	
Reichsüberweisungssteuern	917,2
Landes- und Gemeindesteuern	902,1
Ausgleichsstock	1901,0
Gemeinden	
Reichsüberweisungssteuern	932,2
Landes- und Gemeindesteuern	3321,5
Ausgleichsstock	3799,2
Gemeindeverbände	
Reichsüberweisungssteuern	224,3
Landes- und Gemeindesteuern	178,7
Ausgleichsstock	790,4

Preise (Stand 1941)

Einzelhandelspreise ausgewählter Nahrungsmittel (in RM)	
Vollmilch (1 l)	0,25
Butter (1 kg)	3,58
Ei	0,12
Rindfleisch (1 kg)	1,67
Kalbfleisch (1 kg)	2,06
Schweinefleisch (1 kg)	1,63
Brot (1 kg)	0,31
Weizenmehl (1 kg)	0,44
Kartoffeln (1 kg)	Januar: 0,42 Juli: 1,50
Bier (1 l)	0,89
Index der Lebenshaltungskosten (1913/14 = 100) 1938 = 125,6	

Verkehr

Straßennetz in km	207090
Autobahnen[1]	3746
(dazu im Bau befindlich[1]	2363)
Reichsstraßen[2]	37552
Landstraßen I. Ordnung[3]	80637
Landstraßen II. Ordnung[2]	85155
Bestand an Kfz (o. Reichsbahn u. -post)[3] [Harenberg: 3786367]	
Pkw	1502207
Lkw	418394
Krafträder	1880937
Omnibusse[4]	21912
Zugmaschinen[4]	127188
Neuzulassungen 1940	
Pkw	25513
Lkw	32266
Krafträder	76632
Omnibusse	1360
Zugmaschinen	28577
Eisenbahnnetz in km[3]	
Reichsbahn[3]	72565
Beförderte Personen (in 1000)	2212200
Beförderte Güter (in 1000 t)	563800
Privatbahnen[3]	
Beförderte Personen (in 1000)	89600
Beförderte Güter (in 1000 t)	56500
Binnenschiffahrt	
Schiffe mit eigener Triebkraft[4]	6261
Schiffe ohne eigene Triebkraft[4]	12334
Güterverkehr[1] (in 1000 t)	169085
Seeschiffahrt	
Seeschiffsbestand[3]	3781
BRT[3] (in 1000)	4346
Güterverkehr[3] (in 1000 t)	49946
Luftverkehr	
Gestartete Flugzeuge[3]	49643
Fluggäste Ankunft[3]	262676
Fluggäste Abgang[3]	275755
Fluggäste Durchgang[3]	–
Fracht- und Gepäck Ankunft[3] (in t)	3794
Fracht und Gepäck Abgang[3] (in t)	4003
Fracht und Gepäck Durchgang[3]	–

[1] Stand 1940
[2] Stand 1938/39
[3] Stand 1939
[4] Stand 1941

Tarifliche Stundenlöhne (Stand 1941; in RM)

	männlich	weiblich
Facharbeiter	0,80	0,52
Angelernte Arbeiter	0,70	0,52
Hilfsarbeiter	0,63	0,44

Die größten Städte (Stand 1939)

Ort	Einw. (in 1000)	Ort	Einw. (in 1000)
Berlin	4339	Essen	667
Hamburg	1712	Dresden	630
München	829	Breslau	630
Köln	772	Frankfurt a. M.	553
Leipzig	707	Dortmund	542

Schweiz

Fläche (in km²) **und Wohnbevölkerung** (in 1000; Zahlen gerundet)

Kanton	Fläche[1]	Einw. je km²[2,3]	Einw. insges.[2]	Einw. 1941	männlich[3]	weiblich[3]	Haushalte[3]	Ausländer[3]
Schweizerische Eidgenossenschaft	41 294	103	4 361,5	4 265 703	2 060 402	2 205 301	1 147 026	223 547
Zürich	1 729	390	692,6	674,5	317,3	357,2	192 345	37 946
Bern	6 883	106	745,2	728,9	359,1	369,8	190 267	11 796
Luzern	1 492	138	211,8	206,6	102,4	104,2	45 673	5 583
Uri	1 074	25	28,9	27,3	14,5	12,8	5 737	740
Schwyz	908	73	68,6	66,5	33,6	32,9	15 030	2 169
Obwalden	492	41	20,9	20,3	10,4	9,9	4 346	528
Nidwalden	274	63	18,2	17,3	9,0	8,3	3 702	408
Glarus	684	51	35,1	34,8	16,5	18,3	10 052	1 682
Zug	240	153	38,0	36,6	17,6	19,0	8 140	1 700
Fribourg	1 671	91	155,3	152,0	77,6	74,4	31 409	2 899
Solothurn	791	196	158,5	154,8	75,9	78,9	39 199	4 296
Basel-Stadt	37	4 594	172,9	170,0	76,9	93,1	55 393	14 928
Basel-Land	427	221	95,7	94,5	45,7	48,7	25 398	5 125
Schaffhausen	298	180	54,4	53,7	26,4	27,4	15 162	3 776
Appenzell A. Rh.	242	184	44,1	44,8	21,2	23,5	13 723	1 241
Appenzell I. Rh.	172	78	13,2	13,4	6,6	6,8	3 157	211
St. Gallen	2 013	142	289,2	286,2	136,9	149,3	74 994	17 905
Graubünden	7 113	18	130,5	128,2	63,0	65,2	30 754	9 479
Aargau	1 403	193	275,9	270,4	132,3	138,1	67 669	7 494
Thurgau	1 005	137	140,1	138,1	67,8	70,3	35 822	8 083
Ticino (Tessin)	2 813	58	163,9	161,9	74,6	87,2	46 517	29 033
Vaud (Waadt)	3 208	107	352,0	343,3	165,5	177,8	99 797	20 440
Valais (Wallis)	5 235	28	152,8	148,3	75,2	73,1	34 487	4 092
Neuchâtel (Neuenburg)	799	147	120,9	117,9	54,9	63,0	37 104	4 721
Genève (Genf)	282	620	182,8	174,8	78,9	96,9	61 149	27 272

[1] Stand 1939
[2] geschätzt
[3] Stand 1941

Familienstand

	insgesamt	männlich	weiblich
Ledige[1]	2 196 754	1 098 483	1 098 271
Verheiratete[1]	1 748 487	873 642	874 845
Verwitwete[1]	264 126	66 824	197 302
Geschiedene[1]	56 336	21 453	34 883
Lebendgeborene	85 627	43 995	41 632
Gestorbene	52 336	26 643	25 693
Eheschließungen	34 765		
Scheidungen	3 138		

[1] provisorischer Stand 1941

Bildung

	Schüler	Lehrkräfte
Primarschulen	440 813	13 459
Sekundarschulen	49 422	1 970
Untere Mittelschulen	25 025	939
Obere Mittelschulen	12 460	1 173
Studenten	12 104	
davon weiblich	1 819	

Altersgruppen[1]

	insgesamt	männlich	weiblich
0 – 4 Jahre	305 571	155 233	150 338
5 – 9 Jahre	313 852	159 579	154 273
10 – 14 Jahre	324 340	164 330	160 010
15 – 19 Jahre	340 370	171 569	168 801
20 – 24 Jahre	325 941	163 216	162 725
25 – 29 Jahre	334 919	165 640	169 279
30 – 34 Jahre	359 318	174 669	184 649
35 – 39 Jahre	345 081	165 936	179 145
40 – 44 Jahre	318 199	149 841	168 358
45 – 49 Jahre	276 479	129 043	147 436
50 – 54 Jahre	241 252	112 266	128 986
55 – 59 Jahre	220 172	102 899	117 273
60 – 64 Jahre	195 171	89 367	105 804
65 – 69 Jahre	156 563	70 249	86 314
70 – 74 Jahre	103 692	44 916	58 776
75 – 79 Jahre	65 504	26 855	38 649
80 und mehr	39 279	14 794	24 485

[1] provisorischer Stand 1941

Zahlen des Jahres

Religionszugehörigkeit[1]

Kanton	protestantisch	katholisch	jüdisch	sonstige
Schweizerische Eidgenossenschaft	2 457 044	1 754 164	19 430	35 065
Zürich	502 501	156 077	6 457	9 470
Bern	625 110	99 133	1 433	3 240
Luzern	26 975	178 004	602	1 027
Uri	2 263	24 997	5	37
Schwyz	4 306	62 166	22	61
Obwalden	798	19 506	26	10
Nidwalden	1 169	16 135	21	23
Glarus	23 788	10 910	19	54
Zug	5 432	31 087	33	91
Fribourg	20 414	131 225	138	276
Solothurn	62 689	90 826	166	1 263
Basel-Stadt	110 273	52 254	2 854	4 580
Basel-Land	71 158	22 457	206	638
Schaffhausen	42 042	11 311	110	309
Appenzell A. Rh.	38 720	5 816	66	154
Appenzell I. Rh.	510	12 854	12	7
St. Gallen	113 921	169 883	1 133	1 264
Graubünden	66 091	61 586	239	331
Aargau	156 302	112 266	624	1 271
Thurgau	92 512	44 979	201	430
Ticino (Tessin)	8 913	149 875	500	2 594
Vaud (Waadt)	281 934	57 342	1 660	2 462
Valais (Wallis)	5 269	142 497	71	482
Neuchâtel (Neuenburg)	98 477	17 897	588	938
Genève (Genf)	95 477	73 081	2 244	4 053

[1] provisorischer Stand 1941

Erwerbstätigkeit[1]

	insgesamt	männlich	weiblich
Berufstätige	1 992 487	1 422 272	570 215
Selbständige	420 910	342 076	78 834
Mithelf. Fam.angehörige	150 805	121 894	28 911
Angestellte, Arbeiter, Lehrlinge	1 420 772	958 302	462 470
Ausländer	113 896	66 001	47 895
Arbeitslose	8 380	6 648	1 732
Berufstätige nach ausgewählten Wirtschaftsbereichen:			
Land- und Forstwirtschaft	414 936	384 799	30 137
Industrie und Handwerk	860528	655969	204559
Handel, Banken, Versicherungen	198 472	127 952	70 520
Gastgewerbe	84 969	26 190	58 779
Verkehr	76 741	70 425	6 316
Öffentl. Dienste, priv. Dienstleistungen	147 453	101 165	46 288
Hauswirtschaft, Taglöhnerei	120 813	5 878	114 935

[1] Stand 1941

Betriebe[1]

	Zahl	Beschäftigte
Landwirtschaft	238 481	577 723
Industrie, Handwerk	99 686	668 948
Handel	71 597	229 909
Fremdenverkehr, Gastgewerbe	30 473	134 318

[1] Stand 1939

Außenhandel (in 1000 sfr)

Einfuhr	1 185 931
Ausfuhr	1 131 835

Gesundheitswesen

Praktizierende Ärzte	3 695
Einwohner auf 1 praktizierenden Arzt	1 175
Praktizierende Zahnärzte	1 598
Praktizierende Tierärzte	634
Krankenanstalten	538
Krankenbetten	65 296
Notbetten	4 308
Verpflegte Kranke[1]	446 505
Apotheken	817

[1] Stand 1943

Sozialleistungen

Mitglieder anerkannter Krankenkassen[1]	2 351 807
Bezieher von Alterspensionen[2]	163 518
Bezieher von Arbeitslosengeld	76 450
männlich	70 880
weiblich	15 570

[1] Stand Ende 1943
[2] Stand 1941

Öffentliche Finanzen (in 1000 sfr)

Einnahmen des Bundes	322 691
Ausgaben des Bundes	530 530
Fehldeckung	207 839
Steuererträge insgesamt	1 649 300
Bund	814 900
Kantone	421 600
Gemeinden[1]	412 800
Einkommen-, Vermögensteuer gesamt	1 107 900
Bund	337 200
Kantone	369 900
Gemeinden	400 800
Besitz-, Konsumsteuern gesamt	426 700
Bund	406 700
Kantone	15 300
Gemeinden	4 300

[1] geschätzt

Preise

Index der Einzelhandelspreise (1914 = 100)	203
Einzelhandelspreise ausgewählter Lebensmittel (in sfr)	
Vollmilch (1 l)	0,40
Butter (1 kg)	7,85
Ei	0,35
Rindfleisch (1 kg)	4,96
Kalbfleisch (1 kg)	7,38
Schweinefleisch (1 kg)	6,85
Brot (1 kg)	0,56
Weizenmehl (1 kg)	1,58
Kartoffeln (1 kg)	0,31
Kaffee (1 kg)	4,73
Index der Lebenshaltungskosten (1914 = 100)	208

Löhne und Gehälter

Durchschnittlicher Stundenverdienst (in sfr)	
männlicher Arbeiter	2,14
weiblicher Arbeiter	1,16
Durchschnittliche Monatsgehälter (in sfr)	
männlicher Angestellter	639
weiblicher Angestellter	412

Verkehr

Straßennetz in km[1] (kantonale Straßen)	16 478
Bestand an Kfz	42 592
Pkw	17 512
Autobusse	898
Lkw	19 879
Traktoren	932
Motorräder	3 371
Fahrräder	1 554 876
Eisenbahnnetz in km[1]	5 830
Schweizerische Bundesbahnen	2 917
Beförderte Personen (in 1000)	189 567
Beförderte Güter (in 1000 t)	18 226
Seil-, Zahnradbahnen in km[1]	169
Beförderte Personen[1]	15 323
Schiffahrt auf den Seen	
Schiffe	120
Beförderte Personen (in 1000)	5 100
Beförderte Güter (t)	27 173
Luftverkehr (Linie)	
Beförderte Personen	2 187

[1] Stand 1943

Die größten Städte (geschätzte mittlere Wohnbevölkerung)

Ort	Einw. (in 1000)	Ort	Einw. (in 1000)
Zürich	348	St. Gallen	63
Basel	167	Winterthur	60
Bern	134	Luzern	56
Genf	132	Biel	42
Lausanne	98	La Chaux-de-Fonds	31

Nationalrat 1943 nach Fraktionen

Fraktion	Sitze im Nationalrat
Katholisch-Konservative	43
Freisinnige	47
Sozialdemokraten	56
Bauern/Bürger	22
Liberale	8
Jungbauern	3
Landesring Unabhängige	5
Demokraten	6
Kommunisten	–
Fraktionslose	4
gesamt	194

Kantonale Volksvertretungen nach Parteien (Wahlen 1944)

Parteien	Uri	Schwyz	Glarus	Basel-Stadt	Basel-Land	Schaffhausen	Thurgau
Katholisch-Konservative	33	53	9	13	9	3	27
Freisinnige (inkl. Jungliberale)	12	30	26	19	18	15	57
Liberale	–	–	–	17	–	–	–
Bauern/Bürger	–	3	–	7	9	29	–
Sozialdemokraten	4	13	13	46	25	31	30
Demokraten	–	–	19	–	–	–	1
Jungbauern	–	–	–	–	–	–	2
Landesring Unabhängige	––	–	–	9	–	–	–
Partei der Arbeit	–	–	–	18	3	–	–
Sonstige/Parteilose	–	–	1	1	16	2	2
gesamt	59	99	68	130	80	80	119

Staatsoberhäupter und Regierungen in Deutschland (mit Österreich) und der Schweiz

Deutsches Reich

Reichspräsident:	Adolf Hitler
Reichskanzler:	Adolf Hitler (NSDAP)
Außenminister:	Joachim von Ribbentrop (NSDAP)
Innenminister:	Heinrich Himmler (NSDAP)
Finanzminister:	Johann Ludwig Graf Schwerin von Krosigk (parteilos)
Wirtschaftsminister:	Walter Funk (NSDAP)
Arbeitsminister:	Franz Seldte (NSDAP)
Justizminister:	Otto Georg Thierack (NSDAP)
Postminister:	Wilhelm Ohnesorge (NSDAP)
Verkehrsminister:	Julius Dorpmüller (NSDAP)
Ernährungsminister:	Herbert Backe (NSDAP)
Minister für Volksaufklärung und Propaganda:	Joseph Goebbels (NSDAP)
Minister für Wissenschaft, Erziehung und Volksbildung:	Bernhard Rust (NSDAP)
Chef des Oberkommandos der Wehrmacht:	Wilhelm Keitel
Oberbefehlshaber des Heeres:	Adolf Hitler (NSDAP)
Oberbefehlshaber der Kriegsmarine:	Karl Dönitz (parteilos)
Oberbefehlshaber der Luftwaffe:	Hermann Göring (NSDAP)

Reichsstatthalter

Anhalt und Braunschweig:	Rudolf Jordan
Baden:	Robert Wagner
Danzig-Westpreußen:	Albert Forster
Hamburg:	Karl Kaufmann
Hessen:	Jakob Sprenger
Kärnten:	Friedrich Rainer
Lippe und Schaumburg-Lippe:	Alfred Meyer
Mecklenburg und Lübeck:	Friedrich Hildebrandt
Niederdonau:	Hugo Jury
Oberdonau:	August Eigruber
Oldenburg und Bremen:	Paul Wegener
Preußen:	Adolf Hitler (Beauftragter: Hermann Göring)
Sachsen:	Martin Mutschmann
Salzburg:	Gustav Adolf Scheel
Steiermark:	Siegfried Uiberreither
Sudetenland:	Konrad Henlein
Thüringen:	Fritz Sauckel
Tirol:	Franz Hofer
Warthegau:	Artur Greiser
Westmark:	Josef Bürckel (31.3.1941 – 28.9.1944) Willi Stoehr (seit 29.9.1944)
Wien:	Baldur von Schirach
Württemberg:	Wilhem Murr

Die »Regierung« des 20. Juli 1944

Reichskanzler:	Carl Goerdeler (Nat.-Lib.)
Vizekanzler:	Wilhelm Leuschner (SPD)
Außenminister:	Friedrich Werner Frhr. von der Schulenburg (parteilos)
Innenminister:	Julius Leber (SPD)
Finanzminister:	Ewald Loeser (Nat.-Lib.)
Wirtschaftsminister:	Paul Lejeune-Jung (Kons. VP)
Justizminister:	Josef Würmer (Zentrum)
Unterricht:	Eugen Bolz (Zentrum)
Kriegsminister:	Friedrich Olbricht

Schweiz

Bundespräsident:	Walter Stampfli
Chef des Politischen Departements (Äußeres):	Marcel Pilet-Golaz (freisinnig)
Chef des Departements des Innern:	Philipp Etter (kath.-kons.)
Chef des Departements für Justiz und Polizei:	Eduard von Steiger (Bauern-, Gewerbe- und Bürgerpartei)
Chef des Departements für Finanzen und Zölle:	Ernst Nobs (Sozialdemokrat)
Chef des Militär-Departements:	Karl Kobelt (freisinnig)
Chef des Volkswirtschaftlichen Departements:	Walter Stampfli (freisinnig)
Chef des Departements für Post und Eisenbahn	Enrico Celio (kath.-kons.)

Staatsoberhäupter und Regierungen Europas und der großen Staaten in Übersee

SP = Staatspräsident; MP = Ministerpräsident; AM = Außenminister
[In Klammern der vermutlich letzte Tag der Amtszeit; meist aus dem Beginn der Amtszeit des Nachfolgers abgeleitet.]

Australien

BG:	Alexander Gore Arkwright Hore-Ruthven (seit 1935:) 1. Baron (seit 1944:) 1. Earl Gowrie of Canberra and of Orleton	23. 1. 1936 – 5. 9. 1944
	Sir Winston Joseph Dugan	5. 9. 1944 – (30. 1.) 1945
MP:	John Curtin	6. 10. 1941 – (5. 7.) 1945
AM:	Sir Herbert Vere Evatt	7. 10. 1941 – 13. 12. 1949

BG = Britischer Generalgouverneur

Brasilien

SP:	Dr. Getulio Dornelles Vargas	4. 11. 1930 – 30. 10. 1945
AM:	Osvaldo Aranha	1938 – 24. 8. 1944
	Pedro Leão Vellozo	24. 8. 1944 – 23. 1. 1946

Bulgarien

König: Simeon II. 28. 8. 1943 – 8. (15.) 9. 1946
Während seiner Minderjährigkeit übernimmt ein Regentschaftsrat die Regierung:

RR:	Prinz Kyrill, Bogdan Filow, Nikolaus Michow	9. 1943 – 9. 9. 1944
	Wenelin Ganew, Theodor Pawlow, Boboschewski	9. 9. 1944 – 8. 9. 1946
MP:	Dobri Božilow	14. 9. 1943 – 1. 6. 1944
	Iwan Bagrjanow	2. 6. 1944 – 2. 9. 1944
	Konstantin Murawjew	2. 9. 1944 – 9. 9. 1944
	Kimon Geórgiew	9. 9. 1944 – 20. 3. 1946
AM:	Demetrios Schischmanow	14. 10. 1943 – 2. 6. 1944
	Iwan Bagrjanow	2. 6. – 12. 6. 1944
	Părwan Draganow	12. 6. – 2. 9. 1944
	Konstantin Murawjew	4. 9. – 9. 9. 1944
	Petko Stainow	9. 9. 1944 – 21. 3. 1946

RR = Regentschaftsrat

China

SP:	Wang Tsching-wei (im japanisch besetzten Gebiet)	30. 3. 1940 – 10. 11. 1944
	Tschiang Kai-schek	30. 5. 1943 – 21. 1. 1949
PE:	Tschiang Kai-schek	12. 11. 1939 – 12. 1944
	Sung Tsö-wön	4. 12. 1944 – 1. 3. 1947

PE = Präsident des Exekutivrates

Dänemark

König:	Christian X.	5. 1912 – 20. 4. 1947
MP:	Harold R. Erik (von) Scavenius (Der Rücktritt vom 29. 8. 1943 wird vom König erst am 5. 5. 1945 angenommen)	10. 11. 1942 – 29. 8. 1943
AM:	Harold R. Erik (von) Scavenius (Der Rücktritt wird erst am 5. 5. 1945 angenommen)	5. 7. 1940 – 29. 8. 1943

Estland

SP:	E. Päll	1944 – 1950
MP:	Hjalmar Mäe (von Deutschland eingesetzt)	1941 – 9. 1944
	Arnold T. Veimer (von der UdSSR eingesetzt)	3. 10. 1944 – 3. 1951

Finnland

SP:	Risto Heikki Ryti	19. 12. 1940 – 1. 8. 1944
	Karl Gustav Emil Frhr. von Mannerheim	4. 8. 1944 – 4. 3. 1946
MP:	Edwin Linkomies	5. 3. 1943 – 4. 8. 1944
	Andreas Hackzell	8. 8. 1944 – 22. 9. 1944
	Urho Jonas Castrén	21. 9. – 11. 11. 1944
	Juho Kusti Paasikivi	17. 11. 1944 – 4. 3. 1946
AM:	Henrik Ramsay	5. 3. 1943 – 8. 8. 1944
	Carl Enckell	9. 8. 1944 – 1. 3. 1950

Frankreich

SP:	Henri Philippe Pétain (Chef d'Etat)	11. 7. 1940 – 24. 4. 1945
	Charles de Gaulle vorläufig. Staatspräs.)	28. 8. 1944 – 16. 1. 1946
(im deutsch besetzten Gebiet:)		
MP:	Pierre Laval (seit Ende August in Belfort)	18. 4. 1942 – 29. 9. 1944
	Fernand de Brinon (in Sigmaringen)	30. 9. 1944 – 24. 4. 1945
AM:	Pierre Laval	18. 4. 1942 – 29. 9. 1944
(im befreiten Gebiet:)		
MP:	Charles de Gaulle	29. 8. 1944 – 4./9. 9. 1944
AM:	René Massigli	5. 2. 1944 – 9. 9. 1944
MP:	Charles de Gaulle (in Paris)	10. 9. 1944 – 16. 11. 1945
AM:	Georges Bidault	10. 9. 1944 – 16. 11. 1945

Griechenland

König:	Georg II.	3. 11. 1935 – 1. 4. 1947
(April 1941 – 27. 9. 1946 in Verbannung)		
(unter deutscher Besetzung:)		
MP:	Johannes Rhallys	7. 4. 1943 – 12. 10. 1944
AM:	im besetzten Griechenland gibt es keinen Außenminister	
(im Exil:)		
MP:	Emmanuel Zuderos	27. 3. 1943 – 3. 4. 1944
	Sophokles Wenizélos	15. 4. – 27. 4. 1944
	Georg Papandreu (ab. 20. 10 in Athen)	26. 5. 1944 – 31. 12. 1944

Großbritannien

König:	Georg VI.	10. 12. 1936 – 6. 2. 1952
PM:	Winston Churchill	10. 5. 1940 – 23. 5. 1945
AM:	Robert Anthony Eden	23. 12. 1940 – 23. 5. 1945

PM = Premierminister

(Britisch-)Indien

VK:	Sir Archibald Parcival Wavell Viscount Wavell of Cyrenaika and Winchester	1. 10. 1943 – 21. 2. 1947

VK = Vizekönig

Irland

P:	Dubhglas de hIde (= Douglas Hyde)	3. 5. 1938 – 25. 6. 1945
MP:	Eamon de Valera	9. 3. 1932 – 10. 5. 1944
	Eamon de Valera	6. 1944 – 18. 2. 1948
AM:	Eamon de Valera	8. 2. 1933 – 18. 2. 1948

P = Präsident

Island

(bis 17. 6. 1944 selbständiger Staat in Personalunion mit Dänemark)		
SP:	Sveinn Björnsson	17. 6. 1944 – 24. 1. 1952
MP:	Dr. Björn Thordarson	18. 12. 1942 – 16. 9. 1944
	Ólafur Thors	21. 10. 1944 – 10. 10. 1946

Italien

König:	Viktor Emmanuel III.	29. 7. 1900 – 9. 5. 1946
(faschistische Gegenregierung in Salò am Gardasee:)		
MP und AM:	Benito Mussolini	15. 9. 1943 – 28. 4. 1945
(Regierung im befreiten Gebiet:)		
MP:	Pietro Badoglio	25. 12. 1943 – 17. 4. 1944
	Pietro Badoglio	22. 4. – 6./10. 6. 1944
	Ivanoe Bonomi	9. 6. – 25. 11. 1944
	Ivanoe Bonomi	12. 12. 1944 – 8. 6. 1945
AM:	Pietro Badoglio	25. 12. 1943 – 17. 4. 1944
	Pietro Badoglio	22. 4. – 6./10. 6. 1944
	Ivanoe Bonomi	9. 6. – 25. 11. 1944
	Alcide de Gasperi	12. 12. 1944 – 8. 6. 1945

Japan

Kaiser:	Hirohito	24. 12. 1926 – 7. 1. 1989
MP:	Hideki Tojo	18. 10. 1941 – 20. 7. 1944
	Kunaiki Koiso	22. 7. 1944 – 5. 4. 1945
AM:	Mamoru Shigemitsu	20. 4. 1943 – 5. 4. 1945

Jugoslawien

König:	Peter II.	1934 – 1945 (seit 1941 im Exil)
Regent:	Ante Mandić	1944/1945
	Radenko Stanković	1944/1945
	Ivo Perović	1944/45
(im besetzten Serbien:)		
MP:	Milan Georg Nedić	7. 10. 1941 – 20. 10. 1944
	(Exilregierungen:)	
MP und AM:	Božidar Purić	11. 8. 1943 – 19. 5. 1944
	Ivan Subašić	9. 7. 1944 – 29. 1. 1945
MP:	Josip (Broz) Tito	29. 11. 1943 – 27. 4. 1945

Kanada

BG:	Alexander Earl of Athlone	4. 4./21. 6. 1940 – (12. 4. 1946)
MP und AM:	William Lyon Mackenzie	25. 10. 1935 – 15. 11. 1948

BG = Brit. Gouverneur

Kroatien

SO:	Ante Pavelić	4. 1941 – 5. 1945
MP:	Nikolaus Mandić	2. 9. 1943 – 5. 1945
AM:	Stijepo Perić	5. 11. 1943 – 2. 5. 1944
	Mehmed Alajbegović	5. 5. 1944 – 9. 5. 1945

SO = Staatsoberhaupt

Liechtenstein

Fürst:	Franz Josef II.	seit 30. 3. 1938

Luxemburg

GH:	Charlotte	14. 1. 1919 – 1964
MP:	Pierre Dupong	5./6. 11. 1937 – 11. 1945
AM:	Joseph Bech	5. 11. 1937 – 10. 12. 1958 (10. 5. 1940 – 9. 1944 im Exil)

GH = Großherzogin

Niederlande

Königin:	Wilhelmine	23. 11. 1890 – 4. 9. 1949
(im Exil in London:)		
MP:	Pieter Sjoerd Gerbrandy	3. 9. 1940 – 8. 2. 1945
AM:	Eelco Nicolaas van Kleffens	3. 9. 1940 – 8. 2. 1945

Norwegen

König:	Haakon VII. (1940 - 1945 im Exil)	7. 11. 1905 - 29. 9. 1957
LV:	Vidkun Quisling	15./24. 4. 1940 - 9. 5. 1945
RK:	Josef Terboven	24. 4. 1940 - 30. 4. 1945

LV = Leiter des Verwaltungsrates; RK = Reichskommissar

Polen

(im Exil in London:)		
SP:	Ladislaw Raczkiewicz	9. 1939 - 6. 6. 1947
MP:	Stanislaw Mikolajczyk	13. 7. 1943 - 24. 11. 1944
	Tomas Arciszewski	1. 12. 1·944 - 28. 6. 1945
AM:	Tadeusz Graf Romer	13. 7. 1943 - 24. 11. 1944

Portugal

SP:	António Óscar Fragoso Carmona	9. 8. 1926 - 18. 4. 1951
MP:	António de Oliveira Salazar	18. 1. 1936 - 9. 1968
AM:	António de Oliveira Salazar	24. 11. 1936 - 3. 2. 1947

Rumänien

König:	Michael	6. 10. 1940 - 30. 12. 1947
MP:	Ion Antonescu	27. 1. 1941 - 23. 8. 1944
	J. Maniu	23. 8. 1944 - 9. 1944
	Constantin Sănătescu	9. 1944 - 2. 11. 1944
	Constantin Sănătescu	2. 11. 1944 - 2. 12. 1944
	Nicolae Rădescu	7. 12. 1944 - 28. 2. 1945

Schweden

König:	Gustav V.	8. 12. 1907 - 29. 10. 1950
MP:	Per Albin Hansson	13. 12. 1939 - 31. 7. 1945
AM:	Christian Günther	13. 12. 1939 - 12. 8. 1945

Spanien

SP und MP:	Francisco Franco Bahamonde	1. 10. 1936 - 1975
AM:	Francisco Gómez Graf Jordana y Souza	3. 9. 1942 - 3. 8. 1944
	José Felix de Lequerica y Erquicia	11. 8. 1944 - 20. 7. 1945

Tschechoslowakei/Reichsprotektorat Böhmen-Mähren

SP:	Emil Hácha	30. 9. 1938 - 4. 5. 1945
(Unter deutscher Besetzung:)		
RP:	Wilhelm Frick	2. 9. 1943 - 8. 5. 1945
MP:	Joroslav Krejčí	19. 1. 1942 - 4. 5. 1945
(im Exil in London:)		
MP:	Jan Šrámek	18. 7. 1940 - 5. 1945
AM:	Jan Masaryk	18. 7. 1940 - 5. 1945

RP = Reichsprotektor

Türkei

SP:	Ismet Inönü	11. 11. 1938 - 22. 5. 1950
MP:	Sükrü Saracoğlu	9. 3. 1943 - 5. 8. 1946
AM:	Numan Menemencioğlu	9. 3. 1943 - 15. 6. 1944
	Sükrü Saracoğlu	15. 6. 1944 - 13. 9. 1944
	Hasan Saka	13. 9. 1944 - 5. 8. 1946

UdSSR

VP:	Michaíl Iwánowitsch Kalínín	3. 1919 (1923) - 19. 3. 1946
VR:	Iosíf Wissariónowitsch Stálin	7. 5. 1941 - 5. 3. 1953
VA:	Wjatscheslaw M. Mólotow	4. 5. 1939 - 5. 3. 1949

VP = Vorsitzender des Präsidiums des Obersten Sowjet (= Staatspräsident); VR = Vorsitzender des Rates der Volkskommissare (= Ministerpräsident); VA = Volkskommissar des Äußeren

Ungarn

König:	Otto II. (lebt in Bayern)	1. 4. 1922 - 1944/45
RV:	Nikolaus Horthy von Nagybánya	1. 3. 1920 - 15. 10. 1944
	Franz Szálasi	15. 10. 1944 - 4. 1945
MP:	Nikolaus Kállay von Nagy-Kálló	10. 3. 1942 - 22. 3. 1944
	Dominik Sztójay	22. 3. 1944 - 30. 8. 1944
	Geisa Lakatos	30. 8. 1944 - 15. 10. 1944
	Franz Szálasi	16. 10. 1944 - 4. 1945
AM:	Eugen Ghyczy von Gicz, Assa und Ablánczkürt	26. 7. 1943 - 22. 3. 1944
	Dominik Sztójay	22. 3. 1944 - 30. 8. 1944
	Gustav Hennyey	30. 8. 1944 - 15. 10. 1944
	Gabriel Frhr. von Kemény	16. 10. 1944 - 4. 1945
(zunächst in den von den Sowjets besetzten Landesteilen:)		
MP:	Adalbert Dálnoki-Miklós	3. 12. 1944 - 15. 11. 1945
AM:	Johann Gyöngyössi	3. 12. 1944 - 15. 11. 1945

RV = Reichsverweser

USA

P:	Franklin Delano Roosevelt	4. 3. 1933 - 12. 4. 1945
AM:	Cordell Hull	4. 3. 1933 - 27. 11. 1944
	Edward Reilly Stettinius	27. 11. 1944 - 12. 4. 1945

P = Präsident

Personenregister

Kursive Seitenzahlen verweisen auf Abbildungen.

Personenregister

Sachregister

Bildnachweis

Für einige Abbildungen konnte der Verlag bis zum Zeitpunkt der Drucklegung die Rechteinhaber nicht ermitteln. Berechtigte Ansprüche werden im nachhinein selbstverständlich abgegolten.

Acaluso International Photo Agency, Blumberg: 201 (2)

Archiv DAMALS: 12, 13, 14 u., 16, 18, 20 u. und li., 26, 27 li., 28, 29, 31 re., 32, 35, 36, 40 (3), 41 (3), 42, 44 u., 46 re., 47, 51, 52 (2), 53 (2), 56 Mitte, 57 re., 58, 59, 60 (2), 61, 62 (2), 70 re., 71 (2), 74 li., 76 re., 77, 78 li. und re. o., 80, 81, 82 li. und u., 83 re., 84 (2), 84/85 u., 85 re., 86, 89, 90 u., 91 li. o. und li. u., 93 li., 94 li., 100 (2), 102 o. und li., 103 (2), 105, 117, 118 li., 124 Mitte, re. und li. u., 130, 135, 139 re., 141 li., 143, 144 li. und u., 145 o., 146 (2), 147, 148, 151, 160, 161, 166 re., 167, 171 u., 172, 173 o., 174 li., 176, 177 li., 178, 180 o., 181 (2), 182 o., 183, 184, 190 li., 191 li. und Mitte, 195 u., 203 li., 204 o., 205 o.

Archiv für Kunst und Geschichte, Berlin: 2 (5), 10 o. und li., 11 u., 43 li., 45, 66, 78 u., 79, 82/83 o., 83 u., 92 re., 97, 98, 106 u., 108, 112 (1), 113 (2), 114 (1), 115 (2), 118 re., 119, 120 (2), 121, 122 (3), 123, 126, 129 li., 136 (2), 137, 138 u., 139 li., 140 li., 141 re., 142, 144 Mitte, 155, 162 u., 163, 166 li., 168, 170 (2), 171 re., 173 re., 179 o. und Mitte, 182 re., 204 li., 208 (2), 209 re. und u., 210 re., 211 (6), 221 re.

art 6/93, S. 64: 197

Artothek, Peissenberg. © VG Bild-Kunst, Bonn: 156 o.

Beyer, Wilhelm Raimund (Hrsg.): »Rückkehr unerwünscht«. Joseph Drexels »Reise nach Mauthausen« und der Widerstandskreis Ernst Niekisch. Stuttgart 1978: 186 u.

Bildarchiv Preußischer Kulturbesitz, Berlin: 2 (3), 131, 185, 218 u., 219 li.

Colorphoto Hans Hinz, Allschwil 2/Schweiz © VG Bild-Kunst, Bonn: 153

Deutsche Presse Agentur (dpa), Bildarchiv: 2 (5), 38 (2), 73, 214 u.

Das Dritte Reich. Seine Geschichte in Texten, Bildern und Dokumenten. Bd. 1 und 2. Wiesbaden 1964: 14 o., 19, 31 li., 57 o., 72, 99 re., 175 li.

Dumont's Chronik der Kunst im 20. Jahrhundert. Köln 1990. © VG Bild-Kunst, Bonn: 154, 174 u., 204 re.

Geschichte der Bundesrepublik Deutschland (Theodor Eschenburg) Band 1. Stuttgart 1983: 150 li., 152, 158 li.

Hallberger Archiv: 22, 23 o., li. und Mitte, 27 o., 68 li., 85 Mitte, 90 li., 101 u., 116 re., 145 li., 177 re., 180 li., 186 o., 189, 200 u., 205 re.

Henderson, James L.: Adolf Reichwein. Eine politisch-pädagogische Biographie. Stuttgart 1958: 23 re.

Herz, Rudolf: Hoffmann & Hitler. Fotografie als Medium des Führer-Mythos. München 1994: 179 u.

Hoffmann, Peter: Claus Schenk Graf von Stauffenberg und seine Brüder. Stuttgart 1992: 11 o., 106 o., 220 o.

Hoffmann, Peter: Widerstand. Staatsstreich. Attentat. München 1979: 106/107 u.

Interpress: 216 li.

Jacobsen, Hans-Adolf und Dollinger, Hans: Der Zweite Weltkrieg, Band 3: Sieg ohne Frieden 1944–1945. München 1962: 11 re., 44 o., 56 li., 87, 88, 91 re., 92 li., 93 re., 94, 102 Mitte, 127, 128 (2), 141 o., 158 o., 159 li., 162 o., 164 (2), 165 re., 169, 174 o., 175 Mitte und re., 182 li., 188, 190 u., 191 o. und u., 193, 196, 204 u., 207 li.

Kapferer, Reinhard: Charles de Gaulle. Stuttgart 1985: 132

Keystone, Hamburg: 2 (2), 206, 212, 217 li.

Köster, Kurt (Hrsg.): Exil-Literatur 1933-1945. Sonderveröffentlichung der Deutschen Bibliothek. Nr. 1, 1967: 37, 38 li., 39

Landesbildstelle Württemberg, Stuttgart: 74 u.

Leber, Annedore (Hrsg.): Das Gewissen entscheidet. Berlin/Frankfurt am Main 1957: 112 (1)

Leber, Annedore (Hrsg.): Das Gewissen steht auf. Berlin/Frankfurt am Main: 111 (1), 114 (2)

Moltke, Freya von/Balfour, Michael/Frisby, Julian: Helmuth James von Moltke 1907–1945. Anwalt der Zukunft. Stuttgart 1975: 21, 25, 110 re.

Erich Ohser – E.O. Plauen 1903–1944. Zeichnungen. Karikaturen. Bilder-Reihen Vater und Sohn: 70 u., 217 re.

Penkert, Detlev: Die Edelweißpiraten. Protestbewegungen jugendlicher Arbeiter im Dritten Reich. Köln 1980: 180 re.

Polster, Bernd (Hrsg.): »Swing Heil!«. Jazz im Nationalsozialismus. Berlin 1989: 69 Mitte

Ramseger, Georg (Hrsg.): Duell mit der Geschichte. Oldenburg/Hamburg 1955: 133 (2), 134 o.

Ringier Dokumentation Bild, Zürich: 9, 65 (2), 70 li.

Rosh, Lea/Jäckel, Eberhard: »Der Tod ist ein Meister aus Deutschland«. Hamburg 1990: 56 re., 76 o.

Sabarsky, Serge (Hrsg.): Lyonel Feininger. Zeichnungen und Aquarelle. © VG Bild-Kunst, Bonn: 156 u.

Schwarberg, Günther, Hamburg: 95, 96, 102 re. u.

Simon, Sven, Bonn: 213 re.

Stadtarchiv Stuttgart: 46 li.

Süddeutscher Verlag Bilderdienst, München: 2 (7), 8, 17, 32 u., 33, 34, 38 re., 49, 68 o., 75 Mitte und re., 109 re., 110 (2), 113 (2), 114 (1), 116 li., 124 o., 156 Mitte, 171 li., 195 o., 198, 199 re., 200 o. und Mitte, 202 li., 205 li., 216 u., 218 li., 219 re., 220 re., 221 li.

Ullstein Bilderdienst, Berlin: 2 (3), 10 u., 27 o. re., 43 re., 48 u., 55, 75 li., 104, 107 Mitte, 110 (2), 111 (4), 112 (3), 114 (1), 129 o., 140 re., 149, 192, 194, 199 li., 203 re., 210 o.

Wein, Martin: Schicksalstage. Stationen der deutschen Geschichte. Stuttgart 1993: 57 u., 138 li.

Wickert, Erwin: Mut und Übermut. Stuttgart 1991: 190 Mitte

Wistrich, Robert: Wer war wer im Dritten Reich. München 1983: 15, 27 u., 67, 159 o. und re.

Zentner, Kurt: Illustrierte Geschichte des Dritten Reiches. Bd. 1 und 2. Köln o. J.: 11 li., 30, 63, 69 li., 99 li., 101 re., 125 li., 157 (2), 165 li., 187

ZDF, Mainz: 7, 207 o., 213 li., 214 li., 215 li. und re., 220 li.

Abbildungen ohne Quellenangabe entstammen dem Archiv des Verlags.

Persönliche Notizen

Persönliche Notizen

Über damals im Bilde

672 Seiten mit 46 Abbildungen und 2 Karten

In der Tradition großer Geschichtsschreibung stehend, erklärt dieses Buch den Weg der Brüder Stauffenberg. Es beleuchtet die Entscheidung Claus von Stauffenbergs für den Offiziersberuf, den Zwiespalt zwischen Soldatentum und verantwortungsvoller Führung sowie seine Reaktion auf die ungeheuerlichen Verbrechen des Nationalsozialismus. Am Ende stimmte er mit seinem Onkel Graf Üxküll überein: »Von dem Gangsterhaufen kann ich mich nur durch den Tod trennen.«

Gerhard Ritter, Historiker und Mitverschwörer, zudem persönlicher Freund der Familie ist doppelt legetimiert die Geschichte der Widerstandsbewegung um Carl Goerdeler zu schreiben. Die Zeit urteilte: »daß inneres Beteiligtsein und forscherliche Gerechtigkeit einander nicht im Wege zu stehen brauchen.« und die FAZ »grundlegend für jeden, der sich darüber unterrichten will, was die deutsche Widerstandsbewegung gehofft und geplant hat und warum sie gescheitert ist.«

652 Seiten mit 4 Abbildungen

176 Seiten
184 Seiten

»Ein hochintelligentes Buch von einem der fähigsten Autoren über Nationalsozialismus. Das gedankliche System, das die treibende Kraft von Hitlers Laufbahn war, wird in der Geschichte seiner Bewegung zu oft übersehen. Dieses Buch füllt diese ernste Lücke.« (Hugh R. Trevor-Roper, Oxford). Wie Hitler letztendlich an die Macht kam, seine unumschränkte Herrschaft errichten konnte und wie der Weg in den Krieg und zur Vernichtung der Juden verlief, zeigt der Zweite Band »Hitlers Herschaft«.

Achtzig Tage lang hing das Schicksal Europas und vielleicht der ganzen Welt vom Ausgang dieses Zweikampfes ab. In diesen Tagen gestaltete sich der Krieg in Europa – so die Hauptthese dieses Buches – als eine psychologische, politische und strategische Macht- und Willensprobe zwischen Churchill und Hitler. Aber auch der zu jener Zeit bestimmenden historischen Kräfte: der liberalhumanistischen Tradition westlicher Demokratie und des demagogisch-faschistischen Nationalsozialismus. »Ein Stück glänzend erzählter und erforschter Geschichte« (Fritz Stern).

350 Seiten

359 Seiten mit 29 Abbildungen

Ende 1946 wurden in einer großangelegten Aktion deutsche Wissenschaftler in die Sowjetunion deportiert. In »Spezialistenlagern« mußten sie an der Entwicklung der russischen Raketentechnik mitarbeiten. Sowjetische Ingenieure suchten alle Erfahrungen aus ihnen herauszuquetschen. Führender Kopf dabei war Sergej P. Koroljow der legendäre »Vater der sowjetischen Weltraumfahrt«. Der Autor erzählt aber auch vom quälenden Lageralltag: 170 Fachleute mit ihren Familien hinter Stacheldraht auf Gorodomlja.

Zuletzt, und für viele zum ersten Mal, hat sich am 9. November 1989 gezeigt, daß es wirkliche Wendepunkte, historische Schicksalstage gibt. Martin Wein hat 21 solcher »Schicksalstage« der deutschen Geschichte zu einer Geschichte der Deutschen versammelt. Von 842 und den »Straßburger Eiden« bis zur Maueröffnung 1989 in Berlin spannt sich der Bogen dieses aufregenden und spannenden Lese-Buchs. Es führt den Leser wie an einem Ariadne-Faden durch das Labyrinth der deutschen Geschichte.

544 Seiten mit 70 Abbildungen

Deutsche Verlags-Anstalt
Stuttgart